广视角·全方位·多品种

权威·前沿·原创

皮书系列为
"十二五"国家重点图书出版规划项目

土地整治蓝皮书

BLUE BOOK OF
LAND CONSOLIDATION
AND REHABILITATION

中国土地整治发展研究报告
（*No.1*）

RESEARCH REPORT ON LAND CONSOLIDATION
AND REHABILITATION OF CHINA (No.1)

国土资源部土地整治中心／编著

社会科学文献出版社
SOCIAL SCIENCES ACADEMIC PRESS (CHINA)

图书在版编目（CIP）数据

中国土地整治发展研究报告. 1/国土资源部土地整治中心编著.
—北京：社会科学文献出版社，2014.5
（土地整治蓝皮书）
ISBN 978 - 7 - 5097 - 5864 - 9

Ⅰ.①中… Ⅱ.①国… Ⅲ.①土地整理 - 研究报告 - 中国
Ⅳ.①F321.1

中国版本图书馆 CIP 数据核字（2014）第 067173 号

土地整治蓝皮书

中国土地整治发展研究报告（No.1）

编　　著／国土资源部土地整治中心

出 版 人／谢寿光
出 版 者／社会科学文献出版社
地　　址／北京市西城区北三环中路甲 29 号院 3 号楼华龙大厦
邮政编码／100029

责任部门／皮书出版分社　（010）59367127　　　　责任编辑／桂　芳
电子信箱／pishubu@ ssap. cn　　　　　　　　　　责任校对／伍勤灿
项目统筹／邓泳红　桂　芳　　　　　　　　　　　责任印制／岳　阳
经　　销／社会科学文献出版社市场营销中心　（010）59367081　59367089
读者服务／读者服务中心（010）59367028

印　　装／北京季蜂印刷有限公司
开　　本／787mm×1092mm　1/16　　　　　　　印　　张／24.25
版　　次／2014 年 5 月第 1 版　　　　　　　　　字　　数／389 千字
印　　次／2014 年 5 月第 1 次印刷
书　　号／ISBN 978 - 7 - 5097 - 5864 - 9
定　　价／89.00 元

土地整治蓝皮书编委会

主　　任　吴海洋

副 主 任　张晓燕　范树印　郧文聚　巴特尔　罗　明

成　　员　（按姓氏笔画排序）

王长江	王　军	王　敬	王　巍	叶艳妹
吕苑鹃	任　佳	刘昊博	刘新卫	汤怀志
孙春蕾	严金明	杜亚敏	李宇彤	李红举
杨　红	杨　剑	杨晓艳	杨　磊	肖　文
吴次芳	张亚龙	张丽佳	张秋惠	张海峰
张　燕	陈　正	范彦波	周　同	周　旭
周　际	周　妍	赵玉领	姜广辉	姚　艳
贾文涛	高世昌	郭义强	黄辉玲	曹海欣
章远钰	梁　军	梁梦茵	薛　剑	鞠正山

主要编撰者简介

　　国土资源部土地整治中心是国土资源部负责土地整治、储备工作的直属单位。主要参与开展的工作包括：土地整治政策研究和咨询；土地整治潜力调查评价；土地整治规划计划编制和规划实施评估；土地整治重大工程实施和示范建设督导指导与评估考核；土地整治日常监测监管和绩效评价；土地整治技术标准体系建设和宣贯；耕地保护责任目标考核，耕地占补平衡考核监管，节约集约用地考核评价；土地复垦监测监管及相关工作；耕地质量等级评定与监测及耕地质量管理；建设用地整理、土地储备及土地市场相关工作；土地整治基础理论、方法和技术研究；土地整治科技成果推广应用和国际交流与合作。

摘　要

　　《中国土地整治发展研究报告（No.1）》是第一本反映我国土地整治情况的蓝皮书。本书的各种分析、评价、预测和主要观点，立足于中国经济社会发展现状和资源环境现状，坚持以数据和事实为基础，从社会科学研究的视角，强调和突出理论性、实证性、实践性和前瞻性，是中国土地整治从业人员、相关政府官员和社会大众以及希望了解中国土地整治情况的国际友人的必读书。本书由国土资源部土地整治中心组织有关专家、学者和研究人员共同完成。

　　《中国土地整治发展研究报告（No.1）》分为总报告和几个专题报告。总报告包括三部分内容，第一部分从土地整治发展历程、典型模式、基础工作成就、取得的成效和基本经验等方面，对15年来中国土地整治发展总体情况进行了全面总结和评价；第二部分介绍了在高标准基本农田建设、土地整治重大工程建设、土地整治示范建设、土地复垦、建设用地整理和耕地质量管理等方面的重要实践探索和取得的成就；第三部分对当前土地整治面临的机遇和挑战进行了客观的分析和研判，对未来一个时期土地整治的指导思想、目标任务、重点布局和制度保障等进行了预测和展望。专题报告部分共有15篇文章，选取与当前形势联系密切、行业关注度较高的热点和难点问题进行深度分析，包括综合成效篇（《推进土地整治，助力农业现代化》《土地整治对农村生产生活方式影响研究》《农村土地整治与农田水利建设》《土地整治与农村扶贫开发》《低效建设用地开发利用》），理论探讨篇（《土地整治理论与制度创新》《土地权属调整与权益保障》《土地整治绩效评价制度研究》《海外土地整理法制建设经验借鉴》），科技创新篇（《土地整治科技发展战略》《土地整治监测监管技术体系研究》《土地整治规划理论、方法与实践创新》），绿色发展篇（《土地整治与新型城镇化》《土地整治与乡土文化传承》《土地整治与生态文明》）。

　　书后附有"现代土地整治大事记"，列出了我国土地整治领域有影响的重要事件，供读者参考。

Abstract

Research Report on Land Consolidation and Rehabilitation of China (No. 1) is the first blue book of land consolidation and rehabilitation in China. Based on China's economic and social development status as well as resources and environment condition, with statistics and facts as foundation and from the perspectives of social science research, the analysis, evaluation, prediction and major points in this book emphasize and highlight the characteristics of being theoretical, pragmatic, practical and forward-looking. And this book is necessary for Chinese land consolidation employees, pertinent public officials, the public and foreign friends who want to have a better understanding of China's land consolidation and rehabilitation. Organized by Land Consolidation and Rehabilitation Center, Ministry of Land and Resources (LCRC, MLR), this book is accomplished by LCRC, MLR, and experts, scholars and researchers in the related fields jointly.

Research Report on Land Consolidation and Rehabilitation of China (No. 1) is composed of general reports and special reports. The general reports consists of 3 sections. The first section comprehensively summarizes and evaluates the overall development of China's land consolidation and rehabilitation cause in the 15 years from the aspects of development history, typical modes, essential work and achievements, positive effects achieved and basic experience. The second section gives an introduction about significant practical explorations have been carried out and accomplishments of well-facilitated capital farmland construction, land consolidation and rehabilitation key project construction, land consolidation and rehabilitation demonstration construction, land reclamation, construction land consolidation and cultivated land quality management. The third section makes an objective analysis, study and judgment on the opportunities and challenges with which current land consolidation and rehabilitation work is faced. Forecast and outlook are made for the guiding ideology, objectives, tasks, and key layout of and institutional guarantee for land consolidation and rehabilitation for a period of time in the future. The part of special reports encompasses 15 articles altogether, and the selected articles deeply analyze hot issues and tough questions which are intimately attached with current situation and highly focused by the industry. And they are categorized into 4 sections, namely, the section of Comprehensive Achievements (Facilitating Agricultural Modernization through Promoting Land Consolidation and Rehabilitation, Study on Effects of Land Consolidation and Rehabilitation on Rural Production Pattern and Lifestyle, Irrigation and Water Conservancy Construction in Rural Land Consolidation and Rehabilitation, Land Consolidation and Rehabilitation and Rural Poverty Alleviation through Development, Development and Utilization of Construction Land with Low Efficiency), Theoretical Investigation (Land Consolidation and Rehabilitation Theoretical and Institutional Innovation, Land Tenure Adjustment and Rights and Interests Guarantee, Study on Land Consolidation and Rehabilitation Performance Appraisal System, Overseas Land Consolidation Legal System Construction Experience Reference), Scientific and Technological Innovation (Scientific and Technological Development Strategy for Land Consolidation and Rehabilitation, Study on Land Consolidation and Rehabilitation Monitoring and Supervision Technology System, Land Consolidation and Rehabilitation Planning Theoretical, Methodological, and Practical Innovation), and Green Development (Land Consolidation and Rehabilitation and New Urbanization, Rural Cultural Inheritance in Land Consolidation and Rehabilitation, Land Consolidation and Rehabilitation and Ecological civilization).

Contemporary Chronicle of Significant Land Consolidation and Rehabilitation Events is attached in the postscript for reference, which lists influential events in land consolidation and rehabilitation work.

目 录

皮书数据库阅读**使用指南**

CONTENTS

B I　General Reports

B II　Comprehensive Achievements

$\mathbb{B}$ III Theoretical Investigation

$\mathbb{B}$ IV Scientific and Technological Innovation

$\mathbb{B}$ V Green Development

BVI Appendix

总 报 告

General Reports

B.1
中国土地整治发展历程

国土资源部土地整治中心

我国是一个土地开发历史悠久、农耕文明灿烂的国家，早在3000多年前的殷周时期就对如何开发整治土地进行了有益探索，而井田制也被许多学者认为是我国土地整治工作的早期雏形。在2000多年漫长的封建社会时期，诸如开荒、围垦、屯田等不同形式的土地整治活动一直在持续，20世纪初制订了《土地整理章程》，新中国成立后多次进行了以基本农田建设为主要内容的土地整理活动，而现代意义上的土地整治则是在改革开放以后，大规模开展土地整治只有十几年的历史。特别是国土资源部土地整治中心以及省、市、县级土地整治机构相继成立以来，土地整治系统广大干部职工秉承时代赋予的神圣职责，抢抓机遇、勇担使命，积极谋划、务实创新，土地整治工作在全国范围内广泛开展、深入推进，在保障国家粮食安全、促进城乡统筹发展、维护群众权益等方面发挥了重要作用。

一 土地整治发展回顾

从第一部《土地管理法》诞生并对相关工作做出原则性规定开始，可将

1986 年以来这段时期的土地整治工作简单划分为探索起步期（1986～1997年）、发展壮大期（1998～2007 年）和跨越发展期（2008 年以来）三个阶段。

（一）探索起步阶段（1986～1997 年）

20 世纪 70 年代末期实行改革开放后，我国工业化城镇化发展逐渐步入正轨，生产建设占用耕地数量快速增加，耕地面积持续减少，仅 1985 年就减少1500 万亩，引起中央政府高度关注。1986 年中央提出"十分珍惜和合理利用每寸土地，切实保护耕地"是必须长期坚持的一项基本国策；同年 6 月，全国人大通过的《中华人民共和国土地管理法》将"合理利用土地，切实保护耕地"作为立法主要目标，并对国有荒山荒地滩涂开发和生产建设损毁土地复垦做出原则规定。

1987 年 4 月，国务院发布《中华人民共和国耕地占用税暂行条例》，征税目的在于限制非农业建设占用耕地，建立发展农业专项资金，促进农业生产的全面协调发展；7 月 15 日，原国家土地管理局在辽宁省本溪市组织召开全国首次土地开发典型经验交流会，会议号召加强土地开发以保持全国耕地面积相对稳定。1988 年连续出台了国家土地开发建设基金回收管理试行办法和国家土地开发建设基金管理试行办法，落实国务院关于"耕地占用税全部用于扶持农业生产"、"取之于土、用之于土"和实行专款专用原则，建立了国家土地开发建设基金，明确了具体开支范围，其中就包括开垦荒地、围垦滩涂和整治改良中低产耕地。同年，国务院发布《土地复垦规定》，界定了土地复垦概念，明确了"谁破坏、谁复垦"的原则，我国的土地复垦工作自此走上有法规可依的轨道。随着我国改革开放的深入推进，经济社会发展对土地的需求激增，土地有偿使用制度应运而生。1989 年以来，国家相继发布关于加强国有土地使用权有偿出让收入管理的通知等文件，对土地有偿出让收入使用管理进行规范。在此基础上，财政部、原国家土地管理局于 1995 年联合发布关于加强土地使用权出让金征收管理的通知，进一步明确"土地出让金应全部上缴财政，由财政列入预算，专款专用"，而土地开发是两项专项用途之一。针对耕地面积锐减、土地资产流失局面，1997 年中共中央、国务院出台了"11 号文"，明确"实行占用耕地与开发、复垦挂钩政策"，提出要"积极推进土地整理，搞好土地建设"，并且规定"原有建设用地的土地收益全部留给地方，专款用于城市基础设施建设和土地开发、中低产田改造；农地转为非农建设用地的土地收益，全部上缴中央，原则用于耕地开发"。相关法律和政府规范性文件的相继颁布实施，表明土地整治相关工作开始被纳入政府工作内容，并由国家主导开展。

这一时期，全国各地因地制宜陆续开展了各有特色的土地整理活动。截至1997年底，全国已有400多个县开展了一定规模的土地整理实践，并形成一批典型，如以江苏省苏南地区和浙江省湖州市为代表的结合基本农田建设开展的农田整理，以上海市为代表的农民住宅向中心村和小集镇集中、乡镇企业向工业园区集中以及农田向规模经营集中的"三个集中"土地整理模式，以安徽省六安地区为代表的田、林、路、渠、宅、塘、渔、墓"八位一体"小区综合治理，以山西省阳泉市为代表的城市低容建设用地整理，以及以河北、天津、湖北、安徽等地为代表开展的村庄土地整理等。与此同时，土地整治国际合作与交流也悄然起步。1988年2月，德国巴伐利亚州农林食品部土地整理局和汉斯·赛德尔基金会与山东省青州市何官镇南张楼村合作启动了我国第一个土地整治国际合作项目——"土地整理与村庄革新"项目，也称"巴伐利亚试验"、"城乡等值化试验"。在德国专家的帮助下，完成了项目规划设计，融入了德国土地整理的先进理念。为配合该项目的实施，1989年6月，应汉斯·赛德尔基金会的邀请，山东省青州市、省测绘局、省土管局及南张楼村联合组成土地整理代表团赴德国考察学习巴伐利亚州土地整理、村庄革新的经验，就此拉开了我国土地整治国际交流的序幕。

1997年，原国家土地管理局组织编纂了《国内外土地整理借鉴》一书（1998年2月出版），系统介绍了当时国内一些地方土地整理典型做法和经验以及海外一些国家和地区土地整理的做法和法规制度情况，在我国土地整治事业探索起步阶段发挥了重要推动作用。

（二）发展壮大阶段（1998～2007年）

从20世纪90年代中期开始，中国工业化城镇化发展进入快车道，各项建设用地需求持续高涨，加上生态退耕战略的实施，全国耕地资源数量一度锐

减，1999～2004年年均净减少2000万亩以上，粮食总产也在2003年达到1990年以来的最低值。出于保护耕地资源、保障粮食安全考虑，这一时期国家进一步将土地整治纳入地方各级政府的考核范围。1998年8月修订的《土地管理法》提出"国家实行非农业建设占用耕地补偿制度"、"各省市自治区政府负责本行政辖区内的耕地总量动态平衡"、"国家鼓励土地整理"，进一步强化了耕地保护的法律地位；新修订的《土地管理法实施条例》要求"县、乡（镇）人民政府应当按照土地利用总体规划，组织农村集体经济组织制定土地整理方案，并组织实施"，土地整理从而成为土地利用计划管理的重要内容，成为支撑和促进地方经济社会发展的重要手段；2004年国务院发布《关于深化改革严格土地管理的决定》，重申"严格执行占用耕地补偿制度"，要求定期考核地方政府土地开发整理补充耕地情况；2005年国务院办公厅印发《省级政府耕地保护责任目标考核办法》（国办发〔2005〕52号），确定省级人民政府对本行政区域内的耕地保有量和基本农田保护面积负责；2006年国土资源部下发《耕地占补平衡考核办法》（国土资源部令第33号），确立了占补平衡考核制度，明确提出开展年度耕地占补平衡考核。土地整治工作因为直接关系地方政府耕地保护目标能否实现而受到更多关注。

现行《土地管理法》颁布实施以来，国土资源部注重结合经济社会发展形势引导和推进土地整治工作。1999年将上海市奉贤县等20个具有土地开发整理工作基础的市、县列为国家首批土地开发整理示范区；2001年与财政部联合下达了第一批国家投资土地开发整理项目计划与预算，把实施国家投资项目作为引领全国土地整治工作的主要抓手；2002年成立了土地整治领域的全国性学术组织——中国土地学会土地整理与复垦分会；2003年发布《土地开发整理若干意见》，并在福建漳州召开了第一次全国土地开发整理工作会议，明确了土地开发整理工作的指导思想和目标任务；2006年确定了116个国家级基本农田保护示范区，把基本农田建设作为重要内容，标志着我国土地整治工作从以开发未利用地为主逐步转向以整治现有农田、提高耕地质量为主。为落实国发〔2004〕28号文件提出的"鼓励农村建设用地整理，城镇建设用地增加要与农村建设用地减少相挂钩"的政策要求，国土资源部于2006年部署了第一批城乡建设用地增减挂钩试点，以增减挂钩政策为引擎的农村建设用地整理逐渐成为土地整治的重要组成部分。

在中央高度关注和国土资源部积极推动下，这一时期土地整治事业呈现不断发展壮大态势，土地整治工作基础进一步巩固。在法律地位提升上，除了在此期间修订的《土地管理法》赋予"土地整理"法律地位，1998年修订的《土地管理法实施条例》和《基本农田保护条例》也对加强土地整理工作提出明确要求。在规划体系建设上，国土资源部于2003年印发《全国土地开发整理规划（2001～2010年）》，并开始部署推动地方各级土地开发整理规划编制实施工作。在资金渠道拓展上，现行《土地管理法》规定开征新增建设用地土地有偿使用费、耕地开垦费和土地复垦费；2004年国务院8号文件规定将部分土地出让金用于农业土地开发，同年财政部、国土资源部联合发文明确各市、县至少要将土地出让平均纯收益的15%用于农业土地开发。在制度和标准规范体系建立上，这一时期国土资源部相继出台了一系列土地开发整理工作政策性文件和技术标准规范，初步建立起土地开发整理项目管理制度和标准体系。

总的来看，在这一时期，以国家投资土地开发整理项目为引领，我国土地整治逐步实现了由自发、无序、无稳定投入到有组织、有规范、有稳定投入的转变，土地整治资金数量、项目数量及建设规模快速增长，取得显著成效。1998～2007年间，全国通过土地整治补充耕地4042万亩。土地整治工作受到各级政府的高度重视和社会的广泛关注，社会影响进一步扩大。

（三）跨越发展阶段（2008年以来）

2008年是我国土地整治事业发展史上具有里程碑意义的一年。从国家战略部署看，党的十七届三中全会要求"大规模实施土地整治"，土地整治工作正式纳入党中央层面的战略布局。从概念上看，土地整治概念发生了重大变化，在1998年以前以"土地整理"概念为标志，1999～2007年以"土地开发整理"概念为标志，党的十七届三中全会第一次在中央层面提出"土地整治"的概念，是对"土地整理"和"土地开发整理"概念的继承和发展。从地方实践看，重庆市农村土地交易所正式挂牌运行，"地票"交易敲响第一槌；国土资源部和广东省人民政府签署共同建设节约集约用地试点示范省合作协议，

广东省开始探索以"三旧"改造为主要内容的城镇工矿建设用地整理；江苏省以土地整治项目为载体，以实施城乡建设用地增减挂钩政策为抓手，在全省范围内大力推进"万顷良田建设工程"，土地整治在内涵和目标上更趋多元化，实施手段更为丰富。从管理格局看，按照把权力和责任放下去、把服务和监管抓起来的改革思路，土地整治项目纵向上实行"部级监管、省级负总责、市县组织实施"的管理方式，土地整治重大工程和示范建设逐渐成为新时期引领和带动全国土地整治工作的主要抓手。

2008 年以来，土地整治各项工作基础得到进一步强化。在加强法制建设方面，除了《土地管理法》增加了土地整治相关内容外，2011 年 3 月由国务院颁布实施《土地复垦条例》，《土地复垦条例实施办法》也于 2013 年 3 月正式施行。在完善规划体系方面，国土资源部于 2010 年 5 月份正式启动新一轮土地整治规划编制工作，先后下发了省级土地整治规划编制要点和市县级土地整治规划编制规程，特别是《全国土地整治规划（2011～2015 年）》由国务院批准实施，极大推动了本轮土地整治规划工作，促进了国家、省、市、县四级规划体系的加快建立健全。在监管平台建设方面，2008 年国土资源部提出建立统一备案制度，全面实施信息化网络监管，同年研发了土地整理复垦开发项目信息报备系统，于 2009 年 1 月 1 日正式上线运行，2010 年报备系统升级为农村土地整治监测监管系统。近年来，依托国土资源综合监管平台和遥感监测"一张图"，初步构建起"天上看、地上查、网上管"的监测监管技术体系。在资金收支管理方面，这一时期财政部和国土资源部相继发布了一系列政策性文件，如中央分成新增费稽查暂行办法、关于加强土地出让收支预算编制工作的通知、关于加强土地整治相关资金使用管理有关问题的通知以及 2012 年修订印发的新增费资金使用管理办法等，土地整治专项资金使用管理制度不断健全。在标准体系建设方面，2011 年修订并发布了《土地开发整理项目预算定额标准》，2012 年发布了《高标准基本农田建设标准》，2013 年共发布了 11 项技术标准，土地整治标准体系不断健全，基本实现可行性研究、规划、设计、建设、施工、监理、质量管理、竣工验收等各环节工作有标准可依。

由于经济社会持续较快发展，这一时期全国建设用地需求一直居高不下，土地供应形势日益严峻，违法违规用地现象较为普遍。仅依靠"堵"难以奏效，如何"疏堵结合"化解各地用地矛盾成为加强和改善土地管理的一大难题。土地整治无论从"开源"还是"节流"方面，均适合应对经济社会发展对土地管理提出的现实需求，也因而在这一时期得到了长足发展，内涵和外延进一步深化和拓展。首先，城乡建设用地增减挂钩试点运行管理日益规范，继2008年国土资源部颁布增减挂钩试点管理办法、2010年国务院出台国发〔2010〕47号文后，国土资源部在2011年开展大规模清理检查后及时出台了《关于严格规范城乡建设用地增减挂钩试点工作的通知》（国土资发〔2011〕224号），对增减挂钩试点提出了系统的政策要求，标志着增减挂钩在政策引导和试点推进后，开始从微观的项目管理向宏观的制度设计转变。其次，广东省"三旧"改造工作日益引起社会各界的广泛关注，特别是2008年国务院批准实施《广东省建设节约集约用地试点示范省工作方案》以后，广东省旧城镇、旧厂矿、旧村庄改造试点工作全面展开，不同地区还结合实际创造了不同的改造模式，并于2012年5月在国土资源部与广东省政府联合举办的节约集约用地政策创新座谈会上进行了经验总结和制度提炼，在存量建设用地盘活利用和城镇低效用地再开发等方面形成广泛共识。2013年2月，国土资源部印发城镇低效用地再开发试点指导意见，从制度层面形成了有针对性、应用性和普适性的城镇低效用地再开发试点管理组合配套政策。此外，2012年2月，全国低丘缓坡未利用地开发利用试点现场观摩会在昆明召开，3月国土资源部下发关于开展工矿废弃地复垦利用点工作的通知，低丘缓坡荒滩等未利用地开发利用试点和工矿废弃地复垦利用试点也加快部署实施。所有这些，均表明土地整治是对"全域"土地的整治，在范围上已经涵括农用地、建设用地和未利用地，从农村延伸到城镇工矿。可以把土地整治概括为对低效利用、不合理利用和未利用的土地进行治理，对生产建设破坏和自然灾害损毁的土地进行恢复利用，以提高土地利用率的活动。

总体来看，20世纪80年代中期以来，特别是1998年以来，土地整治工作得到长足发展，内涵不断深化、外延不断拓展，总体上呈现出"规模扩展、内涵延伸、品质提升"的发展态势，社会关注和认知程度不断提高，综合效益日益凸显。

二 土地整治典型模式

各地在长期土地整治工作实践中，根据不同的自然资源条件和经济社会条件，因地制宜、富有创造性地开展工作，探索总结出了一些行之有效、各有特色的土地整治模式。

（一）农田整治模式

农田整治是我国土地整治工作的重点，是坚守耕地红线、保障国家粮食安全的基本途径。开展农田整治主要是通过平整归并零散田块、完善农田基础设施等活动，优化土地利用结构，增加有效耕地面积，提高耕地质量，改善农业生产条件和生态环境。随着经济社会的发展以及人类需求的提高，它还承担着美化城乡环境、传承农耕文化的作用。不同区域由于自然地理条件、经济发展水平和社会状况不同，土地利用方式、耕作制度、作物品种各不相同，土地整治的主导方向、基本内容和实施模式也就不同。目前，围绕农田开展的土地整治模式主要有"良田改造型、规模集约型、产业引领型、以水定地型、生态保持型、景观文化型"六种类型。

1. 良田改造型

就是对现有基础条件相对较好的农田进一步进行升级改造，使灌溉与排水、田间道路、农田防护与生态环境保持等农田基础设施更加配套，将其建设成"田成方、林成网、路相通、渠相连、旱能灌、涝能排"的优质高效、高产稳产的高标准基本农田。一般情况下该良田区为基本农田整备区，其主要特点是耕作条件较好、耕地后备资源较为丰富，整治过程中集中投入，成片推进，以改善耕作条件、增加有效耕地面积、提高耕地质量为主要内容，最终建设成集中布局的高标准基本农田。

2. 产业引领型

就是把土地整治的开展与现代农业的发展相结合，将土地整治打造为土地承包经营权流转和现代农业产业结构调整的依托平台，最终服务于现代农业发展，为农业产业化创造条件。推进产业引领型土地整治，要在深入了解地方现代农业产业发展面临的形势以及发展趋势的基础上进行，按照产业化发展和农业生产总体布局的要求，科学设计农田整治方案，形成一批上规模、高效益、有特色的现代农业基地。

3. 规模集约型

就是以提高农业综合生产能力为核心，以适应机械化规模耕作的需求为目标，按照高标准基本农田建设的要求，通过土地整治完善农田灌溉排水设施工程，开展田间道路工程，并改善田块形状，开展内部零星地类的整治，引导建设用地等其他地类逐步退出，促进优质农田集中连片，为农业的产业化、集约化、规模化创造条件。开展规模集约型土地整治，首先要形成规模经营的田块格局，完善配套设施，达到机械化耕作要求，同时还要积极开展权属调整，促进土地流转，实现农田向种粮大户集中。

4. 以水定地型

就是在水资源的总体约束下，充分考虑水土资源平衡对农业活动的影响，对一定区域内农田整治的目标、布局、规模与时序等进行定位和明确后所开展的土地整治活动。我国水资源总体不足，西部大部分地方属于温带大陆性干旱气候区，在干旱气候影响下，有水就有农业，就有绿洲，必须将农业的发展和水资源优化配置紧密结合。水资源的数量决定着农田整治的规模，水资源的分布决定着农田整治的基本格局。干旱缺水地区的土地整治要以节水设施工程的建设为核心，采取渠道防渗、地下管灌、地上膜灌、喷微灌等措施，配套土地平整、田间道路、农田防护与生态环境保持等工程，实现节水农田建设。

5. 生态保持型

就是通过坡改梯工程、水土保持工程和土壤改良等措施，以蓄水、保土为核心，恢复地表植被，提高耕地质量，维护生态环境，实现土地资源的可持续利用。在我国南方、中西部地区，地形地貌多样，丘陵、山地广布，很多地方水土流失严重，土壤养分平衡失调，生态环境退化。在生态脆弱地区开展土地整治主要是搞好农田防护与生态环境保持工程，采取平整土地、修筑田坎、修建蓄水灌排系统、种植防护林等措施实现治水、治田与治丘相结合。主要措施是：通过培肥等增加表土厚度，提高土壤肥力；平整土地、修筑田坎、修建蓄水灌排系统；种植护坡林草。

6. 景观文化型

就是选择某些具有特殊区位、特殊景观、特殊历史文化价值的田块，在土地整治过程中以景观生态学和景观美学的理论为基础，按照提高景观文化功能、观光休闲功能的目标，开展乡土景观设计，改善和建设田园景观，营造生态环保型的景观道路与沟渠，增加农田景观小品设计，深入挖掘农田的景观、旅游价值，使之成为传承农耕文化的载体、教育体验的基地、休闲观光的目的地。景观文化型土地整治应视经济社会发展阶段和城市化进程而开展，适应居民游览休憩的需要，适应提高种田收益的需要。

（二）农村建设用地整理模式

在我国一些经济相对发达的地区（比如浙江省、江苏省等），农民提高生活水平的诉求强烈，同时其土地整治资金比较充足，在开展农村土地整治工作时，将农村建设用地整理列为重点，对其进行长远规划、高标准要求。一是优化总体布局，对宅基地布局混乱、农村基础设施建设和公共服务设施不配套的地区进行优化调整，完善基础设施和公共服务设施，引导村民向镇、中心村集中居住，产业发展向园区集中，提高用地效率，改善人居环境；二是强化基础建设，对一些未来要重点发展的村庄，加强公共服务设施、生态环境等的总体改造提升，增强其集聚能力，彰显其特色。农村建设用地整理主要有"迁村并点、整村搬迁、旧村改造、城镇社区、集约发展、景观田园"六种整治类型。

1. 迁村并点型

就是对一些远离市区或中心镇的农村腹地的经济发展相对缓慢、生活环境条件较差、村内土地闲置较为严重的零星分散村庄进行土地整治，使一些散户居民或村庄在就近原则的指导下，向具有一定经济基础或规模的中心村迁移，从而实现居民点集中安置，同时对原有居民点进行复垦。其主要特点：一是中心村形成了一定的产业基础，具备吸纳附近村庄的劳动力的能力；二是群众翻新旧房、新建住宅和公建设施配套的意愿强烈，新建住宅时向中心村集聚的意见比较一致；三是附近的村庄农户少，但用地粗放，且农民较富裕、集体经济较发达。如浙江省松阳县针对农村危旧房面广量多的实际，提出"改造中心村、撤并自然村、建设新农村"的目标,按照"连片拆除危旧房,重新规划建新房,腾出空间促发展"的总体思路,在全县实施 5 个整村搬迁、156 个自然村撤并和 28 个农村危旧房改造项目,累计复垦宅基地 2410 亩,拆除旧房3065 户、面积 31.8 万平方米,取得了较好的效果。

2. 整村搬迁型

就是对一些人居环境恶劣、地质灾害频发等生产生活条件较差、地处不适合人类居住区域的村庄,通过土地整治实施整体搬迁,使原有的村民搬迁至生活和生产便利的地方。如重庆市近年来在城口县、巫山县等 9 个区县开展了"实施土地整治,促进高山移民"试点。其主要特点:一是地处特殊地区,如地质灾害隐患点,人民生命财产不安全,按照政策规定必须整体搬迁或逐年梯度搬迁;二是老村破旧不堪,布局分散,或水、电、路等基础配套设施条件很差,大多数年轻人已迁入新居民点,村庄空心化严重,宅基地复垦新增耕地的潜力较大。

3. 集约发展型

就是对一些在当地有着一定地位和传统,农村经济自我成长性和发展能力水平相对较高、对周围农村居民点有一定辐射和带动作用的中心村、重点村等,通过土地整治更进一步提升基础设施和公共服务设施配套水平,改善人居环境,更进一步强化其村庄功能,增强其内生发展与集聚能力。其主要特点:一是在整治过程中强调村庄建设规划的核心指导作用,立足土地利用集约节约,确定较高层次的居民点建设目标和要求,建设高水平人居环境。二是村庄的整治应密切结合农业规模化、产业化、集约化的发展方向,把握不断提高农民收入水平、生活水平的基本主线。

4. 旧村改造型

就是依据合理布局、节约用地的原则,对原有村庄在现有基础上进行重新规划,适当调整用地结构,通过内部优化布局改造和整治空心村、废弃地、危旧房,加大内部低效土地的挖潜力度,实现土地盘活和新村建设。其主要特点:一是旧村聚居地一户多宅、旧房危房多、闲置废弃地多,空心村现象突出,但其区位条件较好,具有较大的整治潜力;二是整治过程中严格划定农村居民点建设用地区,积极鼓励农户旧宅基地循环式开发利用,有效控制或缩小

村庄用地规模，达到集约节约用地的目的。

5. 城镇社区型

就是城市规划区内距离中心城镇较近、区位条件较好的村庄，通过土地整治完善生活服务设施，改善村庄人居环境，提高社会管理水平，使居民能够基本实现非农就业并有社会保障，土地整治前的城乡结合部农村变为城镇社区，促进土地合理利用，实现原有农民生产生活方式向城镇型生产生活方式转变。其主要特点：一是农民生活收入来源以非农业为主，收入水平较高且基本稳定，村民思想观念更新快。二是要结合城镇总体规划，为农村居民点完善基础设施和公共服务设施，实现农村社区化管理。三是在土地整治过程中应取消城乡二元分割管理体系，将改造后的新村纳入城市管理体系，促进城镇化进程中产业结构和就业职业结构的转变。

6. 景观田园型

就是对一些历史文化名村、传统文化村落、景观特色村庄等，通过开展景观化、生态型的土地整治，着眼于文化传承与乡村旅游发展，保持完整的乡村自然景观特色，积极修复文物的历史环境，使这些村庄彰显区域中各类优质景观的文化与自然遗产多元价值，保证区域文脉与绿脉的传承，同时促进村庄产业发展和农民增收。其主要特点：一是村庄具有特殊资源，具有一定的区位优势，可吸引外来游客；二是土地整治景观设计过程中注重保留当地传统、有特色的农耕文化和民俗文化元素，注重村庄人文环境、建筑环境和艺术环境的统一规划。

（三）城乡统筹土地整治模式

城乡统筹土地整治是在区域城乡空间体系总体框架下，以土地整治和城乡建设用地增减挂钩为平台，加快城乡公共服务一体化，加快土地、人口、资本等要素在城市和乡村之间的有序合理流动，促进农业规模经营、人口集中居住、产业聚集发展，全面促进城乡协调发展的整治模式。当前，比较有代表意义的模式如下。

1. "两分两换"

以浙江嘉兴为例。"两分两换"就是围绕土地节约集约有增量和农民安居乐业有保障的工作目标，在依法自愿的基础上，将宅基地与承包地分开，搬迁与土地流转分开，以承包地换股、换租、换保障，推进集约经营，转换生产方式；以宅基地换钱、换房、换地方，推进集中居住，转换生活方式，推进包括户籍制度、规划管理制度、公共服务均等化、新市镇建设在内的"十改联动"。

"两分两换"的工作目标是"五化"，即：通过土地流转实现规模集约经营，加快推进农业产业化；通过盘活农村非农建设用地挖掘潜力，加快推进工业化；通过转移、培训农民，加快推进农民的市民化；通过加大以城带乡、以工补农力度，提升农业、改造农村、转移农民，推进农村城镇化，实现城乡一体化。

2. 地票模式

以重庆市为例。所谓地票，是指包括农村宅基地及其附属设施用地、乡镇企业用地、农村公共设施和农村公益事业用地等在内的农村集体建设用地，经过复垦和土地管理部门严格验收后所产生的指标。企业购得的地票，可以纳入新增建设用地计划，增加相同数量的城镇建设用地。

地票的创设，可以使农村多余的建设用地，通过复垦形成指标，进入土地交易中心进行交易，为土地流转、土地集约高效使用提供了制度平台。通过激励相容的市场机制，使远郊农村建设用地与城镇建设用地间潜在供需关系巧妙结合，对于解决我国农村宅基地空置等低效率使用问题、打破城镇发展普遍遭遇的土地资源瓶颈，具有较强的现实意义。

3. 宅基地换房

以天津华明镇为例。2005 年，经国家发改委批准，天津市东丽区华明镇成为首个以"以宅基地换房"模式建设示范小城镇的全国试点。从 2006 年起，通过推进农村居住社区、工业园区、农业产业园区"三区"统筹联动发展，打造拥有薪金、租金、股金、保障金的"四金"农民，仅用 3 年时间就建成一个"新华明"。"以宅基地换房"指在国家相关政策框架内，充分尊重农民的意愿，坚持可耕地面积总量不减少、承包责任制不变，高水平规划设计和新建一批利于产业聚集、生态宜居的特色新型小城镇，改善农民的居住环境，实现农民由一产向二、三产业转移，耕地向种植大户集中，农民向城镇集

中，工业向小区集中，明显提高文明程度，并使之分享城市化成果。

具体操作过程中，按照规定的置换标准，农民用自己的宅基地无偿换取一套小城镇住宅，迁入小城镇居住，并由村、镇政府组织统一整理复垦农民原有的宅基地，实现耕地占补平衡。除了规划农民住宅小区外，新建的新型小城镇，还要规划出一块可供市场开发出让的土地，并以土地出让获得的收入弥补小城镇建设资金。

4. "千村示范万村整治"模式

2003年，浙江省委、省政府做出了实施"千村示范万村整治"工程的重大决策，并以此作为统筹城乡发展的龙头工程和全面推进社会主义新农村建设的有力抓手，翻开了浙江美丽乡村建设的宏伟篇章。"千万工程"是在"农民自愿、因地制宜"的基础上，从治理"脏、乱、差、散"入手，通过土地整治活动，加大村庄环境整治的力度，完善农村基础设施，加强农村基层组织和民主建设，从而加快农村社会事业发展，实现布局优化、道路硬化、村庄绿化、路灯亮化、卫生洁化、河道净化，使农村面貌有一个明显改变，为加快实现农业和农村现代化打下扎实的基础。

其主要特点：一是遵循农村建设和发展规律，突出农村工作的特点，以村庄环境整治和基础设施建设为主要抓手，切实改善农村人居环境；二是以规划为龙头，统筹城乡规划和制定完善的县域镇村体系规划、村庄规划和农村发展规划；三是突出重点，完善机制，统筹协调，将改善环境和促进农村经济社会发展相结合，全面促进农村各项事业进步；四是保护和利用好农村土地，保持乡村功能、田园风光和传承历史文化。

（四）城镇工矿建设用地整理模式

城镇工矿建设用地整理就是在土地、城市等相关规划的控制下，有序推进旧城镇、旧工矿以及"城中村"改造，盘活存量建设用地，拓展城镇发展空间，促进土地节约集约利用，提升土地价值，改善人居环境。当前比较有代表意义的包括深圳的城市更新模式和佛山的"三旧"改造整治模式。

1. 深圳城市更新模式

城市更新模式是一种对城市低效建设用地的处置和收益分配等政策进行的

有益探索和创新，就是在全面开展低效用地专项调查以及科学编制低效用地二次开发专项规划的基础上，通过采取收购、委托收购、协议收购等多种手段，将城中村、企业改制用地等存量土地优先纳入土地储备，优化存量土地储备机制的运行模式，进而将城市更新片区作为单元进行整体规划，把分散的存量土地进行置换整合、更新升级，提高存量土地的置换效率。

该模式规定原农村集体经济组织继受单位是唯一的土地确权主体，改变过去完全由政府主导、原土地使用权人无法参与开发过程的做法，允许集体建设用地享受与国有土地同样的自行开发权利，所得收益按照确定权益、利益共享的原则在政府和继受单位之间进行分配。不仅政府获得了城市功能提升的建设空间，继受单位也获得了基础设施改善后的土地增值和用途调整后的土地收益，还充分尊重和保障了原土地使用权人权益，调动了其主动参与城市更新的积极性，有效化解城市整体利益、局部利益与个体利益的矛盾。

2."三旧"改造模式

"三旧"改造，是在符合土地利用总体规划和城镇建设规划的前提下，遵循"全面探索、局部试点、封闭运行、结果可控"的原则，对布局不合理、配套不完善、使用效率低下的旧城镇、旧厂房和旧村庄进行再开发，通过内部挖潜实现土地资源的有效流动、循环利用。

具体操作过程中，突出多主体改造、多元投资以及多用途改造，根据改造主体来区分，有政府主导拆迁、净地出让、引进资金运作的旧城镇改造模式和以村集体经济投入为主自行改造以及以土地入股、引进社会力量联合改造的旧村庄改造模式；按改造用途分，有保留原建筑风貌、完善公共配套设施、整合多地块连片改造升级的旧厂房改造模式和以环境整治改造为主的旧城镇、旧村庄改造模式等；按投资方式分，形成了政府投资改造、社会力量投资改造等模式。

三　土地整治基础工作

十多年来，土地整治各项基础工作稳步推进，取得了巨大成就，夯实了土地整治持续发展的基础。主要体现在：土地整治规划体系基本建立，政策制度

体系不断完善，技术标准体系逐步健全，资金投入渠道日趋稳定，调查研究取得重要成果，科技支撑能力不断提升，国际合作与交流日益深入，宣传工作产生深刻影响，信息化建设初见成效，机构队伍建设对事业发展的支撑和保障作用不断增强。

（一）规划体系基本建立

土地整治规划是整个土地整治工作的龙头，是规范有序开展各类土地整治活动、统筹安排各类土地整治资金的基本依据。我国土地整治规划的发展历经曲折、循序渐进，逐步形成了与时代发展相适应的土地整治规划体系，促进了我国土地整治事业的蓬勃发展。

1. 土地整治规划历史沿革

（1）土地整治规划的萌芽：与土地规划事业发展相伴相生。

20 世纪 50 年代，土地规划作为一门学科传入我国。1954 年底，结合大型友谊农场的建立，我国第一次开始有组织地开展土地规划工作，在此基础上，开展了以农业社为基本单位的土地规划试点。1964 年全国提出"农业学大寨"号召，各地着手把农田分期分批建成旱涝保收高产稳产农田，规划以建设方条田为中心内容，重点实施平整土地和田、渠、路、林的综合配套。

土地规划工作在这一时期经历了从无到有的过程，土地整治尤其是农用地的整治，作为核心内容从国外引进，并按照不断巩固人民公社经济的发展要求，对规划目标和任务进行了适应性调整，为我国现代土地整治规划工作奠基。

（2）土地整治规划的发展：土地利用总体规划的重要组成部分。

1987 年，原国家土地管理局展开了第一轮土地利用总体规划编制工作。1993 年 2 月，《全国土地利用总体规划纲要（1987～2000 年）》经国务院批准实施。土地整治工作从规划编制工作开始到规划发布实施，一直受到高度重视。根据《全国土地利用总体规划纲要（1987～2007 年）》的总体安排，该时期土地整治按照"开源"和"节流"并举的方针，主要任务是围绕贯彻落实耕地总量动态平衡的要求，增加耕地数量，及时弥补耕地损失。其后，按照党中央、国务院的要求，将耕地开发复垦指标纳入土地利用计划管理，并在

1998 年颁布的《土地管理法实施条例》中进一步明确为"土地开发整理计划指标"。

这一阶段，土地整治作为《全国土地利用总体规划纲要（1987～2007年）》目标任务的重要组成部分，在减缓耕地净减少、稳定农业生产等方面发挥了举足轻重的重要作用。但土地整治工作尤其是基层各项土地整治活动始终存在缺乏规划指导的问题，土地利用总体规划的操作性不足，年度计划管理计划性强而科学性不足。为避免过度追求局部短期利益，国家土地管理部门开始酝酿和部署土地开发整理专项规划的编制工作。

（3）第一轮规划应运而生：《全国土地开发整理规划（2001～2010年）》出台。

1997 年，土地整治工作迎来重大机遇，《中共中央、国务院关于进一步加强土地管理切实保护耕地的通知》（中发〔1997〕11 号）中明确提出"积极推进土地整理，搞好土地建设"。1999 年 2 月，国土资源部《关于切实做好耕地占补平衡工作的通知》（国土资发〔1999〕39 号）提出各级土地行政主管部门"要依据土地利用总体规划编制好土地开发整理专项规划"，并于 2000年 10 月颁布实施《土地开发整理规划编制规程》（TD/T 1011－2000），第一轮土地开发整理规划编制工作正式拉开序幕。其后，国土资源部连续发布一系列文件，进一步加强和规范土地开发整理规划相关工作。2002 年 2 月，《全国土地开发整理规划（2001～2010 年）》编制工作启动，完成了土地开发整理潜力、规划目标与保障措施、重点区域与重大工程、投资需求与效益评价、规划图件与成果信息化、中外土地整理比较等 6 项专题研究。2003 年 3 月，《全国土地开发整理规划（2001～2010 年）》经部长办公会审查通过印发实施。各地对首轮土地整治规划编制工作空前重视，各省（区、市）以及大部分县级行政单位都编制完成了土地开发整理专项规划。

这一阶段，土地整治规划的地位得到初步确立，树立了规划在土地整治工作中的龙头地位。依托于土地利用总体规划，首轮土地整治规划快速构建形成了从国家、省到县的规划体系，初步确立了规划的目标任务，形成了省、县级规划的规划内容、技术、方法体系框架。土地整治规划成为土地利用总体规划的补充和深化，其在指导土地整理活动中的作用得到全面加强。

（4）第二轮土地整治规划：新形势、新要求、新内涵和新使命。

2008 年，《全国土地利用总体规划纲要（2006～2020 年）》发布实施，首轮土地整治规划的规划期限逐渐临近，在此背景下第二轮规划编制工作拉开序幕。2010 年 5 月，全国土地整治规划编制工作正式启动，分设土地整治潜力调查分析评价、土地整治战略研究、土地整治重大工程布局研究等 8 个专题，开展了深入、系统的研究。2010 年 10 月，国土资源部下发《关于开展土地整治规划编制工作的通知》（国土资发〔2010〕162 号），召开电视电话会议，全面部署省级土地整治规划及 14 个试点市、县的土地整治规划编制工作，明确了各级规划的编制思路、主要任务、工作重点及有关要求。2011 年 4 月，由国土资源部土地整治中心编制的扬州市土地整治规划率先通过专家评审论证，成为我国首个编制完成的规划，为新一轮土地整治规划编制探索了路径，积累了经验。

新一轮土地整治规划编制期间，党中央、国务院对土地整治工作高度重视，先后召开的十七届五中全会、中央农村工作会议和《国务院关于严格规范城乡建设用地增减挂钩试点切实做好农村土地整治工作的通知》（国发〔2010〕47 号）以及国土资源部下发的规划部署文件，都对土地整治提出了新的更高要求，指明了规划编制的总体方向。

这一时期，土地整治内涵和外延不断拓展，土地整治的作用不再局限于补充耕地数量、弥补耕地损失，土地整治逐步上升为国家层面的战略部署，在保障国家粮食安全、建设社会主义新农村、统筹城乡发展方面发挥了巨大推动作用。新一轮土地整治规划作为土地利用总体规划的继承和发展，内容不断丰富，目标趋向多元，承载了更多使命。目前，"国家—省—市—县"四级规划体系已经建立，各级规划定位清晰、目标明确、相互衔接。在规划定位上，全国土地整治规划是国家土地整治的战略指引，是指导全国土地整治工作的纲领性文件，既是规范有序推进土地整治的基本依据，也是大规模建设和保护旱涝保收高标准基本农田的基本依据；省级土地整治规划是土地整治规划体系中承上启下的重要规划层次，为市县规划提供依据和指导；市县土地整治规划是实施性规划、土地整治活动的基本依据，是土地整治规划体系的主体和关键。各级规划在规划内容上各有侧重，国家级规划重点明确土地整治的方向、重点和目标任务,确定土地整治的重点区域、重大(点)工程和投资方向;市县级规划要明确土地整治的规模、布局,落实到具体项目并明确实施时序,提出资金安排计划。依托四级规划体系,规划目标自上而下层层落实,通过规划调控指标、规划空间布局、规划实施措施实现对各级土地整治工作的管控和引导。

2. 新一轮土地整治规划的重要创新

新一轮土地整治规划无论是在编制还是组织管理上都在上一轮规划的基础上得以完善和规范。与上一轮土地开发整理规划相比,《全国土地整治规划(2011~2015年)》立足于当前我国经济社会发展的阶段性特征和国土资源工作面临的新形势、新任务,融合了土地整治理论与实践不断丰富和发展的最新成果,取得诸多突破和创新。本轮规划更加注重土地整治的综合性、多元性特点,对各类土地整治活动进行统筹安排;更加注重耕地质量建设,并提出明确的质量建设目标;更加注重土地生态环境建设,强调坚持土地整治与生态保护相统一;更加注重对农村风貌和特色文化的保护,提出了土地整治对保护和传承乡土文化的内容和要求;更加注重土地整治经济激励机制的创新。

同时,本轮规划深入贯彻国家区域发展总体战略和主体功能区战略,突出强调了全域规划理念,提出统筹区域土地整治,明确提出不同区域土地整治方向、措施和模式,首次在国家层面的规划或文件中对实施差别化土地整治进行了部署。特别值得一提的是,《中国农村扶贫开发纲要(2011~2020年)》在对未来十年扶贫开发工作做出全面部署时,多次提到要加强土地整治,充分表明土地整治已经成为我国扶贫开发工作的重要举措,受到中央领导的重视,得到社会各界的广泛认可。新一轮土地整治规划深入贯彻党中央、国务院关于深入推进农村扶贫开发工作的政策方针,将土地整治与扶贫开发工作紧密结合,进一步丰富和拓展了土地整治承载的社会功能。

3. 规划宣传解读和培训指导

全国土地整治规划发布实施以后,国土资源部组织有关专家撰写了系列解读文章,围绕新一轮规划的指导思想、目标任务、重点布局、重要创新等方面进行全方位宣传解读,使新一轮规划的战略布局和创新理念深入人心,引起社会普遍关注。

为了组织编制好新一轮土地整治规划,加快土地整治规划体系建设,国土资源部土地整治中心着力加强对地方土地整治规划编制工作的技术指导和培训。一是组织编制《土地整治规划概论》等培训教材，编写了省、市、县级土地整治规划编制规程，为各级规划编制提供了技术依据。二是组织举办34期土地整治规划培训班，培训了近万名规划技术人员；组建了5个QQ群，已成为各级国土资源管理部门和土地整治从业机构开展规划编制技术交流和业务咨询的重要平台。三是受地方之邀赴20多个省市，通过现场交流、规划论证、评审研讨等形式加强技术指导。四是直接参与地方土地整治规划编制工作。在加强技术指导的同时，承担编制了23个地方土地整治规划，直接指导地方土地整治工作，服务地方经济社会发展。在此过程中，为切实摸清基层干群对土地整治的实际需求，选派优秀青年干部"进村入点"学习锻炼，深入400多个乡镇开展实地调查，形成9700多份调查问卷。特别是参与的汶川地震重灾区德阳市及下辖4县（区）的规划编制工作，对"后灾后重建时期"灾区恢复振兴起到了积极的促进作用。上述措施不仅保障了新一轮土地整治规划整体水平，促进了土地整治规划体系加快建立健全，强化了土地整治促进扶贫开发、改善民生的作用，同时增强了党员干部的群众观点，改进了工作作风，提高了服务能力和水平，树立了良好形象，受到基层干部和广大农民群众的好评。

（二）政策制度体系不断完善

现行《土地管理法》颁布实施以来，国土资源部联合有关部门就土地整治工作连续下发一系列政策性文件，初步构建起以项目管理和资金管理为核心的土地整治政策制度体系，为规范有序推进土地整治工作提供了基本制度保障。

1. 土地整治规划管理制度

为编制好第一轮土地开发整理规划，国土资源部发布了《土地开发整理规划编制规程》（TD/T1011 - 2000），并先后下发《关于认真做好土地开发整理规划工作的通知》（国土资发〔2002〕57号）、《关于印发〈土地开发整理规划管理若干意见〉的通知》（国土资发〔2002〕139号）、《关于印发〈省级土地开发整理规划编制要点〉、〈县级土地开发整理规划编制要点〉的通知》（国土资发〔2002〕215号），明确了开展土地开发整理工作的指导思想，即贯彻"十分珍惜、合理利用土地和切实保护耕地"的基本国策，坚持"在保护中开发，在开发中保护"的总原则，以内涵挖潜为重点，以增加农用地特别是耕地面积、提高耕地质量、改善生态环境为主要目的，不断提高土地开发整理水平，确保土地利用规划目标的实现。

2010 年，第二轮土地整治规划编制工作正式启动，国土资源部下发了《关于开展土地整治规划编制工作的通知》（国土资发〔2010〕162 号）、《关于开展省级土地整治规划审核工作的函》（国土资厅函〔2012〕787 号）、《关于印发省级土地整治规划编制要点的通知》（国土资厅发〔2012〕47 号），并联合财政部下发了《关于加快编制和实施土地整治规划大力推进高标准基本农田建设的通知》（国土资发〔2012〕63 号），出台了《市（地）级土地整治规划编制规程》（TD/T 1034 - 2013）和《县级土地整治规划编制规程》（TD/T 1035 - 2013），明确了新一轮土地整治规划编制工作的基本要求和战略指向。2012 年 3 月，国务院批复实施《全国土地整治规划（2011 ~ 2015 年）》，进一步确立了土地整治规划的地位，要求"涉及土地整治活动的相关规划，应与土地整治规划做好衔接，确保规划有效实施"。本轮规划由同级人民政府批准，报上一级国土资源管理部门备案，进一步增强了规划的权威性和管控性。

国土资源部围绕土地整治规划工作发布的一系列政策性文件和技术规程，初步建立了土地整治规划管理制度和标准体系。截至 2013 年底，32 个省级土地整治规划全部由同级人民政府批准实施，标志着国家、省、市、县四级土地整治规划体系基本形成。今后没有编制土地整治规划的，一律不得安排土地整治项目。

目前，规划分解、计划推动、动态跟踪评估的规划实施管理机制初步形成。近两年，国土资源部和财政部通过编制土地整治年度计划，将每年 1 亿亩高标准基本农田建设任务和中央财政支持的专项资金分配给各省份，并对年度计划完成情况进行评估考核，将评估考核结果作为下一年度中央支持资金分配的重要依据，以保障规划目标的落实。

2. 土地整治项目管理制度

自 2000 年以来，国土资源部围绕国家投资土地整治项目实施建章立制，先后下发了土地整治项目申报管理、实施管理、竣工验收等一系列政策文件，

确立了土地整治项目从申报立项、规划设计、项目实施到竣工验收等全流程管理的基本制度框架，同时确立了项目法人制、招投标制、工程监理制、公告制和合同制等土地整治项目实施具体制度。

2003年以来，随着外部形势的变化，土地整治项目管理方式也在不断发展变化。国土资源部于2003年将国家投资、中央承担的土地开发整理项目（国土资源部土地整治中心作为项目承担单位）移交给地方承担；2004年在文件中提出"省级国土资源管理部门负责落实国家有关政策规定，组织项目申报、入库审查和项目库建设与管理，并对项目的真实性、合法性、可行性负责；部负责项目库建设有关规定的制定，项目备案与项目库的监督管理"，从而下放了国家投资项目立项审查权；2005年下发《关于加强和改进土地开发整理工作的通知》（国土资发〔2005〕29号），提出"要进一步下放项目管理权限，促进合理确定项目管理权责，改进项目管理方式"，规定"国家投资项目管理实行中央与地方分级负责机制，国土资源部主要负责制定政策和技术规范，发布项目指南，受理入库项目备案，审查项目初步设计与预算，下达项目计划，开展项目监督检查；省级国土资源管理部门主要负责落实国家政策与任务，组织项目申报，负责项目入库审查和项目库建设，核准项目实施方案，监督指导项目实施，开展项目竣工验收"。从而下放了国家投资项目竣工验收权；从2007年起调整中央分成新增费分配办法，下放国家投资项目规划设计和预算审查权，同年下放了规划设计变更管理权；2008年正式提出"土地整理复垦开发项目纵向上实行部级监管、省级负总责、市县人民政府组织实施的管理制度"。至此，国土资源部在项目管理上完成了"放权"的过程。

2012年，国土资源部、财政部对新形势下土地整治项目管理程序和实施模式做出了导向性的规定，鼓励各地在强化政府主导和完善制度、明确责任、监管到位的前提下，进一步优化、简化项目申报和前期工作程序，积极探索高标准基本农田建设的实施方式。允许有条件的地方探索"以补代投、以补促建"的实施路径，鼓励农村集体经济组织和农民依据土地整治规划开展高标准基本农田建设。

为了实现对全国土地整治工作的宏观监测监管，国土资源部建立了土地整治项目信息备案制度。在《关于进一步加强土地整理复垦开发工作的通知》

（国土资发〔2008〕176号）、《国务院关于严格规范城乡建设用地增减挂钩试点切实做好农村土地整治工作的通知》（国发〔2010〕47号）、《国土资源部办公厅关于做好农村土地整治监测监管系统和耕地占补平衡动态监管系统运行有关工作的通知》（国土资厅函〔2010〕1338号）等文件中，都要求建立土地整治项目统一备案制度，明确项目信息报备的范围和要求，规定各级各类土地整治项目均需及时、准确、完整、动态备案，为实现全国土地整治项目底数清、情况明和"集中统一、全程全面"监测监管奠定了基础。

3. 土地整治资金管理制度

经过多年的实践探索，土地整治基本上形成了"项目跟着规划走、资金跟着项目走"的工作思路。随着土地整治项目管理制度体系的建立健全，土地整治资金管理制度体系也不断完善。

土地整治资金征收使用管理制度不断完善。1998年修订的《土地管理法》规定，自新法施行之日起征收新增建设用地土地有偿使用费专项用于耕地开发，新增费的30%上缴中央财政，70%留给有关地方人民政府。财政部、国土资源部发布的《新增建设用地土地有偿使用费收缴使用管理办法》（财综字〔1999〕117号）进一步确定了新增费征收原则、标准和对象，明确了新增费用途和使用方向，即新增费必须专项用于耕地开发和土地整理，不得用于平衡财政预算。2000年国土资源部出台的《土地开发整理项目资金管理暂行办法》（国土资发〔2000〕282号）规定，土地整治项目承担单位必须严格按照批准的预算执行，项目实行全成本核算，超预算支出一律不予补助；要求资金专款专用，单独核算，不得截留、挪用或挤占。财政部、国土资源部于2001年印发《新增建设用地土地有偿使用费财务管理暂行办法》（财建〔2001〕330号），确立了土地整治项目资金预算管理制度，将新增费纳入预算管理，实行"先收后支、量入为出、统筹规划、专款专用"的原则，这就是中央分成新增费上年征收下年使用的基本依据。2006年，财政部、国土资源部、中国人民银行联合发文对新增费的征收主体、征收范围、征收等别、征收标准等进行了调整。在此基础上，财政部、国土资源部于2007年下发《关于调整中央分成的新增建设用地土地有偿使用费分配方式的通知》（财建〔2007〕84），对新增费资金使用管理政策做出了重大调整，采取按因素法将中央分成新增费分配给各省（区、市）。2012 年，两部对新增费资金使用管理办法进行了修订，对新增费资金使用管理提出了明确要求，规定新增费专款专用于土地整治支出及其他相关支出，不得超范围支出；新增费要纳入政府性基金预算管理，专款专用，任何单位和个人不得截留、挤占或挪用；在预算管理上，中央分成新增费支出预算分为中央本级支出预算和对地方转移支付预算两部分，中央对地方新增费转移支付支出采取因素法、项目法或因素法与项目法相结合的方式分配。

财政部、国土资源部高度重视土地整治资金使用管理，不断完善监督检查制度，持续开展监督检查工作。2008 年出台的《中央分成新增费稽查暂行办法》（财建〔2008〕30 号）、2009 年下发的《关于加强土地整治相关资金使用管理有关问题的通知》（财建〔2009〕625 号）等一系列文件，要求各省（区、市）制订省级土地整治资金使用管理办法，建立绩效评价制度和稽查制度。财政部、国土资源部不定期对中央分成新增分配和使用情况进行专项稽查和例行监督检查，结果与资金分配相挂钩。修订后的新增费资金使用管理办法进一步明确提出，地方各级财政部门和国土资源管理部门要对本地区新增费项目实施情况和资金使用情况负责任，切实提高新增费使用管理效率，杜绝截留、挤占、挪用和浪费资金现象。对违反规定使用土地整治资金的行为，要依照《财政违法行为处罚处分条例》（国务院令第 427 号）及有关法律法规予以处理。

4. 土地整治权属管理制度

十多年来，国土资源部组织对国外土地整治权属管理经验进行了深入分析研究，形成了多项研究成果。在借鉴国外经验的基础上，结合我国土地权属实际状况，国土资源部于 2003 年出台了《关于做好土地开发整理权属管理工作的意见》（国土资发〔2003〕287 号）文件，明确了土地开发整理项目实施过程中权属管理工作的基本要求、权属调整程序和重点；2012 年下发《关于加强农村土地整治权属管理的通知》（国土资发〔2012〕99 号），结合土地整治工作新形势、新要求，重点围绕保障群众权益，形成了土地整治权属管理制度框架。

——坚持土地整治权属管理的原则。在整治前，要严格按照有关规定，对纳入整治范围的土地进行调查确权登记，确保土地整治活动在权属明晰的基础上进行，即坚持依法依规、确权在先的原则；涉及土地权属调整的，要充分尊重权利人意愿，把维护群众合法权益放在第一位，按照政府引导、村组协调、农民自愿的要求协商解决，切实保障权利人的知情权、参与权、受益权和监督权，即坚持自愿协商、公开公平的原则；权属调整事关权利人的切身利益，因此涉及土地权属调整的，应由权利人签订协议并依法报经有批准权的机关批准，土地权属状况在整治后调配要更有序合理、较整治前更清晰，不产生新的土地纠纷，即坚持依照程序、维护稳定的原则。

——理顺土地整治权属管理程序。涉及土地权属调整的土地整治项目，要按照有关规定，做好项目不同管理阶段的工作。在项目申报立项阶段，要深入开展可行性研究，查清项目区内每一地块的位置、面积、地类、权属状况，通过各种渠道和方式调查了解权利人权属调整意愿，统计、分析权属调整的初步意向，作为申报项目的前提条件。在项目规划设计阶段，要结合土地整治项目规划设计方案，编制土地权属调整方案，与权利人协调签订土地权属调整协议，并按规定进行公告。在项目实施阶段，除土地整治活动外不应有其他改变土地利用现状的行为，如需要对土地权属调整方案做适当修改，应按要求协调签订补充协议。在项目工程完工后，要按照土地权属调整方案对权属界线进行重新勘测定界并落实到图上，由权利人签字确认，编写土地整治权属调整报告。

——认真抓好土地整治权属调整工作。项目立项审批要把土地权属调整方案作为必备要件，权属调整方案不符合要求的不予立项。土地权属调整方案编制完成后应当在项目所在地的乡镇、村组进行公告，公告期不少于15天，尽最大可能征得土地权利人的同意。公告期间权利人对调整方案有异议的，应依托项目区内村集体经济组织先行协商解决，不能协商一致的，应向当地国土资源管理部门申请调处争议。经公告无异议或者争议已解决的土地权属调整方案，先报经县级以上人民政府批准，由乡镇人民政府组织权利人签订土地权属调整协议。项目建设完成后，要把土地权属管理情况作为项目验收的重要内容之一，对未落实权属调整方案、调整后出现新的权属纠纷或者没有按要求编制权属调整报告的，项目不得通过验收。整治后应当按照土地权属调整方案及有关调整协议，及时分配土地，确保分配结果公平、合理，让群众满意。项目竣

工验收后，当地国土资源管理部门要及时开展土地变更调查和地籍调查，依法确定项目区集体土地所有权、宅基地使用权、集体建设用地使用权、承包经营权等各项土地权利，更新相关图件、数据库和统计台账，做好土地变更登记，做到位置清楚、面积准确、地类正确、权属明确，确保地籍信息的准确性和完整性。

5. 耕地占补平衡制度

1997 年，在当时因很多地方乱占耕地、违法批地、浪费土地而导致耕地面积锐减、国家粮食安全受到威胁的严峻形势下，党中央、国务院下发的《关于进一步加强土地管理切实保护耕地的通知》（中发〔1997〕11 号）提出"实行占用耕地与开发、复垦挂钩政策"，规定非农业建设确需占用耕地的，必须开发、复垦不少于所占面积且符合质量标准的耕地，首次提出耕地"占补平衡"的理念。1998 年修订的《土地管理法》明确提出"国家实行占用耕地补偿制度。非农业建设经批准占用耕地的，按照'占多少，垦多少'的原则，由占用耕地的单位负责开垦与所占用耕地的数量和质量相当的耕地；没有条件开垦或者开垦的耕地不符合要求的，应当按照省、自治区、直辖市的规定缴纳耕地开垦费，专款用于开垦新的耕地"，标志着耕地占补平衡制度正式确立。

1999 年，国土资源部下发了《土地管理法》修订后第一个落实耕地占补平衡制度的文件《关于切实做好耕地占补平衡工作的通知》（国土资发〔1999〕39 号），首次提出耕地"先补后占"的理念，要求在土地利用规划确定的城市、村庄、集镇建设用地区内占用耕地必须实行先补后占，允许地方引入市场化机制，逐步建立向社会化、产业化发展的"补充耕地市场化制度"。《关于土地开发整理工作有关问题的通知》（国土资发〔1999〕358 号）进一步提出，为使建设占用耕地真正做到占补平衡，必须建立"补充耕地储备制度"，实行建设用地项目补充耕地与土地开发整理项目"挂钩制度"。2001 年下发的《关于进一步加强和改进耕地占补平衡工作的通知》（国土资发〔2001〕374 号），要求各地积极推行耕地储备制度和补充耕地与土地整理复垦开发项目挂钩制度，并对规范易地补充耕地工作提出了要求。

2004 年，鉴于各地普遍存在的建设用地大量闲置浪费、补充耕地义务未有效落实等情况，国土资源部、国家发改委联合下发《关于在深入开展土地市场治理整顿期间严格建设用地审批管理的实施意见》（国土资发〔2004〕124 号），暂停建设用地审批。2006 年，国家重新启动了建设用地审批，同时为加强耕地占补平衡管理工作，国土资源部发布第 33 号令，向社会公布了《耕地占补平衡考核办法》，明确提出开展年度耕地占补平衡考核，正式建立了耕地占补平衡"考核制度"。占补平衡考核以县级行政区为范围，主要考核经依法批准的补充耕地方案确定的补充耕地的数量、质量和资金使用情况。

2008 年，党的十七届三中全会提出"继续推进土地整理复垦开发，耕地实行先补后占"。为贯彻落实中央的要求，国土资源部于 2009 年下发《关于全面实行耕地先补后占有关问题的通知》（国土资发〔2009〕31 号），提出进一步完善耕地储备制度，在全国全面实行先补后占。同时为更好调动社会各方面补充耕地的积极性，鼓励地方积极探索市场化运作方式，吸引社会资金参与。

2008 年，国土资源部下发《关于严格耕地占补平衡管理的紧急通知》（国土资电发〔2008〕85 号），明确规定建设占用耕地不得跨省域易地补充。2008～2010 年，先后下发《关于土地整理复垦开发项目信息备案有关问题的通知》（国土资发〔2008〕288 号）、《关于抓紧开展报部备案补充耕地核实工作的通知》（国土资电发〔2009〕86 号）和《关于做好农村土地整治监测监管系统和耕地占补平衡动态监管系统运行中有关工作的通知》（国土资厅函〔2010〕1338 号）等文件，推行"备案制度"，要求在建设用地审批时，必须在建设用地监管信息系统中备案，并在耕地占补平衡动态监管系统中挂钩对应补充耕地项目，核销补充耕地指标。补充耕地项目在立项阶段即要录入农村土地整治监测监管系统备案，对补充耕地项目统一配号，"身份"识别，进而对立项、实施、验收等环节进行全程监管，项目验收后，可用于耕地占补平衡的指标流入耕地占补平衡动态监管系统，在国家层面构建了占地与补地数据库。在此基础上，国土资源部在《关于切实加强耕地占补平衡监督管理的通知》（国土资发〔2010〕6 号）中提出建立耕地占补平衡"全面全程监管制度"。

在注重耕地数量平衡的同时，国土资源部日益重视对新补充耕地质量的管理。2009 年，国土资源部会同农业部联合下发《关于加强占补平衡补充耕地质量建设与管理的通知》（国土资发〔2009〕168 号）；2012 年，在《关于提升耕地保护水平全面加强耕地质量建设与管理的通知》（国土资发〔2012〕108 号）中提出严格落实耕地占补平衡，把好补充耕地质量关。经过十多年发展，耕地占补平衡已基本实现"先补后占"、全面全程、集中统一管理，努力实现补充耕地与占用耕地数量和质量双平衡。

6. 土地整治绩效评价制度

2008 年以来，在财政部和国土资源部下发的中央分成新增费资金使用管理办法、关于加强土地整治相关资金使用管理有关问题的通知、新增费资金使用管理办法等一系列土地整治资金使用管理方面的政策性文件中，明确提出各级财政和国土资源管理部门要建立健全绩效评价制度，积极开展土地整治绩效考评工作，并将绩效考评结果与资金分配相挂钩。在国家层面推进土地整治绩效评价工作制度化、规范化、常态化的意图越来越明显。

2013 年 10 月，国务院批准实施《全国高标准农田建设总体规划》。该规划提出建立健全高标准农田建设考核制度，中央有关部门定期对地方高标准农田建设情况进行考核；项目完成后要开展后评价，以亩均粮食产能为重点，对高标准农田的利用、产出效益、防灾减灾效果进行跟踪分析，全面掌握项目绩效；省级人民政府对高标准农田建设负总责，省级层面要开展绩效评价，实行奖优罚劣；要建立健全目标责任制度和绩效评价制度，将高标准农田建设任务完成情况作为考核地方政府领导干部的重要内容。

2008～2012 年，国土资源部土地整治中心先后组织开展了土地整治项目绩效评价、土地整治重大工程项目绩效评价、土地整治项目成效调查和绩效评价等专题研究，形成了土地整治绩效评价规程和有关技术手册等一系列成果，为开展绩效评价工作奠定了理论和技术基础。2009 年 9 月，国土资源部下发《关于开展土地整治绩效评价试点工作的函》（国土资耕函〔2009〕044 号），确定在浙江、湖南、山西、宁夏、黑龙江 5 省（区）各选取 20 个项目开展绩效评价试点。通过开展试点，有关省份对绩效评价的认识有了深化和提高，并以课题研究成果为基础，形成了具有地方特色的评价指标和工作体系。

近年来，很多省份都结合本地实际开展了绩效评价实践。据调查了解，目前已部署实施、启动筹备或计划开展土地整治绩效的省份有 22 个，其中已取得重要进展或阶段性成果的省份有 15 个。2013 年，新疆生产建设兵团对已完工的 45 个国家投资土地整治项目开展了绩效评价，在全国率先正式启动土地整治绩效评价工作，对绩效评价的理论与方法进行了有益探索，为下一步在全国范围内推行绩效评价制度、开展土地整治特别是高标准农田建设绩效评价工作积累了宝贵经验。

除了上述 6 项制度外，土地复垦、城乡建设用地增减挂钩等也都形成了相对独立和完善的政策制度体系。与此同时，国土资源部高度重视土地整治领域的廉政制度建设，2001 年发布了《土地开发整理项目及资金管理工作廉政建设规定》（国土资纪〔2001〕27 号），这是我国第一个关于土地整治领域廉政建设的专门文件，规定建立项目会审制度，要求各级国土资源管理部门不得兴办与土地整治有关的经营性经济实体，不能以任何名义参与项目的工程建设等。国土资源部土地整治中心在此文件基础上，立足部门职能，制订了《国土资源部土地整治中心廉洁自律"六不准"》，对反腐倡廉发挥了积极作用。

（三）技术标准体系逐步健全

标准化是现代化生产和管理的重要手段，研究应用标准化理论与技术是科学管理发展的必然趋势。标准规范是依法行政的基础、履行行政管理职能的支撑、规范市场的手段和推进科技成果转化的桥梁。国土资源部土地整治中心自成立以来，始终坚持把技术标准体系建设作为一项核心职能，对规范推进土地整治事业发展发挥了重要作用。

1. 国土资源部土地整治标准建设总体情况

2000 年 8 月，国土资源部正式发布《土地开发整理规划编制规程》等三项行业标准，填补了土地整治领域行业标准的空白，有力地推进了土地整治工作的规范开展，为后来土地整治技术标准的发展奠定了坚实基础。

截至 2013 年，累计已发布实施 20 项行业标准、3 项国家标准，3 项标准以国土资源部发文的形式发布，初步建立了涵盖土地整治规划、可行性研究、

规划设计、预算编制以及项目验收、土地评价等专业序列的技术标准体系。具体标准如下：

——行业标准

① 《土地开发整理规划编制规程》（TD/T 1011 – 2000）

② 《土地开发整理项目规划设计规范》（TD/T 1012 – 2000）

③ 《土地开发整理项目验收规程》（TD/T 1013 – 2000）①

④ 《农用地分等规程》（TD/T 1004 – 2003）②

⑤ 《农用地定级规程》（TD/T 1005 – 2003）③

⑥ 《农用地估价规程》（TD/T 1006 – 2003）④

⑦ 《土地复垦方案编制规程》（TD/T 1031.1 ~ 7 – 2011）

⑧ 《基本农田划定技术规程》（TD/T 1032 – 2011）

⑨ 《高标准基本农田建设标准》（TD/T 1033 – 2012）

⑩ 《市（地）级土地整治规划编制规程》（TD/T 1034 – 2013）

⑪ 《县级土地整治规划编制规程》（TD/T 1035 – 2013）

⑫ 《土地复垦质量控制标准》（TD/T 1036 – 2013）

⑬ 《土地整治重大项目可行性研究报告编制规程》（TD/T 1037 – 2013）

⑭ 《土地整治项目设计报告编制规程》（TD/T 1038 – 2013）

⑮ 《土地整治项目工程量计算规则》（TD/T 1039 – 2013）

⑯ 《土地整治项目制图规范》（TD/T 1040 – 2013）

⑰ 《土地整治项目验收规程》（TD/T 1013 – 2013，代替标准编号及名称：TD/T 1013 – 2000《土地开发整理项目验收规程》）

⑱ 《土地整治工程质量检验与评定规程》（TD/T 1041 – 2013）

⑲ 《土地整治工程施工监理规范》（TD/T 1042 – 2013）

⑳ 《暗管改良盐碱地技术规程第 1 部分：土壤调查》（TD/T 1043.1 – 2013）、《暗管改良盐碱地技术规程第 2 部分：规划设计与施工》（TD/T 1043.2 – 2013）

---

① 《土地整治项目验收规程》（TD/T 1013 – 2013）发布后废止。

② 《农用地质量分等规程》（GB/T 28407 – 2012）发布后废止。

③ 《农用地定级规程》（GB/T 28405 – 2012）发布后废止。

④ 《农用地估价规程》（GB/T 28406 – 2012）发布后废止。

——国家标准

① 《农用地定级规程》（GB/T 28405 – 2012）

② 《农用地估价规程》（GB/T 28406 – 2012）

③ 《农用地质量分等规程》（GB/T 28407 – 2012）

——以国土资源部发文形式发布的标准

① 《土地开发整理项目预算定额标准》（财政部、国土资源部 2005 版）①

② 《土地开发整理项目预算定额标准》（财政部、国土资源部 2011 版）

③ 《高标准基本农田建设规范（试行）》（国土资发〔2011〕144 号）②

2. 重要技术标准简介

——《土地开发整理标准》（TD/T 1011 ~ 1013 – 2000）。即由国土资源部土地整治中心组织编制的《土地开发整理项目验收规程》、《土地开发整理规划编制规程》、《土地开发整理项目规划设计规范》等三项推荐性行业标准（俗称"小白书"），自 2000 年 10 月 1 日起实施。

《土地开发整理规划编制规程》（TD/T 1011 – 2000）旨在指导全国县级行政单位编制土地开发整理规划，布局县级土地开发整理复垦工作。《规程》从规划编制基本规定、规划准备工作、土地开发整理潜力分析测算、重点区域的划定、规划内容与要求、规划方案拟定与可行性分析、实施规划措施、规划成果、规划评审与修改等方面做了规定，并以附录的形式对土地开发整理规划附表、规划图例提出了统一规范的技术要求。

《土地开发整理项目规划设计规范》（TD/T 1012 – 2000）的出台目的是规范土地开发整理项目规划设计工作，提高规划设计的科学性和规范性。《规范》从土地开发整理项目规划和设计两个层面做了技术规定。规划方面包括总则、规划编制程序、农用地整理项目规划、建设用地整理项目规划、土地开发项目规划、土地复垦项目规划、规划成果等；设计方面包括基本规定、农田平整工程设计、农村道路工程设计、农田水利设施工程设计、排灌电气工程设计、园地整理工程设计、牧草地整理工程设计、养殖水面用地整理工程设计、

---

① 2011 版是对 2005 版的修编，2011 版发布后，2005 版废止。

② 《高标准基本农田建设标准》（TD/T 1033 – 2012）发布后，该试行规范废止。

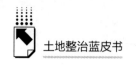

林地整理工程设计、农田生态防护林设计、水土保持工程设计、城市村镇用地整理工程设计、土地复垦工程设计、土地开发工程设计等。最后以附录的形式对规划附表、设计附表、项目设计有关公式、专业图例等做了统一规范的技术要求。

《土地开发整理项目验收规程》（TD/T 1013－2000）从项目验收条件、验收组织、验收依据与内容、验收程序与方法、技术档案等5个方面对土地开发整理项目验收做了技术规定，并以附录的形式对土地开发整理质量验收内容、主要成果内容、格式及技术档案的主要内容及使用管理做了统一规范的技术要求，适用于经各级政府土地行政主管部门批准的土地开发整理项目的验收。

"小白书"的出台，破解了土地整治工作无自有标准可依的难题，对规划编制、规划设计及竣工验收等工作提出了行业内统一规范的要求，在土地整治事业起步之初发挥了重要的规范和引领作用。

土地整治事业的迅速发展对土地整治技术管理的要求越来越高，"小白书"已渐渐不能满足工作需要。目前，《土地开发整理规划编制规程》已被2013年发布的《县级土地整治规划编制规程》、《市（地）级土地整治规划编制规程》替代，后二者成为新一轮土地整治规划编制的技术依据；《土地开发整理项目验收规程》已被2013年发布的《土地整治项目验收规程》替代，《土地开发整理项目规划设计规范》正在修订中，"小白书"也逐渐退出历史舞台。

——《高标准基本农田建设标准》（TD/T 1033－2012）。国土资源部2012年第14号公告发布了《高标准基本农田建设标准》，于2012年7月1日起实施。

制订该项标准的目的是规范推进高标准基本农田建设，改善农村生产生活条件和生态环境，促进耕地数量增加、质量提高，促进节约集约用地，推动现代农业发展和城乡一体化，提升国家粮食安全保障能力。《标准》从总则，高标准基本农田建设目标、建设条件、建设内容、建设标准、建设程序，土地权属调整，信息化建设与档案管理，绩效评价，公众参与等方面做出相应的技术规定，并以附录的形式对高标准基本农田建设工程体系、工程技术要求、土地权属调整基本要求及绩效评价的技术方法与程序提出了规范性要求。

——农用地分等、定级、估价三个国家标准。中华人民共和国国家标准2012年第13号公告批准发布了《农用地定级规程》（GB/T 28405-2012）、《农用地估价规程》（GB/T 28406-2012）和《农用地质量分等规程》（GB/T 28407-2012）等3项国家标准。

颁布《农用地定级规程》是为全面掌握我国农用地资源的质量等级状况，科学评价和管理农用地，统一农用地定级程序和方法。《规程》从总则、准备工作、确定定级指数、级别划分与校验、成果编绘、成果验收与更新应用等六个方面对农用地定级工作做了相应的技术规定，并以附录的形式对农用地定级工作附表，农用地定级因素因子量化、无量纲化方法，农用地定级野外调查导则以及农用地级别划分方法等做出规范性要求。

颁布《农用地估价规程》旨在全面掌握我国农用地资产状况，科学管理和合理有效利用农用地，规范农用地估价行为，统一估价程序和方法。《规程》从总则、农用地估价方法、农用地宗地估价、不同类型的农用地宗地估价、不同目的的农用地估价、农用地基准地价评估等六个方面对农用地估价工作做了相应的技术规定，并以附录的形式对农用地价格影响因素表、农用地估价工作附表及农用地估价报告规范格式做了规范性要求。

颁布《农用地质量分等规程》旨在全面掌握我国农用地资源的质量等级状况，科学评价和管理农用地，促进我国农用地的合理利用，统一农用地质量分等程序和方法。《规程》从总则、准备工作与资料整理、外业补充调查、标准耕作制度和基准作物、划分分等单元、计算农用地自然质量分和自然等指数、计算土地利用系数和土地经济系数、计算农用地利用等指数和农用地经济等指数、农用地质量等级划分与校验、建立标准样地体系、成果编绘、成果验收、成果更新、成果归档与应用等方面对农用地质量分等工作做了相应的技术规定。最后以附录的形式对农用地质量分等工作附表，全国各县（市、区）标准耕作制度速查表，农用地质量分等推荐因素及其分级、分值和权重，全国各省作物生产潜力指数速查表，标准样地选择、设立及确认，农用地质量等别图图式，农用地质量分等野外调查导则等提出规范性要求。

这三项标准是国土资源部土地整治中心作为主要起草单位而发布实施的第

一批国家标准，是进一步规范我国农用地质量等级评定和价格评估工作，实现农用地资源数量质量并重管理、加强农用地保护与建设的重要技术依据，也是发挥市场配置土地资源的基础性作用、促进土地节约集约利用的重要技术支撑，对摸清我国农用土地的质量状况和价值情况，提升农用地质量监管水平，加快高标准基本农田建设及完善土地征收补偿机制、促进农用地规范流转等具有重要意义。

——土地复垦方案编制规程。国土资源部 2011 年第 17 号公告发布了《土地复垦方案编制规程》（以下简称《规程》）。《规程》的发布旨在加强对生产建设活动损毁土地复垦方案编制工作的指导，提高方案的科学性、合理性和可操作性，推进土地复垦管理制度化、规范化建设。《规程》由七项行业标准组成，即《土地复垦方案编制规程第 1 部分：通则》（TD/T 1031.1－2011）、《土地复垦方案编制规程第 2 部分：露天煤矿》（TD/T 1031.2－2011）、《土地复垦方案编制规程第 3 部分：井工煤矿》（TD/T 1031.3－2011）、《土地复垦方案编制规程第 4 部分：金属矿》（TD/T 1031.4－2011）、《土地复垦方案编制规程第 5 部分：石油天然气（含煤层气）项目》（TD/T 1031.5－2011）、《土地复垦方案编制规程第 6 部分：建设项目》（TD/T 1031.6－2011）、《土地复垦方案编制规程第 7 部分：铀矿》（TD/T 1031.7－2011）。第 1 部分《通则》明确了土地复垦方案编制内容和格式的一般要求，分为总则、土地复垦方案编制程序、土地复垦方案编制内容和土地复垦方案编制成果等四部分，适用于所有损毁类型土地复垦方案的编制；第 2 部分到第 7 部分则分别针对不同矿种、不同开采方式和不同活动类型土地复垦工作的特点，具体明确了土地复垦方案编制的特殊要求。

《土地复垦条例》正式确立了土地复垦方案编制和审查制度。《规程》的发布，统一了土地复垦方案编制的内容与格式，为指导和规范土地复垦义务人科学编制土地复垦方案，及时履行土地复垦义务，确保土地复垦责任的落实到位奠定了坚实的技术基础，也对土地复垦领域其他技术标准的研制起到了积极的推动作用。

——预算定额标准。为规范土地整治项目预算编制，科学、合理用好土地整治资金，国土资源部、财政部组织农业、水利、水电、公路、建筑、水土保持等方面的定额专家、高等院校的专家和工作在第一线的管理工作者、实践者，开展了"土地开发整理预算定额标准研究"，并以吉林、浙江、河北、山东、陕西、湖北、四川和甘肃 8 个分课题组为支撑，历时四年，最终形成了《土地开发整理项目预算定额标准》，于 2005 年 4 月发布实施，从国土资源部土地整治中心到地方的土地整治机构在其中发挥了主力军作用。根据新形势下土地整治事业发展的需要，财政部、国土资源部于 2011 年发布了《土地开发整理项目预算定额标准》（2011 版）。

3. 地方土地整治标准建设情况

为全面掌握土地整治领域内众多标准的实施情况，以及地方有关土地整治标准的建设情况，国土资源部积极开展深入调查研究。2011 年至今，共组织或参与了 3 次有关地方土地整治标准建设情况的调研和研讨。

——土地资源领域标准实施现状调研。2011 年，国土资源部科技与国际合作司、中国国土资源经济研究院、国土资源部土地整治中心、中国土地勘测规划院、信息中心等单位联合组成调研组，赴吉林省、河南省、湖北省、广东省、山东省、江苏省、福建省、重庆市、北京市等 9 个省（直辖市）开展土地资源领域标准实施现状调研。

此次调研发现，各地普遍反映工作中经常用到的标准基本满足需要，但存在明显的缺失；部分工作需要参考水利、林业、海洋等相关行业的标准或者依据工作经验来推进。部分省份的国土资源管理部门根据各自的实际工作需要、国家标准和行业标准，制定实施了地方标准（技术规定）。如湖北省发布实施了《土地整治通用工程施工质量检验标准》（DB42/T 562 - 2009）、《土地整治专项工程施工质量检验标准》（DB42/T 563 - 2009）、《土地整治工程施工质量验收规范》（DB42/T 564 - 2009）、《土地整治项目规划设计规范》（DB42/T 681 - 2011）和《土地整治工程建设规范》（DB42/T 682 - 2011）5 个地方标准，以及湖北省国土资源数据中心数据规范、运行支撑平台、基础数据库、电子政务基础平台与应用系统等建设指南；重庆市发布实施了土地整理项目工程监理规范、土地开发整理工程建设标准（试行）等地方标准。

——各省（区、市）土地整治技术标准建设情况摸底调查。2012 年 4 月，国土资源部土地整治中心对各省（区、市）土地整治领域技术标准建设

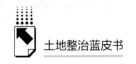
情况进行摸底调查，对除上海、西藏外的 30 个省（区、市）已经发布或出台、正在研究制（修）订和拟制（修）订的标准规范或技术文件进行了统计分析。

经初步统计，已发布或出台的标准规范和技术文件共 103 项，其中已发布的标准规范有 38 项，已出台的技术文件有 65 项。正在制（修）订的标准规范和技术文件共 43 项，其中制（修）订的标准规范有 34 项，制（修）订的技术文件有 9 项。计划制（修）订的标准规范和技术文件共 48 项，其中计划制（修）订的标准规范有 17 项，计划制（修）订的技术文件有 31 项。其中，绝大多数省份出台了省级土地整治工程建设标准，50% 左右的省份出台或考虑出台省级土地整治项目预算定额标准。项目可行性研究报告编制规程、规划设计规范、验收规程、施工监理规范、工程质量评定规程、规划编制规程、制图标准等标准规范相对更受关注，发展较快。

——土地整治技术标准研讨会。2013 年 7 月，土地整治技术标准研讨会在京召开，邀请广西、河南、黑龙江、湖南、江苏、宁夏、四川、重庆等省（区、市）从事标准起草或管理工作的相关人员参会，并做了典型发言。发言的内容主要包括本省（区、市）标准建设情况、实施情况及相关建议等。8 个省（区、市）主要以"项目管理"为中心开展土地整治标准化建设，即按照调查、评价、勘测、规划、设计、预算、施工、监理和验收等工作阶段划分，提出不同阶段土地整治标准化工作的内容和技术规定。标准建设形式多样，有些以地方标准形式发布，有些以政策文件出台，有些则以项目管理办法的形式做出相应规定。这些技术标准或规定主要集中在工程建设、质量评定、项目验收以及预算定额等方面，对规范当地土地整治活动、推动土地整治事业发展发挥了积极作用。

（四）资金投入渠道日趋稳定

现行《土地管理法》颁布实施以来，我国土地整治逐步有了稳定的资金投入，且资金渠道不断拓宽。目前，土地整治专项资金主要包括新增建设用地土地有偿使用费、耕地开垦费、土地复垦费和用于农业土地开发的土地出让收入。据测算，近年来全国平均每年投入土地整治的专项资金超过 1000 亿元，为土地整治工作深入推进提供了资金保障。由于法律法规对土地整治专项资金的来源、用途、管理方式等有不同规定，上述专项资金在土地整治工作中发挥的作用不尽相同。

1. 新增建设用地土地有偿使用费

新增费是国务院或省级人民政府在批准农用地转用、征用时，向取得出让等有偿使用方式的新增建设用地的县、市人民政府收取的平均土地纯收益。通过不断完善政策制度，有序开展新增费的征收、分配和使用等工作，为加强耕地保护、补充有效耕地、推进高标准基本农田建设提供了强有力的保障，取得了较为显著的工作成效。

——保护耕地资源，抑制地方政府用地扩张。开征新增费是国家实行最严格耕地保护制度的重要措施，目的是提高农用地转为建设用地的"门槛"，充分发挥土地税费经济杠杆作用，减少地方政府占用耕地的收入，最大限度地保护耕地资源。2007年1月1日，国家将新增费征收标准提高一倍，以四等地区为例，征收标准从每平方米40元提高至80元，征收新增费从每亩2.67万元提高到5.34万元，提高了建设用地成本，降低了地方政府用地"收益"，遏制了盲目扩张建设用地冲动，有利于促进一些地方政府扭转"土地财政"的经济发展模式。

——新增费征收额逐年增长，增强了国土资源参与宏观调控能力。据统计，2000~2012年，中央分成新增费累计收入2015.9亿元，按照中央分成与地方留成新增费之比为3∶7推算，全国新增费征收总额高达6700多亿元。特别是"十一五"以来，新增费收入逐年增长，中央分成新增费累计收入达到1524亿元，地方留成新增费收入约3556亿元，两项合计为5080亿元，占2000年以来全部已收新增费的75.6%，为国土资源管理部门运用土地税费手段参与宏观调控创造了有利条件。

——提供资金保障，推进了土地整治工作深入开展。根据2011年国土资源部组织开展的土地整治清理检查，"十一五"期间各地使用包括新增费在内的土地整治专项资金共安排各类项目12.42万个，整治规模1.66亿亩，新增耕地3129万亩，预算总投资达到3275亿元。特别是自2008年以来，国土资源部会同财政部，按照集中资金办大事的原则，在全国推动实施了土地整治重

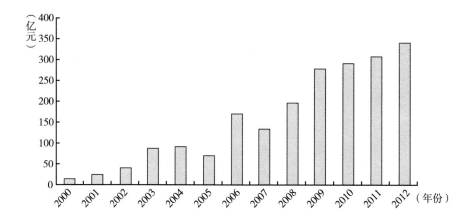

图1　2000～2012年中央分成新增费收入情况

大工程项目和示范省建设，总投资1086亿元，计划整治土地规模为6147万亩，补充耕地1007万亩，预计新增粮食产能189亿斤，在改善农业生产条件、实现粮食高产稳产、促进农业现代化发展和新农村建设、推进区域经济社会全面协调可持续发展方面发挥了重要作用。

2. 耕地开垦费

现行《土地管理法》规定，耕地开垦费的缴纳主体是非农建设占用耕地，没有条件开垦或者开垦的耕地不符合要求的单位或个人。非农建设占用耕地的用地单位在办理批次或项目用地审核、审批手续时，要按规定向有农用地专用审批权的国土资源行政主管部门缴纳耕地开垦费，按照国家有关要求实现"先补后占"的用地单位除外。

《土地管理法》规定耕地开垦费缴纳标准由各地自行制订。各地在制订开垦费缴纳标准时，多是按照公共设施与公益事业用地、工矿企业用地、金融商贸用地、旅游餐饮房地产、国防军事党政机关等不同建设项目类型，按照水田、水浇地、菜地、梯田、旱平地、坡旱地等不同土地类型分别确定开垦费缴纳标准。国土资源部2010年下发的《关于切实加强耕地占补平衡监督管理的通知》（国土资发〔2010〕6号）要求地方结合实际，研究提高耕地开垦费标准，确保补充耕地数量有保证、质量不降低。

在耕地开垦费的使用管理上，《土地管理法》规定"耕地开垦费专款用于开垦新的耕地，具体使用办法由各地制订"。各地在耕地开垦费使用上，一般都遵循预算管理、专款专用的原则，对耕地开垦费实行专项预算管理，收入全部缴入财政，支出一律通过财政预算安排，全部用于耕地占补平衡和耕地保护支出。

3. 土地复垦费

《土地管理法》、《土地复垦条例》对土地复垦费的征收、使用和管理做出了明确规定。土地复垦费是指有关企业和个人为履行土地复垦义务，在自己没有条件复垦或者复垦没有达到规定要求时，向当地政府或土地行政主管部门缴纳的开展土地复垦的费用。

《土地管理法》规定，用地单位和个人在生产建设过程中，因挖损、塌陷、压占等造成土地破坏，应当按照国家有关规定对废弃土地进行复垦；没有条件复垦或者复垦不符合要求的，应当缴纳土地复垦费，专项用于土地复垦。《土地复垦条例》规定，土地复垦义务人不复垦，或者复垦的土地验收后经整改仍不合格的，应当缴纳土地复垦费，由有关国土资源管理部门代为组织复垦；对于土地复垦费缴纳标准，应当综合考虑损毁前的土地类型、实际损毁面积、损毁程度、复垦标准、复垦用途和完成复垦任务所需的工程量等因素。

《土地复垦条例》对土地复垦费使用管理进行了规定，要求土地复垦费具体征收使用管理办法由国务院财政、价格主管部门会同国务院有关部门制定。为确保土地复垦方案确定的土地复垦费用规范合理使用，同时规定土地复垦费用要列入生产成本，在土地复垦方案中逐年记提，专项用于土地复垦，任何单位和个人不得截留、挤占、挪用。

目前，国土资源部会同财政、银监会等有关部门正在开展第三方资金托管研究，准备引入商业银行对复垦义务人计提的土地复垦费用进行资金托管，确保土地复垦费专项用于土地复垦工作，以强化对土地复垦费用的使用管理。

4. 用于农业土地开发的土地出让收入

《国务院关于将部分土地出让金用于农业土地开发有关问题的通知》（国发〔2004〕8号）明确提出，要从土地出让金中提取一定比例的资金，按照"取之于土，用之于土"的原则，专项用于土地整理复垦、宜农未利用地开

发、基本农田建设以及改善农业生产条件的土地开发，以弥补农业土地开发资金的不足。

土地出让金用于农业土地开发资金的征收标准以土地出让平均纯收益为依据，按规定的提取比例计算确定。其中，土地出让平均纯收益指地方人民政府出让土地取得的土地出让纯收益的平均值，由财政部、国土资源部根据全国城镇土地等别、城镇土地级别、基准地价水平、建设用地供求状况、社会经济发展水平等情况制定。

各省（区、市）及计划单列市人民政府应根据不同情况，合理确定土地出让金用于农业土地开发的比例，应不低于土地出让平均纯收益的15%。《国务院关于加强土地调控有关问题的通知》（国发〔2006〕31号）进一步明确应逐步提高用于农业土地开发和农村基础设施的资金比重。2009年中央一号文件要求"大幅度提高政府土地出让收益、耕地占用税新增收入用于农业的比例，耕地占用税税率提高后新增收入全部用于农业，土地出让收入重点支持农业土地开发和农村基础设施建设"。2010年中央一号文件要求"严格按照有关规定计提和使用用于农业土地开发的土地出让收入，严格执行新增建设用地土地有偿使用费全部用于耕地开发和土地整理的规定"。

2004年，财政部、国土资源部下发《用于农业土地开发的土地出让金使用管理办法》（财建〔2004〕174号），规定使用土地出让金用于农业土地开发的内容主要包括土地整理和复垦、宜农未利用地的开发、基本农田建设以及改善农业生产条件的土地开发。2011年《政府工作报告》要求"土地出让收益重点投向农业土地开发、农田水利和农村基础设施建设，确保足额提取、定向使用"。2012年中央一号文件进一步提出"创新农田水利建设管理机制，加快推进土地出让收益用于农田水利建设资金的中央和省级统筹，落实农业灌排工程运行管理费用由财政适当补助政策"。

要将用于农业土地开发的土地出让金纳入财政预算，实行专项管理。省（区、市）及计划单列市、市级和县级财政部门应分别对农业土地开发资金实行专账核算，按规定的标准和用途足额划缴及使用，并实行社会公示制度。财政部和国土资源部会同监察部、审计署等有关部门，对用于农业土地开发的土地出让金的提取比例、预算管理、支出范围等进行定期或不定期的监督检查。

有关省（区、市）及计划单列市人民政府要定期将用于农业土地开发的土地出让金使用情况报财政部和国土资源部。

（五）调查研究工作取得重要成果

"没有调查就没有发言权"，调查研究是我党的优良传统，也是基本的工作方法。2011 年 11 月 16 日，习近平同志在中央党校秋季学期第二批入学学员开学典礼上做了题为"谈谈调查研究"的重要讲话，对调查研究的意义、方法和制度建设进行了深刻阐述。2010 年，国土资源部出台《关于加强和改进重大问题调研工作的意见》（国土资发〔2010〕205 号），对调查研究工作提出了新的更高要求。近年来，国土资源部围绕土地整治工作组织开展了一系列重大调研检查活动，并对社会关注的一些热点难点问题敏锐反应，主动调查研究，取得了重要成果，为建立健全土地整治政策制度体系提供了重要依据。

1. 围绕中心，积极开展土地整治有关重大调研检查活动

①深入调查研究，严格规范城乡建设用地增减挂钩试点工作。在深入调查研究的基础上，按照保障科学发展的总体要求，国土资源部自 2006 年以来先后安排部署了一批城乡建设用地增减挂钩试点。为进一步加强和规范城乡建设用地增减挂钩试点工作，2008 年出台了城乡建设用地增减挂钩试点管理办法，并对第一批部分省市试点项目区进展情况进行了全面检查，召开了首批试点检查工作总结交流座谈会。

2010 年 5 月 17 日～23 日，全国人大常委会副委员长、民建中央主席陈昌智，全国政协副主席、民进中央常务副主席罗富和率国家特邀国土资源监察专员考察团一行赴安徽、山东考察农村土地整治工作。考察团充分肯定了安徽和山东农村土地整治工作，认为两省农村土地整治工作领导重视、认识到位、组织有力、管理有序、成效显著。调研组及时形成了调研报告并呈报党中央。

为全面掌握城乡建设用地增减挂钩试点进展情况、规范推进增减挂钩试点工作，2010 年 5 月 19 日～23 日，国土资源部组织由派驻地方的国家土地督察局牵头的 9 个调研组，对天津等 24 个增减挂钩试点省份试点工作情况进行了快速调研，摸清了情况，形成了调研报告。6 月 3 日，徐绍史主持召开第 14 次部长办公会议，充分肯定了增减挂钩试点在促进耕地保护、推动节约集约用

地、支持新农村建设、促进经济发展方面取得的成效，同时指出增减挂钩的确存在操作不当或监管不到位的问题，但更多的是各种冠以增减挂钩名义开展的类似工作出现了问题，对此要加紧解决。

2010年11月10日，国务院常务会议研究部署规范农村土地整治和城乡建设用地增减挂钩试点工作，强调要严格控制城乡建设用地增减挂钩试点规模和范围。12月27日，国务院出台了第一个土地整治专门文件——《关于严格规范城乡建设用地增减挂钩试点切实做好农村土地整治工作的通知》（国发〔2010〕47号）。

②加大调研检查力度，确保土地整治相关工作规范有序开展。为了贯彻落实国发〔2010〕47号文件精神，国土资源部会同中央农村工作领导小组办公室、发改委、财政部、环保部、农业部、住房和城乡建设部、国务院研究室等单位和部门共同研究制定了《城乡建设用地增减挂钩试点和农村土地整治清理检查工作方案》，并报经国务院批准。从2011年2月起，多部门联合组织启动城乡建设用地增减挂钩试点和农村土地整治全面清理检查工作，历经自查清理、检查纠正、抽查总结三个阶段，取得了积极成效。此次清理检查全面摸清了各地增减挂钩试点和农村土地整治情况，严肃整改了存在的问题，并研究提出了规范管理的政策措施。总体上看，增减挂钩试点和农村土地整治在促进耕地保护和节约集约用地、推进新农村建设和统筹城乡发展中发挥了积极作用，监管总体到位，绝大多数农民比较满意，同时也存在一些需要高度重视、认真解决的问题。

十多年来，国土资源部还积极开展了土地整治相关评估考核检查工作。一是对各省（区、市）年度耕地占补平衡工作进行考核，并从年度考核逐步转向日常监管。二是会同农业部、统计局等部门，对各省（区、市）耕地保护责任目标履行情况进行抽查和考核。三是组织开展百名机关干部集中进行下基层调研、陕西延安"治沟造地"调研、西部地区未利用地开发利用调研等多项重要调研检查活动。

③创新工作思路，大力促进旱涝保收高标准基本农田建设。《中华人民共和国国民经济和社会发展第十二个五年规划纲要》明确提出，"加强以农田水利设施为基础的田间工程建设，改造中低产田，大规模建设旱涝保收高标准农

田"。按照国务院关于"制定并实施全国土地整治规划，加快建设高标准基本农田"的总体要求，国土资源部组织开展了土地整治战略研究、土地整治潜力研究等8个专题研究，在此基础上编制了《全国土地整治规划（2011～2015年）》。为贯彻落实全国土地整治规划，确保4亿亩高标准基本农田建设等目标任务的实现，围绕116个基本农田保护示范区、500个高标准基本农田示范县建设积极开展调查研究，掌握了第一手资料，在此基础上出台了《关于加快编制和实施土地整治规划大力推进高标准基本农田建设的通知》（国土资发〔2012〕63号）和《关于加快推进500个高标准基本农田示范县建设的意见》（国土资发〔2012〕147号）等重要文件。2013年，国土资源部土地整治中心与国务院发展研究中心农村经济研究部联合开展了土地整治与国家粮食安全重大问题调研。

④立足事业长远发展，积极推进土地整治立法工作。2001年8月，国土资源部与联合国开发计划署（UNDP）签署了"国土整治与土地资源可持续发展"项目（CRPRPR/01/331）合作协议，UNDP主要从政策研究、能力建设、示范区建设、信息系统建设等四个方面来援助我国的国土整治工作。其中，政策研究是UNDP对华援助的一个重点，包括土地复垦条例、土地整理条例、公众参与政策、产权调整规定等研究内容。项目实施以来，国土资源部以《土地管理法》、《矿产资源法》、《煤炭法》、《环境保护法》等法律为依据，选定全国有代表性的省份进行了广泛调研，召开了多次不同层次的座谈会，收集《土地复垦规定》实施以来全国有关专家的相关研究成果与地方规定，借鉴土地管理体制改革成果和发达国家的经验与做法，形成了《土地复垦条例》草稿和编制说明。2011年2月22日，国务院召开常务会议，审议通过《土地复垦条例》，并于3月5日公布实施。条例的出台，标志着我国土地复垦事业步入了制度化、规范化和法制化的新阶段。条例颁布后，国土资源部积极开展调研，深入了解各地贯彻落实条例的情况，在此基础上研究制定了《土地复垦条例实施办法》。

国土资源部还积极支持地方开展土地整治立法研究，为国家立法积累经验。2006年11月30日，湖南省十届人大常委会第二十四次会议表决通过了《湖南省土地开发整理条例》，标志着我国第一部土地整治专门法规正式出台；

2010 年 11 月 30 日，贵州省第十一届人大常委会第十九次会议正式通过了《贵州省土地整治条例》。

2. 加强统筹管理，扎实推进土地整治调查研究工作

国土资源部土地整治中心作为土地整治政策研究的重要支撑单位，为切实加强土地整治调查研究工作，提升政策研究和咨询能力，制订了调研工作管理与考核办法，设立了调查研究"金笔奖"、"银笔奖"，定期召开调研成果学习交流会，有效地调动了工作人员调查研究的积极性，提升了土地整治政策研究和咨询整体水平。

2009 年以来，国土资源部土地整治中心不断加大土地整治调研工作力度，平均每年完成调研报告 100 余篇，一些调研成果为出台有关政策文件提供了重要依据，还有一些调研报告得到中央领导的重要批示。主要包括：一是根据 2009 年第 50 次和第 65 次部长办公会议精神，研究起草《关于进一步加强对使用新增费开展土地开发整理补充耕地监督管理的具体措施》和《关于进一步加强与改进新增费使用管理的研究报告》，第 7 次部长办公会专门听取了研究成果汇报，对其提出的政策建议给予了充分肯定。其所提出的 6 个方面 29 条措施，有 14 条被采纳，5 条产生了重要影响。二是研究起草了《关于农村土地整治促进农田水利建设有关情况的报告》，全面总结了农村土地整治在促进农田水利建设方面取得的成效，提出了在土地整治中进一步加强农田水利建设的建议，得到国务院主要领导的重要批示。该报告被评为"2011 年度国土资源优秀调研报告"，并在首届中央国家机关公文写作技能大赛中获奖。三是研究起草了《土地整治促进扶贫开发情况调研报告》，总结了十多年来土地整治促进扶贫开发工作取得的成效，提出了新形势下促进扶贫开发工作的思路，该报告被评为"2012 年度国土资源优秀调研报告"，报告内容被作为重要信息报中办、国办。四是组织多家院校的专家先后深入湖北、湖南、山东、重庆、江苏等地土地整治项目现场，就土地整治公众参与状况进行专题考察与调研，研究成果充分反映了我国土地整治公众参与的现状、问题及深层原因，在借鉴国内外成功经验的基础上，提出了我国土地整治公众参与顶层构想。五是多年坚持开展土地整治典型调查与评价，整理总结了地方丰富的经验和典型案例，在此基础上编写出版了《土地整治 100 例》等系列丛书。

（六）科技支撑水平不断提升

国土资源部高度重视土地整治科技支撑体系建设，多年来通过标准化建设规范行业发展、专项技术攻关提升业务水平、重大基础研究增强科技支撑能力、国际交流与合作跟踪世界科技前沿，先后承担了世界银行、联合国开发计划署、欧盟等国际合作组织项目，科技支撑计划、国家863高科技计划、国家自然科学基金等系列国家科技计划项目及土地整治系列专业技术研究等百余项科技研究任务，夯实了土地整治理论与方法基础，确立了土地整治科技发展框架，对土地整治事业发展发挥了重要的科技支撑作用。主要表现如下。

1. 开展土地整治发展战略研究，确定了土地整治未来的发展方向与布局

——提出了土地整理应遵循的生态系统原理。土地整理的出发点应基于土地的生态系统原理（时间原理、位置原理、物种原理、干扰原理和景观原理），目标是实现整理区生态系统的良性循环。在土地整理的生态分析中，应重点关注土地质量及其可持续性、项目区内外生态系统的连续性、景观的协调性及生物多样性的保护等。

——开展了全国土地整理区划研究。建立了一套分区的原则、方法和指标体系。将全国分为4个土地整理一级区，22个二级区和60个三级区。在全国土地整理分区基础上提出了东、中、西部不同的发展战略，并对一级区和二级区土地整理方向与整理模式进行了较系统的研究。从宏观的角度，对全国不同区域的土地整理因地制宜地进行指导，具有重要的理论和实践意义。

——开展了全国土地整治规划研究。为编制好新一轮全国土地整治规划，组织开展了上一轮土地开发整理规划实施评价、全国土地整治潜力评价、全国土地整治战略、全国土地整治重大工程布局安排等重点专题研究，取得重要成果，在此基础上研究确定了500个高标准基本农田建设示范县和农用地整理重点区域、土地复垦重点区域、土地开发重点区域共29个土地整治重点区域，提出了粮食主产区基本农田整理工程等8个土地整治重大工程。

2. 开展土地整治系列重大基础研究，夯实了土地整治理论与方法基础

十多年来，国土资源部积极组织开展土地整治重大基础研究和关键技术攻关，逐步将土地整治科技融入国家科技发展行列。国家针对土地整治在科技支

撑计划方面立项 4 项,在国家"863"高技术领域立项 4 项,在国家自然科学基金项目方面立项 5 项。在部门层次,国土资源部在国土资源科技专项、重点项目、公益性行业专项、自由探索等多领域均就土地整治设立了系列基础性研究项目,满足了土地整治事业发展对科技工作的需求。

——开展了土地整理可持续发展理论与方法研究。可持续土地整理所具备的四个特征包括应尽可能地保持和提高土地的生产性能、应尽可能地降低土地整理工程活动对生态环境的损害、应保证土地整理活动的经济可行性以及应使公众接受并积极参与土地整理活动。可持续土地整理评价应坚持四项原则,即强调社会经济要素的驱动作用原则、综合效益原则、整体性原则、科学性与实用性相结合的原则。在以上原则的指导下,从生产能力的保持和提高性、生态环境的可保护性、经济的可行性、社会的可接受性以及土地整理工程自身的可持续性角度,建立了可持续土地整理评价指标体系。

——开展了土地整理资源环境效应分析等基础研究。围绕 1991~2001 年全国土地利用时空变化这一核心问题,开展了全国土地利用时空变化分析及对生态环境的影响评价研究。分析西部地区与典型区土地利用变化及其驱动机制,开展基于土地利用详查数据的西部地区土地整理生态区划研究,提出土地整理生态评价的指标体系。编制了一套全国土地利用变化与生态环境分析图集,在全国层次上初步回答了 1991~2001 年我国土地利用/覆被变化格局、土地利用变化过程、土地利用/覆被变化的国家政策响应等三个方面的问题,并提出了合理利用土地、改善生态环境的对策与建议。针对土地整理的特点,从不同层次(西部地区、市、县和项目区)探讨了土地整理生态区划、指标体系与评价的方法,提出了西部地区的土地整理生态区划方案和指标体系。

——开展了土地整治关键技术等重大科技攻关研究。依托国家科技支撑计划等项目,根据土地整治规划、实施、监测、管理信息化全过程以及东、中、西不同区域土地整治特点研发了系列土地整治关键技术。针对工矿废弃土地再利用、盐碱地治理、黄土覆盖区土地整治工程后土壤综合改良、农村废弃宅基地综合整治、采煤塌陷区土地复垦等领域有针对性地提出了土地整治关键技术及治理模式,为全国及不同区域土地整治发挥了重要的科技支撑作用。

——开展了盐碱地暗管改碱等系列工程技术的研究。围绕土地整治工程技术，研发了盐碱地暗管改碱技术、基于高分辨率遥感土地整治监测技术、土地整治资源环境效应诊断与预警技术、可持续土地利用数字化平台技术、基于 GPS 和移动 GIS 的土地整治现场调查评价技术、开挖场及滑坡体数码相机测量系统、多层结构水池构建技术、土地整治项目规划辅助设计技术以及激光平地机、盐碱地开沟铺管机、土壤改良剂等系列装备与产品，为土地整治工程实施提供了实用技术与产品，有效提高了土地整治整体技术水平。

3. 完成了全国统一可比的农用地（耕地）分等，为耕地质量管理提供了技术保障

国土资源部自 1999 年起，历时 10 年全面完成了 31 个省（区、市）的农用地分等工作，建立了全国统一可比的 1∶50 万农用地分等国家级汇总数据库。全国农用地（耕地）分等是我国历史上完成的一项目的明确、规模大、难度大、精度高、成果丰富实用的农用地（耕地）等别调查与评定工程，成果具有广阔的应用前景。

——第一次全面查清了全国统一可比的耕地质量等别及其分异规律。根据耕地质量等别调查评定结果，全国耕地被评定为 15 个等别，1 等耕地质量最好，15 等最差，全国耕地平均质量等别为 9.80 等，高等地主要分布在长江中下游区和华南区，低等地主要分布在青藏高原区和内蒙古高原及长城沿线区。

——构建了多层次的耕地质量等级综合评价体系，形成了 3 个国家标准。依据作物生产力原理，构建了在全国统一标准耕作制度下，以指定作物的光温生产潜力为基础，对土地自然质量、利用水平、经济水平逐级修正评定耕地的自然等、利用等和经济等的评价体系，制订了《农用地质量分等规程》等 3 个国家标准。

——编制完成了《中国耕地质量等级调查与评定》全国卷和 31 个分省卷。中国耕地质量等级调查与评定丛书，首次全面系统地阐述了全国及各区域、各省份耕地质量等别的构成、分布、影响因素及提升措施等，为社会各界和专家学者广泛了解与深入研究耕地质量提供了翔实的资料。

——建立了国家、省、县三级联动的耕地质量等别数据库。依据县到省多对一追溯、省到国家一对一平衡转换的原则，建立了国家、省、县三级联动的

耕地质量等别数据库，是实现耕地质量等别动态更新和监测监管的重要基础。

——编制完成了《1∶450万中国耕地质量等别图》。以全国31个省份1∶50万耕地质量等级评定成果图为基础，按照综合制图的要求，采取网格法和点密度法编制完成了《1∶450万中国耕地质量等别图》。

——建立了国家、省、县三级标准样地体系。在全国不同区域选择最高等别的典型耕地地块，共建立标准样地5万多块，其中国家级标准样地约500块，省级标准样地约5000块，县级标准样地约50000块，标准样地的设置为今后开展比配定等和动态监测提供了依据。

4. 紧密跟踪国际土地整治发展前沿，拓展了土地整治国际合作新空间

十多年来，国土资源部通过与联合国开发计划署（UNDP）合作推动"中国国土整治与土地资源可持续利用"项目，承担世界银行"农村集体建设用地政策研究"项目、欧盟"土地利用规划与生物多样性保护"项目，以及承担科技部"可持续土地利用数字化平台技术研究与示范"重点双边合作项目等，创新合作理念，开展多层次国际合作与交流，紧密跟踪国际科技发展前沿，持续引进国际先进理念和做法，对我国土地整治发挥了重要的推动作用。

——引进了土地整治先进理念。针对我国土地整治起步晚、研究基础薄弱的现实，依托"中国国土整治与土地资源可持续利用"项目，积极参与国际交流，先后引进了生态型土地整治、公众参与、矿山复垦中的生物多样性保护、土地整治的生态系统原理等先进的理念和做法，增强了我国土地整治的前瞻性和科学性。

——将公众参与引入土地整治规划设计中。通过与荷兰等先进土地整理国家的双边合作项目，将公众参与引入土地整治项目立项和土地整治规划设计中，提出了公众参与式规划设计模式，提高了土地整治的开放性和公众的知情度。

——开展了生物多样性保护研究。依托欧盟"土地利用规划与生物多样性保护"项目，学习欧盟成员国及其他国家在土地管理各个层面进行的生物多样性保护的先进理念、政策与技术，开展了我国土地管理中土地利用总体规划和土地整治中生物多样性保护相关技术与政策研究，使各级土地管理机构与环境保护机构有效强化相关意识和管理能力，推动中国土地整治过程中生物多样性保护目标的实现。

5. 成立部级重点实验室，科技研究与合作交流平台建设初具规模

初步建立了以部级重点实验室—区域研究中心—野外研究基地为依托的科研平台，成立了土地学会土地整治与复垦分会，在引进智力、推进科技合作与交流等方面发挥了重要的作用。

——成立了两个部级重点实验室。经国土资源部批准同意，先后成立了国土资源部土地整治重点实验室和国土资源部农用地质量监控重点实验室两个部级重点实验室。

国土资源部土地整治重点实验室于 2007 年 9 月由国土资源部土地整治中心和中国地质大学（北京）联合组建，以"科技兴地"与"人才强地"为战略目标，以构建国土资源土地整治科技创新体系为中心，通过"开放、流动、合作"的运行机制和"需求导向、系统攻关"的协同创新体制，面向国家土地可持续发展重大行业需求和国际土地整治科技前沿，紧紧围绕土地资源由单纯数量管护向数量、质量、生态并重管护转变的土地整治重大科技需求，开展土地整理、土地复垦的创新性和集成性研究，开展土地评价和创新土地生态的理论与方法，促进基础研究成果的转化和应用示范，打造满足土地整治需求的科技创新平台，把实验室建成具有国际知名度的土地整治研究和人才培养中心、国家和区域重大土地整治问题的决策咨询中心，不断提高对国土资源的技术支撑和服务保障能力。

国土资源部农用地质量监控重点实验室于 2012 年 5 月由中国农业大学和国土资源部土地整治中心联合组建，以服务于农用地质量管理、利用和保护，提高农用地综合生产能力，保障国家粮食安全为目标，集中、优化配置了中国农业大学和国土资源部土地整治中心理论与技术研究队伍的优势力量，设立农用地质量因素与过程、农用地多功能诊断与评价、农用地质量调查与监测、农用地质量与产能提升、基本农田质量保护与管理等五个研究方向。按照国土资源部重点实验室建设的要求，依托土地资源管理学科、农业资源利用学科、地理信息技术学科开展多学科综合研究，该重点实验室已经建立了"现代农业空间信息技术"研究生公共教学开放实验室、河北曲周实验站、吉林梨树试

验站、内蒙古乌兰察布科研科普基地等科研基础平台。

——建立了一批野外观测研究基地。建立了平朔安太堡露天煤矿产学研基地，东南丘陵地区土地整治—福建建阳野外研究基地、矿区土地复垦—山西朔州野外研究基地、滨海盐碱区暗管改碱技术野外研究基地、内陆盐碱区暗管改碱技术野外研究基地等一批野外科学观测研究基地，为土地整治科技创新提供了基础性研究基地和成果转化基地。

——设立了土地整治与复垦分会。在中国土地学会设立了土地整治与复垦分会，在引进智力、联合科研院校专家等方面发挥了重要的桥梁作用。

6. 通过科技创新，土地整治行业发展贡献了系列研究成果

十多年来，通过在规划战略、行业标准、基础项目、关键技术、国际合作以及基地建设等方面开展的系列科技创新活动，取得了一系列研究成果。

——学术论著。检索中国国家图书馆馆藏图书，1999～2013 年共出版土地整治科技相关学术专著 50 部。研究专著涵盖了土地整治、土地整理、土地开发、土地复垦、建设用地整理和土地修复等内容，在研究专著中土地复垦与土地整治主题占主导地位。

——学术论文。从 1999 年 1 月 1 日～2013 年 12 月 31 日，在中国期刊全文数据库（CNKI）中，以土地整治科技及其相关议题为主题的入库学术文献为 3303 篇，其中中国学术期刊网络出版总库中有 1771 篇，中国博士学位论文全文数据库中有 157 篇，中国优秀硕士学位论文全文数据库中有 1112 篇，中国重要会议论文全文数据库中有 224 篇，国际会议论文全文数据库中有 34 篇，中国学术辑刊全文数据库中有 5 篇。核心论文主要发表在《农业工程学报》、《中国土地科学》、《资源科学》、《测绘通报》、《长江流域资源与环境》、《农村经济》、《自然资源学报》、《城市规划》、《地理科学进展》、《中国人口·资源与环境》、《城市规划学刊》、《地理科学》、《地理研究》、《地域研究与开发》等国内高等级核心刊物和高校学报上，内容涵盖土地整治、土地开发、土地整理、建设用地整理、土地修复、土地复垦、土地防护等领域。

分别以土地开发、土地整理、土地复垦、土地整治、建设用地整理、土地修复、土地防护和科技或技术为主题，检索到各领域学术论文数目如图 2 所示。

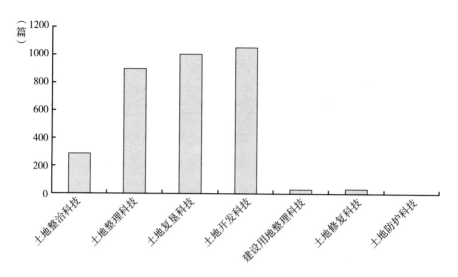

图2 按不同主题检索学术论文

从图2可以看出，1999～2013年我国土地整治科技研究的重点集中在土地开发、土地复垦和土地整理的科技与技术研究上，这与土地整治研究数年来的主要旨趣保持一致。

图3是1999～2013年上述各主题学术论文的总量变化情况。从中可以看出，十多年中，除2013年略有下降外，其余年份土地整治相关论文的数量基本保持稳定增长。

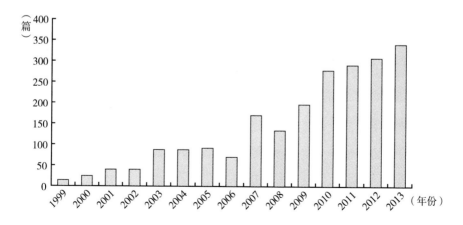

图3 1999～2013年相关学术论文数量对比

图4是2010～2013年土地复垦、土地开发、土地整理和土地整治科技学术论文的总量变化情况。可以看出土地复垦、土地开发、土地整理科技相关论文总量基本保持稳定或略有增长，而与土地整治科技相关的学术论文数量有明显增长。这说明在2008年提出土地整治概念后，越来越多的学者逐渐开展相关研究。

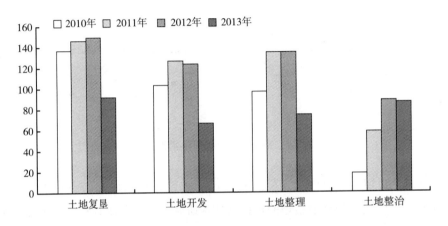

图4　近4年部分主题学术论文数量对比

——科研项目。查询国家自然科学基金网站数据得知，1999～2013年批准6个与土地整治科学与技术相关的自然科学基金支持项目，基金总金额为71万元，其中超过20万元的项目有1个：土地整理环境影响评价的指标、方法及辅助决策支持系统研究。1999～2013年批准4个与土地整治科学及技术相关的教育部人文社会科学研究项目，其中规划基金项目3个，青年基金项目1个。与土地整治科学与技术相关的中央其他部门社科研究项目2个，分别为：土地开发整理复垦重点区域研究，土地整理潜力与效益分析。与土地整治科学与技术相关的国家科技支撑计划课题有4个，分别为土地整理关键技术集成与应用、南方农区土地整理和农田修复技术集成研究与示范、北方粮食主产区土地整理和受损农田修复技术集成与示范、土地整理与质量检测专用装备研究与示范。

——获奖情况。据统计，在土地整治领域获得国家科技进步二等奖1项，国土资源部科技进步一等奖4项，国土资源部科技进步二等奖40项，其他省部级科技进步奖 1 项，欧盟国际合作项目特别贡献奖 1 项。这些研究成果初步奠定了土地整治事业科技发展的基础。

7. 通过土地整治科技研究工作，培养和凝聚了一批土地整治科技人才

随着土地整治事业的快速发展和土地整治科技工作的不断深入，以土地整治相关科技项目为依托，以土地整治与复垦分会和两个部级重点实验室为平台，培养和凝聚了一大批土地整治科技人才，带动和吸引了更多的硕士、博士研究生加入土地整治研究领域。据不完全统计，截至目前，大约由 300 多名具有高级以上职称的土地整治研究人员、1000 人左右的土地整治专业方向研究生组成的研究队伍初步形成。

（七）国际合作与交流日益深入

1999 年以来，国土资源部不断拓展土地整治国际交流与合作。15 年来，土地整治国际合作从零开始逐渐发展壮大，从最初单一的对外交流到如今逐步承担重大国际合作项目，与多家国际合作机构建立长期合作关系，逐渐形成土地领域国际交流与合作的亮点。

1. 发展阶段

——探索开展国际合作项目，积极拓展国际交流平台（1999～2004 年）。从 1999 年起，国土资源部通过多种方式探索构建多边及双边国际合作渠道。5 年内，先后承接了荷兰政府 Asia Facility 框架下"中荷土地整理与土地可持续利用研究和培训项目"、联合国开发计划署"中国国土整治与土地资源可持续利用项目"、欧盟资助的"中国村庄可持续发展前景研究项目"、加拿大发展计划署资助的"生态环境保护目标下的土地利用政策研究"等 4 个合作项目，并与美国国际可持续发展基金会、美国波特兰地区市政管理委员会、美国俄勒冈州国际可持续发展基金会、德国汉斯赛德尔基金会、比利时佛莱芒土地管理局等机构签署了对外合作备忘录。2004 年，在山东省青州市成立了中德土地整理与农村发展培训中心，并组织召开了首届"中德土地整理与农村发展研讨会"。

随着对外交流活动的常态化，国土资源部土地整治中心先后组织全国各级土地整治机构专业技术人员约 500 人分赴美国、加拿大、巴西、德国、荷兰、

意大利、奥地利、法国、澳大利亚及中国台湾地区，围绕"土地整理与农村发展"、"土地利用规划"、"土地可持续利用"、"农村发展"与"土地复垦"等多个主题进行短期培训和考察交流。

——以国际合作重大项目为依托，推动国际合作多元化开展（2005～2009年）。这一时期，与国外机构合作的渠道进一步拓展，合作方式更加多元化，同时在合作的深度和广度上都取得了长足的进步。在顺利完成前期合作项目的基础上，国土资源部土地整治中心先后承担了欧盟"中欧生物多样性保护"大项目框架下的"土地利用规划和土地整理中的生物多样性保护"子项目、世界银行"农村集体建设用地管理利用的政策研究"项目以及联合国开发计划署"公共服务与农村土地政策"项目等3个国际机构支持的合作项目，以及中比双边科技合作项目"可持续土地利用规划——合作者的交流"、"可持续土地利用数字化平台技术研究与示范"、"矿山土地复垦质量指示器技术研究"项目等3个科技部立项的政府间重点国际科技合作项目。2005年，先后与韩国土地住宅公社、澳大利亚昆士兰大学矿山土地复垦中心签订了合作备忘录，将合作区域扩展到了亚洲地区，合作范围延伸到了土地复垦领域。2009年，第二届"中德土地整理与农村发展研讨会"在山东青岛召开。通过就双方共同关注的"农村土地制度改革"、"农村土地流转"、"可持续的土地整理模式"等主题进行交流探讨，有力地促进了中国土地整治事业的深入发展，进一步明确了中德双方未来合作发展的方向。

5年内，共组织地方土地整治机构约500名专业技术人员分赴韩国、美国、加拿大、德国、比利时、澳大利亚、日本，围绕"土地评价"和"土地储备"议题与国际专家学者进行座谈交流和实地考察。

——深入拓展国际合作领域，实现对外交流形式的多样化（2010年以来）。这一时期，土地整治国际合作与交流已逐步形成品牌，进入一个全面推进的阶段，与国外机构合作的渠道进一步深化，合作方式进一步拓展，实现了"走出去"和"引进来"相结合。成功申请了商务部中德国际气候动议（ICI）合作项目——"中德低碳土地利用项目"以及商务部中德技术合作政策对话项目（PPDF）子项目——"土地整治中的公共参与"2个项目。同时，还采取"引进来"的合作方式，先后成功申请并组织实施了2个国家外国专家局引进国外技术管理人才项目——"城乡土地整治与可持续发展战略研究"和"矿山土地复垦监测先进技术引进与创新",邀请美国中美可持续发展中心、澳大利亚昆士兰大学矿山土地复垦中心等十余位专家就土地整治与可持续发展、矿山土地复垦监测先进技术引进与创新等内容进行交流探讨。2010年至今,与俄罗斯联邦国立土地管理大学签署了合作备忘录与合作谅解备忘录,并与澳大利亚昆士兰大学矿山土地复垦中心、比利时弗莱芒土地局、韩国土地住宅公社、德国汉斯赛德尔基金会续签了合作备忘录。2010年9月,与中国农业大学在北京联合主办"基于指示器技术的土地复垦及其可持续发展国际研讨会",邀请澳大利亚、希腊、尼日利亚等国专家参会,就信息技术在矿山土地复垦监测领域的应用进行了学术交流。

这一阶段国际合作考察交流的重点集中在"农村集体土地管理与新农村建设"、"生物多样性保护"等领域。先后有近300名地方土地整治机构专业技术人员分赴美国、俄罗斯、澳大利亚、英国、法国、荷兰、日本、韩国等国家进行考察和培训。

2. 主要工作

——以重大国际合作项目为机遇,深入推进土地整治国际化。15年来,国土资源部承接了7个由国际多边组织和国外政府援助的重大国际合作项目,外方援助资金总计约合人民币3500余万元。先后承担了5个由科技部、商务部立项的政府间重点国际科技合作项目,项目金额总计近1000万元。通过尝试在我国土地整治项目中引进国际先进理念与技术,支持完成土地整治领域系列标准、规定的研究,先后在三大领域取得了重要突破。

在"土地整治与农村发展"领域,通过充分借鉴荷兰、比利时、德国的先进经验,探索在我国通过实施土地整治项目促进农村发展。以山东省青州南张楼土地整治项目为例,它是首个中德土地整理与村庄革新项目,邀请德国专家全程参与项目实施,对项目实施各阶段提出专业性指导意见,要求村民全程参与,在提升村民对土地整理工作的认识的过程中,顺利完成了项目实施,极大地改善了村民生产生活条件,得到了一致好评,被誉为"国内五种成功的新农村建设模式"之一。该地先后接待过世界经济合作组织、日本、韩国、孟加拉国及国内各省市数百批次考察团的参观,成为中国土地整理与农村发展

理论、方法研究、活动实践和培训基地。

在"土地整治与社会可持续发展"领域，通过与联合国开发计划署（UNDP）、加拿大国际发展署、欧盟等机构合作，在充分调研的基础上，深入分析中国村庄可持续发展前景，牢固树立了在土地整治过程中"可持续发展与生态环境保护"的理念，首次在项目规划设计中引入了环境影响评价的概念，融合了对于生态廊道与生态景观设计的理念，探索形成了我国分地区的自有项目模式，如浙江义乌生态整理模式、江苏宜兴可持续农业发展模式、辽宁公众参与模式等。

在"土地复垦与土地储备"领域，通过与世界银行、澳大利亚、韩国等国家与机构合作，在充分借鉴国际制度设计理念的基础上，进一步完善了我国的相关政策制度。以中澳"土地复垦"合作项目为例，通过项目实施，我国在土地复垦监管政策的设计上，采纳了澳大利亚土地复垦方案设计和许可的管理理念与经验。

——以双边合作为基础，深入拓展土地整治国际交流平台。15年来，国土资源部先后与联合国开发计划署、欧盟、世界银行、德国国际合作组织、德国汉斯赛德尔基金会、比利时弗莱芒土地管理局、加拿大发展计划署等多家国际合作组织、机构建立了长期合作关系。通过合作开展生物多样性保护、农村生产生活条件改善、环境可持续发展、土地复垦、低碳环境保护、公众参与等议题的研究，积极参加并组织召开土地整治专题国际研讨会，提升了我国土地整治事业的发展水平，提高了我国在世界土地整治舞台上的地位。与此同时，通过积极与亚洲东盟各国、第三世界国家建立在土地整治领域的合作关系，广泛宣传中国土地整治工作成效和经验，树立了中国在土地整理领域的新形象，为国际合作"走出去"战略奠定了基础。

——以培训交流为抓手，全面提升土地整治专业人员的素养。多年来，我国逐步与德、美、加、荷、澳、日、韩等土地整治先进国家建立了合作基础，通过开展对外人才交流培训、专业学术研讨会、学术讲座等多种方式，交流各国开展土地整治工作的经验教训，有效提升了我国土地整治从业人员的专业素质。截至目前，共组织各类短期培训和考察团60余个，共有1200余名地方土地整治机构专业技术人员出国（境）进行了考察交流，形成了独具特色的对外合作交流模式，也巩固了许多合作渠道。例如，截至2012年底，已组织开展赴美"土地与资源可持续利用培训"23期，形成了在国土资源部系统对外合作交流方面的品牌。此外，在国际合作备忘录的基础上，通过与美国可持续发展基金会、德国汉斯赛德尔基金会、韩国土地住宅公社、俄罗斯联邦国立土地管理大学等境外机构、高校的联系，国土资源部土地整治中心先后有5人赴德国、荷兰进行为期两年的学习，其中4人取得硕士学位，1人取得博士学位；5人赴加拿大女皇大学进行为期半年的交流学习。通过在当地土地整治或农村管理部门的实践，切实了解了各国在土地整治工作中的经验做法，深入学习了在评估、测量、监测等方面的先进技术，并尝试将其运用到我国土地整治项目中，提升了我国土地整治工作的科技水平。

3. 重要事件

——召开了4次国际学术交流会。先后组织召开了两次"中德土地整理与农村发展学术交流研讨会"，一次"土地复垦及其可持续发展国际研讨会"和一次"中美土地与资源可持续利用与管理合作十周年暨培训成果交流研讨会"。

——成立了1个国际合作培训中心。2004年11月，中德土地整理与农村发展培训中心正式在山东青州落成，标志着中德两国在土地整治领域的合作进入新阶段。通过共同研究土地整治与农村发展的理论、方法，互相交流土地整治工作经验、技术，切实解决土地整治工作中的实际问题，为我国土地整治专业技术人员搭建了一个学习、交流、研究的平台。

——签署了10个合作备忘录（含续签）。15年来，先后与美国国际可持续发展基金会、德国汉斯赛德尔基金会、韩国土地住宅公社、澳大利亚昆士兰大学矿山土地复垦中心、俄罗斯联邦国立土地管理大学、比利时弗莱芒土地局等国外机构、院校等围绕土地整治、矿山复垦、村庄整治、生态环境可持续发展等多项内容签订了合作备忘录。

——1个项目应邀参加世博会环境保护研讨会并被欧盟授予"突出贡献奖"。2010年，国土资源部土地整治中心执行的中国—欧盟"土地利用总体规划与土地整理中的生物多样性保护"项目在比利时馆参加了上海世博会环境保护研讨会，并进行了专题展览，展示了土地利用中的生物多样性保护项目的

最新成果。该项目首次将生物多样性保护理念引入了中国土地利用规划和土地整治规划中，并在土地整治项目中进行了实验，卓有成效地开展了生物多样性保护的宣传和培训工作，推动了生物多样性理念的普及。在2011年欧盟生物多样性项目总结会上，它被授予"突出贡献奖"。

——举办了23期"中美土地与资源可持续利用培训"。根据与美国可持续发展基金会签订的合作备忘录，每年定期举办"中美土地与资源可持续利用培训"。13年来，先后约500名土地整治机构专业技术人员参加了培训。

（八）宣传工作产生深远影响

近年来，国土资源部围绕土地整治工作的新举措、新进展、新成效、新突破，加强统筹谋划，突出宣传重点，强化舆论引导，为加快构建土地整治工作新格局、推动土地整治事业不断实现新跨越提供了强有力的舆论支持。

15年来，国土资源部与《人民日报》、新华社、《经济日报》、中央电视台、中央人民广播电台等中央主流媒体保持密切合作，对土地整治进行了多形式、多渠道、多角度的宣传报道，策划开展了一系列重量级、影响深远的宣传活动，土地整治的社会知名度和影响力显著提升。其间，国土资源部策划推出的《中国土地整理十年成就回眸》大型画册（2009年）、行程跨越10多个省份的"农村土地整治万里行"（2011年）、专业性与普及型兼具的"首届农村土地整治摄影大展"（2012年）等活动引起社会强烈反响。中国土地整治网、《中国国土资源报》"土地整治大看台"专栏、《土地整治动态》等已逐渐成为集中宣传土地整治的常规平台，逐步成为社会大众关注和了解土地整治的重要窗口。

1. "农村土地整治万里行"宣传活动

随着工业化、城镇化、农业现代化的同步加快推进，土地整治时刻面临着新形势、新变化、新挑战。为争取社会各界特别是广大农民群众的更多理解和支持，同时把《国务院关于严格规范建设用地增减挂钩试点切实做好农村土地整治工作的通知》（国发〔2010〕47号文件）和《土地复垦条例》贯彻落实好，国土资源部自2011年4月份起，在全国范围内组织开展了历时一年的"农村土地整治万里行"（简称"万里行"）宣传活动。

①总体工作进展。2011年4月15日，国土资源部在机关大院举行了"万里行"宣传活动启动仪式。徐绍史出席启动仪式，王世元致辞。中宣部、国务院新闻办、中央主流媒体的有关领导及记者、国土资源部机关各司局和有关直属单位主要领导、干部职工代表、部青年团员代表参加了启动仪式。全国各省（区、市）厅（局）分会场4000余人组织收看了启动仪式的视频直播。

4月27日，开展了"送画下乡"活动。国土资源部办公厅、宣教中心、信息中心、土地整治中心、中国国土资源报社和中国矿业报社有关人员参加，先后赴北京市大兴区、河北省廊坊市和天津市武清区开展送画下乡活动，向当地赠送了农村土地整治宣传画及宣传光盘。

5月5日，"万里行"宣传活动湖北站启动仪式在武汉举行，正式拉开了地方"万里行"宣传活动的序幕。5月15日，国土资源部在河南省郑州市召开了全国农村土地整治宣传工作会议。

6月25日，徐绍史出席在江苏南京举行的第21个全国"土地日"纪念活动并致辞；6月27日，在《人民日报》上发表了题为《促节约守红线惠民生——纪念第二十一个全国"土地日"》的署名文章；同时，组织开展了全国"土地日"主题宣传周系列活动，掀起了"万里行"宣传活动的高潮。

8月22日，国土资源部召开了"万里行"媒体座谈会，听取参加"万里行"宣传活动的中央主流媒体记者的意见建议，对"万里行"宣传活动进行了阶段性总结。10月19日再次召开媒体座谈会，组织中央主流媒体围绕土地整治工作对粮食连年增产的贡献进行了系列深入报道。

2012年4月，为纪念"万里行"宣传活动开展一周年，国土资源部办公厅对各地在"万里行"宣传活动中表现突出的集体和个人进行了通报表彰，并组织专家进行了"万里行"好新闻评选。

②宣传报道情况。"万里行"宣传活动调动起中央主流媒体和地方新闻媒体宣传土地整治工作的空前热情，一大批优秀新闻作品脱颖而出。

——4个主流媒体头版头条。中央电视台《新闻联播》头条播出《土地红线有保障耕地实现净增长》；《人民日报》头版头条刊发《每年投入近千亿元整治农村土地全国新增耕地4200多万亩》；中央人民广播电台《全国新闻联播》头条播出《国土资源部土地整治为粮食八连增提供重要保障》；《经济日

报》头版头条刊发《坚守耕地红线保障粮食生产》。

——5个央视名牌栏目专题。中央电视台新闻频道《焦点访谈》栏目播出30分钟专题片《土地整理带来了什么》；经济频道《中国财经报道》栏目播出专题片《边城：收获幸福的土地》，节目时长50分钟；新闻频道《新闻1+1》栏目播出40分钟专题片《今天，让谁来种地》；农业频道《聚焦三农》栏目播出20分钟专题片《土地整治进行时》。

——10余个系列报道。中央电视台新闻频道《新闻直播间》播出3集土地整治系列报道，分别是《河南邓州："生"地之道如何来》、《宁夏同心：同样土地不同账本》、《广东佛山："发钱"经验能否在全国推广》；经济频道《经济信息联播》播出6集"关注农村土地整治"系列节目；《农民日报》开辟"农村土地整治万里行"专栏，先后7次刊发深度报道；中新社、《人民政协报》、《湖北日报》、《海南日报》、湖南交通广播电台、江西电视台、《江西日报》、《福建日报》、《广西日报》分别播出（刊发）土地整治系列报道，为"万里行"宣传活动在全国范围内扩大了影响力。

——两个大型专题。"万里行"宣传活动启动之初，国土资源管理部门户网站、《中国国土资源报》就开设了"万里行"专题（专栏），及时传递主流声音、引导舆论走向，为大众传媒提供了丰富的第一手素材。部门户网站专题设置了10个栏目，一年发布信息600条；《中国国土资源报》的"万里行"专栏，在半年时间内集中发表3000字以上深度报道近40篇，让读者对各类土地整治典型有了鲜活印象。两个大型专题刊发的消息、报道，先后15次被中央政府门户网站转载。

——"四个100"系列图书。根据"万里行"宣传活动的总体方案，国土资源部土地整治中心编辑出版了《土地整治100例》、《土地整治100问》、《土地整治纪实100篇》和《土地整治征文100篇》4本图书，总计100余万字，全方位、多角度宣传了土地整治基础知识和地方典型经验。国土资源部出版了《〈国务院关于严格规范城乡建设用地增减挂钩试点切实做好农村土地整治工作的通知〉解读文章汇编》。

③产生的影响。"万里行"宣传活动被评为2011年度国土资源好新闻一等奖。它主要发挥了以下几个方面的影响。

图5 "四个100"系列图书

一是正确引导舆论走向，使土地整治更加深入人心。"万里行"宣传活动积极结合新闻战线"走转改"倡议，将业务亮点与新闻热点"嫁接"，精心策划出了一大批重头新闻报道。2011年4～12月，中央主流媒体的头版或窗口栏目，平均每月都有土地整治深度报道；省市级媒体的土地整治报道，也呈星火燎原之势，在全国掀起了一股舆论高潮。

二是宣传活动深入基层、深入一线，通过印发土地整治宣传画册、开展网上讨论和征文、举办《土地复垦条例》知识竞赛、举行座谈会、文艺演出、巡回报告等群众喜欢、听得见、看得着、记得住的形式，有效宣传普及了土地整治基本法律法规和政策。

三是"万里行"中央主流媒体采访团所到之处，引起了地方各级党委、政府对农村土地整治工作的高度重视。其中湖北、河南、宁夏、黑龙江、广东等五省政府主要领导在当地重要报纸的显著位置发表署名文章，进一步扩大了"万里行"宣传活动的影响。江西、湖北、宁夏、河南、陕西、湖南等地省委宣传部领导出席"万里行"启动仪式或媒体座谈会。

四是在全国范围内发放了近5000份调查问卷，既宣传了土地整治政策，也达到了近距离了解群众看法和需求的良好效果，真正做到了"行万里路，进万家门"。调查显示，93%的受访者表示，土地整治治理了村内脏、乱、差的地方，村容村貌得到了较大改善；83%以上的受访农户认为它导致收入有所增加；98%以上的农民对土地整治项目表示满意。

2. 首届农村土地整治摄影大展

2011 年 12 月，"首届农村土地整治摄影大展"正式启动。大展由国土资源部土地整治中心和中国摄影家协会联合主办，湖南省土地综合整治局、湖北省国土整治局、广西壮族自治区国土资源厅土地整理中心、江西省土地开发整理中心、广东省土地开发储备局、重庆市农村土地整治中心、青海省土地统征整理中心、宁夏回族自治区国土开发整治管理局协办。该届大展以"开展土地整治、建设美好家园"为主题，旨在借助摄影艺术手段，大力宣传土地整治的功能、作用及成效，全方位、多角度地展示土地整治给我国农村带来的巨大变化和深远影响，营造有利于土地整治事业发展的良好社会氛围，推进国土资源文化建设，繁荣摄影艺术。

摄影大展受到社会各界的高度关注，也得到各级国土资源管理部门和土地整治机构的大力支持与积极配合。短短 5 个月内，摄影投稿量达到了中大型摄影展的规模，共收到来自社会和国土资源系统的摄影作品 44466 幅，其中社会投稿人的作品比例超过 6 成。征稿期间，国土资源部土地整治中心将部分作品放在中国土地整治摄影大展专业网站上进行引导性展示，网站点击率超过 150 万次，周点击率达万次以上，收到了良好的宣传效果。

参展作品主题鲜明、内容全面、类型丰富、质量较高，以不同的艺术表现风格、鲜明的摄影语言，充分展示了"十一五"以来国家开展土地整治取得的重大成果和重大变化，具象展现了土地整治给中国农村带来的深刻变化，也深切表达了主办方对未来通过土地整治改变我国农村面貌、建设美好家园的憧憬与希望。大展共评选出 191 幅获奖作品，14 个省级国土资源管理部门和土地整治机构获得优秀组织奖。

为充分展示摄影大展的成果，进一步扩大土地整治工作的影响力，主办方设计了摄影大展特种纪念邮票首日封，编辑出版了《大地飞歌—首届农村土地整治摄影大展作品选》画册。2012 年 6 月 25 日，为迎接第 22 个全国"土地日"，围绕"建设高标准基本农田，保障国家粮食安全"的宣传主题，主办方在中国地质博物馆举办了为期十天的摄影大展首展活动，并举行了摄影大展颁奖仪式及画册、邮票首日封发行仪式。首展结束后，获奖作品在湖南、宁夏等省进行了巡展、宣传，并在中国土地整治网及相关主流媒体上进行了刊登展示。"首届农村土地整治摄影大展"被评为第22个"土地日"主题宣传周优秀宣传项目。

3. 良好的新闻宣传工作平台与机制

延续2011年"农村土地整治万里行"宣传活动和2012年"首届农村土地整治摄影大展"的好势头，2013年土地整治宣传工作依然亮点纷呈。

1月26日，《中国财经报道》栏目播出50分钟专题节目《谁爱种地》，以3个不同经济发展程度、不同资源禀赋地区制定补贴细则的过程，全景式反映了激励性耕地保护政策创新的意义与难度。

3月3日，央视新闻频道《新闻直播间》栏目播出系列报道第1篇：《保产量增效益土地新政持续发力》。

3月21日，《新闻直播间》栏目播出广西龙州系列报道：《行走土地试验田龙州模式》、《行走土地试验田龙州模式2.0升级版省级补贴杠杆撬动农业产业升级》、《行走土地试验田龙州模式3.0再升级版新型农场企业＋农户＋基地》。

3月22日，《新闻直播间》栏目播出广东系列报道：《广东行走土地试验田·保护基本农田：只要百姓种田政府就发补贴》、《广东行走土地试验田·保护基本农田：区域转移支付保障基本农田补贴》、《广东行走土地试验田·保护基本农田：补贴资金到位保证专款专用》；插播龙州系列报道的后续报道：《国土资源部：优先在西南八省区推广龙州模式》；4月1日，央视《新闻联播》栏目播出《再投1500亿建设高标准基本农田》。

4月初，《人民日报》、中央政府门户网站、中央电视台先后报道了土地整治示范建设最新进展和土地整治规划实施跟踪评估工作。

7月1日，央视《新闻联播》围绕国土资源部土地整治中心组织研发的暗管改碱技术，报道了我国盐碱地改良情况，《新闻直播间》栏目播出3条后续报道。

8月26日，国土资源部土地整治中心派员参与宁夏良田建设调研并起草的《良田建设是富民安邦的基础》在《经济日报》专版刊出，同日《致公党中央调查组赴宁夏调研良田建设纪实》在《国土资源报》专版刊出。

3月19日～10月28日，国土资源部土地整治中心与《中国国土资源报》

合办栏目"在希望的田野上——高标准基本农田建设在基层"顺利收栏，刊发相关新闻报道50期，全面反映了各地高标准基本农田建设进展，集中交流了各地的好做法、好经验。

11月，国土资源部工作人员陪同央视法制频道记者赴江西、湖南省拍摄专题片《红线》。

12月，出版《土地整治优秀新闻作品选编（2012）》；以土地整治中人和事为题材的《大地作证》报告文学集完成采写和编纂工作并交付出版社。

（九）信息化建设初见成效

信息化已成为当今世界经济社会发展的大趋势。2004年，时任国务院副总理曾培炎视察国土资源部时指出，"国土资源工作，信息化大有可为。目前取得了较大的进展，希望进一步深入运用，提高国土资源保护和开发利用水平，通过天上看、地上查、网上管，不放过对每一块土地的监管"。党的十八大报告中提出工业化、信息化、城镇化、农业现代化"四化"同步发展，标志着信息化已被提升至国家发展战略的高度。

土地整治信息化是国土资源信息化的重要组成部分，是全面提高土地整治工作水平的有效途径和重要手段。国土资源部坚持以土地整治项目监管信息化为契机，统一领导、统筹规划，全方位加强信息化建设工作，使土地整治信息化基础建设和应用系统建设从无到有，不断丰富和完善，取得了明显成效。

——土地整治信息化基础设施建设稳步推进。经过十多年的发展，国土资源部土地整治中心信息化基础设施不断完善，信息系统的保障水平得到整体提升。建成了以30兆光纤为主的基础信息网络、专业网络数据中心机房，配置了防火墙、交换机、入侵防护系统、存储备份恢复系统等网络安全设备，为信息化建设打造了强有力的平台并提供了安全保障。组建成百兆局域网，为全面实现信息共享、数据传送、电子化办公提供了稳定的网络环境支持。

——基础数据库建设初具规模。为满足各项业务发展的需要，国土资源部先后建成农村土地整治项目数据库、耕地占补平衡数据库、建设用地增减挂钩项目数据库、农用地分等定级数据库、土地复垦数据库，正在建设土地整治规划数据库，基本覆盖了各专业领域，数据中心建设初见成效。

——业务系统建设覆盖了土地整治主要管理业务。按照"以需求为导向，以应用促发展"的信息化建设指导原则和"加强统筹、建用并举"的信息化建设具体要求，陆续开展了国家投资项目管理信息系统、国家投资项目申报软件、国家投资项目实施监测申报软件、农村土地整治监测监管系统、新增建设用地土地有偿使用费征收标准体系应用系统、专家库系统、土地复垦方案咨询论证信息系统、城乡建设用地增减挂钩试点在线报备系统、盐碱地暗管改碱管理系统、土地复垦培训信息系统、科技项目管理信息系统、土地整治文献数据库系统、综合档案管理系统、农用地分等定级数据管理系统等的建设工作，为创新土地整治管理模式、推动土地整治管理科学化提供了重要的技术支撑。国土资源部土地整治中心还建成了办公自动化系统，2010 年底接入了国土资源部办公自动化系统及内网平台，实现了文件、简报等各类公文的网络传输和交换，办公自动化的架构基本形成。

——信息化标准体系框架基本形成。完善的标准规范体系是信息化建设的基础。在国土资源信息化标准体系总体框架下，严格遵循已颁布实施的土地整治国家和行业标准，结合实际情况，研究起草了《农村土地整治监测监管系统运行管理办法》、《数据更新修改具体操作流程》、《农村土地整治监测监管系统数据修改申请单》等标准规范，有效促进了数据库和应用系统建设的规范化。

——土地整治信息安全工作不断加强。建立了土地整治信息化数据安全和网络安全机制，制定了机房管理暂行办法、中国土地整治网网站管理暂行办法、土地整治中心项目档案资料管理暂行办法等，根据不同需要，采用经国家主管部门审核认定的网络安全技术，制定了网络安全防范措施，配备了防火墙安全系统和网络管理系统等信息安全系统，确保了计算机网络安全。

——土地整治信息应用服务能力和水平进一步提升。近年来，农村土地整治监测监管系统、城乡建设用地增减挂钩试点在线报备系统、耕地占补平衡动态监管等系统的陆续投入运行，为国土资源部开展以图管地，农村土地整治清理检查，土地整治项目实施例行检查、专项稽查、重点督查，城乡建设用地增减挂钩清理检查，耕地占补平衡考核监管、省级政府耕地保护责任目标考核、基本农田补划比对核查、新增建设用地图斑核查、新增耕地管理信息核查标注

等工作提供了基础数据支撑。国土资源部土地整治中心按照要求提供全国相关统计数据报表、月报、季报、年报及重点工作临时统计专报，其中季度统计报告已经纳入国土资源综合统计，为各级领导决策提供了有效的信息服务和决策支撑。

——信息社会化服务逐步展开。中国土地整治网作为国土资源部土地整治中心的门户网站，历经数次改版，在保证信息安全的前提下，向社会提供方便快捷、形式多样、内容丰富的土地整治信息服务，信息量逐年增加，网站日访问数超过1200人次，增进了社会公众对土地整治工作的了解和支持，其公众认可度不断提高。在中国土地整治网的带动下，全国省级土地整治中心网站建设蓬勃开展，目前已有12个省级土地整治机构建设了独立网站。网站的建设已成为全国土地整治政务公开主渠道、新闻宣传主阵地和公众服务窗口，有力地推动了土地整治事业的发展。

——3S技术应用日益普及。RS（遥感）技术作为快速、大范围获取土地整治项目区信息的有效手段，在土地整治项目管理中得到越来越多的应用。特别是近年来无人机遥感监测技术的迅速发展和推广应用，进一步提升了土地整治管理水平。国土资源部土地整治中心组织研发的土地整治辅助现场调查评价装备，利用移动手持平台集成GPS和移动GIS技术，针对土地整治各个业务阶段现场调查工作的需求，提供了地图导航、信息查询、现场测量、问题记录、现场拍照和数据汇总等功能，有效解决了土地整治项目实地调查工作定位难、测量难、记录难、现场采集信息使用管理难的问题。该项研究成果被评选为2009年中国科协科技期刊与新闻媒体第6次见面会向媒体重点推介的6项科技成果之一，得到专家评委的高度评价。

近年来，土地整治信息化建设工作受到中央领导、国土资源部领导的高度重视。2009年11月、2010年9月、2011年9月，李克强、习近平、温家宝等中央领导同志分别到国土资源部视察，专门听取了国土资源综合监管平台及农村土地整治监测监管等系统建设和运行情况。2011年在国家博物馆举办国土资源"十一五"成果展，李克强等中央领导先后参观国土资源信息化展台，听取了农用地分等定级工作开展情况汇报。2008年时任国土资源部部长徐绍史、2012年国家土地副总督察张德林、2013年国土资源部部长姜大明分别听取国土资源部土地整治中心关于农村土地整治监测监管系统以及应用国土资源"一张图"监管平台开展监管工作情况汇报，并给予充分肯定。

（十）机构队伍建设不断加强

1997 年 8 月 14 日，中央机构编制委员会办公室批准成立专门负责土地整理的机构——国家土地管理局土地整理中心，核批事业编制 25 名。1998 年 1 月 8 日，国家土地管理局土地整理中心正式挂牌成立。1998 年国土资源部成立后，更名为国土资源部土地整理中心。2012 年 3 月 14 日，中央机构编制委员会办公室批准国土资源部土地整理中心更名为国土资源部土地整治中心，人员编制由 75 人增加到 105 人。

15 年来，国土资源部土地整治中心始终坚持把建好班子、育好人才、带好队伍作为促进事业发展的基础和保障，坚持强党性、抓班子、带队伍，建设"学习型、创新型、效能型、服务型、廉洁型"班子，为事业发展带好头、领好路；坚持建设"政治强、业务精、作风硬、业绩优"，具有激情和活力的干部队伍；坚持用科学理论引导人、用优良作风塑造人、用细致的思想工作培养人、用和谐的环境吸引人、用创新的机制激励人，探索形成一条适合中心人员特点、具有中心特色、深受干部职工欢迎的理论教育之路。

用科学理论引路，以正确的世界观、人生观和价值观育人。开办了"土地整治大讲堂"，邀请专家学者走进大讲堂，开设高质量的专题党课，深化理论教育，用科学理论引导人、教育人。党课教育已逐步成为教育引导、提高素质的课堂，联系实际、解决问题的课堂，净化心灵、自我完善的课堂。

用完善的制度规范行为，以优良的作风塑造人。把廉政建设作为事业发展的生命线，强化廉政教育，针对工作重点的变化，及时查找廉政风险点，修改完善廉洁自律规定，制定"廉洁自律六不准"，建立了"廉政建设跟踪卡"制度，严格执行"事前提醒、事中自警、事后检查"的监督管理制度，规范干部职工的日常行为。

建立有效的沟通机制，以细致的思想政治工作培养人。注重人文关怀，把多为干部职工提供交流机会、营造信任氛围、建立有效沟通机制作为建设优秀队伍至关重要的三个条件，不断加强思想政治工作队伍建设，形成层层做、时

时做、人人做的思想工作局面，实现了思想工作网络化。

创新管理机制，以良好的内部环境吸引人。坚持"用事业留人，用感情留人，用适当的待遇留人"，努力营造"以素质立身，靠业绩进步"的氛围，为干部职工提供一个公平竞争的舞台，有效激活了用人机制，不断创新管理机制，促进干部职工成长成才。

积极开展创优争先活动，加强机构队伍建设。开展以"五比五在前"为主要内容的岗位争创活动，使创先争优融入实际、走进岗位。加强团队文化建设，使"实干、创新、清正、和谐"的价值理念逐步成为全体干部职工的共识。推进全员绩效管理试点，加强过程管理，建立绩效管理与年度考核相统一、分层考核与评优定先相结合、考核结果与干部选用和绩效工资相挂钩的机制，具有中心特色的干部管理机制日益完善，争当优秀干部、创建一流业绩已成为干部职工的自觉行动。在加强自身机构队伍建设的同时，以"四级机构联创齐争，共同推进农村土地整治"活动为切入点，带动地方土地整治机构创先争优，提升各级土地整治机构对土地整治事业发展的支撑能力。

坚持以党建带团建，鼓励团委开展创先争优。青年先行，党工团联手设计开展助学实践活动，持续为新田贫困学子捐赠爱心基金达70余万元。并发起了为全国国土资源系统践行"三个代表"好干部黎昌和烈士的女儿捐资助学活动。开办"土地整治论坛"，激发青年干部干事创业的激情与活力，并连续获得第二、三届"国土资源青年论坛""优秀组织奖"和"青年才俊奖"。中心注重在基层实践中锻炼培养年轻干部，选派青年干部"进村入点"，与基层干部群众同吃、同住、同学习、同工作，接地气、摸实情、转作风、强素质。中心的团委被评为中央国家机关"五四"红旗团委创建单位。国土资源系统的团十五大代表到中心与青年座谈交流后，曾深有感触地说：在中心看到了"一种环境"，即干事业、干成事业，带有青春色彩的环境；看到了"一种境界"，即干部队伍聚成一团火，散作满天星的境界；看到了"一个关系"，即事业与青年互联互动的关系；看到了"一个事实"，即青年不仅是"明天"，也是今天的事实；看到了"一个经验"，即以党建带团建的经验。

积极落实国土资源中长期人才发展规划，加大对土地整治从业机构和人员的技术培训和技术指导力度。先后举办多期技术培训班，培训技术人员 2 万余人次，仅 2012 年就举办了 30 多期土地整治专业技术培训班和 1 期国土资源专业技术人员高级研修班，培训专业技术人员近万人，为土地整治事业发展提供了有力的人力支撑。

通过几年的实践，机构队伍建设取得了一定的成效。逐步培养锻炼了一支被部领导称为"懂政策、会管理、能打硬仗的队伍"；一支被中央党校老师评价为"年纪轻、学历高、有头脑，且对理论学习兴趣大，还能结合工作实际进行深层次思考的队伍"；一支被广大农民誉为"半个泥腿子"、为农民谋福利、深受农民欢迎、可以让农民群众看到老八路的影子的队伍……先后涌现出一批全国粮食生产先进工作者、全国国土资源管理系统先进工作者、全国国土资源管理系统纪检监察先进工作者、国家和部级科技创新标兵、国务院政府特殊津贴享受者、部"百人计划"科技人才、优秀共产党员、优秀党务工作者、优秀团干部、优秀团员、巾帼建功标兵。中心连续 8 年获得"中央国家机关文明单位"称号，连续 3 年获得"首都文明单位"称号，2008 年获得"中央国家机关文明单位标兵"称号，连续 2 年被评为"执行力好班子"和"绩效管理先进单位"，连续多年被评为部直属机关先进基层党组织、综合治理先进单位、部信息报送先进单位。所属党支部多次被评为先进党支部，第三党支部还在国土资源部直属机关推广支部工作法大会上做了典型发言。综合业务处被中央国家机关工委评为"践行社会主义核心价值观先进典型"，项目计划处被部直属机关工会评为"巾帼建功先进集体"。

15 年来，国土资源部土地整治中心紧紧围绕保护耕地、节约集约用地和维护群众权益等重大任务，积极发挥队伍优势和技术优势，主动谋划、主动作为、主动协调、主动配合，担当了土地整治国家队和主力军的角色，在政策研究、科技支撑、制度规范建设、监测监管等方面发挥了重要作用，为土地整治事业的开创和发展做出了突出贡献。

国土资源部土地整治中心在发展壮大的同时，也带动了各级土地整治机构的迅速发展壮大。据统计，截至 2013 年 12 月底，全国国家、省、市、县 4 个

层级，共成立土地整治机构 2229 个，工作人员 21230 人。其中，31 个省（区、市）及新疆生产建设兵团共设立省级土地整治机构 32 个，工作人员共1292 人，土地整治机构在省级层面实现全覆盖；全国 420 个地级行政区中，有 358 个成立了地级土地整治机构，工作人员共 4593 人，机构覆盖比例达到85%；全国 2765 个县级行政区中，有 1838 个成立了县级土地整治机构，工作人员共 15240 人，机构覆盖比例为 66.5%。从调研情况看，全国从上至下基本形成了一个由 2000 多个专门工作机构组成的土地整治工作体系，建立了一支 2 万多人的专职从事土地整治业务的专业人才队伍，为持续深入推进土地整治工作奠定了坚实基础。

近年来，先后涌现出全国国土资源管理系统先进集体和先进工作者——北京市土地整理储备中心、广西壮族自治区国土资源厅土地整理中心、河南省济源市土地整理中心、广东省阳西县土地整理中心，践行"三个代表"重要思想的好干部黎昌和、被徐绍史部长称赞为"他是我们的光荣和自豪"的好干部刘建文、全国粮食生产先进工作者河南省土地整理中心王国辉、全国国土资源管理系统先进工作者内蒙古自治区土地整理中心王海军、河南省南乐县国土资源局土地整理储备中心郭毛选。

为了更有力地保障土地整治工作的顺利推进，各级政府纷纷加强了土地整治机构建设，如湖北成立了国土整治局（副厅），广东成立了土地开发储备局（副厅），新疆成立了土地开发整理建设管理局（副厅），宁夏成立了国土开发整治管理局，湖南成立了土地综合整治局，山东、重庆土地整理中心也相继升格，省级土地整治机构得到了进一步加强。在新的形势下，各级土地整治机构必将为土地整治事业的发展全方位提供更强有力的支撑。

四　土地整治成效

十多年来，在党中央和国务院的高度重视下，在地方各级党委政府的大力支持和有关部门的积极配合下，在各级国土资源管理部门特别是土地整治系统全体干部职工的共同努力下，土地整治项目的数量和资金投入规模均较以前显著增大，既推动了土地利用方式转型和土地管理事业全面进步，也日益成为

"保发展、守红线、促转变、惠民生"的重要抓手和基础平台,并在促进城乡统筹发展和推进生态文明建设等方面发挥了重要作用。

(一)通过加强耕地保护和高标准基本农田建设,巩固了国家粮食安全的资源基础

确保国家粮食安全始终是治国理政的头等大事,也是保障和改善民生的头等大事。在国家支农惠农政策激励和全社会共同关注之下,2004年以来我国已经成功实现粮食综合产能稳定维持在5亿吨以上,基本保证了居民食物消费和经济社会发展需求。但是,目前我国粮食产销之间和供求之间的结构性矛盾没有根本改变,加上耕地数量持续减少、后备耕地资源匮乏、耕地质量总体较低、水土匹配空间错位、耕地污染现象严重、全球气候极端变化,以及工业化城镇化梯度推进等因素的叠加影响,我国粮食供需长期处于紧平衡甚至脆弱的平衡状态,粮食生产重心北移趋势加快,"北粮南运"格局日益固化,对国际市场的依赖也越来越大,实现保障国家粮食安全这一中国特色农业现代化的首要目标面临极大挑战。近年来,土地整治围绕保障国家粮食安全,通过治理低效利用、不合理利用和未利用土地,恢复利用生产建设破坏和自然灾害损毁土地,以及推进城乡建设用地增减挂钩、城镇低效用地再开发、工矿废弃地复垦利用和低丘缓坡荒滩开发利用等,从增加耕地数量、提高耕地质量和减少建设占用等方面促进了耕地保护,提升了粮食综合产能,夯实了国家粮食安全的资源基础。

近年来,中国耕地保护形势总体好转,一改过去多年持续快速减少势头,个别年份甚至出现耕地数量净增加,土地整治工作在其中发挥了重要作用。2001~2012年,全国通过土地整治补充耕地5000多万亩,超过同期建设占用和自然灾害损毁耕地面积之和,保证了全国耕地面积基本稳定。2000~2007年,国土资源部、财政部利用中央分成新增费安排3054个土地开发整理项目,总建设规模3730万亩,新增耕地677万亩,总投资450亿元。"十一五"期间,全国批准实施土地整治项目12.4万个,新增耕地3100多万亩。不仅如此,土地整治工作还坚持数量质量并重原则,在补充耕地数量的同时,按照"划得准、调得开、建得好、守得住"的要求,有规划有计划地开展高标准基

本农田建设。2001～2012 年，全国建成适应现代农业发展要求的高标准、成规模基本农田 3 亿亩，仅"十一五"期间全国就建成 1.6 亿亩旱涝保收高标准基本农田，整治后的耕地质量平均提升 1～2 个等级，粮食产能普遍提高10%～20%，新增粮食产能 130 多亿斤。可以说，通过土地整治实现的耕地数量基本稳定和质量稳步提高，为全国粮食生产"十连增"提供了基础保障，促进了新增千亿斤粮食工程的实施，巩固了农业现代化基础。黑龙江"十一五"期间累计投入土地整治资金 101 亿元，实施土地整治重大工程子项目 180个，建成高标准基本农田近 800 万亩，新增耕地 54 万亩，年增产粮食 38.73亿斤；湖北 2004～2011 年累计投入 282.7 亿元，整治土地 1607 万亩，增加粮食产能 10 亿斤，涉及全省 80% 的乡镇，惠及农民千万人。

（二）通过改善农村地区的生产生活条件，促进了农业增效、农民增收和农村发展

进入 21 世纪以来，"三农"问题日益成为现代化建设短板，2005 年十六届五中全会首次提出要建设社会主义新农村，国土资源部提出将"积极推进土地整理"作为以土地管理促进新农村建设的一条重要措施。特别是在 2008年十七届三中全会决定提出"推动科学发展，必须加强农业发展这个基础，确保国家粮食安全和主要农产品有效供给，促进农业增产、农民增收、农村繁荣"后，土地整治工作围绕贯彻落实中央文件精神，坚持以服务"三农"为出发点和落脚点，统筹安排、积极推进，成效显著。通过归并零散地块、改善农田基础设施，提高了农田的排灌能力、抵御自然灾害能力和机械化耕作水平，推动了农业适度规模经营；通过村庄整治，改变了农村散、乱、差的面貌，促进了农民居住相对集中、农村基础设施和公共服务配套设施大大改善，特别是一些地方在推进农村土地整治中，注重保持农村特色，保留传统的农耕文化和民风民俗中的积极元素，使现代城市和现代农村经济社会和谐相融、现代文明和历史文化交相辉映；通过提高耕地质量，改善农业生产条件，特别是实现了农业的规模化、产业化经营，农民的农业收入稳定提高；农民通过参与土地整治工程施工，还直接增加了劳务收入，土地整治因此成为解决农民工就业、增加农民收入的有效途径；另外，通过实施土地整治项目，增强了农民的

科学观念，增强了农民的参与意识、自我发展和自主管理能力，有利于培育适合新时代发展要求的新型农民，并促进了农村文明社区建设，增强了农民的民主意识，加快了农村民主管理进程。

近10年来，随着大批土地整治工程项目相继开展和发挥作用，土地整治工作的"强农"效应突出，全国农业生产条件明显改善，仅机械化耕、种、收水平就提高了20余个百分点；土地整治的"富农"效应初显，每亿元土地整治投资中，工程施工所需的劳动力投入占20%左右，可创造社会劳动力有效需求150多万个用工，据测算，"十一五"期间全国土地整治惠及9100多万农民，项目区农民人均收入增加700余元，参加土地整治工程施工劳务所得合计超过150亿元；土地整治的"惠农"效应凸显，仅"十一五"期间全国就直接投资2390多亿元整治低效、废弃农村建设用地约300万亩，有效改变了村庄的散、乱、差面貌。根据城乡建设用地增减挂钩试点2013年度评估结果，项目实施后项目区农民人均年收入提高了30.1%。另外，土地整治在促进老、少、边、穷地区农村发展和社会和谐稳定方面发挥了重要作用，成为我国推进扶贫开发工作、消除贫困的一项重要举措。2001年以来，国家在多数扶贫开发重点县推进土地整治工作，仅中央直接安排资金就超过60亿元。云南在实施"兴地睦边"土地整治重大工程过程中，与旅游规划、烟水工程相结合，有效促进了新农村建设和农业产业结构调整，推动了当地农民脱贫致富，促进了边疆稳定和民族地区经济社会发展。

（三）通过优化城乡土地利用结构和布局，促进了城乡统筹和经济社会一体化发展

十七届三中全会关于"我国总体上已进入以工促农、以城带乡的发展阶段"的科学论断提出后，如何促进城乡统筹发展成为当前和今后一段时间土地管理面临的一大现实问题。针对城乡二元结构导致的生产要素流通障碍，各地把土地整治特别是城乡建设用地增减挂钩试点作为努力构建统筹城乡发展的抓手和平台。近年来，各地深入贯彻落实科学发展观，围绕城乡统筹发展战略，以城乡建设用地增减挂钩、工矿废弃地复垦利用和城镇低效用地再开发政策为引擎，积极探索开展城乡建设用地整理，不仅有效保护了耕地，还进一步

拓展了城乡发展空间。一方面，利用节约出来的一部分集体建设用地，引导财政资金和民间资本投入农村，明显改善了村容村貌和生产生活条件，切实增强了农村自身发展能力；另一方面，通过挖潜集体建设用地并在优先满足农村发展需要的前提下，将节余的土地指标调剂到城镇，既拓展了工业化、城镇化发展空间，将增值收益返还到农村后还加快了新农村建设，实现了土地、资本要素城乡之间有序合理流动和经济社会发展成果城乡共享。

城乡建设用地增减挂钩等试点相继实施以来，既增加了耕地面积，又优化了城乡用地结构布局，促进了城乡统筹和经济社会一体化发展。仅"十一五"期间，全国农村就完成拆旧面积227.5万亩，复垦还耕148万亩，平均节地率达到40%，整理出的建设用地主要用于新农村和新社区建设，特别是依法依规发展了一批乡镇企业和非农产业，让集体经济组织和农民参与经营和开发，壮大了集体经济、加快了新农村建设，而节约的92万亩指标按规定在相关县级行政区域内用于基础设施、工业集聚区和新城镇建设，推动了乡村城镇化进程、促进了县域经济发展。

（四）通过改善土地生态环境和修复受损生态系统，促进了不同区域生态文明建设

2007年党的十七大报告提出要"建设生态文明"，十八大进一步将生态文明建设纳入社会主义现代化建设"五位一体"总布局。土地整治工作从一开始就与生态文明建设内涵相符，各地在推进土地整治过程中，针对一些地区土地退化程度较为严重，以及自然灾害损毁和生产建设破坏土地现象较为普遍的情况，综合运用工程、生物等措施，着力改善土地生态环境，修复、提升土地生态功能。在十七届三中全会提出"要按照建设生态文明的要求，发展节约型农业、循环农业、生态农业，加强生态环境保护"要求后，各地更加注重利用农用地集湿地、绿地、景观等多种生态功能于一身的特点，在农用地整理中综合采取工程、生物、物理、化学、耕作等措施，着力改善土地生态环境，提高生态涵养能力，并在控制土地沙化盐碱化和减轻水土流失等方面发挥了重要作用；土地复垦通过塌陷区和采空区充填、尾矿库造田、排土场改土造林以及风景观赏区建设等，有效修复了矿区生态系统、恢复了受损生态功能。总体

来看，通过土地整治对生态系统的修复和保护，基本实现了生态安全和粮食安全的有机结合、促进了区域生态环境质量的整体提升。

资料显示，土地整治工作在促进全国生态文明建设方面作用显著。仅"十一五"期间，全国各类土地整治项目通过开展坡改梯和实施坡面防护建设等措施，治理水土流失面积 2176 万亩，通过实施农田防护林工程种植农田防护林 2.7 亿株，通过推广应用节水灌溉技术促进灌溉水利用率平均从 0.3 ~ 0.4 提高到 0.6 以上，通过土地复垦大幅度提升了废弃土地复垦率，修复和改善了生态环境。土地整治在改善部分地区生态环境方面更是发挥了不可忽视的重要作用：在西北干旱地区，通过开展农用地整理，治理了大面积盐碱地，提高了植被覆盖率，增强了防风固沙能力；在西南地区，结合生态退耕加大保水、保土、保肥"三保田"建设力度，既治理了水土流失，又保障了粮食生产，实现了生态安全和粮食安全的有机结合；在长三角、珠三角等人口产业密集地区，通过建设高标准基本农田，更加凸显了耕地在维护和改善区域生态环境中的作用。

五　土地整治基本经验

近年来，各地紧紧围绕经济社会发展需求和土地资源管理要求，持续深入推进土地整治工作，在取得长足进步、发挥重要作用的同时，也通过实践创造和积累了丰富而宝贵的经验，得到了重要而深刻的启示。分析研究这些来自实践并为实践所证明的经验和启示，科学认识蕴涵其间的规律和本质，对于我们接下来加快推进土地整治工作、促进土地整治事业持续健康发展意义重大。土地整治工作通过实践获得的经验和启示主要有以下几点。

（一）土地整治工作必须始终坚持服务于经济社会发展战略

人多地少、人均耕地少、优质耕地少、耕地后备资源匮乏的土地基本国情，以及当前和今后较长一段时间将处于经济社会快速发展阶段，决定了我国的土地整治工作必须围绕科学发展的主题和转变发展方式的主线，坚持最严格的耕地保护制度和最严格的节约用地制度，统筹保护耕地、保障发展和维护权益，促进经济社会全面协调可持续发展。从近些年各地推进土地整治工作实践来看，通过农用地整理，补充了耕地数量、提高了耕地质量、改善了农业基础设施条件，提高了耕地综合生产能力，巩固了国家粮食安全的资源基础，特别是近年来高标准基本农田建设的大规模开展更是为以规模化和集约化为主要特征的现代农业发展打下了扎实基础，促进了从传统农业向现代农业的发展转型；通过农村建设用地整理和城镇工矿建设用地整理，优化了城乡土地利用结构和布局，提高了节约集约用地水平，保障了工业化城镇化快速发展的必需用地，促进了经济总量持续较快增长和城乡社会和谐稳定；通过以推动生产建设损毁和自然灾害损毁土地再利用，以及以增加农用地和建设用地为目标的未利用地开发，促进了受损土地生态系统功能修复和潜在生态价值更好发挥。这也充分证明，土地整治工作只有立足保障国家粮食安全、推动经济结构调整、服务发展方式转型和促进生态文明建设，才有长久持续的生命力，才能在区域经济社会发展和生态建设中更好发挥效用。

（二）土地整治工作必须始终坚持促进解决"三农"问题

随着经济社会持续较快发展，特别是改革开放以来国家整体经济实力的不断增强，我国开始越来越重视解决掣肘科学发展的问题，并且做出有助于"三农"问题解决的科学论断和部署安排。应该说，我国土地整治工作最初的出发点和落脚点就与国家解决"三农"问题的根本要求相一致，尤其是2004年以来更加主动围绕涉农的中央1号文件总体部署，顺应以城带乡、以工促农的发展趋势，把工作的着力点和重心放在服务"三农"上，通过统筹推进各类土地整治活动，努力构筑促进社会主义新农村建设和城乡统筹发展的抓手和平台，积极探索一条不以牺牲耕地和粮食、生态和环境作为代价的工业化城镇化和农业现代化同步协调发展的新路子，有力地促进了耕地保护和节约集约用地，促进了"三农"问题有效解决和城乡经济社会一体化发展。在党政领导、国土资源管理部门搭台、多部门协作下，各地深入推进土地整治工作，高效开展土地整治工作。一些省份按照"渠道不乱、用途不变、各记其功、统筹安排"的思路，以土地整治专项资金为主，有效聚合了农业、水利、交通、林业、烟草、电信、电力等相关资金，集中投向项目区，充分发挥了涉农资金的综合效益，形成"各炒一盘菜，共办一桌席"的良好局面。湖北省的土地整治示范工程中，土地整治专项资金约占项目资金的80%，聚合其他部门潜在资金约20%。江苏规定从土地出让收益用于农业土地开发的资金中拿出约1亿元，专门用于村庄搬迁后的土地复垦，还探索信贷支持，多渠道筹措资金，推动整治工作。天津、四川、山东等地开展的增减挂钩试点，除政府财政投入外，还采取市场化运作，引入大量社会资金和贷款。各地实践已经雄辩地证明，合理引导、规范推进的土地整治工作是一项真正利民利国、利乡利城、利农利工的大实事和大好事，已经真正成为"德政工程"和"民心工程"。

（三）土地整治工作必须始终坚持统筹谋划前提下的先试点后推广

土地整治本身是一项十分复杂的系统工程，涉及方方面面的利益调整，加上不同地区经济社会发展阶段、土地资源禀赋和土地整治基础也往往各不相同，这就要求国家在部署和推进土地整治工作时应该统筹谋划、循序渐进，而各地在组织和实施土地整治工程项目时一定要结合实际、量力而行。从近几年的实践来看，土地整治通过典型示范、试点引路和规划先行、政策规范推动了整个工作的顺利开展。首先，各地充分发挥土地利用总体规划以及土地整治专项规划等相关规划的引导、统筹作用，因地制宜、规范有序推进土地整治工作。如浙江省以规划为龙头实施"千万亩高标准农田建设工程"和"千村示范万村整治工程"；湖北、四川、吉林、黑龙江、新疆等地在规划的基础上实施土地整治重大工程；重庆以乡镇为单位编制国土整治规划，整村推进土地整治工作。其次，对于一些比较敏感和复杂的土地整治活动，则坚持按照先试点后铺开的方式，先行开展不同层次的试点示范，在此基础上加强经验总结甚至进行清理整改，然后通过增加制度供给而有序推广，确保试点取得成效，而且过程可控。以城乡建设用地增减挂钩为例，国家最初在天津、浙江、江苏、安徽、山东、湖北、广东、四川等省（市）先行试点，在总结经验教训的基础上不断扩大试点范围，目前已基本实现全国省域范围的全覆盖；工矿废弃地复垦利用最初部署河北、山西、内蒙古、辽宁、江苏、安徽、河南、湖北、四川、陕西等省（自治区）先行试点；城镇低效用地再开发最初部署内蒙古、

辽宁、上海、江苏、浙江、福建、江西、湖北、四川和陕西等省（区、市）进行试点；低丘缓坡和戈壁荒滩等未利用地开发等也同样如此。从目前情况来看，国家层面的规范统筹和地方层面的试点探索，有力保障了土地整治工作的规范有序推进。

（四）土地整治工作必须始终坚持遵循客观规律和尊重群众意愿

土地整治工作逐步被纳入国家战略布局，说明目前推进土地整治工作的基本方向正确，路径选择也比较现实，当前和今后一段时期应该尽可能加快推进。但由于土地整治既涉及适应和改造自然，也涉及经济利益调整和社会关系重构，而自然生态与经济社会又有其自身发展规律，所以在推进土地整治工作时必须遵循客观规律，切不可一蹴而就，更不可在行政命令的干预下为追求"速度"和"效益"而强行推进。从各地实践来看，随着科学发展观日益深入人心，土地整治工作在推进过程中基本上既遵循自然生态规律，也遵循经济社会规律，合理把握土地整治的对象、规模、方式和时序，大多取得了预期成效。以土地整治规划工作为例，作为规范和指导土地整治工作指南的土地整治规划，在其编制阶段就通过深入开展潜力调查评价工作而使今后一段时期的土地整治建立在科学合理基础之上，重大工程、重点工程和重点项目的确定，也是在认真分析所在地区资源环境禀赋、经济社会条件，以及以往工作基础后进行安排布局的。与此同时，随着和谐社会建设战略的部署实施，国家对保护农民合法权益日益重视，土地整治工作也顺应这一要求，在推进过程中充分尊重农民意愿，坚持走群众路线，坚决做到群众同意、群众参与、群众满意，特别是土地整治收益及时足额返还农村并优先用于改善农村生产生活条件，切实维护了农民土地合法权益，得到了社会各界的广泛认同，尤其是受到了农民群众的广泛赞誉。正反两方面经验教训表明，土地整治工作遵循规律和尊重群众是这项工作能够持续深入推进的重要前提。

（五）土地整治工作必须始终坚持创新体制机制以增强发展后劲

我国土地整治工作的发展历程与土地管理制度的改革历程总体上相伴而行，也经历了相关体制机制不断建立和健全的过程。特别是 2003 年以来，随着土地管理审批制度改革的不断推进，土地整治工作经历了项目审批权力下放和服务监管责任上收的巨大变化，在全系统干部职工的共同努力下，充满活力、富有效率和有利于科学发展的土地整治体制机制正在加快形成，土地整治事业的发展后劲也在不断增强。在此过程中，不仅进一步理顺了土地整治管理体制、建立健全了适应新形势新要求的土地整治工作机制，还通过建立健全经济激励机制极大地调动有关方面的积极主动性，并且取得了显著成效。如通过完善新增费收缴分配使用管理办法，加大对基本农田保护和补充耕地重点地区的资金支持力度，在统筹兼顾的同时做到了重点突出，激发了粮食主产区和中西部地区推进土地整治工作的积极主动性；通过激励地方探索实行灵活多样的土地整治实施方式，以及引入社会资本、民间资本参与土地整治特别是零乱、废弃和闲置农村集体建设用地整理，推动了土地整治工作因地制宜和顺利开展，确保了土地整治综合效益的整体提升。整合农用地整理和建设用地整理的相关用地激励政策，已经成为调动有关各方积极性，进一步推进土地整治工作的主要政策支撑。四川等地积极落实城乡建设用地增减挂钩试点政策，调动了地方政府和农民群众的积极性；重庆将占补平衡指标纳入土地交易所交易，探索占补平衡的市场化运作途径；湖北、广东、福建等省份利用土地收益直接补贴农民，切实调动农民参与耕地保护和土地整治的积极性。一些地方还因地制宜创新土地整治实施模式，充分发挥农村集体和农民的主体作用，通过以补代投，以补促建，让农民"用国家的钱，整自己的地"，提高农民建设和保护高标准基本农田的积极性。

B.2
BLUE BOOK

中国土地整治实践探索

国土资源部土地整治中心

现行《土地管理法》颁布实施以来，各级国土资源管理部门会同有关部门，立足保护耕地和节约集约用地，坚持数量、质量、生态并重的理念，依法依规大力推进高标准基本农田建设，着力加强土地整治重大工程实施和土地整治示范建设，稳步推进土地复垦，规范推进建设用地整理，积极推进耕地质量建设和管理，各方面取得明显成效，并在不断实践与探索中积累了宝贵经验。

一 高标准基本农田建设

基本农田是指按照一定时期人口和经济社会发展对农产品的需求，依据土地利用总体规划确定的不得随意占用的耕地。高标准基本农田是按照旱涝保收的基本要求，通过土地整治措施建成的集中连片、设施配套、生态良好、高产稳产、与现代农业生产和经营方式相适应的基本农田。包括经过整治后达到标准的原有基本农田和新划定的基本农田。

（一）我国基本农田保护和建设工作回顾

1963年11月召开的黄河中下游水土保持工作会议提出"通过水土保持，逐步建立旱涝保收、产量较高的基本农田"，首次提出"基本农田"的概念。1977年7月召开的全国基本农田建设会议指出，到1980年实现人均一亩旱涝保收、稳产高产的基本农田。1988年，湖北省荆州市面对当时耕地被大量占用的严峻形势，划定了我国第一块基本农田保护区，创新了耕地保护的理念和方法，标志着我国耕地保护进入一个新的阶段。1992年，国务院批转国家土地管理局、农业部《关于在全国开展基本农田保护工作的批示的通知》（国发

〔1992〕6 号），正式确立"基本农田保护"的概念，为建立基本农田保护制度奠定了基础。1993 年颁布的《农业法》规定："县级以上各级地方人民政府应当划定基本农田保护区，对基本农田保护区内的耕地实行特殊保护，具体办法由国务院规定。"1996 年 5 月发布了《划定基本农田保护区技术规程》，同年 9 月颁布了《基本农田保护区环境保护规程》，基本农田保护制度在全国开始全面施行。此后，920 多个国家级商品粮、棉、油生产基地及城市周边、交通沿线的高产稳产耕地被划入基本农田保护区。1998 年 12 月，修订后的《基本农田保护条例》发布，正式提出国家实行基本农田保护制度，对基本农田实行特殊保护，促进农业生产和社会经济的可持续发展。基本农田保护制度成为我国的一项基本制度。从 1999 年起，国土资源部会同农业部在全国统一部署开展基本农田保护区调整划定工作。

为了探索"十一五"时期基本农田保护和建设新机制、服务于社会主义新农村建设，国土资源部于 2005 年启动了国家基本农田保护示范区建设，并于 2006 年下发了《关于正式确定国家基本农田保护示范区的通知》（国土资发〔2006〕270 号），确定了 116 个县（市、区）为国家基本农田保护示范区，要求各示范区按照"基本农田标准化、基础工作规范化、保护责任社会化、监督管理信息化"的总体要求开展基本农田保护建设和新机制探索。这标志着我国基本农田保护进入了以建设促保护的新时代。

随着耕地保护形势的变化，基本农田保护工作地位逐步提高，保护手段逐渐丰富。2005 年，《省级政府耕地保护责任目标考核办法》颁布实施，明确了政府是基本农田保护的第一责任人。同年，国土资源部、农业部等七部委联合发文，要求各地切实做好基本农田保护工作，加强基本农田监管，标志着基本农田保护从单部门逐步过渡为多部门联手保护。2006 年，新增建设用地土地有偿使用费征收标准在原有基础上提高一倍。2007 年起中央分成新增费根据基本农田面积、灌溉水田面积等因素分配到各地，专项用于基本农田建设和保护、土地整理、耕地开发等。2008 年起耕地占用税大幅度增加。这一系列政策规定标志着基本农田保护工作不再仅仅依靠行政、法律手段，开始注重运用经济杠杆。

党的十七届三中全会决定提出划定永久基本农田，建立保护补偿机制，确

保基本农田总量不减少、用途不改变、质量有提高。2009年中央1号文件要求基本农田必须落实到地块、标注在土地承包经营权登记证书上，并设立统一的永久基本农田保护标识。此后，国土资源部陆续发布《关于划定基本农田实行永久保护的通知》（国土资发〔2009〕167号）、《基本农田划定（补划）技术规程》等，至此开始了永久基本农田划定工作，全面实现基本农田上图、入库、落地、到户。目前，我国已划定基本农田保护地块1.25亿块，基本农田保护面积15.8亿亩，保护率超过80%，许多地方超过了90%。

2011年以来，加快高标准基本农田建设成为土地整治工作的主旋律。高标准基本农田建设是为消除主要限制性因素、全面提升农田质量而开展的土地平整、土壤改良、灌溉与排水、田间道路、农田防护与生态环境保持、农田输配电以及其他工程建设，并保障其高效利用的土地整治活动。从2012年7月1日起，《高标准基本农田建设标准》作为推荐性行业标准开始实施，该标准对高标准基本农田建设的基本原则、建设目标、建设条件、建设内容与技术标准、建设程序、公众参与、土地权属调整、信息化建设与档案管理、绩效评价等内容进行了规定，从此高标准基本农田建设有标准可依。

高标准基本农田建设具有良好的规划基础。除了国土资源部牵头编制的全国土地整治规划外，国家发改委牵头编制并经国务院办公厅印发了《全国新增1000亿斤粮食生产能力规划（2009~2020年）》，将田间工程建设作为强化粮食综合生产能力的重要基础；财政部牵头编制并经国务院批准了《国家农业综合开发高标准农田建设规划（2011~2020年）》；国家发改委牵头、国土资源部等有关部门参与编制了《全国高标准农田建设总体规划》并经国务院批复，提出到2020年建成旱涝保收的高标准农田8亿亩；水利部牵头编制了《全国灌溉发展规划》，发改委、财政、水利、国土、农业五部门联合发文要求各地组织编制县级农田水利建设规划；国家林业局编制实施了《全国平原绿化三期工程规划（2011~2020年）》。

（二）高标准基本农田建设总体思路与原则

1. 总体思路

以科学发展观为统领，以农村土地整治为平台，以重大工程、示范省建设、基本农田保护示范区和高标准基本农田建设示范县为抓手，综合运用工程与管理措施，积极探索新思路、完善新机制、采取新举措，通过规划引导、政策激励、强化责任、多元投入和规范管理，大力推进高标准基本农田建设，为促进农业现代化、加快社会主义新农村建设、促进城乡统筹发展提供有力支撑。

2. 高标准基本农田建设应遵循的原则

——坚持规划引导、计划管控。要以土地整治规划为依据，在充分考虑各地工作基础、基本农田状况、资金保障能力，特别是新增费征收及结余情况的基础上，以省为单位分解落实建设任务。要严格实行计划管控，合理安排建设时序，层层分解到各地，并对计划落实情况进行考核，确保"十二五"期间4亿亩建设任务按期完成。

——坚持先易后难、循序渐进。充分考虑各地工作条件、耕地等级和资金收入等情况，合理安排年度建设任务。2012~2015年，国家每年安排1亿亩建设任务。先行整治条件较好的基本农田，用较少的钱办较多的事，不断积累经验、提升能力。鼓励工作基础较好的省份加大建设任务量。

——坚持突出重点、统筹兼顾。各地要集中资金、突出重点，把改造提升116个国家级基本农田保护示范区、推进500个基本农田建设示范县，实施好重大工程和示范省建设作为重要抓手，营造"多轮驱动"、相互促进的工作局面。与此同时，应根据建设任务，结合实际情况，统筹考虑在农用地整理重点区域选取基本农田保有量较大的地区，采取多种形式开展建设，作为对主要抓手的有益补充，共同完成建设任务。

——坚持完善机制、责任到县。建立健全"党委领导、政府负责、国土搭台、部门联动、农民主体、社会参与"的高标准基本农田建设工作机制，进一步树立综合统筹理念，责任到县，积极搭建工作平台，强化部门协调联动，形成合力。在具体建设中，应以县为单位，由县级人民政府统一组织，按照统筹规划、聚合资金、整体推进的要求开展工作。

——坚持分类指导、差别管理。各地应以土地整治项目为载体，根据不同建设方式实行差别化管理。重大工程、示范省建设等土地整治项目，要严格按照国家有关规定和标准进行建设与管理。国家级基本农田保护示范区和高标准基本农田建设示范县，根据"按需整治"的要求，一部分应严格按照《高标准基本农田建设标准》实行田、水、路、林、村综合整治，一部分也可根据需要按照"缺什么、补什么"原则开展以完善田间基础设施为主的高标准基本农田建设。要积极探索多元化实施主体，进一步优化、简化项目申报管理程序。可由农村集体经济组织和农民群众自行建设的，要通过补贴或奖励的方式实行"先建后补"和"以补代投"，有效发挥农村集体经济组织和农民群众的主体作用。

（三）高标准基本农田建设面临的问题

——农田基础设施依然薄弱。全国有近半数的耕地没有灌溉水源或缺少基本灌排条件。现有灌溉面积中灌排配套差、标准低、效益衰减等问题依然突出，全国40%的大型灌区骨干工程、超过50%的中小型灌区及小型农田水利工程设施不配套或老化失修，大多灌排泵站带病运行、效率低下，农田水利"最后一公里"问题仍很突出。田间道路数量不足，机耕道"窄、差、无"，农机"下地难"问题突出。部分现有田间道建设设计不规范、标准不高、养护跟不上，损毁严重，难以满足大型化、专业化现代农机作业的需要。目前，全国1/3以上农田田间道路需修缮或重建，南方水田区及北方部分地区需修建的比重在1/2以上。农田输配电设施建设滞后，农田灌溉成本高、效率低。由于建设标准偏低、农田防护与生态环境保持体系仍不完善，整体防护效能不高。

——建设投入不足且标准不统一。长期以来，我国农田建设由各部门分别编制规划，分头组织实施，缺乏统一的指导性规划和规范的建设标准，造成项目安排衔接困难，建设标准参差不齐，难以统一考核评价。同时，由于长期投入不足，资金使用分散，造成许多项目建设标准偏低，多数农田建设项目难以同步实施土壤培肥改良、耕作节水等措施，工程建设效益难以充分实现。

——工程建后管护长效机制不完善。农田建设中"重建设、轻管护"的现象较为普遍，田间工程设施产权不清晰、耕地质量监测和管理手段薄弱、建后管护责任和措施不到位、管护资金不落实等问题突出。有的项目竣工并移交后设备和设施损毁，得不到有效维护；有的项目建成后没有划入基本农田实行永久保护。此外，对已建成农田的用途和效益统计监测工作不到位。

（四）2012 年高标准基本农田建设任务完成情况

2012 年，全国建成高标准基本农田 10260 万亩，其中粮食主产区建成高标准基本农田 7346 万亩，非粮食主产区建成高标准基本农田 2914 万亩，超额完成国土资源部、财政部联合下达的 1 亿亩高标准基本农田建设任务。

表 1　2012 年各省完成高标准基本农田建设情况

单位：万亩

省　份	2012 年国家下达建设任务	2012 年实际完成任务	与年度任务差值
北　京	30	37.53	7.53
天　津	60	61.00	1.00
河　北	572	183.00	−389.00
山　西	172	173.80	1.80
内蒙古	318	320.17	2.17
辽　宁	315	330.00	15.00
吉　林	274	298.00	24.00
黑龙江	712	847.00	135.00
上　海	41	43.3	2.3
江　苏	660	663.23	3.23
浙　江	323	327.23	4.23
安　徽	600	663.37	63.37
福　建	48	101.05	53.05
江　西	311	331.00	20.00
山　东	981	1018.10	37.10
河　南	842	844.01	2.01
湖　北	600	888.34	288.34
湖　南	419	440.00	21.00
广　东	468	470.14	2.14

省　　份	2012 年国家下达建设任务	2012 年实际完成任务	与年度任务差值
广　　西	374	383.00	9.00
海　　南	57	62.00	5.00
重　　庆	120	120.61	0.61
四　　川	510	520.00	10.00
贵　　州	120	189.57	69.57
云　　南	268	284.00	16.00
西　　藏	7	0.00	−7.00
陕　　西	264	101.00	−163.00
甘　　肃	147	147.00	0.00
青　　海	30	40.00	10.00
宁　　夏	74	81.00	7.00
新　　疆	220	221.00	1.00
新疆建设兵团	63	70.66	7.66
总　　计	10000	10260	260

二　土地整治重大工程建设

土地整治重大工程是在土地整治规划确定的土地整治重点区域基础上，围绕实现规划目标和形成规模效应，以落实区域内土地整治重大任务或者解决重大基础设施建设或土地利用问题为目的，采取的有效引导土地整治活动的组织形式，是从国家层面指引土地整治方向、落实土地整治国家目标的重要抓手。

（一）土地整治重大工程发展沿革

1.《全国土地开发整理规划（2001～2010 年）》首次确定重大工程

1999 年国土资源部印发的《关于切实做好耕地占补平衡工作的通知》明确提出各级土地行政主管部门"要依据土地利用总体规划编制好土地开发整理专项规划"，并从 2000 年开始部署全国土地开发整理规划编制工作。在编制过程中，基于宏观安排土地开发整理活动、引导土地开发整理资金投资方向、协调国家重大建设活动关系等考虑，遵循"主要安排在土地开发整理重点区域、对实现规划目标起支撑作用"、"能够明显改善区域生态环境、解决土地利用和经济建设中的重大问题"、"综合考虑资金总量、规划目标和现行政策之间的相互约束关系"和"预期投资综合效益较好，对推进全国土地开发整理具有较强的示范意义"等原则，研究并安排了东中部粮食主产区基本农田整理、重点煤炭基地土地复垦、三峡库区移民安置土地开发整理、西部生态建设地区农田整治、新疆伊犁河谷地土地开发、"五纵七横"公路沿线土地复垦整理和"南水北调"水利工程沿线土地整理等 7 项重大工程。根据 2003 年印发的《全国土地开发整理规划（2001～2010 年）》，2010 年以前全国计划补充耕地 4110 万亩，这 7 项重大工程就承担了其中 36.6% 的补充耕地任务。

2.《全国土地开发整理规划（2001～2010 年）》确定的重大工程得到相关规划确认

《全国土地利用总体规划纲要（2006～2020 年）》从确保实现全国耕地占补平衡角度，提出"对国家重大工程建设项目的补充耕地任务，经国务院批准，通过实施土地整理复垦开发重大工程，在全国范围内统筹安排"，把"组织实施土地整理重大工程"、"组织实施土地复垦重大工程"和"组织实施土地开发重大工程"分别作为"大力加强农村土地整理"、"积极开展工矿废弃地复垦"和"适度开发宜耕后备土地"的重要举措，在总体上承继《全国土地开发整理规划（2001～2010 年）》确定的 7 项重大工程的基础上进行了微调，把"东中部粮食主产区基本农田整理工程"和"'五纵七横'公路沿线土地复垦整理工程"分别调整为"粮食主产区基本农田整理工程"和"'五纵七横'公路和京沪高铁沿线土地复垦整理工程"。2009 年国务院颁布的《全国新增 1000 亿斤粮食生产能力规划（2009～2020 年）》，基于国内实现粮食基本自给和着力提高粮食综合生产能力的考虑，明确要求"继续实施土地整理和复垦项目，确保耕地占补平衡。重点抓好辽河流域、豫西丘陵等地区土地整理工程，补充有效耕地面积"，并且提出"到 2020 年，在 800 个产粮大县和后备区完成整理和复垦耕地 2000 万亩"，规划中所提相关土地整理工程全部落在《全国土地开发整理规划（2001～2010 年）》确定的重大工程范围内，而且在促进粮食生产能力提升方面被寄予厚望。《国民经济和社会发展第十二个五年规划纲要》确定了 12 项新农村建设重点工程，其中"旱涝保收高标准农田建

设工程"和"农村土地整治工程"涉及土地整治工作，土地整治重大工程从而成为国家级工程。

3. 土地整治重大工程自 2008 年起进入大规模实施阶段

国土资源部 2005 年印发《关于加强和改进土地开发整理工作的通知》（国土资发〔2005〕29 号），提出"抓紧组织实施重大工程，对于全面落实规划，实现耕地保护目标，促进国土整治，加快区域经济社会协调健康发展具有重大意义"，"部将组织编制重大工程实施方案，进一步明确工程实施范围、阶段目标、建设任务、实施步骤，制定相关保障措施。在规划期内，国家投资土地开发整理项目将主要安排在重大工程内。重大工程区域内的地方各级国土资源管理部门，要根据部制定的重大工程实施方案，积极组织国家投资项目的申报和实施，同时，要将地方投资土地开发整理项目，包括地方使用新增建设用地土地有偿使用费、耕地开垦费等项目，优先安排在重大工程内，提高重大工程实施的规模效益"，并且要求"实施重大工程，要以项目建设为载体，通过科学评估论证，有计划、分步骤地组织实施"。

为了加快推进土地整治重大工程建设，2008 年以来，国土资源部和财政部按照打造以农村土地整治为主要内容的统筹城乡发展平台的要求，在全国范围内组织实施了 9 个土地整治重大工程项目，涉及新疆、吉林、宁夏、黑龙江、云南、湖南、青海、湖北、河南等 9 个省（区），计划建设总规模 3270.56 万亩，新增耕地 792.66 万亩，总投资 483.96 亿元。

（二）实施土地整治重大工程的意义

土地整治重大工程是落实土地利用总体规划，有效保护土地资源，合理开发后备资源，促进土地资源高效、合理利用的重要手段，在引导建设重点、调控投资方向、实现资金和资源的合理配置、发挥中央支持资金的示范引领作用等方面起到十分重要的作用。

一，实施土地整治重大工程是国家积极主动补充耕地所需要的。随着工业化城镇化的快速发展，保护资源与保障发展的矛盾日益突出，耕地保护形势更为严峻。这就要求我们既要实行最严格的耕地保护制度，切实有效保护现有耕地，又要积极采取有力措施，通过大力开展土地整治主动补充耕地，实现耕地保护工作开源节流并举。而实施重大工程作为积极主动补充耕地的有效手段，在国家推进补充耕地后备基地建设、确保耕地总量平衡工作中可以发挥十分重要的作用。

二，实施土地整治重大工程是建设高标准农田、保障国家粮食安全所需要的。十七届三中、五中全会及近几年中央一号文件，都将加快建设旱涝保收高标准农田放在十分重要的战略地位上。土地整治重大工程是依托土地整治重点区域，针对不同土地利用问题开展的大规模土地整治工作，主要目标就是建设一批集中连片、设施完备、高产稳产、旱涝保收的基本农田，以增强农业抵御自然灾害的能力，全面提高粮食综合生产能力，夯实国家粮食安全和现代农业发展的物质基础。

三，实施土地整治重大工程是改革资金分配要素、提高投资效益所需要的。现行《土地管理法》颁布实施以来，土地整治走过了不平凡的发展历程，在工作内涵和外延上都发生了根本性的变革，目标和效益的综合性特点越来越鲜明，更加注重发挥项目的集聚示范效用、提高资金的规模效益。在这一背景下，以往投入分散的小型项目组织方式已不能满足当前农村土地整治工作全面、系统、综合发展的需要，大力推进重大工程和示范建设成为土地整治事业发展的必然选择。实施重大工程，既有助于按照统筹规划、聚集资金、突出重点、稳步推进的原则开展土地整治工作，防止国家投资"撒胡椒面"现象的发生，最大限度地发挥中央支持资金的规模效益；又有助于实现资金与资源的合理匹配，避免出现有资源、无资金或有资金、无资源的错位现象，进一步提高土地整治资金的使用效益和土地资源的利用效率；还有助于充分发挥中央支持资金的示范引领作用，在更大范围内聚合和引导各类涉农资金，进一步发挥叠加效益，形成合力以共同推动农村土地整治工作，更好地促进农业和农村的全面协调发展。

（三）土地整治重大工程建设成效

1. 主要做法

——加强制度建设。为加快推进重大工程建设，国土资源部相继印发相关政策文件，重大工程项目所在省份也按照国家政策的规定，结合国土资源部的要求和地方实际情况，建立健全管理制度，制定实施管理、稽查、考核评估、资金审计和廉政建设等方面的具体办法，并报国土资源部备案。各地成立了由政府主要领导担任组长，国土、财政、水利、农业、交通等有关部门共同参加的高规格组织领导机构，制定相应管理办法，并多次召开会议部署和推进工作。

——做好前期准备。重大工程项目涉及地区在对项目区开展实地调查收集相关资料，查明土地利用现状，落实新增耕地来源，以及开展环境影响评价、水土资源平衡分析的基础上，选定规划方案，确定建设内容，进行可行性论证，编制相关报告，省级有关部门出具评估论证意见，省级人民政府组织完成可行性研究报告审查论证和项目立项审批，并报国土资源部、财政部备案。国土资源部、财政部根据重大工程项目评审论证要求，组织专家进行评审论证。

——加强实施监管。按照"部级监管、省级负总责、市县组织实施"的原则，建立了"集中统一，全程全面"动态监测监管体系，实现实时在线监管。在项目实施过程中，实行季报和重大问题报告制度；各级国土资源管理部门建立重大工程项目监督检查机制，对项目施工进度、工程质量、资金使用、廉政建设等情况进行日常监督检查。

——严格竣工验收。重大工程项目所在省份省级人民政府按照有关规定开展重大工程项目竣工验收，并报国土资源部备案；国土资源部会同财政部对竣工验收情况进行抽查。

2. 主要成效

——促进了高标准基本农田建设。正在实施的重大工程项目涵盖大部分粮食核心产区和后备产区，不仅大规模集中补充了耕地，而且促进了耕地集中连片布局，建成了一大批高标准基本农田并实行永久保护，进一步完善了"以整治促建设、以建设促保护"的耕地保护新机制。截至2013年12月5日，重大工程项目新增耕地338.48万亩，建成高标准基本农田1161.32万亩。湖北省按照整县、整镇推进思路，开展高标准基本农田建设；黑龙江省重大工程项目最大连片超过10万亩，为实现规模化经营、促进现代农业发展打造了平台。青海省将重大工程项目区内新建成的高标准基本农田及时划界立牌，统一标识，并将建成的农田水利工程等基础设施及时交付当地农村集体经济组织或相关部门管理和维护，完善责任体系，明确责任主体，加强高标准基本农田建后管护。

——改善了农村生产生活条件。重大工程项目的实施，不仅有力促进了当地农业现代化，而且加强了农村基础设施建设和公共服务设施配套，改善了农村整体环境，促进了社会主义新农村建设。大规模土地整治完善了田间配套基础设施，改善了农业生产条件，提高了耕地质量和综合产能。通过工程建设，重大工程项目区内土地资源利用率、田间道路通达率、农田灌溉保证率和农业生产机械化率普遍大幅提高，防灾减灾能力不断增强，促进了农业生产方式从传统向现代的转变，粮食单产平均提高20%以上。大规模土地整治还优化了农村土地利用结构和居民点用地布局，盘活了农村闲置和低效利用土地，提高了土地节约集约利用水平，形成了资金、技术、人力等生产要素的集聚效应，拉动了农村内需，整体上促进了农业增效、农民增收和农村发展。例如，湖北、湖南等省以重大工程项目为主体，培育了稳定的农村经济增长点，打造了工业反哺农业、城市支持农村的城乡统筹发展平台，有效解决了新农村建设缺钱的问题，增加了一个有力的产业支撑。

——推动了区域生态文明建设。重大工程项目建设始终坚持以生态文明理念为引领，注重采取工程、生物等措施，加强防风固沙等农田防护能力建设，加大保土、保水、保肥"三保田"建设力度，着力改善土地生态环境，实现了生态安全和粮食安全的双赢。云南省重大工程项目通过实施综合整治，防治了水土流失，改善了项目区与周边村庄的生态环境。吉林省重大工程项目中的一些项目积极推进盐碱地生态治理以及生态林、护坡草等工程建设，完成了大面积盐碱地整治，实现了碱地水稻连年丰收。

——促进了农村地区社会和谐稳定。各地在实施重大工程项目时，注重发挥农村集体经济组织和农民的主体作用，把尊重农民意愿、维护农民权益作为出发点和落脚点，让农民在工程建设中直接受益，将重大工程打造成了"德政工程"、"民生工程"。河南省积极引导项目区所在村"两委"和普通农民群众参与重大工程建设，进一步提高了农村基层组织的威信，形成了"基层组织造福群众，群众拥护基层组织"的良好局面。一些地方把重大工程建设与促进"老、少、边、贫"地区经济发展和社会建设以及生态文明建设相结合，对提高当地农民生活水平，加快脱贫致富，促进移民搬迁和生态建设，维护边疆地区、民族地区社会和谐稳定发挥了重要作用。

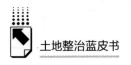

三　土地整治示范建设

21世纪以来，面对日益严峻的耕地保护形势，国土资源部相继启动国家基本农田保护示范区建设、农村土地整治示范省建设和高标准基本农田示范县建设，在加快建立基本农田建设性保护机制、切实搭建统筹城乡发展平台和有效推动高标准基本农田建设等方面进行深入探索，取得了显著成效。

（一）国家基本农田保护示范区建设

2006年11月，国土资源部在全国31个省（区、市）和新疆生产建设兵团确定116个县（市、区）为国家基本农田保护示范区，覆盖全国41个标准耕作制度区，拉开了基本农田保护示范建设序幕。

1. 基本情况

据初步统计，116个示范区中的112个示范区（有4个示范区相关数据暂缺）共安排土地整治项目2769个，建设规模2195万亩，累计投资约300亿元。截至2012年第二季度，这些示范区完成验收项目规模891万亩，占全部建设规模的40.6%。其中，北京、辽宁和四川3省（市）全部或超额完成建设任务。

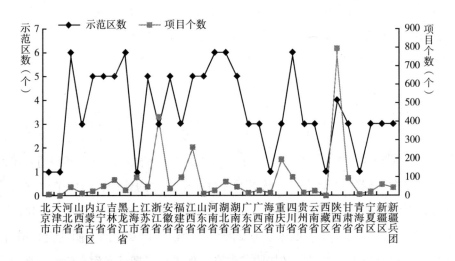

图1　各省（区、市）国家基本农田保护示范区数和项目个数

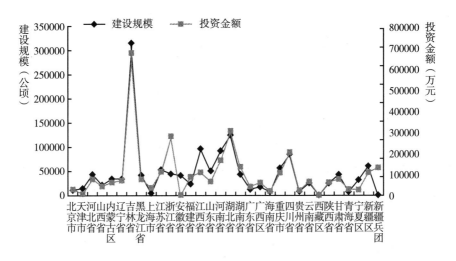

图2 各省（区、市）国家基本农田保护示范区建设规模和投资金额

2. 基本做法

各地在推进示范区建设时，大多制订了示范区建设方案，确定了目标任务和保障措施，并从加强农田整治、夯实工作基础、健全制度机制以及建设信息系统等方面入手开展建设。

——以土地整治项目为载体，推进基本农田标准化建设。各示范区结合实际合理安排基本农田整治项目，在项目实施中按照土地集中连片、田块平整规则、水利设施配套、田间道路通达和防护林网配套的基本农田标准化建设要求，统筹推进土地平整、灌溉排水、田间道路、农田防护与生态环境保护等各项工程建设。山东省坚持整地、治水、通路、绿化、开发"五位一体"，把基本农田整治成健康农田、生态农田和景观农田；广东省对实施进度缓慢的在建项目，采取跟踪落实、分类指导等措施，确保示范区基本农田建设进度。

——以基础工作为抓手，推进基本农田规范化管理。多数示范区都重视基础工作，努力做到档案齐全完整、数据更新及时、标识统一规范。重庆市结合乡镇土地利用总体规划编制、永久基本农田划定，将基本农田保护区规划图、基本农田保护区现状图和基本农田保护地块位置信息、数量信息、质量信息以及管护情况等数字化，初步建立了基本农田数据库；新疆兵团结合落实耕地和基本农田保护目标考核责任制，层层签订责任书，将基本农田保护责任落到连

队和地块，有的团队还将基本农田保护责任列入土地承包经营使用证。

——以建设责任制为核心，推进基本农田社会化保护。各示范区从明确责任和健全机制等方面入手，严格执行基本农田保护制度，同时积极探索激励机制。黑龙江省把实现耕地保护目标作为衡量乡镇人民政府工作实绩的重要依据，强化乡镇人民政府保护基本农田责任；上海市通过建立耕地保护目标责任制将示范区耕地和基本农田保护责任落实到人，通过建立生态补偿机制将基本农田纳入生态补偿范围，通过运用现代信息技术手段建立基本农田保护巡回检查制度；河南省建立了基本农田宣传、举报和信访评估制度，构建了市、县、乡、村四级基本农田动态巡查网络。

——以信息系统建设为重点，推进基本农田信息化监管。各示范区都按照要求拟定了信息化建设方案，逐步建立基本农田基础数据库和信息管理系统，为基本农田审核、补划、执法监察、统计分析等提供依据。湖北省2006年开发了基本农田保护信息管理系统，经试点后在示范区推广应用；广西自治区将"二调"基本农田上图成果汇总至全区"一张图"，完成了基本农田基本要素统计汇总上图工作；陕西省大力整合现有网络信息资源，完善系统服务功能，投资建立基本农田保护数据库和基本农田网络查询与管理系统。

3. 突出成效

2006年以来，各地把建设示范区作为落实科学发展观、服务"三农"发展、提高农业综合产能和改善农业生态环境的重要举措，基本实现"基本农田标准化、基础工作规范化、保护责任社会化、监督管理信息化"的总体要求，取得了较为明显的经济效益、社会效益、生态效益和示范效益。

——改善了生产和生活条件，促使农村社会保持和谐稳定。各地在示范区建设过程中，既秉承国务院提出的"确保基本农田总量不减少、用途不改变、质量不降低"总要求，也通过对田、水、路、林、村实行综合整治而推进了示范区所在地农村生产、生活条件改善，成为新农村建设的重要抓手。湖南省通过改造"空心村"和合理规划农居建设，完善交通、水利等基础设施和公共服务设施，将开展综合整治的村庄建设成为"道路通畅、田块规整、排灌自如、林网秀美、环境优良、设施齐备、人居和谐"的社会主义新农村建设示范点；青海省通过实施基本农田整理项目，昔日旱地变成水浇地，山地变为水平梯田，从根本上改变了农业生产条件，提高了机械化作业水平，示范区建设真正成为"惠民工程"和"德政工程"。

——拓宽了增收和创收渠道，促进农民收入持续较快增长。各地实践表明，示范区建设不仅因为增加耕地面积、提高综合产能而拓宽了项目区农民的增收渠道，而且因为项目建设增加就业机会以及带动关联产业发展而开拓了相关农民的创收门路，夯实了示范区农民收入增长基础，经济效益较为突出。内蒙古自治区示范区建设取得了"治地、节水、增粮、富民"的明显成效，项目区新增耕地率达到3%～20%，节水率达到10%～60%，粮食亩产量提高50～200公斤，农业生产成本降低5%～30%；甘肃省通过集中整治土地，完善了水利设施和田间道路，项目实施后每次农田灌溉可减少用工4～5人，机耕费和灌溉水费亩均降低40元左右。

——优化了农田和村庄环境，促进农村地区生态文明建设。基本农田特有的生态景观功能，在示范区建设过程中得到充分彰显和突出体现，不仅优化了农田和村庄的景观格局和生态功能，而且促进了农村地区的生态文明建设。北京市通过示范区建设，完善了农田基础设施，促进了农田合理布局，优化了农村面貌，特别是以基本农田整理项目为载体推进建设，明显改善了农村生态环境；宁夏自治区通过土地整治共治理沙漠5.6万亩，治理盐碱地9.2万亩，栽种各种树木298万株，初步形成乔灌草结合的农田防护林体系，项目区80%农田得到保护。

——发挥了示范和引领作用，促进了基本农田保护思路创新。随着示范区建设工作深入开展，特别是通过贯彻落实"重在建设，典型示范，切实加强耕地保护特别是基本农田保护，发挥示范作用"的宗旨，这项工作得到各级党委和政府的高度重视，也得到广大干部和群众的关心支持。福建省通过示范区建设，适应了新形势下对基本农田实行特殊保护的需要，创造了以利益调节为核心的基本农田保护激励机制，探索了以现代技术为主要手段的基本农田监督管理体系；四川省通过示范区建设，努力实现基本农田保护从被动保护转向主动的以建设促保护，从重数量向数量、质量并重转变，以及从部门保护转向全社会保护，并在实践中积极探索基本农田保护与农民增收相结合的有效途径。

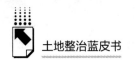
（二）农村土地整治示范省建设

2010 年以来，国土资源部、财政部按照打造以农村土地整治为主要内容的统筹城乡发展平台要求，支持建设了 10 个农村土地整治示范省。示范省建设是国家以有关省份签订协议的方式，用中央留成新增费给予地方一定的资金支持，按照统筹规划、整合资金、整体推进的原则，开展以耕地面积增加、建设用地总量减少，农村生产生活条件和生态环境明显改善为目标的田、水、路、林、村综合整治。

1. 基本情况

示范省建设要以村为单位，按照"全域规划、全域设计、全域整治"的要求，在村民自愿的前提下，整村推进土地综合整治。国土资源部、财政部确定在河北、内蒙古、吉林、黑龙江、江苏、安徽、江西、山东、湖北、广西等10 个省（区）开展示范省建设，计划建设总规模 2634 万亩，新增耕地 174.50万亩，新增粮食产能 57.65 亿斤，总投资 520.64 亿元。

2. 主要做法

——强化组织领导，落实共同责任。10 省（区）均成立了领导小组或建立了联席会议制度，各级党委、政府带头履职，相关部门齐抓共管，共同推进示范省建设。山东成立了由省长任组长，5 位副省长为副组长，24 位相关部门主要负责同志为成员的领导小组；江西省委常委会先后 5 次召开工作推进和调度会，高位推动示范省建设工作。大部分省（区）与市县政府签订责任状，层层抓落实，并将示范省建设情况作为政府效能考核和耕地保护责任目标考核的重要内容，不断健全"政府主导、国土搭台、部门配合、整合资金、农村集体经济组织参与、各计其功"工作机制。

——完善制度标准，创新工作机制。各地结合实际，相继出台了一系列政策制度和技术标准，为示范省建设提供了保障。吉林、山东、湖北等省党委或政府出台了项目实施意见或管理办法。各地坚持实行项目法人制、公告制、合同制、招投标制、监理制、审计制等管理制度，并积极探索创新实施管理工作模式。广西实行区、市、县三级联审制度，优化了工作程序，缩短了审批时间；安徽实行省厅干部分片包干负责制，定期对项目建设进行督促和指导；一些省（区）财政、审计、国土资源管理部门联合开展项目决算与审计工作，共同防控风险。

——统筹各类资金，加强资金监管。多数省（区）集中土地整治资金、整合相关涉农资金，共同投入示范省建设，并持续强化资金监管工作。江苏省和山东省分别集中投入地方各类资金70多亿元，较好地发挥了中央资金的集聚作用和放大效应。广西等省（区）严格资金拨付程序，实行一支笔审批制度，严格做到工程预算、施工合同、签字核实、正规发票、验收报账"五到位"。

——尊重农民意愿，维护群众权益。各地充分调动农民积极性，注重发挥农村集体经济组织和农民群众在示范省建设工作中的主体作用。安徽坚持三个"让农民做主"，即是否参与土地整治、怎么建设新农村、如何管理新农村让农民做主；湖北开展以村组为主体的权属调整工作，对建成后耕地重新统一分配承包并进行确权颁证；一些地方优先安排农民投工投劳参与工程建设。

——注重宣传引导，营造良好氛围。多数省（区）注重发掘宣传亮点，不断提高社会公众对示范省建设工作的认知程度。江苏等省积极研究制定宣传策略，全面展示工作成效；内蒙古等省（区）充分利用召开乡镇、村组和群众代表大会的契机，大力宣传示范的重大意义和成效，最大程度争取理解和支持。

3. 主要成效

——增加耕地数量、提高耕地质量，促进了高标准基本农田建设。示范省建设不仅大规模补充了耕地，而且促进了耕地集中连片，建成并永久保护了一大批高标准基本农田。截至2013年12月5日形成新增耕地179.90万亩，建成高标准基本农田约2245.72万亩，改善了农业生产条件，提高了农业生产效率，促进了农业生产方式从传统向现代的转变。

——服务区域发展战略，促进了城乡统筹发展。吉林、安徽、江西分别在长吉图区域、皖江城市带承接产业转移示范区、鄱阳湖生态经济区发展规划范围内开展示范省建设，在项目布局、任务安排上努力做到与当地工业化、城镇化和农业现代化战略保持一致，努力实现补充耕地、建设基本农田、促进农业产业化和城乡统筹发展的协调统一。

——改善生态环境，促进了农村生态文明建设。示范省建设注重采取工程、生物等措施，着力改善土地生态环境，实现了生态安全和粮食安全的有机结合。黑龙江省通过林网建设、荒地治理和村庄整治，有效减少了土壤的风蚀和沙化，保护了不可再生的黑土地资源；多个省（区）强化农田防护措施，加强农村生活污水处理设施建设，改善了项目区与周边村庄的生态环境。

——夯实工作基础，促进了土地整治事业发展。示范省建设在土地整治制度创新、队伍建设、信息管理和品牌建设方面发挥了窗口和引领作用，进一步夯实了土地整治可持续发展基础。安徽、山东结合示范省建设探索征地、集体土地流转等制度改革，扩大了综合效益。通过示范省建设，相关省（区）土地整治制度和标准更趋完善，专业技术人员的实践经验更加丰富，土地整治队伍逐步发展壮大。一些地方建立了示范省建设相关数据库，实行动态监管。示范省建设日益受到广大农民的热烈欢迎和支持，提升了土地整治的良好形象。

四　土地复垦

目前我国由各类原因造成的损毁土地共计1亿多亩，每年还新损毁土地几百万亩，对耕地保护、农民生产生活及经济社会可持续发展造成了很大影响。近年来，党中央、国务院高度重视土地复垦工作，从农民自发到政府支持、企业主动响应，土地复垦渐渐走入人们生活，土地复垦意识得到普遍提高，生态环境逐步得到改善和恢复。

（一）土地复垦基本情况

1988年以前，土地复垦多以矿区农民"自发、零散"复垦为特征，表现为在排土场、尾矿场上垫土种植蔬菜和粮食。当时土地复垦科研工作经费不足，只有一些小规模的工程试验。1982年《国家建设征用条例》明确了"恢复土地的耕种条件"的规定，1986年颁布施行的《土地管理法》规定"采矿、取土后能够复垦的土地，用地单位或者个人应当负责复垦，恢复利用。"

1988年，《土地复垦规定》由国务院颁布施行，土地复垦开始纳入法制化管理轨道。1995 年我国第一个土地复垦行业标准《土地复垦技术标准（试行）》颁布，该标准包含了四个具体技术标准，分别为《采挖废弃土地复垦技术标准》、《建设破坏废弃土地复垦技术标准》、《工业排污破坏土地复垦技术标准》和《水毁土地复垦技术标准》，对各种类型损毁土地的复垦技术进行了规范。21 世纪初，国土资源部结合国家投资土地开发整理项目的实施，开始在科研上给予土地复垦一定投入，"十五"期间国家 863 计划中安排了若干复垦科研项目，"十一五"期间，国家 863 计划、国家科技支撑计划、国家自然科学基金都对土地复垦研究有了更大的投入，使得土地复垦的科研经费成倍增加，科研条件得到极大改善，土地复垦的研究队伍不断壮大。2000 年在北京首次召开"国际土地复垦与生态重建学术研讨会"，标志着中国的土地复垦研究与国际前沿的融合越来越紧密。

2006 年，国土资源部、国家发改委、财政部、原铁道部、交通部、水利部、国家环保总局七部委（局）共同下发《关于加强生产建设项目土地复垦管理工作的通知》（国土资发〔2006〕225 号），以"土地复垦方案"为抓手的土地复垦监管模式初步形成，并且逐步深入研究土地复垦法规政策、监管机制、技术标准体系等。2009 年启动的《土地复垦方案编制规程》制订工作，完善了土地复垦方案编报和评审制度。2010 年开展的《土地复垦标准体系研究与复垦技术标准修订》、《矿山土地复垦投资标准体系研究》等科研项目，构建了土地复垦技术标准体系框架和矿山土地复垦造价体系，土地复垦技术标准体系初步形成。

2011 年，《土地复垦条例》颁布实施，我国土地复垦工作开始迈入规范快速发展的新时期。《土地复垦条例实施办法》的跟进出台，细化了《土地复垦条例》中关于土地复垦各项工作的规定。国土资源部先后通过工矿废弃地复垦利用试点、露天采矿用地方式改革试点及签订创新矿业用地管理省部合作协议，使得土地复垦法律框架日益完善，土地复垦各项制度不断健全，土地复垦工作真正进入一个规范化、法制化、科学化的新纪元。

据测算，截至 2009 年底，我国生产建设活动和自然灾害共损毁土地约13507 万亩，已复垦 3382 万亩，还有约 10125 万亩未复垦，每年新损毁土地约 435 万亩。

2012 年，国土资源部首次全面启动了土地复垦专项检查工作。据统计，"十一五"期间全国共投入土地复垦资金约 132 亿元，其中土地复垦义务人实际投资约 12.78 亿元，验收 1411 个项目，合计复垦土地约 44.95 万亩；政府实际投资 113.96 亿元，验收 11110 个项目，复垦土地面积约 542.82 万亩；其他投资 5.34 亿元，验收 1069 个项目，复垦土地面积约 19.52 万亩。综上，"十一五"期间，共复垦土地面积约 607 万亩。

（二）土地复垦制度和标准建设

1.《土地复垦条例》出台前的政策法规

1988 年出台的《土地复垦规定》确立了"谁破坏、谁复垦"的基本原则，对土地复垦的含义、适用范围、规划、责任主体、资金来源、政府和部门的职责等做了全面规定，将土地复垦工作纳入了法制化、制度化的轨道。《土地复垦规定》施行后，全国 25 个省级人民政府相继制定了"土地复垦规定实施办法"，许多市、县结合本地实际情况制定了"土地复垦管理办法"。1999 年实施的《土地管理法》首次对土地复垦有了明确的条文规定，同时，《矿产资源法》、《环境保护法》、《煤炭法》、《铁路法》等相关法律都对土地复垦做了规定，进一步巩固了土地复垦的法律地位。

2006 年七部委联合下发《关于加强生产建设项目土地复垦管理工作的通知》（国土资发〔2006〕225 号）后，国土资源部开展了配套政策的研究，陆续出台了相关配套文件：2007 年 4 月下发了《关于组织土地复垦方案编报和审查有关问题的通知》（国土资发〔2007〕81 号），启动了全国土地复垦方案编报审查工作，确立了土地复垦编报审查制度；2007 年 11 月下发了《关于放射性矿山土地复垦方案编报审查工作有关问题的函》（国土资函〔2007〕856 号），对核工业放射性矿产开发土地复垦进行规范和指导；2008 年 6 月下发了《关于石油天然气（含煤层气）项目土地复垦方案编报审查有关问题的函》（国土资函〔2008〕393 号），对国家能源型项目土地复垦进行规范和指导。

2.《土地复垦条例》及实施办法

2011 年《土地复垦条例》（国务院第 592 号令）的颁布实施为土地复垦注入了新动力。《条例》将生产建设损毁土地、历史遗留损毁土地和自然灾害损毁土地复垦要求分章阐述，对土地复垦方案编制、验收要求及有关激励措施和法律责任等都做了详细的规定。《条例》在全面总结《土地复垦规定》实施成效的基础上，全面体现了多年来土地复垦方面有益的探索与实践，针对实践中的新情况、新问题进行了多方面的改革和创新，为完善土地复垦制度提供了重要的法律保障。

为全面贯彻实施《条例》，2011 年 4 月国土资源部下发《关于贯彻实施〈土地复垦条例〉的通知》（国土资发〔2011〕50 号），进一步细化了《条例》相关规定，明确了土地复垦的责任主体、完善土地复垦义务履行的约束机制、强化土地复垦的激励机制、明确主管部门的监管职责；强调国土资源管理部门应当全面履行土地复垦的法定职责，认真执行土地复垦方案编制审查与监管制度，严格落实土地复垦资金保障措施，积极推进历史遗留损毁土地和自然灾害损毁土地复垦工作，切实加强对土地复垦工作的实施监管；同时提出了加强领导、健全机构、保障《条例》顺利实施的要求。

2013 年 3 月，国土资源部以第 56 号令的形式发布《土地复垦条例实施办法》。《办法》进一步细化了《条例》的相关规定，从土地复垦方案编制、土地复垦费用的预存和使用管理、历史遗留损毁土地界定、土地复垦验收、土地复垦激励措施和土地复垦监督管理等方面明确了土地复垦各环节工作的操作方向和方法。至此，土地复垦法律制度框架基本形成。

3. 土地复垦标准化建设

土地复垦技术标准是科学、规范开展土地复垦工作的技术保障。国土资源部高度重视土地复垦相关技术标准的研究制订工作，积极组织和推动相关标准的制订和颁布。1995 年我国第一个土地复垦行业标准《土地复垦技术标准（试行）》颁布，该标准包含了四个具体技术标准，分别为《采挖废弃土地复垦技术标准》、《建设破坏废弃土地复垦技术标准》、《工业排污破坏土地复垦技术标准》和《水毁土地复垦技术标准》，以上技术标准对各种类型损毁土地的复垦技术进行了规范。

近些年，土地复垦工作的深入开展在为土地复垦行业标准和国家标准的出台提供契机的同时也提出了挑战。2010 年，国土资源部土地整治中心启动了"土地复垦标准体系研究与复垦技术标准修订"、"矿山土地复垦投资标准体系研究"等科研项目，构建了土地复垦技术标准体系框架和矿山土地复垦造价体系；承担制订了《土地复垦方案编制规程》（TD/T1031.1-2011）（2011年5月颁布施行）与《土地复垦质量控制标准》（TD/T 1036-2013）（2013年1月颁布执行）。此外，《生产项目土地复垦验收规程》于2013年9月通过标委会审查，《土地复垦方案编制要点》、《土地复垦方案审查要点》、《土地复垦费用监管协议》（示范文本）、《土地复垦承诺书》（示范文本）等一系列技术文件已出台。

目前，《矿区土地复垦调查评价标准》、《矿区土地复垦工程建设标准》、《土地复垦估算标准》等已完成起草，进入意见征求阶段；《工矿废弃地复垦利用专项规划编制规程》、《历史遗留废弃地复垦专项规划编制规程》等一系列技术标准正处于抓紧研究制订中。

表2　土地复垦有关法规政策与技术标准一览

发布时间	发布单位	法规（文件）或技术标准名称	土地复垦有关内容
1982年5月4日	全国人大常委会	国家建设征用条例	国家建设占用临时用地应当恢复土地的耕种条件
1986年3月19日	全国人大常委会	矿产资源法	开采矿产资源，应当节约用地。耕地、草原、林地因采矿受到破坏的，矿山企业应当因地制宜地采取复垦利用、植树种草或者其他利用措施
1986年6月25日	全国人大常委会	土地管理法	采矿、取土后能够复垦的土地，用地单位或者个人应当负责复垦，恢复利用。工程项目施工，需要材料堆场、运输通路和其他临时设施的……在临时使用的土地上不得修建永久性建筑物。使用期满，建设单位应当恢复土地的生产条件，及时归还
1988年11月8日	国务院	土地复垦规定（2011年3月5日已废止）	明确了土地复垦的概念和"谁破坏、谁复垦"的基本原则，第一次全面而系统地对土地复垦的概念、基本原则、企业的义务、资金来源、政府和部门的职责等关键性问题进行了论述
1995年	国家土地管理局	土地复垦技术标准	包含四个具体标准，分别为《采挖废弃土地复垦技术标准》、《建设破坏废弃土地复垦技术标准》、《工业排污破坏土地复垦技术标准》、《水毁土地复垦技术标准》，对各种类型损毁土地的复垦技术进行了规范

发布时间	发布单位	法规(文件)或技术标准名称	土地复垦有关内容
1998 年 12 月 29 日	全国人大常委会	土地管理法	因挖损、塌陷、压占等造成土地破坏,用地单位和个人应当按照国家有关规定负责复垦;没有条件复垦或者复垦不符合要求的,应当缴纳土地复垦费,专项用于土地复垦。复垦的土地应当优先用于农业
2006 年 9 月 13 日	国土资源部	关于加强生产建设项目土地复垦管理工作的通知	指出了我国土地复垦工作面临的形势和任务,其地位和作用;强调了加强土地复垦管理的重要性和紧迫性;强化了土地复垦义务人的责任和应采取的措施;提出各有关部门加强协作配合,共同做好土地复垦工作的要求;同时还规定了征收土地复垦费,加强复垦后土地使用管理等政策措施。为加强土地复垦前期管理,要做好生产建设项目土地复垦方案的编制、评审和报送审查工作
2007 年 4 月 6 日	国土资源部	关于土地复垦方案编报审查管理有关问题的通知	明确了土地复垦方案编制的目标和对象,规定了方案编制单位的基本条件,提出了方案的评审机构和评审办法,确定了土地复垦方案的格式和内容
2007 年 11 月 14 日	国土资源部	关于放射性矿山土地复垦方案编报审查有关问题的函	对放射性矿山土地复垦方案编报审查工作做补充要求,委托中国核工业集团公司组织方案评审
2008 年 6 月 27 日	国土资源部	关于石油天然气(含煤层气)项目土地复垦方案编报审查有关问题的函	对石油天然气(含煤层气)项目土地复垦方案编报审查工作做补充要求
2011 年 3 月 5 日	国务院	土地复垦条例	明确了土地复垦的概念、原则、责任主体,确立了土地复垦的基本制度:一是历史遗留损毁土地和自然灾害损毁土地的责任主体是县级以上人民政府国土资源管理部门;二是完善了监督制约机制,设计多个有效抓手督促复垦义务履行到位;三是针对实践中存在的复垦投资规模与复垦资金需求不匹配,复垦投资渠道"有渠无水"的情况,设立了一套激励措施;四是强化了法律责任,加大了对土地复垦义务人不履行责任的处罚力度。《条例》还首次明确了监管责任,规定负有监管职责的部门及其工作人员不履行监管职责的,也要承担法律责任

发布时间	发布单位	法规（文件）或技术标准名称	土地复垦有关内容
2011 年 4 月 17 日	国土资源部	关于贯彻实施《土地复垦条例》的通知	指出了《条例》公布实施的重大意义,明确了《条例》的精神实质,强调了国土资源管理部门应当全面履行土地复垦的法定职责,提出了加强领导、健全机构的保障措施
2011 年 5 月	国土资源部	土地复垦方案编制规程	对土地复垦方案的编制原则、工作内容、工作内容、成果要求做了全面规定。《规程》分为七个部分,为通则和露天煤矿、井工煤矿、金属矿、石油天然气（含煤层气）项目、建设项目、铀矿六个分行业的分则
2012 年 12 月 27 日	国土资源部	土地复垦条例实施办法	《办法》细化和落实了《土地复垦条例》的有关规定,进一步健全完善了土地复垦的各项制度规范:一是明确了编制土地复垦方案的具体要求;二是规范了土地复垦费用预存和使用管理;三是对历史遗留损毁土地进行了界定;四是细化落实了土地复垦验收规定;五是细化完善了土地复垦激励措施;六是建立健全了土地复垦监督管理相关制度
2013 年 1 月 23 日	国土资源部	土地复垦质量控制标准	对全国土地损毁类型和复垦类型区进行了划分,针对不同损毁类型的特点提出了复垦的基本技术要求,并提出了不同复垦类型区、不同损毁类型复垦的质量控制标准

（三）生产建设活动损毁土地复垦

生产建设活动损毁土地复垦是土地复垦工作的重点。监督土地复垦义务人履行好土地复垦义务,对土地复垦全过程进行有效监管,实现损毁土地有效复垦,是实现土地复垦总体目标的基础保障。

1. 生产建设活动损毁土地类型

生产建设活动毁损土地,是指在生产建设准备阶段或实施过程中因挖损、塌陷、压占等造成损毁的土地。生产建设活动损毁土地主要有以下几种类型:

——露天采矿、烧制砖瓦、挖沙取土等地表挖掘所损毁的土地;

——地下采矿等造成地表塌陷的土地;

——堆放采矿剥离物、废石、矿渣、粉煤灰等固体废弃物压占的土地;

——能源、交通、水利等基础设施建设和其他生产建设活动临时占用所损毁的土地。

2. 生产建设活动损毁土地复垦重点制度

生产建设活动损毁土地复垦管理内容主要包括：土地复垦方案编报与审查、土地复垦实施与监督检查、土地复垦监测与评价、土地复垦质量控制、土地复垦资金使用监管、土地复垦验收、复垦土地后期管护与跟踪评价、损毁土地补偿、代复垦与土地复垦费管理、土地复垦公众参与和公告、土地复垦信息报告与发布、土地复垦档案管理、土地复垦政策激励等。涉及以下几项重点制度。

（1）土地复垦方案编报与审查制度。

《土地复垦条例》（以下简称《条例》）首次从法律层面建立了土地复垦方案编报与审查制度，规定土地复垦义务人应当按照土地复垦标准和国土资源部的规定编制土地复垦方案。《土地复垦条例实施办法》（以下简称《办法》）进一步对在建项目补充编报土地复垦方案做了规定，《土地复垦条例》施行前已经办理建设用地手续或者领取采矿许可证，《条例》施行后继续从事生产建设活动造成土地损毁的，土地复垦义务人应当在《办法》颁布之日起一年内完成土地复垦方案的补充编制工作，报有关国土资源管理部门审查。

土地复垦方案的审查权限应根据建设用地和采矿权审批权限级别划分。具体承担相应建设用地审查和采矿权审批的国土资源管理部门负责对土地复垦义务人报送的土地复垦方案进行审查。

（2）土地复垦实施与监管监察制度。

——土地复垦实施情况报告。土地复垦方案是复垦义务人编制的对其生产建设活动损毁土地的一个长期复垦规划。对于生产建设周期长、需要分阶段实施土地复垦的生产建设项目，土地复垦方案应当包含阶段土地复垦计划和年度实施计划。除日常向国土资源管理部门及时沟通反馈土地复垦工作进展情况外，土地复垦义务人应就当年的土地损毁情况、土地复垦费用使用情况以及土地复垦工程实施情况定期向县级以上地方人民政府国土资源管理部门报告。

——土地复垦监督检查。各级国土资源管理部门应当建立土地复垦监督检查制度，组织开展土地复垦年度或者不定期的检查与考核，掌握本行政区域内

土地损毁和复垦情况，监督土地复垦义务人履行土地复垦义务，指导下级国土资源管理部门规范开展土地复垦管理工作。县级以上国土资源管理部门应当根据年度或者不定期检查考核结果，落实奖惩措施。

——土地复垦费用预存与使用监管。《条例》规定，土地复垦义务人要依据土地复垦方案逐年或分阶段预存土地复垦费，将土地复垦费用专户存储、专项用于土地复垦。土地复垦费用应当在生产建设活动结束前1年预存完毕。土地复垦义务人应当按照《办法》的规定与损毁土地所在地县级国土资源管理部门、银行共同签订土地复垦费用使用监管协议，明确土地复垦费用预存和使用的时间、数额、程序、条件和违约责任等。

3. 土地复垦验收

土地复垦验收实行阶段验收和总体验收，应当将阶段验收结果作为复垦总体验收的依据。

土地复垦义务人按照土地复垦方案的要求完成土地复垦任务后，应当按照规定做好相关验收准备工作，及时向所在地县级以上国土资源管理部门申请验收。

进行土地复垦验收，应当邀请有关专家进行现场踏勘，查验复垦后的土地是否符合土地复垦标准以及土地复垦方案的要求，核实复垦后的土地类型、面积和质量等情况，并公告初步验收结果，听取相关权利人的意见。相关权利人对土地复垦完成情况提出异议的，国土资源管理部门应当会同有关部门进一步核查，并将核查情况向相关权利人反馈；情况属实的，应当向土地复垦义务人提出整改意见。

负责组织验收的国土资源管理部门应当会同有关部门，组织邀请有关专家进行现场踏勘，依据国家有关的法律法规、土地复垦标准、土地复垦方案、阶段土地复垦计划和年度土地复垦实施计划以及年度报告，认真核实复垦后土地数量、质量和生态效益，出具阶段或总体验收报告，在接到土地复垦验收申请之日起60个工作日内完成验收。

经验收合格的，向土地复垦义务人出具验收合格确认书；验收不合格的，向土地复垦义务人出具书面整改意见，列明需要整改的事项，由土地复垦义务人整改完成后重新申请验收。

4. 政策激励

土地复垦义务人在规定期限内将在依法使用、临时占用或生产建设活动损毁土地中的耕地、园地、林地、牧草地、农田水利用地、养殖水面以及渔业水域滩涂等农用地复垦恢复原状的，可依法退还已经缴纳的耕地占用税。

土地复垦义务人将损毁的非耕地自行复垦为耕地，经负责验收的所在地县级国土资源管理部门确认复垦验收合格且便于未来农业生产使用的，可由国土资源管理部门协商收购、纳入本行政区域非农建设占用耕地时的补充耕地储备库，并优先土地复垦义务人使用。

土地复垦义务人拟将损毁的建设用地申请政府投资复垦为耕地的，县级以上国土资源管理部门可通过实施政府参与投资土地复垦项目方式实施复垦，激励和带动复垦义务人开展土地复垦工作，复垦验收合格土地可纳入本行政区域耕地总量平衡或者非农建设占用耕地时的补充耕地指标储备库。

5. 报部申请采矿权固体矿山土地复垦项目论证审查情况

自 2007 年受国土资源部委托开展咨询论证工作至今，国土资源部土地整治中心共受理了 482 个土地复垦方案。截至 2013 年底，方案中计划复垦土地合计 1064.15 万亩，计划复垦农用地 1008.2 万亩，占 94.7%，其中耕地341.27 万亩。

（四）历史遗留和自然灾害损毁土地复垦

1. 基本情况

历史遗留损毁土地主要包括土地复垦义务人灭失的生产建设活动损毁的土地和《土地复垦规定》实施以前生产建设活动损毁的土地。

根据调查与评价结果，截至 2009 年底，我国生产建设活动共损毁土地约11407 万亩，现有未复垦的土地中，《土地复垦规定》颁布实施前损毁的约3170 万亩，历史遗留损毁土地占未复垦土地的 40% 以上。

我国是自然灾害频发的国家，每年因自然灾害造成大量土地损毁。据《国土资源年鉴》统计，1997 ~ 2008 年我国自然灾害损毁耕地共 1103 万亩，平均每年损毁约 90 万亩。如果加上灾毁的其他土地（建设用地、林地、草地、园地、未利用地等），1997 ~ 2009 年灾毁土地应在 2100 万亩以上，目前

已有 400 万亩左右已复垦，还有 1700 万亩左右未复垦。据此推算，我国每年自然灾害新损毁土地约在 160 万亩左右。

2. 历史遗留和自然灾害损毁土地复垦制度框架

历史遗留和自然灾害损毁土地由县级以上人民政府负责组织复垦，《土地复垦条例》及《土地复垦条例实施办法》构建了历史遗留和自然灾害损毁土地复垦制度框架，具体如下。

（1）开展损毁土地调查评价。

——损毁土地现状调查，包括地类、位置、面积、权属、损毁类型、损毁特征、损毁原因、损毁时间、污染情况、自然条件、社会经济条件等；

——损毁土地复垦适宜性评价，包括损毁程度、复垦潜力、利用方向及生态环境影响等；

——土地复垦效益分析，包括社会、经济、生态等效益。

（2）编制土地复垦专项规划和年度计划。

县级以上人民政府国土资源管理部门应当在调查评价的基础上，根据土地利用总体规划编制土地复垦专项规划，报本级人民政府批准后组织实施。对已发生的自然灾害损毁土地应列入复垦专项规划，对自然灾害易发地区做好防控措施。土地复垦专项规划可以根据实际情况纳入土地整治规划。

对历史遗留废弃地和自然灾害损毁土地的复垦应在土地复垦专项规划的基础上，制定年度土地复垦计划，逐步推进土地复垦工作。

（3）土地复垦项目资金来源。

历史遗留损毁土地和自然灾害损毁土地应当由县级以上人民政府投入资金进行复垦，或者按照"谁投资，谁受益"的原则吸引社会投资进行复垦。土地权利人明确的，可以采取扶持、优惠措施，鼓励土地权利人自行复垦。

目前，政府投资历史遗留损毁土地和自然灾害损毁土地复垦的主要资金来源为新增建设用地土地有偿使用费、用于农业开发的土地出让收入、耕地开垦费、土地复垦费。

（4）土地复垦项目管理。

国家对历史遗留损毁土地和自然灾害损毁土地复垦参照一般土地整治项目进行管理。县级以上人民政府国土资源管理部门应根据土地复垦专项规划和年度土地复垦资金安排情况确定年度复垦项目。

对政府投资的土地复垦项目，负责组织实施土地复垦项目的国土资源管理部门应当组织编制土地复垦项目设计书。土地复垦项目的准备、实施、验收管理及项目后评价可参照土地整治项目相关管理制度执行。根据项目资金来源的不同，土地复垦项目管理还应符合新增建设用地土地有偿使用费、用于农业土地开发的土地出让金、耕地开垦费等资金使用的有关规定。

土地权利人或社会投资的土地复垦项目，土地权利人或者投资单位、个人应当组织编制土地复垦项目设计书，并报负责组织实施土地复垦项目的国土资源管理部门审查同意后实施。项目竣工后，由负责组织实施土地复垦项目的国土资源管理部门会同有关部门进行验收。

3. 历史遗留及自然灾害损毁土地复垦主要做法

多年来，全国各级国土资源管理部门及土地整治机构，通过整合各类涉农资金、吸引社会投资、鼓励土地复垦权利人自行复垦等多种措施筹集资金实施土地复垦项目，组织对历史遗留及自然灾毁损毁土地进行复垦。主要做法如下。

（1）政府投资土地复垦项目。

政府投资土地复垦项目是历史遗留及自然灾害损毁土地复垦的主要方式。据统计，2005～2009年间，中央财政及地方财政共投入资金约133.88亿元（其中中央投入约43.34亿元，主要为中央分成的新增建设用地有偿使用费；地方投入约90.54亿元，主要来源为地方分成的新增费、耕地开垦费、土地复垦费、土地出让金用于农业开发部分及其他少量财政资金），实施土地复垦项目29549个，复垦土地约552.54万亩（其中耕地468.60万亩），亩均投资2423元。复垦土地一次达标率（即竣工验收率）为95.84%，最终达标率为98.81%。

县级以上地方人民政府将历史遗留损毁和自然灾害损毁的建设用地复垦为耕地的，经验收合格并报省级国土资源管理部门复核同意后，按照国家有关规定可以作为本省（区、市）进行非农建设占用耕地时的补充耕地指标。但使用新增费复垦的耕地除外。

（2）吸引社会资金投资土地复垦项目。

针对历史遗留和自然灾害损毁土地复垦资金缺口大的问题，多年来，各地

在吸引社会投资土地复垦方面进行了一些探索。例如，赣州市通过吸引社会投资的方式复垦历史遗留损毁土地，其中一个总规模约 2000 亩的复垦项目，由政府协调社会投资人与当地集体经济组织签订协议，获得该废弃地 50 年的租赁使用权。

社会投资人的收益方式主要体现在两个方面：一是对无使用权人的国有土地，经县级以上人民政府依法批准，确定给投资单位或者个人长期从事种植业、林业、畜牧业或者渔业生产。二是对属于农民集体所有土地或者有使用权人的国有土地，有关国土资源管理部门组织投资单位或者个人与土地权利人签订土地复垦协议，明确复垦的目标任务以及复垦后的土地使用和收益分配。

（3）鼓励土地权利人自行复垦。

此种实施方式一般适用于少数地方或者特殊情况。例如，为了切实做好汶川大地震灾后重建的土地复垦工作，绵阳市国土资源局、财政局联合下发《关于灾毁耕地（废弃宅基地）整理复垦项目实施有关问题的通知》（绵国土资发〔2008〕296 号），规定根据农户意愿和劳动力状况，将可由农户自行复垦的点位分散、规模小、仅限于其承包责任范围内的损毁耕地，采用由乡（镇）组织村组农户投工投劳、财政给予适当资金补助方式完成整理复垦。

此外，在实践中，一些地方是下级政府组织复垦，上级政府给予补助。例如《山东省土地复垦管理办法》规定，下级政府组织复垦的土地面积超过 75 公顷的，由省人民政府给予补助。

（五）工矿废弃地复垦利用试点和采矿用地方式改革试点

1. 工矿废弃地复垦利用试点

国外对工矿废弃地的释文是：由采矿、工业和建设活动挖损、塌陷、压占（生活垃圾和建筑废料压占）、污染及自然灾害毁损等原因所造成的目前不能利用的土地。主要包括以下四种情况：

——各类工矿企业在生产建设过程中由于挖损、塌陷、压占等造成破坏的土地；

——因道路改线、建筑物废止、村庄搬迁以及垃圾压占等而遗弃荒废的土地；

——农村砖瓦窑、水利建设取土等造成的废弃坑、塘、洼地；

——工业污染造成的废弃土地。

目前，我国尚无工矿废弃地的明确界定。"工矿废弃地"在地籍调查分类中并不存在，因此无法将其准确定位到某个具体地类类别。可见，工矿废弃地复垦是土地复垦的一种特殊类型。在本文中，工矿废弃地特指在城市规划圈范围之外，有合法来源且性质为建设用地的历史遗留损毁土地。对工矿废弃地概念的理解应当重点把握三个方面：一是有合法来源的建设用地；二是应当是历史遗留损毁土地；三是应当位于城市规划圈范围之外。

2012 年 3 月，国土资源部下发《关于开展工矿废弃地复垦利用试点工作的通知》（国土资发〔2012〕45 号）（下称 45 号文），正式启动工矿废弃地复垦利用试点。45 号文件对工矿废弃地复垦利用有如下定义：工矿废弃地复垦利用，是将历史遗留的工矿废弃地以及交通、水利等基础设施废弃地加以复垦，在治理改善矿山环境的基础上，与新增建设用地相挂钩，盘活和合理调整建设用地，确保建设用地总量不增加，耕地面积不减少、质量有提高的措施。

工矿废弃地复垦利用试点采取"先复垦、后利用"的管理模式，复垦地块验收核准后才可申请新增建设用地指标。

组织编制工矿废弃地复垦利用专项规划是开展工矿废弃地复垦利用试点工作的前提。专项规划也是试点依法审批的依据和实施监管的抓手。要依据专项规划安排工矿废弃地复垦项目并组织实施，并将专项规划作为整个试点工作项目验收和检查评估的重要依据。45 号文明确了工矿废弃地复垦利用专项规划编制的基本要求。

2012 年 7 ~ 8 月，国土资源部按照《印发 2013 年工矿废弃地复垦利用试点检查评估工作方案的通知》（国土资厅函〔2013〕497 号）的要求，对首批工矿废弃地复垦利用试点进行了检查评估。从评估结果看，试点取得如下初步成效：

——有利于资源城市转型发展。通过工矿废弃地复垦，在建设用地总量不突破原有规模的前提下，通过调整优化建设用地结构与布局，实现建设用地布

局从自然形态向规划形态的转变，可有效节约土地资源，拓展城镇发展空间，并将有效带动相关产业发展，增加社会就业，促进"两型社会"建设和资源枯竭城市转型发展。

——有利于增加农民收入。通过复垦新增农用地，能直接增加农民收入，明显改善农村的社会服务体系，缩小城乡差距。以湖北黄石为例，将 2.17 万亩工矿废弃地通过土地复垦措施，变成耕地、林地和建设用地等，复垦区内净增加耕地 1.65 万亩，用于油菜、红薯、小麦等种植。扣除肥料、种子、农药等开支后，每亩耕地每年纯收益按 850 元计算，矿区内的村民每年从净增加耕地中可获纯收益约 1400 万元。

——有利于保护和改善生态环境。以苏州为例，通过复垦工矿废弃地，进一步改善了农田布局和生态景观，通过整治河道、沟渠，减少了洪涝灾害，结合农田防护林建设，使区域生态环境系统呈现良性循环，改善了农业生产小气候，提高了生物多样性。

——有利于消除矿山地质灾害隐患。通过对矿山地质环境的治理，可减少地质环境问题带来的二次破坏和二次污染，逐步解决矿产资源开采的历史欠账问题，消除废弃地的矿山地质灾害隐患，减少地质环境对该区域生命财产的影响及潜在的经济损失。

2. 采矿用地方式改革试点

采矿用地方式改革试点旨在不改变农村土地所有权性质、不改变土地规划用途前提下，采用分期实施、分期供地、到期归还的做法，以临时用地方式使用农民集体土地。企业负责复垦所有损毁土地，在用地周期内把地按时归还农民，继续用于农业生产，不改变其土地用途。

我国现行矿业用地取得方式是以出让等有偿方式取得矿业用地使用权，由于矿业用地一般具有占地面积大、周期长、用地情况复杂等特点，在用地取得和使用过程中，不可避免会遇到地方政府、采矿企业和农民三者的利益交织、相互制衡的局面。现行矿业用地取得制度主要存在以下问题：

——矿业用地属于建设用地，因此必须占用大量建设用地指标，从而影响到当地其他建设用地需求。

——办理征地涉及农民安置等众多复杂问题，审批程序复杂、耗时长，征地补偿费用也将极大增加企业用地成本。

——采矿结束后，矿方没有精力和动力复垦，造成大量历史遗留损毁土地得不到及时恢复治理，不利于土地集约利用与环境的保护。

——采矿用地取得年限往往超过实际使用年限，采矿结束后，对复垦后土地如何处置和利用，目前都没有明确的规定，从而导致滞留在企业的土地越来越多，有的甚至成为企业的负担。

为了促进矿产资源合理开发利用，缓解矿业发展面临的用地矛盾，解决因采矿占用土地导致农民永久性失地的问题，国土资源部创新采矿用地取得方式和管理方式，于 2005 年批准广西自治区国土资源厅在平果县开展铝土矿采矿用地方式改革试点。根据平果铝土矿埋藏浅、露天开采、开采周期短等特点，将原来的"征收土地出让"改为"采矿临时用地供应"，企业采矿后将复垦好的土地归还农民。试点建设成果于 2012 年 4 月 18 ~ 19 日通过了国土资源部组织的评审验收，取得了预期效果。在广西平果铝土矿采矿用地方式改革试点的基础上，国土资源部研究制定了《采矿用地方式改革试点方案》，自 2010 年起陆续批准了辽宁省、内蒙古自治区鄂尔多斯市、山西省朔州市平朔露天煤矿、云南省昆明市磷化集团露天矿等全国露天矿重点区域或大型企业开展试点。

开展采矿用地方式改革试点的主要目的如下：

——解决政府、企业、农村集体经济组织和农民利益关系问题，通过试点实现政府、企业、农民三方共赢。

——有效缓解当地建设用地指标紧缺问题。

——解决失地农民就业安置问题，通过改变用地方式，企业在规定时间内还地，农民不再失地，从而促进社会稳定。

——解决企业成本高、负担重问题。露天矿山用地量较大，通过试点改革，将大幅降低企业使用土地成本，增强企业竞争力。

（六）问题与建议

1. 土地复垦工作面临的困难和问题

——底数不清、情况不明。我国土地复垦工作的基础十分薄弱，存在底数不清、情况不明问题。2010 年，以编制新一轮土地整治规划为契机，国土资源部在全国范围内开展"土地复垦潜力"函调，并选取 8 个重点省份开展实地调研，在此基础上对土地复垦潜力进行分析评价。通过函调和实地调研，第一次对全国土地损毁和复垦状况、土地复垦潜力做了相对系统的分析。但由于时间紧、任务重，有关数据收集得不够全面、准确，还需要做进一步深度调查，并在此基础上进行分析和评价。

——队伍建设相对滞后。土地复垦是一项政策性强、专业面广、科技含量高的工作，《条例》和《办法》相继颁布实施后，土地复垦管理工作量日益增大，各级国土资源管理部门普遍存在任务重、压力大、机构和人员特别是技术人员力量不足的现状，现存的人员队伍配置与繁重的监管职责严重不匹配。

——共同责任机制尚未建立。土地复垦工作尤其是矿区土地复垦，涉及多个利益相关方和多个管理部门。不同利益相关方在土地复垦有关工作上有着不同的利益诉求，不同的管理部门有着不同的管理目标。由于相关政策制度间衔接不够充分，存在各利益相关方均希望达到各自利益和目标最大化的冲突，均衡各方利益、统筹协同推进土地复垦的工作机制尚未形成。

2. 土地复垦工作建议

《全国土地整治规划（2011～2015 年）》、《国土资源"十二五"规划纲要》均要求积极推进生产建设活动和自然灾害损毁土地的复垦，保障土地的可持续利用。目前，土地复垦已经进入法制化、规范化、科学化发展的新时期，成为保护资源、保障发展、维护权益、保护生态以及促转变、惠民生的重要抓手，已形成"有法律保障、有标准可依、有制度规范、有监管手段、有资金来源"的工作格局。当前和今后一个时期，应着重从以下几个方面进一步深入推进土地复垦工作。

——加强基础调查研究，明确土地复垦工作目标。建立集中统一的土地复垦信息采集、备案制度，尽快摸清家底。开展损毁土地调查评价，并通过动态监测掌握每年新损毁土地情况。形成全国统一的土地复垦信息报备制度，对历史遗留废弃地、自然灾害损毁土地和生产建设项目损毁土地复垦情况进行全面摸底和统计分析。在全国土地整治规划的基础上编制全国土地复垦专项规划，确定土地复垦目标任务和复垦重点区域、重点工程。充分发挥专项规划的控制、引导作用，科学安排复垦工作。

——构建内外联动、协调配合的共同责任机制。建立土地复垦沟通协调机制，国土、发改委、财政、交通、能源、水利、农业、环境保护、林业等部门相互协调配合，形成政策合力，构建齐抓共管的工作格局。建立联席会议制度与联动机制，完善公众参与机制，让利益相关方能够充分表达自己的诉求，在协商的基础上达成共识，提高决策的科学性与可操作性，提高决策执行效率。

——形成领导有力、队伍过硬的土地复垦队伍。土地复垦政策性强、涉及面广、技术要求高、协调任务重，是一项复杂的系统工程。无论是责任主体、管理对象、监管内容，还是政策制度，都具有自身的特殊性。要进一步健全土地复垦机构，加强土地复垦队伍建设，推动建立专门机构负责土地复垦工作，加强土地复垦专业人员技术培训。

——大力支持科研探索，推动土地复垦国际合作。推进土地复垦工作还需要结合土地复垦实际工作需要，发挥单位技术优势，整合社会科技力量，加强土地复垦学科建设，稳定并开拓国际合作关系，吸收借鉴国外先进经验。积极组织有关方申报国家相关科研专项，重点解决技术难题和创新关键技术，解决土地复垦工作技术瓶颈，实现土地复垦技术突破。

五　建设用地整理

我国是一个土地开发利用历史悠久的国家，两千多年前，节约集约就体现在我国古代农业经营中，直接表达了精耕细作、集约经营的思想。1949 年以后，特别是改革开放以来，随着工业化、城镇化的快速推进，建设用地供需矛盾日益尖锐，耕地保护难度不断加大。同时，建设用地利用粗放、不合理、低效率的问题也十分突出，加大了经济社会发展对土地资源的消耗。为了破解保护耕地和保障发展两难命题，推进土地利用方式和经济增长方式的根本转变，节约集约用地逐渐成为社会共识并逐步上升为国家战略。以低效建设用地开发利用为主要内容，以优化土地利用结构和布局、提升建设用地利用效率为主要

目标的建设用地整理逐步走上历史舞台，成为落实最严格节约用地制度的一项重要措施。

（一）开展建设用地整理的意义

建设用地整理是根据区域发展规划、城镇发展规划、土地利用总体规划和土地整治规划等相关规划，以建设用地为对象，对建设用地进行挖潜改造和调整，优化建设用地利用结构和布局，提高建设用地节约集约利用水平的活动。目前，我国建设用地整理的主要类型有"旧城镇、旧厂房、旧村庄"改造、"城中村改造"、"城市更新"等；主要包括城镇建设用地整理、农村建设用地整理、城乡结合部建设用地整理等；整治对象主要有工业用地、住宅用地、商服用地、基础设施和公共设施用地等。建设用地整理的重要意义主要表现如下。

——建设用地整理是破解当前土地利用矛盾、保障经济社会可持续发展的重要手段。综合分析各地"十二五"经济增长和城镇化发展目标，预计全国新增建设用地需求在4000～4500万亩，超出规划安排规模1000万亩以上。全国现有329个国家级开发区和1251个省级开发区，其规划建设用地规模分别达到510万亩和990万亩。在既要保护耕地红线又要保障发展用地的形势下，对建设用地进行整治，是实现建设用地合理、高效、集约利用的必然选择。

——建设用地整理是促进经济结构调整、加快经济发展方式转变的重要途径。改革开放以来，受长期形成的结构矛盾和粗放型增长方式影响，我国经济增长总体上表现为投资拉动、规模扩张、资源高耗的粗放外延型增长。中央要求在促进发展方式转变上下功夫，在发展中促转变，在转变中谋发展。加大经济结构调整力度，客观上要求调整区域土地利用方式，运用土地政策保障经济平稳较快发展和引导发展方式转变，需要通过节约集约用地增加建设用地有效供给。建设用地整理作为节约集约用地的重要手段被各地广泛实践，通过利用资源方式的转变促进经济发展方式的转变，通过资源利用结构调整促进经济结构调整，充分发挥节约集约用地在稳增长、调结构、转方式中的重要作用。

——建设用地整理是促进城乡统筹发展的重要渠道。长期以来，我国城乡

"二元分割"体制导致生产要素城乡流动限制较多,工业化、城镇化发展"缺土地"、农业农村建设"缺资金"、城乡统筹发展"缺平台"问题较为突出;城乡土地利用缺乏统筹协调,城镇粗放蔓延、农村无序建设现象普遍,农村居民点占地与城镇占地"双扩"局面仍未改变,2001～2010年全国城镇建设用地和农村居民点建设用地年均分别增加200多万亩和20多万亩。为构建城乡一体化发展新格局,亟须通过城镇和农村土地综合整治搭建平台,消除生产要素流动障碍,促进城乡协调发展。开展农村土地综合整治,一方面,可引导财政资金和社会资金投入农村,促进城乡土地资源、资产、资本有序合理流动、互补互助,实现"以城带乡、以工补农",推进社会主义新农村建设;另一方面,通过调整城乡建设用地结构与布局,挖掘农村低效建设用地利用潜力,提高土地利用效率,拓展用地空间,可进一步缓解城镇建设用地压力,助推城镇化进程,促进城乡一体化发展。

(二)建设用地整理总体情况

基于我国特殊的土地资源基本国情和特定的经济社会发展阶段,国土资源管理工作长期面临着保护资源和保障发展的双重压力。一直以来,我们都在努力探索破解土地利用矛盾的有效途径,在借鉴国外建设用地整理先进经验的基础上,我国逐步开展了有组织、有特色的建设用地整理活动。

1. 总体情况

从实践看,我国建设用地整理是随着节约集约用地制度改革的不断深化而逐渐推进并日益完善的,每一个阶段都有其特定的目标、任务,以及需要解决的特定问题。

我国建设用地整理起步于20世纪80年代后期,旨在解决城镇和农村中建设用地利用粗放的问题,主要是借鉴海外经验,在实践中探索低效建设用地开发利用的途径。1997年底,全国已有400多个县开展了一定规模的土地整理,其中开展建设用地整理形成了一批典型:一是以上海为代表的"三个集中",把土地整理作为实施规划的手段,通过迁村并点,促进农民住宅向中心村和小城镇集中;通过搬迁改造,促进乡镇企业向工业园区集中;通过归并零星地块,促进农田向规模经营集中。二是以安徽、河北、山东、湖北等地为代表,

结合农民住宅建设，迁村并点、退宅还耕，通过实施村镇规划增加耕地面积的村庄建设用地整理。三是以河北、邢台等一批城市为代表，通过挖掘城市存量建设用地潜力，解决城市建设用地不足问题，实施城市土地整理。

党的十六大以来，转变土地资源利用方式逐渐成为全社会的共识。2005年，党中央提出建设资源节约型社会，其中，强化土地节约集约利用成为重要内容之一。同年，国土资源部在江苏省无锡市召开研讨会，明确提出节约集约用地主要包括三层含义：一是节约用地，即各项建设都要尽量节省用地；二是集约用地，即每宗建设用地必须提高投入产出强度，提高土地利用的集约化程度；三是提高土地配置和利用效率。

这一时期，各地对通过挖掘存量土地利用潜力来满足发展用地需要，进行了不少有益的探索，在推进建设用地整理方面取得了显著进展。

——城市用地。实践表明，立足建成区改造挖潜，一可使旧城更新，促进城市增容扩能；二可节约土地，保护耕地。河北省唐山市实施"平改楼"工程，盘活"城中村"、"城中厂"用地，基本实现了城市发展不出城，近10年城市建设用地97%来自城区存量土地。广东省深圳市对用地达6万多亩的241个"城中村"进行全面改造，城市新增住宅用地3年减少了2/3。

——开发区用地。通过提高土地投资强度、容积率和建筑密度，实现了开发区"产业集聚、布局集中、用地集约"。上海闵行经济技术开发区只有3.5平方公里，通过引导企业增资改造，每平方公里年销售收入可达123亿元。山东省潍坊市高新区通过对17个"城中村"进行改造，腾退土地3000亩，占开发区面积的1/4。

——工业企业用地。各地积极探索节地新型工业化道路，鼓励建设标准厂房，盘活企业存量土地，促进企业向园区集中，在集约用地的同时，推动产业转型升级。2004年，江苏省无锡市在占全国0.05%的土地上，实现了占全国1.4%的国内生产总值和0.9%的财政收入。湖北省武汉市通过"退一进一"对老工业基地改造升级，利用存量土地，新建起汉正街都市工业区，2004年区内工业总产值达到近20亿元。

——农村居民点用地。开展农村建设用地整理潜力大。江苏省江阴市华西村通过对113个自然村迁村并点，节约土地4800多亩。2004年，该村建起17

座农民公寓，每户农民节约土地 0.4 亩。浙江省嵊州市大力开展村庄建设用地整理，盘活村庄用地 1 万多亩，新增耕地 7016 亩。

——统筹城乡发展用地。2006 年国土资源部启动城乡建设用地增减挂钩试点工作，批复天津、江苏、山东、湖北和四川等 5 个试点省份，批准设立增减挂钩试点项目区 183 个，下达挂钩周转指标 7.38 万亩，开始探索以挂钩政策为引擎优化城乡用地结构和布局，促进城乡统筹发展。

2008 年，党的十七届三中全会提出要坚持"最严格的节约用地制度。"同年，国务院下发《关于促进节约集约用地的通知》（国发〔2008〕3 号），提出"切实保护耕地，大力促进节约集约用地，走出一条建设占地少、利用效率高的符合我国国情的土地利用新路子"。为贯彻落实中央文件精神，国土资源部 2008 年批复合肥市节约集约用地试点。2009 年，增减挂钩试点进入全面规范推进阶段，国土资源部分两批次下达挂钩周转指标 40.275 万亩，涉及天津、河北、内蒙古等 24 个省份。同年，国土资源部启动国土资源节约集约模范县（市）创建活动，各地积极探索建设用地整理新途径。湖北省结合新农村建设，用 3 年时间"迁村腾地"归并自然村 1200 个，减少村庄用地 20 万亩，增加耕地 16 万亩。2009 年，国土资源部批复广东省开展"三旧"改造（旧城镇、旧村庄、旧厂房）试点，截至 2013 年 3 月，全省投入改造资金 4446.4 亿元，完成改造项目 2893 个，完成改造面积 15.1 万亩，节约土地 6.8 万亩，实现节地率 44.8%。

《国民经济和社会发展第十二个五年规划纲要》要求"落实节约优先战略"，明确了"单位国内生产总值建设用地下降 30%"的具体目标，节约集约用地上升为长期坚持的国家战略。党的十八大以后，节约集约用地更是成为加强生态文明建设、促进新型城镇化的重要抓手。

经过十余年的发展，我国建设用地整理逐步从单纯的农村建设用地整理、城市建设用地整理向土地综合整治转变；从单纯的盘活城乡低效用地、增加城镇建设用地有效供给为目标向优化土地利用结构和布局、促进节约集约用地、推动产业转型升级、改善城乡居住环境和生活条件、带动投资和消费增长、促进经济发展方式转变、搭建城乡统筹发展平台、发挥土地对城镇化健康发展的支撑作用等多目标并重转变。

2. 工作经验和成效

十余年来，各地创造性地开展建设用地整理，积极探索节约集约用地新路子。一方面，积极开展试点，总结出一批具有开拓性的好做法、好模式、好经验；另一方面，积极推进建设用地整理制度创新，不断增强政策储备和制度供给，为国家层面节约集约用地制度建设提供了丰富的经验，取得了显著成效。

（1）形成了节约集约用地的制度性成果。

建设用地整理是随着节约集约用地制度改革的不断深化而逐渐发展起来的。特别是 2004 年以来，建设用地整理逐步大规模、有组织地开展起来，国家层面先后出台了一系列节约集约用地政策措施，为积极推进建设用地整理奠定了制度基础。

——制定鼓励盘活存量用地政策措施。2004 年，国务院下发《关于深化改革严格土地管理的决定》（国发〔2004〕28 号），明确要求"实行强化节约和集约用地政策。把节约用地放在首位，重点在盘活存量上下功夫"，"开展对存量建设用地资源的普查，研究制定鼓励盘活存量土地的政策措施"，提出"鼓励农村建设用地整理，城镇建设用地增加要与农村建设用地减少相挂钩"，为城乡建设用地结构和布局调整提供了政策依据。

——节约集约用地上升为基本国策。2008 年，党的十七届三中全会提出坚持"最严格的节约用地制度"，这一提法与最严格的耕地保护制度并称为"两个最严格"土地管理制度，节约集约用地由此上升为基本国策。同年，国务院下发《关于促进节约集约用地的通知》（国发〔2008〕3 号），明确要求今后各项建设要优先开发利用低效建设用地，要在第二次土地调查的基础上，认真组织开展建设用地普查评价，对现有建设用地的开发利用和投入产出情况做出评估，并按照法律法规和政策规定，处理好建设用地开发利用中存在的低效利用等问题。

——建立国家层面节约集约用地制度体系。2012 年，国土资源部下发《关于大力推进节约集约用地制度建设的意见》（国土资发〔2012〕47 号），首次从国家层面系统提出了节约集约用地制度的框架体系和八项具体内容，为指引节约集约用地工作提供了重要的政策依据和现实路径。文件明确要促进低效用地的开发利用，主要表现在三个方面：一是在土地资源市场配置中，鼓励集体土地使用权人以土地使用权联营、入股等形式兴办企业，盘活利用低效用地。二是实行城市改造中低效用地"二次开发"的鼓励政策，在符合法律和市场配置原则下，从规划、计划、用地取得、地价等方面制定支持政策，鼓励提高存量建设用地利用效率。三是建立土地利用监测监管制度，实行土地开发利用信息公开，定期公布低效用地情况，扩大公众参与，发挥社会监督作用。

（2）发挥了促进经济社会发展的重要作用。

经过十余年的发展，我国建设用地整理在促进节约集约用地和保护耕地、提升城镇化质量和扩大内需、加快转变经济发展方式、促进城乡统筹发展等方面发挥了重要作用。

——节约集约利用水平显著提升，提高了土地对经济社会发展的持续保障能力。"十一五"期间，严格落实国务院关于促进节约集约用地的有关要求，土地节约集约利用水平显著提高，单位国内生产总值建设用地面积下降29%。从开发区建设情况看，截至2012年底，国家级开发区土地集约利用水平总体提升，已建成面积占可建设面积的71.3%；土地利用效益和效率显著提高，综合容积率0.83，建筑密度29.2%，工业用地建筑系数47.3%；工业用地固定资产投入强度5301.92万元/公顷，工业用地产出强度13017.83万元/公顷。从广东"三旧"改造实践看，截至2011年，全省已完成14万亩改造项目，平均容积率由0.66提高到1.5，建筑面积由6139.5万平方米增加到1.39亿平方米；增加可利用土地面积占已完成改造面积的43.5%，节约用地约6.1万亩。

——优化了城乡土地利用结构和布局，促进了城乡统筹发展。通过对城乡建设用地进行整治，优化城乡土地利用结构和布局，改变外延扩张的用地模式，缓解新增建设用地对农用地特别是耕地的占用，拓展了城乡建设用地发展空间。广东省佛山市在"三旧"改造近5年的时间里，全市GDP年均增长16.5%，建设用地年均增长只有1.37%，通过存量挖潜，有效控制了新增建设用地的急剧扩张。截至2012年，国土资源部共批准下达增减挂钩试点周转指标334.6万亩，涉及除新疆、西藏以外的29个省（区、市）。通过增减挂钩试点，一是促进了耕地保护。增减挂钩试点与基本农田建设相结合，不仅确保了耕地面积不减少，而且明显提高了耕地质量，经整治的耕地亩产普遍提高 10%～20%。二是推动了节约集约用地。通过盘活农村闲置、空闲和低效用地，提高了城乡土地集约利用水平。据统计，节地率平均达到 40% 以上。三是促进了新农村建设。将挂钩试点与农村土地整治相结合，不仅促进了耕地连片、产业集聚、居住集中，加快了现代农业发展和新农村建设，而且通过显化农村土地资产和土地增值收益返还农村，促进了农民增收。2006 年以来，全国通过增减挂钩试点和农村建设用地整理对项目区农村直接投资达 2393.9 亿元，户均 8.73 万元，促进了项目区农村生产生活条件的改善。四是促进了城镇协调发展。农村建设用地整理节约的指标在本县级行政区域内使用，重点用于小城镇和新农村建设，在耕地不减少、建设用地不增加的前提下，有效解决了城镇化发展中面临的用地难题，促进了县域经济发展，加快了乡村城镇化进程。

——有效带动了投资和消费增长，增强了经济发展动力。通过开展建设用地整理，一方面，可以有效改善城乡基础设施，推进城乡住房建设，促进城乡服务均等化，拉动投资和消费需求。另一方面，可以吸引社会资本、民间资本参与到整治中来。同时，还有效提供就业机会，增加了城乡居民收入。从广东"三旧"改造实践看，截至 2011 年，广东省累计投入"三旧"改造资金 3318.4 亿元，占同期固定资产投资的 5.76%，其中社会投资占总投资额的近 70%，佛山等地甚至达到 80%～90%。此外，该项工作开展三年来累计增加就业岗位 195 万个，参与改造的项目改造后就业人数增加 1.76 倍。同时在实施"三旧"改造中，通过构建利益共享机制，采取让利于民、还利于民等措施，令居民收入普遍提高，消费能力进一步加强，有效促进了消费市场的扩大。

——推动了产业转型升级，促进了经济发展方式转变。建设用地整理在促进产业结构调整中发挥了重要作用，通过推动产业转移、集聚和改造升级，使规模小、效益差、能耗大的企业逐渐被低能耗、低污染、高附加值的优质项目所代替。通过盘活企业存量土地、转变土地利用方式，实现了产业结构调整，促进了经济发展方式改变。从广东"三旧"改造实践看，截至 2011 年，已完成改造项目 2443 个，其中属于产业结构调整的有 1672 个，占改造项目的

68.4%，属于淘汰、转移"两高一低"项目411个，引进现代服务业和高新技术产业项目365个，投资超亿元项目276个。通过"三旧"改造完成工业用地向第三产业用地转移4万余亩，有效促进了产业转型升级，推动了经济发展方式的转变。

——改善了城乡人居环境，推动了民生和公共事业发展，增强了土地对城镇化健康发展的支撑作用。通过对城乡低效建设用地进行整治，改变了城乡居民点散、乱、差的面貌，土地利用布局得以优化，城乡居民居住条件、基础设施和公共服务配套设施、生活环境得到明显改善，生活水平显著提高。从广东"三旧"改造实践看，截至2011年，已完成的14万亩2443个改造项目中，城市基础设施建设和城市公益事业项目846个，占地4.1万亩，新增公共绿地413.5万平方米，保护和修缮传统人文历史建筑771.9万平方米，明显改善了城乡居民的生活设施和环境。

（三）主要政策创新

近年来，各地认真贯彻落实节约集约用地战略，以盘活存量土地、提高建设用地利用效率为着力点，以整治低效建设用地为重点，大力推进农村建设用地整理，积极推行城、镇、村更新改造，促进城市土地二次开发，推进城乡低效建设用地盘活利用，推动土地资源、资产、资本"三位一体"作用的发挥，促进土地利用方式转变，增强了土地对经济社会发展的保障能力。

1. 促进城市低效用地二次开发，向存量要空间——以广东深圳为代表的城市更新模式

改革开放后深圳一直保持着较快的发展速度，土地资源稀缺的约束效应也越来越明显。盘活低效的工业用地和"城中村"改造，成为深圳市建设用地整理的主要方向。2010年深圳市拟新出让各类用地370公顷，城市更新项目出让用地416公顷，首次实现存量土地再开发面积超过拟新出让土地面积，为深圳市破解土地资源瓶颈提供了思路。

（1）主要做法和经验。

深圳城市更新主要方式是城市建成区的存量低效建设用地整理。十多年前，深圳建设用地整理主要是以"城中村"改造为主，基本做法与旧城改造的传统模式相差不大，政府通过补偿村集体和村民获得"城中村"土地，再通过市场交易转移给新的使用者进行再利用。2009年，深圳建设用地整理进入"城市更新"阶段，开始全面探索创新城市建设用地整理新路子，总结积累了丰富经验。

——规划先行，确保低效用地合理、有序、滚动开发和利用。开展全市低效用地专项调查，根据深圳市土地利用总体规划、城市总体规划和产业布局规划，科学编制低效用地二次开发专项规划，明确低效用地二次开发的主要目标、重点区域和重点项目布局。根据专项规划，编制低效用地二次开发年度计划，明确年度内二次开发项目规模、布局和时序，确保低效用地合理、有序、滚动开发和利用。

——建立低效用地置换储备机制。深圳市积极推进低效建设用地整理工作，建立完善土地置换机制，通过"城中村"改造、工业企业更新升级等途径，提高存量土地的置换效率，将分散的存量土地通过置换进行整合，便于整体规划和利用。此外，通过采取收购、委托收购、协议收购等多种手段，将企业改制用地等存量土地优先纳入土地储备，优化存量土地储备机制的运行模式，设立存量土地储备管理的专项资金，盘活存量土地资产。

——设立城市更新单元，有效化解公共项目落地难题。城市土地二次开发，意味着城市资源将重新配置，也意味着相关各方利益的再分配。为了有效化解城市整体利益、局部利益与个体利益的矛盾，深圳市提出建立城市更新单元概念，将城市更新片区作为单元进行整体规划，从而避免公共项目落地难的问题。深圳市城市更新办提供的数字显示，仅2010年上半年深圳市已经落实的城市更新项目中，已规划出45所幼儿园，12所学校、43处社康中心以及10个公交首末站，满足了社会居民的现实需要。

——优化产业结构，促进产业转型升级。深圳市在城市更新中，在全面摸清现有工业厂房现状的基础上，改造升级旧工业厂房。市区两级政府通过收购一批旧厂房、建设一批高档次产业聚集园区、统筹规划一批产业用地，进一步提高了工业用地的利用效益，实现了产业结构调整优化升级。从2005年开始的"城中村"综合整治看，改变的不仅是社区的居住环境，更重要的是注入了新的经济业态，完成了产业基地的铺垫。

（2）政策创新。

深圳城市更新实践，对城市低效建设用地的处置和收益分配等政策进行了有益的探索和创新，促进了城市低效用地的节约集约利用。

——允许原土地使用权人参与低效用地再开发利用。借鉴我国台湾地区土地重划经验，2009年深圳出台《深圳市城市更新办法》，鼓励拆除重建的城市更新地块由原权利人自行改造，也可以通过协议方式出让给其他企业进行改造，与政府签订出让合同时可以重新计算土地使用权期限。改变过去完全由政府主导，原土地使用权人无法参与开发过程的做法，允许集体建设用地与国有土地同样可以享受自行开发的政策。

——合理分配低效用地开发利用土地收益。2012年，深圳出台《深圳市城市更新办法实施细则》和《关于加强和改进城市更新实施工作的暂行措施》，明确城市更新过程中各方在土地权益上的划分。规定原农村集体经济组织继受单位是唯一的土地确权主体。在确定的城市更新单元内，土地按照确定权益、利益共享的原则在政府和继受单位之间进行分配。政府获得20%的土地面积用于出让，实施城市发展战略，落实规划；"城中村"所属集体经济组织继受单位获得68%的面积用于自行开发，并支付土地用途改变出让金差额；12%面积由政府投资为城市更新单元，进行基础设施建设。政府获得了城市功能提升的建设空间，继受单位既获得了基础设施改善后的土地增值，又获得了用途调整后的土地收益。城市更新过程使土地增值收益在各方之间得到合理分配，原土地使用权人的权益得到充分的尊重和保障，调动了原土地使用权人主动参与城市更新的积极性。

2. 促进产业结构调整，向效率要空间——以湖北武汉为代表的"两型社会"建设模式

2007年12月，国家批准武汉城市圈为"资源节约型和环境友好型社会建设综合配套改革试验区"（简称"两型社会"试验区）。探索节约集约用地方式是打造"两型"社会的重要内容，为创新机制体制，破解发展难题，不断提高武汉城市圈土地资源利用的有效性，武汉、黄石、鄂州、孝感、黄冈、咸宁、仙桃、潜江、天门等城市构成的经济联合体进行了先行先试的探索创新，取得显著成效。

（1）主要做法和经验。

针对武汉城市圈老工业基地多，且以传统重工业为主，占地面积大，单位产值低，多分布在城市中心或黄金地段，造成城市土地低效配置的现状，武汉等8个城市以盘活城镇低效建设用地为重点，开展建设用地整理，促进产业结构调整，提高土地利用效率，走出了一条节约集约用地新路子。

——"退城进园"，促进产业结构调整。武汉市主城区低效用地约213平方公里，占主城区建设用地的37%，可再开发面积约138平方公里，通过"退城进园"、促进产业结构调整，布局散乱、利用粗放、用途不合理的低效工业用地盘活潜力巨大。2010年，武汉市把新办都市工业园与改造老工业基地结合起来，先后建设8个都市工业园，通过"进二退二"，清退高能耗、高污染、低效益的企业，引进科技类、环保类的都市型工业企业，盘活存量土地1.25万亩，引进企业896家，实现年工业总产值500多亿元，提供就业岗位6.7万个。

——鼓励企业盘活存量用地。针对企业因项目资金未落实、建设速度慢、容积率低等造成土地低效利用的，鼓励企业对现有项目增资扩股，通过依法转让、以地入股、依法改变用途、等价置换等措施，盘活存量建设用地，通过内涵式增长，最大限度地利用土地资源。对企业利用存量建设用地未达到定额指标要求的，不供给新增建设用地，由企业内部挖潜解决。对投资强度小、占用土地多、效益低的项目，采取"腾笼换鸟"的方式提高土地利用效益。

——以市场机制引导低效用地盘活。针对武汉城市圈土地资源特别是工业企业用地粗放利用的现实，武汉等城市充分发挥市场机制的引导作用，依据城市土地价值规律，将市区内地处黄金地段、效益差、对居民和环境影响大的工业企业逐步迁出，用来发展第三产业以及用作公益性用地。通过土地用途更新、土地结构转换、土地布局调整、土地产权重组等措施，实现土地现有功能和潜在功能的再开发，提高城镇土地利用效率。政府对"退二进三"的企业除了收购方式外，允许企业采取"交易许可"方式，向政府提出腾退土地的申请，经政府依据有关规定批准后其土地可直接在土地市场上交易，收益溢价部分由政府和原土地权属人按照事先约定的比例分成。

（2）政策创新。

武汉市在促进低效用地盘活过程中，在土地储备制度设置上，对"退二进三"企业除了收购外，还允许企业采取"交易许可"方式。通过建立"交易许可"制度，企业在向政府提出腾退土地申请时，政府可优先收购，也可以批准该地块直接在土地市场上交易，收益部分由政府与原土地使用权人双方按协商比例分成。原土地使用权人获得土地在新的利用条件下的增值部分，调动了原土地使用权人腾退土地的积极性，最大限度盘活低效用地，其创新性表现在：一是显化土地资产价值。长期以来，土地的再利用往往是政府收购后重新推向市场，收购价格在理论上是剩余年期的土地原用途价值，并非土地再利用价值的体现。通过建立"交易许可"制度，腾退土地可直接在土地市场上交易，显化土地在新的利用条件下的资产价值。二是以溢价分成方式，使原土地使用权人获得土地在新的利用条件下的增值收益，这种处置下的收益远远大于被政府收购或强制无偿收回的补偿，保障了原土地使用权人的土地权益。

3. 规范推进增减挂钩试点，向结构调整要空间——以四川成都为代表的农村建设用地整理模式

2006 年以来，国土资源部共批准 29 个省份开展增减挂钩试点，经过近 7 年的探索实践，逐步形成了以成都为代表的各具特色的发展模式，总结出一些具有开创性的实践经验。

（1）主要做法和经验。

——统筹制定规划，突出规划引领。积极组织开展专项调查，依据土地利用总体规划和土地整治规划，与农业发展、村镇建设等规划相衔接，编制增减挂钩试点专项规划及项目区实施规划，统筹安排增减挂钩试点规模、布局和时序，有序推进试点工作。

——组织领导有力，重视建章立制。各试点地区高度重视增减挂钩试点工作，建立了由政府领导，国土牵头，发改、财政、建设、农业、水利、环保等多部门参与的试点工作机制，协调解决重大问题，统筹推进试点工作。同时，各试点地区结合实际，相继出台了规范性管理文件，为规范推进试点工作提供制度保障。

——坚持以人为本，切实维护农民权益。试点地区坚持尊重农民意愿、维护农民权益，在旧房拆迁、安置补偿、新居建设、土地互换和复垦用途等方

面，广泛征求农村集体经济组织和农民意见，保障农民的知情权、参与权、决策权和监督权，提高试点项目实施的透明度。

——探索多元投入，强化资金保证。各试点地区积极拓宽资金筹措渠道，以新增建用地土地有偿使用费、用于农业开发的土地出让收入、耕地开垦费和土地复垦费等资金为主体，引导和聚合相关涉农资金，探索鼓励引导社会资金、农村集体经济组织和农民自筹资金参与试点项目，保障资金渠道不乱、用途不变，实行专账管理、统筹集中使用，切实提高各项资金的综合使用效益。

——及时还田复耕，确保复耕质量。试点地区制定出台了拆旧复垦政策措施，确保实施后还田复耕的耕地面积不减少、质量不下降。

——建立监管机制，强化项目管理。试点地区结合国土资源综合监管平台建设，加强试点项目管理信息化建设，实行全程全面监管；完善试点项目在线备案制度，对项目的批准、实施和验收情况，实行网络直报备案，及时向社会公示，自觉接受社会公众的监督。

——坚持以城带乡，促进城乡统筹。通过开展增减挂钩试点，一方面，利用节约出来的一部分集体建设用地，依法依规发展乡镇企业和非农产业，让集体经济组织和农民参与经营和开发，进一步壮大了村级集体经济；另一方面，依照有关规定将农村建设用地整理节余的建设用地指标调剂到城镇使用，将获得的土地增值收益返还农村，有效地促进了新农村建设。

（2）政策创新。

2007年，成都获批"全国统筹城乡综合配套改革试验区"后，将土地产权制度建设作为统筹城乡的重要基础工作，加快推进土地确权登记，紧扣"还权赋能"改革主体，将农村土地整治与城乡建设用地增减挂钩试点相结合，围绕农村土地产权制度、建设城乡统一土地市场、完善土地收益分配机制等方面积极探索创新，为深入推进新时期农村土地管理制度改革提供借鉴。

——创新农村土地综合整治新机制。成都市将增减挂钩试点与土地整治相结合，实行农用地整理与建设用地整理"统一规划、分别立项、同步实施、分别验收"的土地综合整治，并创新完善土地综合整治新机制，形成了"政府引导、农民主体、镇村组织、市场运作"的运行模式。

——探索农村产权制度改革。以"还权赋能"为核心，按照"权属合法、界址清楚、面积准确"的原则，对农村土地和房屋进行确权登记，颁发农村集体土地所有权证、农村集体建设用地使用权证、农村集体土地承包经营权证和林权证，建立"归属清晰、权责明确、保护严格、流转顺畅"的符合市场经济规律的现代农村产权制度。将确权登记成果作为开展农村土地综合整治涉及的土地权属调整、收益分配及补偿的依据。

——探索挂钩指标交易制度。2008年，成都市成立了全国首家农村产权交易所，搭建起市、县、乡三级农村产权交易信息发布和组织交易综合平台，实行"六统一"管理模式，即统一交易规则、统一交易签证、统一服务标准、同一交易监管、统一信息平台、统一诚信建设。通过全市城乡一体的有形建设用地交易市场，按价高者得原则，配置城乡建设用地挂钩指标，同时建立挂钩指标保底收购价，暂时未成交的挂钩指标由成都市土地收储中心收购。

——完善土地收益分配机制。成都市对增减挂钩试点节余的建设用地指标，要求必须保留不低于5%的土地用于农村集体经济组织发展经济。按照明晰产权、维护权益的原则，在挂钩试点中合理分配土地调整使用中的增值收益。明确受益主体，规范收益用途，确保所获土地增值收益及时返还农村，用于支持农业农村发展，改善农民生产生活条件，切实维护农民权益。

4. 探索土地分类管理，向精细化管理要空间——以广东省为代表的"三旧"改造模式

居于改革前沿阵地的广东省，其建设用地供需矛盾尤为突出，通过转变土地利用方式和管理方式，促进经济发展方式转变，成为其新的政策诉求。2008年底，广东省与国土资源部签订了合作共建节约集约用地示范省工作协议，制定出台了《关于推进"三旧"改造促进节约集约用地的若干意见》，将以旧城镇、旧村庄、旧厂房改造为主要内容的"三旧"改造，作为广东省节约集约用地示范省建设的一项重要任务和政策创新，积极推进建设用地整理。截至2013年3月，广东省共完成改造项目2893个，改造面积15.1万亩，节约土地6.8万亩，实现节地率44.8%，投入改造资金4446.4亿元。经过三年多的实践探索，广东省在"三旧"改造的工作机制、运行模式、政策体系等方面积

累了丰富的经验，对于完善节约集约用地制度具有重要借鉴意义。

（1）主要做法与经验。

广东省遵循"全面探索、局部试点、封闭运行、结果可控"的原则，全方位推进管理创新和配套改革，总结出了一批具有开创性的好做法，积累了丰富的经验。

——规划先行，科学统筹推进改造。一是开展标图建库。在全省范围内部署开展"三旧"改造用地调查摸底，把"三旧"改造地块在影像图、土地利用现状图和土地利用规划图上进行标注，严格圈定"三旧"改造范围，建立"三旧"改造地块监管数据库和"三旧"改造标图建库动态调整机制。二是编制"三旧"改造专项规划。在完成标图建库的基础上，编制"三旧"改造专项规划，明确用地规模和改造时序，合理明确改造用地开发强度控制要求，确保改造一片，成熟一片，造福一片。基本形成了"专项规划纲要——年度实施计划——单元规划（控制性详细规划）——改造方案"四个层级的规划体系，确保"三旧"改造有序推进。

——市场主导，积极探索多种模式，鼓励社会资金参与。广东"三旧"改造坚持了"政府引导，市场运作"的基本原则。在政府的统一组织下，广东省通过创新政策，充分调动不同主体的积极性，吸引社会各方广泛参与"三旧"改造。一是在改造主体上，主要有政府主导拆迁、净地出让、引进资金运作的旧城镇改造模式，以村集体经济投入为主自行改造的旧村庄改造模式，以土地入股、引进社会力量联合改造的旧村庄改造模式等。二是在改造用途上，有以保留原建筑风貌、完善公共配套设施的旧厂房改造模式，以整合多地块连片改造升级的旧厂房改造模式，以环境整治改造为主的旧城镇、旧村庄改造模式等。三是在投资方式上，形成了政府投资改造、社会资金投资改造、集体经济组织自行改造、原土地使用权人自行改造等模式。

——利益共享、多方共赢，统筹兼顾各方利益。在"三旧"改造中，本着"让群众共享发展成果"的基本原则，采取多种措施统筹兼顾改造各方的利益，实现多方共赢。一是保障公共利益用地。如东莞建立"拆三留一"制度，要求拆迁后应提供不低于1/3的公共用地，用于道路、市政、教育、医疗、绿化等公共用途；深圳市要求改造范围内用于城市基础设施、公共服务设施、公共绿地等公益性项目建设用地的不少于改造范围的15%，并视情况按5%～15%的比例配建保障性住房。二是保障产业升级用地。探索实行差别化产业用地政策，鼓励产业转型升级。如广州规定，改造后用途为新兴产业的，补缴土地出让金时实行40%的优惠。三是合理分配土地收益。"三旧"改造过程中依法征收集体建设用地或者收回国有土地使用权的，出让土地后的纯收益可按一定比例返还给集体土地所有权人、被改造地块原使用单位和个人；申请改变用途按规定补缴土地出让金的，市县镇政府和村集体经济组织可按一定比例共享土地出让收益。佛山市南海石头村项目改造后，基本形成政府、原土地权利人、开发投资主体4∶4∶2的收益分配格局。这些政策激发了利益相关者改造土地的积极性，实现了多方共赢。

——公众参与、平等协商，夯实"三旧"改造群众基础。"三旧"改造涉及方方面面，关系广大群众的切身利益，平等协商、公开公正是妥善回应群众利益诉求，保证改造顺利进行的基本方式。"三旧"改造中拆迁补偿标准、补偿方式通过平等协商确定，被拆迁人既可以选择货币方式补偿，也可通过置换方式获得新的用地；集体土地使用权和国有土地使用权也可通过平等协商来调整使用。通过平等协商，最大限度地平衡了各方利益，促进了和谐改造。

（2）政策创新。

广东"三旧"改造试点着力创新和完善建设用地整理中盘活低效用地的政策措施，主要是针对存量建设用地与新增建设用地在土地占有、使用、处置、收益等方面的差异而进行的改革探索和制度创新。

——鼓励存量土地盘活利用。允许存量土地使用权人在不违反法律法规的条件下，按照规划对存量土地进行盘活利用。"三旧"改造试点明确，除了因公共利益需要必须对土地进行储备外，原土地使用者在符合土地利用总体规划和城乡建设规划的前提下，可以自己也可以与他人合作，对土地进行再利用。原来由后续开发者获得的增值收益完全或者部分由土地使用者获得，使土地使用者成为存量建设用地盘活利用过程中利益分配的主导者，调动了存量土地使用权人再开发改造的积极性。

——创新存量土地供应方式。对于存量土地出让，在旧城镇改造范围

内，符合规划的，除由政府储备后重新供地的之外，鼓励原土地使用权人自行改造，涉及划拨土地使用权的，可采取协议方式补办出让手续，涉及补缴地价的按规定办理。通过这种方式，提高了原土地使用权人释放存量土地、参与"三旧"改造的积极性，同时政府也能获得即期的土地收益，形成多方共赢格局。

——完善集体土地权能。广东试点适度放宽了对集体建设用地使用主体和用途的限定，对土地利用总体规划确定的城市建设用地范围外的旧村改造，在符合规划的条件下，除属于应当依法征收的外，允许农村集体经济组织自行改造或与有关单位合作开发建设，允许将集体建设用地使用权出让、转让、出租或抵押，但不得用于商品住宅开发，从而打破了政府垄断的单一供地局面，促进了农村存量建设用地的开发利用，显化了农村集体建设用地的资产价值，实现了集体经济组织和农民的土地权益。

——探索存量土地收益分配机制。考虑被改造地块单位和个人利益，在国家、改造者和土地权利人之间合理分配"三旧"改造的土地收益。试点明确，地方政府可将获得的"三旧"改造土地出让纯收益按一定比例返还给被改造地块的原土地使用者或原农村集体经济组织，专项用于支持其发展。同时，还对允许将拆迁与拟改造土地的使用权捆绑招标等做法做了规定。这样做，充分考虑了投资主体、被改造地块单位和个人的权益，有利于兼顾各方利益。

六　耕地质量管理

要确保国家粮食安全，必须严防死守耕地红线，包括数量红线和质量红线。国土资源部历时10年，完成了全国耕地质量分等定级工作，摸清了我国耕地质量家底，为实现耕地数量质量并重管理奠定了基础。

（一）我国耕地质量监测与评价工作回顾

我国早期的耕地评价是为确定税率服务的。撰于2000多年前《禹贡》记载，将九州耕地评为三等九级，战国时的《管子·地员篇》按耕地生产力将土地分为 18 类，按其性质分为上土、中土、下土三等，这些是世界上最早的耕地质量等级调查与评定工作。在我国漫长的封建社会，各个朝代都或多或少地开展了耕地评价工作。从秦汉到明清，一直到新中国的查田定产，实际上都对土地进行了等级划分。新中国建立以后，我国比较系统的土地评价研究工作有以下三种：一是中国科学院从 20 世纪 70 年代后期到 80 年代中期编绘了《中国 1：100 万土地资源图》；20 世纪 80 年代末，该院与北京农业大学进行了作物生产潜力研究。二是农业部门在 1986 年研究制定了《县级土地评价技术规程（试行草案）》，主要以水、热、土等自然条件为评价因素，划分农用地自然生产潜力级别；1996 年颁布了行业标准《全国耕作类型区、耕地地力等级划分》，把全国划分为 7 个耕地类型区、10 个耕地地力等级。三是原国家土地管理局于 1989 年拟定了《农用土地分等定级规程（征求意见稿）》，并在全国组织了 7 个试点县开展农用地分等定级工作；90 年代中期，在试点基础上，对《农用土地分等定级规程（征求意见稿)》进行了修改，编制了《农用土地分等定级规程（讨论稿）》。

1999 施行的《中华人民共和国土地管理法》明确规定：县级以上人民政府土地行政主管部门会同同级有关部门根据土地调查成果、规划土地用途和国家制定的统一标准，评定土地等级。1999~2000 年，国土资源部将全国农用地分等定级估价工作纳入国土资源大调查项目计划，按照"规程先行、分省组织、统一汇总"的思路正式开展农用地分等定级估价工作。2001~2009 年，分年度在全国 31 个省（自治区、直辖市）部署开展农用地分等定级估价工作。历时 10 年，从统一技术方法到全国汇总，建成全国统一可比的耕地质量等别数据库，第一次全面摸清了我国耕地质量等级分布状况，第一次实现了全国耕地质量等级的全面比较。这是一项重要的国情、国力调查，是一项复杂、浩大的系统工程，是国土资源大调查领域的一项重大成果，填补了我国土地基础研究领域的一项空白。《全国土地利用总体规划纲要（2006~2020 年)》中明确了农用地分等定级、加强耕地质量管理的一系列政策措施，分等成果在《全国新增 1000 亿斤粮食生产能力规划（2009~2020 年)》的产粮大县选取中也得到应用。

2010 年，全国耕地分等工作成果载入中国科协学术建设史册。国土资源

部在 116 个国家基本农田保护示范区中选取了 15 个县（市、区），正式启动了耕地质量等级监测试点工作。2011 年，全国农用地分等成果作为国土资源调查评价的一项重要内容在中国国家博物馆展出，得到多位中央和国务院领导的充分肯定。时任国务院总理温家宝同志在察看全国不同等级农用地的分布情况时说："这是我们的家底。保护好农用地，关系到子孙后代。"

2012 年，《农用地质量分等规程》（GB/T28407－2012）、《农用地定级规程》（GB/T28405－2012）和《农用地估价规程》（GB/T28406－2012）三项国家标准经国家质量监督检验检疫总局、国家标准化管理委员会批准，于 10 月 1 日起正式实施，标志着我国农用地质量管理和"等级价"体系建设再上一个新台阶。

2012 年，国土资源部办公厅正式印发《耕地质量等别调查评价与监测工作方案》。2013 年，完成了 15 个县（市、区）耕地质量等级固定监测样点和动态监测样点的布设工作，为"十二五"期间在全国建立耕地质量等级监测网络体系，形成稳定的技术队伍和成熟的技术方法体系奠定了坚实基础。这标志着耕地质量等别调查评价与监测工作已经由单一的工程项目发展成为日趋完善的制度体系。

（二）农用地分等基本情况

1. 农用地分等的相关概念

根据《农用地质量分等规程》（GB/T28407－2012），农用地质量分等的定义是：在全国范围内，按照标准耕作制度，根据规定的方法和程序进行的农用地质量综合评定，依此划分出农用地质量等别。

农用地质量等级不等于土壤肥力。耕地质量等级取决于耕地所处的光、温、降水、土壤、土地利用和经济社会条件，是对耕地质量的一种综合评定，具有一定的稳定性，不受耕作行为的影响。土壤肥力和农用地质量之间是一种总体和局部、常态和动态的关系。

农用地质量等别包括农用地自然等、农用地利用等和农用地经济等三个等别。

农用地自然等：在全国范围内，按照标准耕作制度，在一定的光温、气候资源条件和土地条件下，根据规定的方法和程序进行农用地质量综合评定，划分出的农用地质量等别。

农用地利用等：在全国范围内，按照标准耕作制度，在一定的自然条件和平均土地利用条件下，根据规定的方法和程序进行农用地质量综合评定，划分出的农用地质量等别。

农用地经济等：在全国范围内，按照标准耕作制度，在一定的自然条件、平均土地利用条件、平均土地经济条件下，根据规定的方法和程序进行农用地质量综合评定，划分出的农用地质量等别。

2. 农用地分等相关理论基础

（1）生产力形成理论。

土地生产潜力主要由光合生产潜力、光温生产潜力、光温水生产潜力和光温水土生产潜力四个层次组成。光能资源是形成土地生产潜力的基础，任何生物生长发育所需的能量均始源于太阳能，其生产力的高低取决于接受太阳能的多寡及转化效率。因此，土地生产潜力研究也就始于对光合生产潜力的研究。光、温是两个有密切关系的不可控因素，二者所具有的生产力可视为土地生产潜力。光温水生产潜力是对由光热因子作用形成的土地生产潜力的限制作用，一类研究方法是用降水量与作物需水量的吻合程度估算水分对土地生产潜力的"阻滞降解"程度；另一类是用与蒸散量有关的经验模型或降水量与蒸散量之比来估算水分的作用。土壤要素是自然生产要素中另一人为可控的重要生产要素，它是作物生长发育所需要的水分和养分的载体，对由光热资源作用形成的土地生产潜力有显著的"阻滞降解"作用。

因一个区域内各种要素间存在着限制关系，因此，土地生产潜力就按光合生产潜力—光温生产潜力—光温水生产潜力—光温水土生产潜力依次衰减。在此衰减过程中，对有的要素人类可以进行干预调控，而对有些则无法调控或至少目前还无法或难以左右。土地生产潜力可以通过以下几个阶段的逐步订正来计算：光合生产潜力—光温生产潜力—气候生产潜力—土地生产潜力。即：

Y（Q，T，W，S）＝Y（Q）·f（T）f（W）·f（S）。Y（Q，T，W，S）为土地生产潜力，Y（Q）为光合生产潜力，f（T）、f（W）、f（S）分别为温度、水分、土壤影响的订正系数。农用地自然等对土地自然条件本底的评定依据即源于上述理论。

（2）级差地租理论。

马克思主义地租理论认为，级差地租形成的物质条件是土地肥沃程度和位置的差异以及连续投资劳动生产率的差异，这个物质条件在社会主义制度下无疑是仍然存在的。以中国的耕地为例，其肥沃程度、地形坡度、土壤质地、土层厚度、田块形状、耕作便利度等因素就全国范围来看仍然存在着相当的差异。根据马克思的级差地租原理，即由优越的土地条件形成的"自然肥力"和因长期社会历史投入形成的"人工肥力"，同属产生级差地租I的基础，由此产生的级差地租应归社会；因个人的劳动或投入在短期改变土地条件形成的"人工肥力"，则是产生级差地租II的基础，由此得到的级差地租应归个人。所以，为全面评价农用地，不仅需要根据长期稳定的自然条件和经济条件来划分土地等级，还需要依据易变的自然条件和经济条件的短期状况划分另一类土地等级，以便从不同角度反映土地的差异，满足不同的社会经济活动和分配关系的要求。

就农用地分等而言，自然质量等指数反映级差地租Ⅰ，利用等指数包括级差地租Ⅰ和级差地租Ⅱ，即土地的全部收益（产量）。

（3）土地适宜性评价理论。

土地适宜性评价的基本原理是在现有的生产力经营水平和特定的土地利用方式条件下，以土地的自然要素和社会经济要素相结合作为鉴定指标，通过考察和综合分析土地对各种用途的适宜程度、质量高低及其限制状况等，从而对土地的用途和质量进行分类定级。可以看出，土地适宜性评价是以土地质量评价为基础的，既考虑了土地的自然属性，也考虑了土地利用方面的社会经济因素，与《农用地质量分等规程》（GB/T 28407-2012）规定的自然等、利用等、经济等相一致。

（4）土地报酬递减规律。

土地报酬递减规律是指在技术和其他要素不变的条件下，在同一块土地上连续追加物化劳动和活劳动，达到一定限度后，其增加的收益递减现象。在农用地分等过程中，为了获得准确的土地经济系数，既要实地调查样点的粮食产量、投入产出，也要结合样点所在地的统计年鉴资料、农业经济统计资料，特别是"粮调队"的调查产量和农业生产成本等对调查数据进行校正，划分土地经济系数等值区，进而划分耕地经济等别。

3. 农用地分等技术方法

依据全国统一制定的标准耕作制度，以指定作物的光温（气候）生产潜力为基础，通过对土地自然质量、土地利用水平、土地经济水平的逐级订正，综合评定农用地等别。具体步骤为：资料收集整理与外业调查；划分指标区、确定指标区分等因素及权重；划分分等单元并计算农用地自然质量分；查指定作物的光温（气候）生产潜力指数表，计算农用地自然等指数；计算土地利用系数及农用地利用等指数、土地经济系数；计算农用地经济等指数；划分与校验农用地自然等别、利用等别、经济等别。

4. 全国耕地质量等别划分结果

（1）全国耕地自然质量等别结果。

全国耕地自然质量等共划分为15个等（见表3），其中6～12等面积较多，占全国耕地分等面积的77.65%；质量最好的1等地面积最少，仅占0.19%；质量最差的15等地占3.43%。根据各等别所占面积比例，全国耕地自然质量等呈近似的正态分布。采用各等别面积加权的办法，计算得到全国耕地平均自然质量等为9.2等。经统计分析，全国在9等及以上的耕地占全国耕地分等面积的60.46%，小于9等的占39.54%。

表3　全国耕地自然质量等别划分结果

自然质量等	单元（个）	面积占比例（%）	自然质量等	单元（个）	面积占比例（%）
1	369	0.19	9	45748	11.04
2	2940	0.96	10	58996	14.43
3	6944	2.18	11	34763	12.58
4	8892	2.41	12	22637	9.08
5	10924	3.28	13	17082	6.47
6	23489	9.81	14	6042	3.43
7	24176	11.00	15	1509	3.43
8	42482	9.71	合计	306993	100.00

如果将全国耕地自然质量等别按照1～3等、4～6等、7～9等、10～12等和13～15等划分为五个档次，各档次所占全国分等面积的比例依次为3.3%、15.5%、31.8%、36.1%和13.3%。

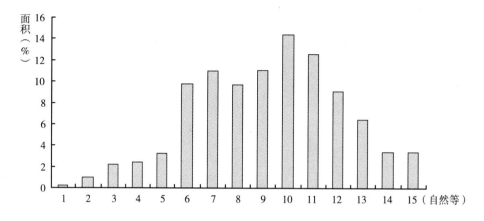

图3 全国耕地自然质量等面积比例构成

（2）全国耕地利用等别结果。

全国耕地利用等共划分为15个等（见表4），其中7－13等面积较多，占全国耕地分等面积的78.10%；质量最好的1等地面积最少，仅占0.13%；质量最差的15等地占3.53%。根据各等别所占面积比例（见图4），全国耕地利用等呈近似的正态分布。采用各等别面积加权的办法，计算得到全国耕地平均利用等为9.8等。经统计分析，全国在10等及以上的耕地占全国耕地分等面积的57.05%，小于10等的占42.96%。

表4 全国耕地利用等划分结果

利用等	单元（个）	面积占比（%）	利用等	单元（个）	面积占比（%）
1	245	0.13	9	35308	10.31
2	1181	0.24	10	46556	13.33
3	3135	0.80	11	46419	14.02
4	5497	1.50	12	34220	12.99
5	11693	3.42	13	18932	8.01
6	23882	7.12	14	10545	5.17
7	33349	9.70	15	1646	3.53
8	34385	9.74	合计	306993	100.00

如果将全国耕地利用等别按照1～3等、4～6等、7～9等、10～12等和13～15等划分为五个档次，各档次所占全国分等面积的比例依次为1.2%、

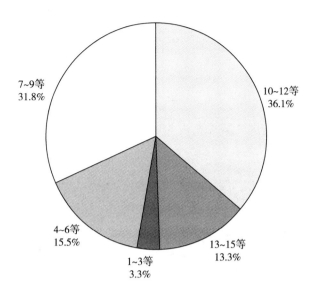

图 4　全国耕地自然质量等别构成

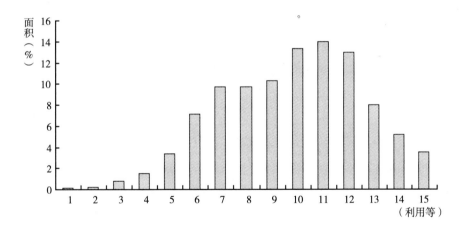

图 5　全国耕地利用等面积比例构成

12%、29.8%、40.3% 和 16.7%。

（3）全国耕地经济等别结果。

全国耕地经济等共划分为 15 个等（见表 5），其中 7 ~ 13 等面积较多，占全国耕地分等面积的 81.38%；质量最好的 1 等地面积最少，仅占 0.07%；质量最差的 15 等地占 2.80%。从各等别所占面积比例来看（见图 7），全国耕地

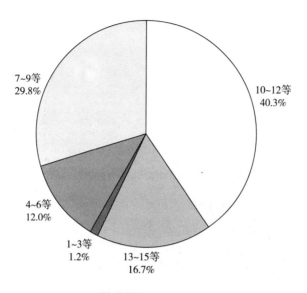

图6　全国耕地利用等别构成

经济等呈近似的正态分布。采用各等别面积加权的办法，计算得到全国耕地平均经济等为10.1等。经统计分析，全国质量在10等及以上的耕地占全国耕地分等面积的53.17%，小于10等的占46.83%。

表5　全国耕地经济等划分结果

利用等	面积（公顷）	单元（个）	面积占比（%）	利用等	面积（公顷）	单元（个）	面积占比（%）
1	92264	135	0.07	9	13750942	40353	10.99
2	247020	635	0.20	10	17151591	47424	13.71
3	745719	2694	0.60	11	18359729	47260	14.67
4	1228660	4135	0.98	12	17182839	37337	13.73
5	2364303	8482	1.89	13	11318328	19429	9.05
6	6878503	18878	5.50	14	8236759	13970	6.58
7	12098109	29982	9.67	15	3505261	1488	2.80
8	11955037	34791	9.56	合计	125115064	306993	100.00

如果将全国耕地经济等别按照1~3等、4~6等、7~9等、10~12等和13~15等划分为五个档次，各档次所占全国分等面积的比例依次为0.9%、8.4%、30.2%、42.1%和18.4%（图8）。

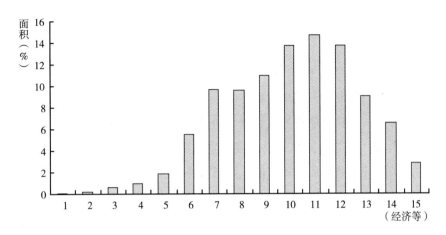

图7 全国耕地经济等面积比例

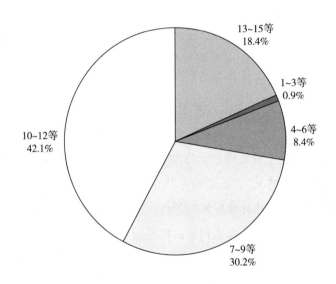

图8 全国耕地经济等别构成

（三）全国耕地质量分等成果应用

1. 在土地利用总体规划中的应用

长期以来，虽然我国相关法律法规对加强耕地质量保护与建设有明确要求，但始终难以落到实处，主要原因是缺乏量化的耕地质量信息基础做支撑。新一轮土地利用总体规划修编充分考虑了全国耕地质量分等成果这一新的科技

支撑条件，在《全国土地利用总体规划纲要（2006～2020年）》中很多方面都做了明确规定。

在严格控制耕地流失方面，关于严格控制非农建设占用耕地，提出"建设项目选址必须贯彻不占或少占耕地的原则，确需占用耕地的，应尽量占用等级较低的耕地，扭转优质耕地过快减少的趋势"。关于加强对农用地结构调整的引导，提出"各类防护林、绿化带等生态建设应尽量避免占用耕地，确需占用的，必须按照数量质量相当的原则履行补充耕地义务"。

在加强基本农田保护方面，关于稳定基本农田数量和质量，明确规定"严格按照土地利用总体规划确定的保护目标，依据基本农田划定的有关规定和标准，参照农用地分等定级成果，在规定期限内调整划定基本农田，并落实到地块和农户，调整划定后的基本农田平均质量等级不得低于原有质量等级。严格落实基本农田保护制度，除法律规定的情形外，其他各类建设严禁占用基本农田；确需占用的，须经国务院批准，并按照"先补后占"的原则，补划数量、质量相当的基本农田"。

在强化耕地质量建设方面，关于加大耕地管护力度，提出"按照数量、质量和生态全面管护的要求，依据耕地等级实施差别化管护，对水田等优质耕地实行特殊保护。建立耕地保护台账管理制度，明确保护耕地的责任人、面积、耕地等级等基本情况"。关于确保补充耕地质量，要求"依据农用地分等定级成果，加强对占用和补充耕地的评价，从数量和产能两方面严格考核耕地占补平衡，对补充耕地质量未达到被占耕地质量的，按照质量折算增加补充耕地面积"。

此外，农用地分等成果在全国土地利用总体规划中的应用还体现在相关规划图件的编制中。为揭示我国耕地质量等级在空间上的变化规律，以全国农用地分等成果为基础，借用地理学上"样带"的概念，确定了"两纵两横一斜"等五条样带，分别是东部平原样带、西部高原盆地样带、南方水田样带、北方旱地样带和东南沿海至西北内陆样带。计算了样带上每个县级单位的平均利用等，以耕地面积加权法计算。样带上，一县一点，把这些点连起来，就得到了样带的耕地利用等别变化折线，直观地呈现了耕地生产能力从南到北、从东到西的变化规律。由于样带贯穿了主要农区，对样带上每个农业区域的县利用等又添加了平均线，形成了一条有台阶的折线。

2. 在基本农田调整划定中的应用

基本农田调整划定是第三轮土地利用总体规划修编的一项重要内容。为落实《全国土地利用总体规划纲要（2006～2020年）》提出的基本农田数量不减少、质量有提高的要求，更好地指导各地编制总体规划，国土资源部下发了《市县乡级土地利用总体规划编制指导意见》（国土资厅发〔2009〕51号）。其中，在基本农田调整和布局中，进一步明确了应用农用地分等定级成果的有关要求，主要体现在以下方面。

一是在基本原则中，要求调整后的基本农田平均质量等别应高于调整前的平均质量等别，或调整部分的质量等别有所提高。

二是在调整要求中，规定高等别耕地应优先划为基本农田，低等别基本农田可以调出。

三是在检验分析中，要求对调整前后基本农田的质量等别变化情况进行分析，并在调整分析图上标注调入、调出基本农田的质量等别等要素。

3. 在补充耕地数量质量按等级折算中的应用

2004年《国务院关于深化改革严格土地管理的决定》（国发〔2004〕28号）规定："各类非农建设经批准占用耕地的，建设单位必须补充数量、质量相当的耕地，补充耕地的数量、质量实行按等级折算，防止占多补少、占优补劣。"2005年国务院办公厅印发的《省级政府耕地保护责任目标考核办法》规定："省级行政区域内各类非农建设经依法批准占用耕地和基本农田后，补充的耕地和基本农田的面积与质量不得低于已占用的面积与质量。"并把此作为考核认定是否合格的核心内容之一。

为落实文件精神，国土资源部从2004年年底着手研究补充耕地数量质量按等级折算的有关政策与技术方面的问题，于2005年7月下发了《关于开展补充耕地数量质量实行按等级折算基础工作的通知》（国土资发〔2005〕128号），在全国部署开展补充耕地数量质量实行按等级折算基础工作，30个省（区、市）制定了补充耕地数量质量按等级折算系数，提出了完善土地开发整理项目初步设计规范的建议。2007年8月，下发了《关于开展补充耕地数量质量按等级折算试行工作的通知》（国土资厅发〔2007〕141号），要求各地

开展补充耕地数量质量按等级折算试行工作。

4. 在农用地产能核算中的应用

农用地产能核算是国土资源管理的一项重要基础工作。经济社会可持续发展不仅要求资源在数量上得到保证，同时必须在质量上有所保证，只有具备一定质量的数量才是可靠的保障。原国务院总理温家宝在 2005 年年底召开的中央农村工作会议上强调，要严格执行耕地占补平衡制度，决不能搞账面平衡，必须做到面积和产能的双平衡。《国土资源大调查"十一五"规划》规定，开展全国农用地综合生产能力调查与评价。《国土资源"十一五"规划纲要》也明确提出，深化农用地综合生产能力调查评价。2007～2009 年，国土资源部以农用地分等成果为基础，分三个年度部署了全国 31 个省（区、市）农用地产能核算工作。

5. 在土地整治及耕地占补平衡中的应用

《国务院关于严格规范城乡建设用地增减挂钩试点切实做好农村上地整治工作的通知》（国发〔2010〕47 号）要求："要依照耕地分等定级技术规范和标准，严格土地整治新增耕地质量评定和验收。"《全国土地整治规划(2011～2015 年)》规定，"建设旱涝保收高标准基本农田 4 亿亩，经整治的基本农田质量平均提高 1 个等级，粮食亩产增加 100 公斤以上"；"依照耕地分等定级技术规范标准，结合耕地质量等级监测结果，严格土地整治新增耕地质量的评价和验收，依据耕地等级实施差别化管护，重点保护水田等优质耕地"；"落实耕地占补平衡制度，实行耕地数量质量并重管理，依照耕地分等定级技术规范和标准，严格新增耕地质量验收，做到面积和产能双平衡。对补充耕地质量未达到被占用耕地质量的，按照等级折算增加补充耕地面积"。《国土资源部农业部关于加强占补平衡补充耕地质量建设与管理的通知》（国土资发〔2009〕168 号）要求，"依据项目目标和任务、工程建设质量、补充耕地质量评定意见、耕地等级评价结果等，综合评价补充耕地的数量和质量，形成验收结论"；"在项目验收后开展补充耕地的等级监测，掌握补充耕地的等级变化情况"。《国土资源部财政部关于加快编制和实施土地整治规划大力推进高标准基本农田建设的通知》（国土资发〔2012〕63 号）要求："要充分利用农用地分等定级、土地质量地球化学评估等成果，对建成的高标准基本农田进行质量等级评定。"《国土资源部关于提升耕地保护水平全面加强耕地质量建设与管理的通知》（国土资发〔2012〕108号）要求："对补充耕地项目进行验收时，要依据项目目标和任务、工程建设质量、新旧耕地质量分等定级结果等，综合评定补充耕地数量和质量。"

6. 在千亿斤粮食生产能力规划中的应用

在《全国新增1000亿斤粮食生产能力规划（2009～2020年）》编制过程中，国土资源部参与粮食增产潜力和区域布局研究，以耕地分等成果为依据，对全国13个粮食主产省和11个非粮食主产省产能建设备选县的耕地质量等级与产能状况进行了分析，并向国家发改委、农业部等16个相关部门提供了全国耕地质量等级调查与评定成果，为全国确定800个产粮大县提供了重要依据。

通过对各省粮食产能建设备选县农用地质量及产能状况进行综合分析，划分了备选县高、中、低产田范围，为各地采取更合理的土地利用方式，提高备选县粮食产能，实现全国新增1000亿斤粮食生产能力的规划目标提供了科学依据。

（四）未来工作安排

根据《国土资源部办公厅关于印发〈耕地质量等别调查评价与监测工作方案〉的通知》（国土资厅发〔2012〕60号）的工作部署，为全面掌握年度耕地质量等别与产能变化情况，保持全国耕地质量等别数据的现势性，逐步建立耕地数量、质量、权属统一调查、统计和登记制度，实现耕地资源信息的社会化服务，满足经济社会发展及国土资源数量质量并重管理的需要，建立健全全国耕地质量等级评定"全面评价、年度更新评价、年度监测评价"制度。

定期全面评价：按照《土地管理法实施条例》关于"土地等级每6年调整1次"的要求，依据最新土地利用现状调查成果，采用《农用地质量分等规程》（GB/T28407－2012）的技术方法，每6～10年为周期，对所有现状耕地的质量等别进行全面调查评价，建立县级、省级、国家级耕地质量等别数据库，并将其纳入国土资源"一张图"及综合监管平台，建立耕地数量质量一体化的土地调查数据库。此项工作于2012年部署开展，2013年年底完成了全国耕地质量等别成果的汇总工作。

年度更新评价：依据年度土地变更调查，每年对耕地现状变化（建设占用、灾害损毁、农业结构调整、生态退耕、补充开发）及耕地质量建设（农村土地整治、农业综合开发、农田水利建设等）突变性因素引起的耕地质量等别变化，开展更新评价。按照先试点、后全面的工作安排，此项工作于2014年在全国全面部署开展。

年度监测评价：除了对耕地质量等别区域开展更新评价外，每年还要对大量耕地质量等别渐变区域进行抽样监测评价，并根据监测评价结果进一步完善更新后的县级、省级、国家级耕地质量等别数据库，同时结合年度更新评价结果，汇总分析形成年度耕地质量等别与产能变化报告。此项工作已依托国土资源部公益性行业科研专项《耕地等级变化野外监测技术集成与应用示范》项目开展试点，2013～2014年将继续扩大试点范围，不断完善监测评价的内容、方法和程序，将于2015年在全国建立耕地质量等级监测网络体系。

中国土地整治未来展望

国土资源部土地整治中心

当前，我国发展仍处于可以大有作为的重要战略机遇期，也是全面深化改革、加快转变发展方式的攻坚时期，同时还是资源环境约束加剧的矛盾凸显期。在新的历史发展阶段，必须紧紧围绕全面深化改革大局，准确研判、科学地把握土地整治面临的形势，加快推进土地整治转型发展和跨越式发展。

一 土地整治面临的机遇

党的十八大提出把生态文明建设纳入社会主义现代化建设"五位一体"总布局，十八届三中全会做出健全城乡发展一体化体制机制、加快政府职能转变、加快生态文明制度建设等一系列重要决定，既对土地整治工作提出了新任务新要求，也为土地整治更好更快发展创造了有利条件。土地整治事业面临前所未有的发展机遇。

（一）土地整治已上升为国家层面的战略部署

党中央、国务院高度重视土地整治工作。党的十七届三中全会提出："大规模实施土地整治，搞好规划、统筹安排、连片推进。"十七届五中全会通过的《中共中央关于制定国民经济和社会发展第十二个五年规划的建议》要求："严格保护耕地，加快农村土地整理复垦，大规模建设旱涝保收高标准农田。……按照节约用地、保障农民权益的要求推进征地制度改革，积极稳妥推进农村土地整治，完善农村集体经营性建设用地流转和宅基地管理机制。"《国民经济和社会发展第十二个五年规划纲要》进一步明确了土地整治的具体任务，提出"严格保护耕地，加快农村土地整理复垦。加强以农田水利设施为基础的田间工程建设，改造中低产田，大规模建设旱涝保收高标准农田"，并把农村土地整治工程作为国家层面推进新农村建设的十二项重点工程之一。2011 年 7 月 20 日，国务院第 164 次常务会议提出制定并实施全国土地整治规划，力争"十二五"期间再建成 4 亿亩旱涝保收的高标准基本农田。同年 8 月 23 日，中共中央政治局召开第 31 次集体学习会议，提出要推进农村土地整治，加快农村土地整理复垦，着力提高耕地质量，大规模建设旱涝保收高标准农田，夯实农业现代化基础。中央领导同志近年来还曾多次对土地整治工作作出重要批示，如就延安土地整治的新模式——治沟造地专门指出，治沟造地是延安市的一项新举措，对于在黄土高原地区增加耕地面积、保障粮食安全、保护生态环境、促进社会主义新农村建设都具有积极意义。近几年中央一号文件和中央政府工作报告均对土地整治工作做出了部署。综上所述，土地整治工作已经纳入国家层面的战略部署，在国家经济社会发展大局中具有举足轻重的地位，具备了持续快速发展的基本条件。

（二）土地整治持续发展的基础更加坚实

在各级党委、政府的大力支持下，经过国土资源管理部门及相关部门多年的努力，土地整治已经成为保护资源、维护权益、促进"四化"同步发展的重要抓手和基础平台，成为深受各级党委、政府高度重视和广大农民群众普遍欢迎的"德政工程"、"民生工程"。目前土地整治初步形成了有法律保障、有规划引领、有标准可依、有科技支撑、有监管平台、有机构推进、有稳定资金投入的良好工作局面。国土资源部按照"把权力和责任放下去、把服务和监管抓起来"的改革思路，逐步下放土地整治项目管理权限，强化监管和优化服务，初步形成了"部级监管、省级负总责、市县组织实施"的土地整治管理格局，同时逐步建立"政府主导、国土搭台、部门联动、群众参与、整合资源、整体推进"的工作机制，并在实践中取得明显成效。土地整治推动经济社会发展的作用日益凸显，社会认知程度不断提高，受到全社会的高度关注和广大农民群众的真心拥护。调查显示，98% 以上涉及农户对土地整治项目表示满意，说明各地在推进土地整治的过程中，较好地发挥了土地整治惠及民生、保障权益的作用。多年实践形成的良好工作局面、取得的突出成效、社会公众的理解支持，为土地整治在新的形势下更好更快地发展奠定了扎实的基础。

（三）中央为新时期土地整治工作指明了方向

继十八届三中全会做出关于全面深化改革若干重大问题的决定后，2013年 12 月召开的中央经济工作会议部署了经济工作以改革促发展、促转方式调结构、促民生改善的主要任务，中央城镇化工作会议提出了今后一个时期推进以人为核心的新型城镇化的战略指向，中央农村工作会议做出了全面深化农村改革、加快农业现代化步伐的重要决策。上述中央重要会议为新时期土地整治工作指明了方向，对土地整治事业发展具有重大而深远的影响。

——要把保障国家粮食安全放在更加突出的位置。粮食安全始终是事关国家长治久安的头等大事。中央指出，当前保障国家粮食安全难度加大，要抓好粮食安全保障能力建设，坚持耕地数量质量并重，加强农业基础设施建设，依靠自己保口粮，集中国内资源保重点，做到谷物基本自给、口粮绝对安全。这就要求土地整治工作要把提升对国家粮食安全的保障能力作为首要目标，大力推进农用地整理，大规模建设旱涝保收高标准基本农田。要通过土地整治守住并建设好耕地红线，包括数量红线和质量红线，在此基础上进一步转变农业发展方式，加快发展节水农业、循环农业，促进土地承包经营权向专业大户、家庭农场、农民合作社、农业企业流转，扶持发展多种形式的规模经营。

——要更加注重建设用地利用效率的提升。中央提出推进城乡要素平等交换和公共资源均衡配置，健全土地节约集约使用制度，坚持走以人为核心的新型城镇化道路，切实提高城镇建设用地集约化程度，促进城镇化和新农村建设协调推进。这就要求土地整治工作要把提升建设用地节约集约利用水平作为重要目标，按照建设资源节约型社会和统筹城乡发展的要求，积极推进农村建设用地和城镇工矿建设用地整理，进一步优化城乡用地结构与布局，挖掘存量建设用地潜力，统筹城乡基础设施建设，促进城乡基本公共服务均等化，推动城乡一体化发展。

——要更加强调保障和维护群众权益。十八届三中全会的决定要求赋予农民对承包地的占有、使用、收益、流转及承包经营权抵押、担保权能，保障农户宅基地用益物权，探索农民增加财产性收入渠道；建立兼顾国家、集体、个人的土地增值收益分配机制，保障农民公平分享土地增值收益。这就要求开展

土地整治工作要进一步强化农民的土地财产权能，尊重农民土地产权主体地位和权益，为增加农民财产性收入、让广大农民更多分享土地增值收益等创造条件；要加快农村土地确权登记颁证工作，这也是建立健全承包经营权流转市场和城乡统一建设用地市场的基础，是保障和维护农民权益的根本之策；要探索建立有利于资源要素向农村配置的激励机制，引导资金、技术、人才、管理等要素向农村聚集，加快推进新农村建设。维护群众权益，归根结底是要保障群众的受益权、知情权、参与权、申诉权和监督权，做到整治前愿意、整治中群众参与、整治后群众满意。

——要着力推进管理体制机制改革创新。新一届中央政府成立以来，把加快推进政府机构改革作为推动经济社会转型发展的重要切入点。中央领导多次强调要加大政府职能转变力度，切实从"越位点"退出，把"缺位点"补上，做到简政放权和加强监管齐推进、相协调，以更有效的"管"促进更积极的"放"，使转变职能的成效不断显现。十八届三中全会的决定进一步要求处理好政府和市场的关系，政府要加强发展战略、规划、政策、标准的制定和实施，加强市场监测监管，切实维护市场秩序，保障公平竞争；要正确处理政府和社会的关系，加快实施政社分开，适合由社会组织提供的公共服务和解决的事项，交由社会组织承担。就土地整治工作而言，项目审批管理等具体权限下放以后，能否从国家和省级层面把该管的切实管住、管好、管出水平，实现土地整治的国家目标就成了至关重要的问题。这就要求进一步加强土地整治工作顶层设计，理清各级政府及国土资源管理部门职能，创新管理理念，强化监管措施，加强行业建设和管理，保障土地整治事业规范健康发展。

——要深入贯彻加快生态文明建设的要求。国土是生态文明建设的物质基础和空间载体。十八届三中全会的决定提出要紧紧围绕建设美丽中国深化生态文明体制改革，加快建立生态文明制度，健全国土空间开发、资源节约利用、生态环境保护的体制机制，推动形成人与自然和谐发展的现代化建设新格局。这是继十八大将生态文明建设纳入现代化建设"五位一体"总布局后做出的具体部署。这就要求土地整治按照生态文明建设的要求，把山水林田湖作为一个生命共同体进行统一整治和修复。要贯彻落实国家区域发展总体战略和主体功能区战略，严格按照主体功能区定位统筹区域土地整治，通过土地利用布局和结构的调整，加快促进国土空间开发格局优化，加大土地生态环境整治力度，提高资源环境承载能力，推动资源利用方式的根本转变。推动土地整治向更高层次的国土综合整治转变，是促进城乡一体化、建设美丽中国的必然要求。

二 土地整治面临的挑战

当前，我国人多地少、土地粗放利用的基本国情没有改变，资源环境对经济社会发展的约束更加凸显，保护耕地和节约集约用地任务更加艰巨。通过土地整治措施，有效解决各类土地利用中存在的问题，进一步改善农村生产生活条件和生态环境，优化城乡用地结构和布局，提升土地利用效率，促进工业化、城镇化、信息化和农业现代化同步发展，是摆在我们面前的重大历史任务。

（一）我国土地利用现状决定了土地整治工作任重道远

——从耕地看。我国耕地具有"三少一差"的特点，即人均耕地少、优质耕地少、宜耕后备资源少，基础设施条件差。1996 年我国人均耕地 1.59 亩，但随着人口的快速增长及其他因素，到 2009 年已下降到人均 1.52 亩，远低于世界人均 3.38 亩的水平。耕地细碎化问题突出，田坎、沟渠、田间道路面积占了现有耕地面积的 13%；农业基础设施仍很薄弱，超过一半的耕地达不到旱涝保收的标准，农田防护体系很不健全。根据全国农用地（耕地）分等成果，我国优等耕地仅占 2.7%，高等地占 30%，中、低等地超过了 2/3。我国耕地的基础条件距建立规模化、机械化和集约化的现代农业生产体系的要求还存在较大差距。此外，很多地区土壤污染严重，特别是分布于大城市周边、交通主干线以及江河沿岸的耕地重金属和有机污染物严重超标。有关调查结果表明，我国耕地受到中、重度污染的面积约有 5000 万亩。从耕地后备资源分布情况看，由于水土资源空间错位，宜耕后备土地资源日益匮乏，全国集中连片、具有一定规模的宜耕后备资源现仅 8000 万亩，除新疆和东北部分地区外，大多分布在生态脆弱地区，补充耕地难度大、成本高，大规模开发补充

耕地难以为继。

——从城镇工矿建设用地看。多年来,城镇建设用地呈"摊大饼"式蔓延扩张趋势,低效和闲置问题十分突出。据测算,我国城市平均容积率只有0.3左右,40%以上土地属低效用地,5%土地处于闲置状态,城镇建设用地至少还有40%的挖掘潜力。当前城镇化存在的一个突出问题是,土地城镇化速度远高于人口城镇化速度。以华北地区为例,2003~2012年,华北观测点37个县市区主城区人口增幅53.65%,年均增长5.4个百分点;主城区建设用地面积增幅为70.97%,年均增长7.1个百分点。我国工矿仓储用地占建设用地供应比重过高,一般超过40%,远高于国外15%的水平。全国工业项目用地效率普遍偏低,容积率仅为0.3~0.6,发达国家和地区一般在1以上。

——从农村建设用地看。随着我国城镇化进程的加快,农村人口大量向城镇转移,但村庄居民点用地规模不减反增,呈人减地增的逆向发展趋势。据有关资料,1997~2008年,我国农村人口减少了约14%,而村庄占地面积增长了约4%,农村人口人均居民点用地多达259平方米,远远超过现行人均150平方米的高限,废弃、闲置和低效利用问题突出,"散"、"乱"、"空"现象普遍存在。2003~2012年,华北观测点37个县(市、区)农村人口减少28.06%,但农村居民点面积反而增加11.52%,人均建设用地面积由311平方米上升为482平方米,上升了55%。

——从废弃土地看。我国现有11万多座矿山,仅矿山开采活动每年损毁土地就约300万亩,再加上其他生产建设活动,每年因生产建设损毁的土地面积更大,新增损毁土地的60%以上是耕地或其他农用地。同时,我国还是世界上自然灾害最严重的国家之一,受极端异常气候影响,局部地区地质灾害呈易发高发态势,每年自然灾害也会损毁大量土地特别是耕地。经过30多年的发展,我国的土地复垦取得了很大进展。据统计,目前土地复垦率已提高到25%,但仍然存在"旧账未还、又欠新账"的状况,全国因生产建设活动和自然灾害损毁的土地还有约1.12亿亩。

此外,我国土地生态环境退化趋势仍在持续,全国土地盐碱化、沙化面积达20.25亿亩(其中盐碱化耕地1.1亿亩),水土流失面积达53.4亿亩。土地资源禀赋条件差,土地粗放利用普遍存在,进一步加剧了建设用地供需矛盾。

我国正处在工业化快速推进阶段，中西部工业化加速，东部产业转型升级，产业用地需求强劲。城镇化水平正处于30%～70%快速增长区间，城镇用地需求将持续上升。今后一个时期，基础设施用地需求也处在高峰期，一系列区域发展规划的落地及各类开发区扩区发展等都将导致建设用地需求呈激增态势。在工业化、城镇化和农业现代化同步加快推进的背景下，工业农业争地、城镇农村争地、生活生产生态争地不断加剧，土地供需矛盾更加尖锐。

综上所述，不难得出以下结论：

——城乡建设用地"双扩"形成了对耕地的"双挤"局面，使得坚守耕地数量红线难度加大。在严防死守耕地数量红线的同时，必须强化质量红线意识，更加重视耕地质量建设和管理，大力推进高标准基本农田建设，夯实农业现代化发展基础。

——城乡建设用地利用依然粗放，节约集约用地潜力巨大。必须创新机制、完善政策，大力推进建设用地整理，着力优化城乡用地结构和布局，提高建设用地利用效率，进一步提升土地资源对经济社会可持续发展的支撑能力。

——大量废弃土地引发的问题日益凸显，耕地污染日益加剧，土地生态环境持续恶化，对土地整治提出了新命题。新时期土地整治工作必须把保护和改善生态环境放在更加突出的位置，保障土地可持续利用，保障人与自然的和谐发展。

上述各类土地利用中的问题的解决，都依赖于土地整治这一根本措施。土地整治承载着优化土地资源利用、支撑经济社会全面协调可持续发展的历史重任，相对于前所未有的发展机遇，其面临的挑战同样前所未有。

（二）土地整治工作本身还不能完全适应新形势、新要求

——高标准基本农田建设目标实现难度大。中央提出到2020年要建成旱涝保收高标准农田8亿亩，其中"十二五"期间建成4亿亩，任务十分繁重，时间十分紧迫，而目前多数地方推进这项工作面临资金短缺和整治能力不足等问题，土地整治管理模式、运行机制、制度设计和技术储备等也难以满足新要求。

——土地整治整体成效尚未充分体现。一些地方"重立项、轻实施，重

审批、轻监管"，土地整治项目实施进度慢，资金利用率不高，有的地方土地整治专项资金使用不合理甚至违规使用；一些地方在实施城乡建设用地增减挂钩试点项目中片面追求城镇建设用地指标，存在强迫农民"上楼"、损害群众权益等现象，在社会上造成了较大的负面影响。

——体制机制法制建设仍较为滞后。土地整治管理体制、工作机制、激励机制都有待进一步健全。土地整治法制建设严重滞后，至今尚无专门的土地整治法规条例为土地整治事业的发展保驾护航。

——外部环境对土地整治的影响增大。高标准农田建设将是今后一个时期土地整治工作的重中之重。目前，相关部门在高标准农田建设方面的职能有交叉重叠现象，职责界定不清，土地整治在推进过程中的平台作用发挥不够，整合其他部门项目、资金困难，综合效益和整体效益难以有效发挥。

总的来看，在全面建成小康社会的关键时期，土地整治既是落实最严格的土地管理制度、大力推进耕地保护和节约集约用地的重大举措，也是推动破除城乡二元结构、加快推进城乡一体化发展、促进生态文明建设的重要抓手。当前和今后一个时期，大力推进土地整治的基本条件已经具备。面对当前资源约束趋紧、环境污染严重、生态系统退化的严峻形势，必须坚持以生态文明理念为引领，在系统总结过去土地整治工作经验的基础上，更加尊重自然规律，更加突出制度设计，更加重视公众参与，统筹保护红线、保障发展、维护权益和生态建设，努力推动土地整治的转型发展和跨越式发展。

三　土地整治战略布局

2012 年 3 月，《全国土地整治规划（2011～2015 年）》（以下简称"十二五"全国土地整治规划）由国务院批准实施，明了土地整治总体战略，确定了"十二五"期间再建成旱涝保收高标准基本农田 4 亿亩、补充耕地 2400万亩等一系列目标任务；2013 年 10 月，国务院批复《全国高标准农田建设总体规划》，提出到 2020 年建成旱涝保收的高标准农田 8 亿亩，亩均粮食综合生产能力提高 100 公斤以上。两个国家级规划全方位地描绘了我国今后一个时期土地整治的宏伟蓝图，拉开了新一轮土地整治的大幕。

（一）指导思想

今后一个时期我国土地整治的总体战略思路是：按照建设资源节约型和环境友好型社会的总体要求，以保障国家粮食安全为首要目标，以推进社会主义新农村建设和城乡一体化发展为根本要求，在严格保护生态环境的前提下，大规模建设旱涝保收高标准基本农田，规范推进农村建设用地整理，积极开展城镇工矿建设用地整理，加快土地复垦，深化统筹兼顾，强化实施监管、基础建设和上下联动，建立健全长效机制，全面提高土地整治工作水平，以资源可持续利用促进经济社会可持续发展。

1. 坚持以生态文明理念为引领

作为保护和改善生态环境的一项重要措施，土地整治应坚持以生态文明理念为引领，即把尊重自然、顺应自然、保护自然的理念贯穿于土地整治规划编制、项目选址、规划设计、工程施工、后期管护全过程，通过土地整治构建区域土地生态安全格局，强化生态核心区建设，维护土地生态系统的整体性，保护和恢复自然山水格局，促进人与自然的和谐共生、永续发展。

开展农用地整理，应因地制宜推进农田防护林网建设，不断提高农田防护比例；以小流域为单元实施综合治理，积极开展坡改梯、堤岸防护、坡面防护、沟道治理和保护性耕作等水土保持工程建设，增强农田防灾减灾能力，保护农田生态环境安全；始终要注重当地传统农耕文化的延续，使农耕文明生生不息。开展建设用地整理，要始终坚持维持历史文脉的延续，强调人文景观及其周边环境的有效性和完整性，对具有历史文化和景观价值的住宅和村庄进行妥善保护，使乡村特色文化代代传承。要积极推广生态型土地整治，以生物多样性保护生态网络建设为基础，着力构建集生态、景观、游憩、风貌和文化于一体的绿色基础设施网络。在生态脆弱地区，应坚持保护优先、自然恢复为主的方针，针对土地沙化、土地盐碱化、土壤污染、水土流失、土地生态服务功能衰退和生物多样性损失严重的区域，结合退耕还林、退牧还草推进土地生态环境综合整治，提高退化土地生态系统的自我修复能力。

2. 高举保护耕地和节约集约用地两面旗帜

在土地整治的早期发展阶段，从最初的"土地整理"到后来的"土地开发整理"，土地整治承载的主要功能就是保护耕地，它是落实最严格耕地保护制度的重要手段。随着土地整治内涵的不断延伸和拓展，优化城乡用地结构和布局、提升土地利用效率也逐渐成为土地整治的重要功能，土地整治又是落实最严格节约集约用地制度的重要举措。相对于上一轮土地开发整理规划，新一轮土地整治规划的最大突破就是把节约集约用地和保护耕地放在同等重要的位置，在保护耕地和节约集约用地两面大旗的引领下，全方位布局和推进新时期土地整治工作。

——高举保护耕地旗帜，落实最严格的耕地保护制度。耕地是粮食生产的基础，提高粮食供给能力、保持粮食供求平衡，最根本的措施是保护耕地。要立足于我国耕地利用管理中存在的问题和耕地保护工作面临的严峻形势，加强建设性保护耕地的力度，按照有利生产、方便生活、改善环境的要求，大规模建设旱涝保收的高标准基本农田，进一步稳定有效耕地面积，提高耕地质量等级，加快改善农业生产条件，夯实现代农业发展基础，促进农业在经济社会发展全局中基础地位的进一步巩固。

——高举节约集约用地旗帜，落实最严格的节约集约用地制度。要把节约集约用地作为转变经济发展方式和土地利用方式的重要着力点，推进经济结构战略性调整，降低经济增长对土地资源的过度消耗。要以提升土地节约集约利用水平为出发点和落脚点，规范推进农村建设用地整理，积极探索开展城镇工矿建设用地整理，优化城乡用地结构与布局，提升建设用地利用效率，挖掘存量建设用地潜力，加强农村基础设施和公共服务设施建设，推进城乡基本公共服务均等化，促进城乡一体化发展。

强调保护耕地和节约集约用地两手并举并非弱化耕地保护工作，推进节约集约用地是对耕地红线的间接保护。实行最严格的节约集约用地制度，恰恰是为了更好地坚持和完善最严格的耕地保护制度。最严格的耕地保护制度和最严格的节约集约用地制度，构成了当前我国最严格的土地管理制度体系。

3. 坚持数量、质量、生态三位一体

中央领导曾强调指出，要充分认识资源是数量、质量和生态三者的有机统一，在做好数量管控的同时，加强质量管理和生态保护。"十二五"全国土地整治规划不再片面追求增加耕地面积，而是把增加数量、提升质量、提高效

率、改善环境作为一个系统工程来考虑，重点突出了耕地数量、质量、生态三位一体的理念。特别是在农用地整理方面，首次将土地整治提升耕地质量等级和产能的量化指标作为规划目标之一，充分说明土地整治已不仅是补充耕地数量的手段，更是提高耕地质量、提升耕地产能的有效途径。

——坚持补充耕地与保护生态相统一。补充耕地要以农用地整理和土地复垦为主，严格控制宜耕后备土地开发。禁止毁林毁草开垦耕地，禁止在 25 度以上的陡坡开垦耕地，禁止将划入保护范围的自然湿地开垦为耕地。在补充耕地数量的同时，要更加注重提高耕地质量和改善农业生态环境，充分发挥土地整治的经济、社会和生态效益。

——强化新增耕地质量建设和管护。完善耕地占补平衡制度，依照耕地分等定级技术规范和标准，严格新增耕地质量评定和验收，切实做到面积和产能双平衡。对补充耕地质量低于被占用耕地质量的，要按照等级折算增加补充耕地面积。加大农田排灌设施、耕作道路、防护林网等基础设施建设。全面实施耕作层剥离再利用制度，在符合水土保持要求的前提下，鼓励剥离建设占用耕地的耕作层用于新开垦耕地的建设。加强新增耕地的后期管护，采取培肥地力、保护性耕作等措施不断改良土壤性状，稳步提升新增耕地产能。

——优化基本农田多功能布局。要因地制宜确定不同区位条件下基本农田功能，明确土地整治方向，发挥耕地最优效益。在生产条件较好的传统农区，应通过土地整治促进优质农田集中连片布局，加强耕地质量建设，强化耕地的生产功能，使之成为高产稳产高效优质农产品生产基地。在城市近郊区，要加强基本菜地建设和保护，注重发挥农田生态景观和休闲功能，发展现代都市农业和休闲农业。在生态脆弱区，要以提升耕地生态功能为主，采取土地整治措施建成集水土保持、生态涵养、特色农产品生产于一体的生态型基本农田。

（二）目标任务

1. 统筹推进五类土地整治活动

土地整治发展到今天，从范围上不再局限于农村地区，整治对象也不再局限于农用地，而是对全域土地的整治，其目标更加多元化，呈现出区域综合

性、多功能性、多效益性特点。今后一个时期，土地整治工作仍以农用地整理为重点，统筹推进各类土地整治活动。

——以大规模建设旱涝保收高标准基本农田为重点，大力推进农用地整理。按照"以整治促建设、以建设促保护"的思路，大力推进农用地整理，加强耕地质量建设，有效引导耕地集中连片布局，加快建成一批旱涝保收高标准基本农田，夯实农业现代化基础。要建立基本农田建设集中投入制度，继续实施 116 个基本农田保护示范区建设，着力加强 500 个高标准基本农田示范县建设，积极实施基本农田整治重大工程。

"十二五"全国土地整治规划确定了 10 个农用地整理重点区域：华北平原区、长江中下游平原区、东北平原区、华南丘陵平原区、浙闽丘陵平原区、云贵高原区、黄土高原区、四川盆地及秦巴山地区、内蒙古高原区、新疆天山山麓绿洲区（包括兵团部分团场），共涉及 1618 个县（市、区）。

高标准基本农田建设是新时期土地整治工作的重点，是促进现代农业发展、保障国家粮食安全的重大举措。开展 500 个示范县建设是按照国务院的要求，落实 4 亿亩高标准基本农田建设任务的主要抓手。示范县中有 393 个县属于《全国新增 1000 亿斤粮食生产能力规划（2009 ~ 2020 年)》确定的产粮大县，据统计，500 个示范县粮食产量超过 3500 亿斤，约占全国粮食总产量的 1/3 以上，在国家粮食生产格局中占有重要地位。示范县将成为全国高标准基本农田建设的主战场，500 个示范县将建成 2 亿亩以上的高标准基本农田；示范县也将成为产能提升的集中区，通过建设可以大幅提升粮食综合生产能力；示范县还将成为制度创新的先导区，在加强组织领导、有效整合资金、创新实施方式、落实建后管护等方面先行先试，为全国提供鲜活经验，发挥示范引领作用。

为加快推进高标准基本农田建设，国土资源部、财政部联合下发关于加快编制和实施土地整治规划、大力推进高标准基本农田建设的通知和新增资金使用管理办法，制订了《高标准基本农田建设标准》，并针对 500 个示范县出台关于加快推进 500 个高标准基本农田示范县建设的意见，召开全国动员部署视频会，明确了一系列要求和保障措施。总的要求是：高标准基本农田建设要坚持"先易后难、分类实施、相对集中、连片推进"原则，建一片成一片，避免因分散建设影响高标准基本农田规模化生产经营效果；要按照"划得准、调得开、建得好、保得住"的要求，合理确定建设范围，认真做好权属管理，严格执行建设标准，切实加强建后管护，实行永久保护，确保建成的高标准基本农田持续发挥效益；要及时划定万亩连片的高标准基本农田保护示范区，统一标识、统一上图入库、统一集中监管；要建立"党委领导、政府主导、农村集体经济组织和农民为主体、国土搭台、部门参与、统筹规划、整合资金、整体推进"的工作机制，调动各个部门的积极性，落实土地整治共同责任，合力推进高标准基本农田建设；要重点抓好500个示范县土地整治项目的安排，安排项目时优先考虑建设条件好、地方积极性高、项目实施进展快的地区；要结合土地流转，激励社会资金投入高标准基本农田建设，不断拓宽资金渠道。鼓励各地积极探索创新高标准基本农田建设实施方式，省级国土资源管理部门和财政部门应制订具体办法，在强化政府主导和完善制度、明确责任、监管到位的前提下，进一步简化、优化项目申报管理程序；有条件的地方，可以探索实行"以补代投、以补促建"，鼓励农民集体经济组织、农民合作社和农民个体按照土地整治规划和建设标准承担高标准基本农田建设任务。

——以改善农村生产生活条件为前提，规范推进农村建设用地整理。要重视空心村问题，确定哪些村该撤并，哪些村该整治，按要求编制好村庄规划，统筹乡村土地利用。规划要坚持因地制宜、节约用地、以人为本、尊重民意、保护环境的原则，结合农村生产生活方式、风土人情、文化传统等特点，加强村庄整体风貌设计，合理定位乡村功能与发展方向，注重方便农民生产生活，注重村庄自然环境、建筑环境、人文环境、艺术环境的协调，明确乡村土地利用总体布局，统筹安排各类各业用地，合理配置公共服务设施和基础设施，促进农村地区全面发展。

农村建设用地整理要以"空心村"整治和"危旧房"改造为重点，充分考虑农民实际承受能力，尊重农民意愿，合理开发利用村内废弃地、腾退宅基地和闲置地，促进中心村镇建设，引导农民集中居住、产业集聚发展，全面提高农村建设用地利用效率。要按照有利生产、方便生活和公共服务均等化的要求，合理进行村庄功能分区，完善农村道路、水电及生活垃圾、污水处理等基础设施，健全教育、医疗卫生、文化娱乐等公共服务设施，推进人居环境综合

整治，为农民建设幸福家园和美丽乡村。

农村建设用地整理要注重对乡土文化的传承，加大力度保护列入保护名录的历史文化名村和民居，保留当地有特色的农耕文化和民俗文化，保护人文景观、自然景观和生态环境。不提倡、不鼓励在城镇规划区外拆并村庄、建设大规模的农民集中居住区，不得强制农民搬迁和上楼居住，要慎砍树、禁挖山、不填湖、少拆房。

——以推进土地节约集约利用为出发点和落脚点，积极开展城镇工矿建设用地整理。要贯彻落实中央城镇化工作会议精神，城镇建设用地特别是优化开发的长三角、珠三角和环渤海地区，要以盘活存量、优化结构为主，积极推进旧城镇、旧工矿以及"城中村"改造，促进土地节约集约利用，提升土地价值，改善人居环境，促进生产空间集约高效、生活空间宜居适度、生态空间山清水秀，形成生产、生活、生态空间的合理结构。

旧城镇改造的重点是对基础设施落后、人居环境恶劣、畸零细碎或与城镇功能定位不符区域的更新改造，合理引导城镇工业用地布局，控制生产用地，保障生活用地，增加生态用地，创造舒适宜人的城镇环境，提高城镇综合承载能力。要注重保护历史文化街区，保护地方特色建筑，延续历史文脉，避免大规模拆旧建新对古城历史风貌造成不利影响。鼓励探索增减挂钩指标安排与中心城区建设用地效率提高的联动机制，加大土地、财政等政策支持力度，建立促进城镇更新改造的激励机制。

旧工矿改造重点是优化工矿用地布局，盘活土地资产，提高工业用地效率，实现从粗放型向集约型转变，充分挖掘现有工矿用地潜力，改善工矿区基础设施及生态环境。创新土地利用和管理方式，在严控建设用地总量、切实保护耕地的前提下，通过复垦工矿废弃地并与新增建设用地挂钩，达到优化土地利用结构和布局、促进土地资源合理高效利用的目的。

2013年底召开的中央农村工作会议提出，到2020年要完成涉及约1亿人口的城镇棚户区和"城中村"改造。要积极创新激励政策，将"城中村"各项管理纳入城市统一管理体系，推进规划区内土地管理和土地市场一体化，加大"城中村"土地整治力度，切实改善"城中村"人居环境。要加强"城中村"改造土地权属管理，严格按照程序确定改造模式和改造办法，依法依规确定土地权属，协调平衡各方利益，切实维护群众权益。

——以合理利用土地和修复生态为目的，加快土地复垦。按照"快还旧账、不欠新账"的原则，加快历史遗留损毁土地复垦，全面推进生产建设活动新损毁土地复垦，及时开展自然灾害损毁土地复垦，改善土地生态环境，保障土地可持续利用。

全面摸清历史遗留损毁土地复垦潜力，综合考虑土地损毁类型、损毁程度和复垦可行性等因素，尊重自然规律，统一规划、合理安排土地复垦方向、规模和时序。应加大政府复垦资金投入力度，积极吸引社会投资进行复垦，激励土地权利人自行复垦。

按照"谁损毁、谁复垦"的原则，全面推进生产建设新损毁土地复垦。要按要求编制土地复垦方案，在生产建设工艺和方案中落实土地复垦各项要求。复垦任务要纳入生产建设计划，复垦费用列入生产建设成本或项目总投资。

"十二五"全国土地整治规划划定了10个土地复垦重点区域，包括冀东煤炭钢铁基地、黑吉辽煤炭钢铁有色金属基地、冀南晋南豫北煤炭钢铁基地、晋陕蒙煤炭化工基地、苏鲁皖煤炭钢铁有色金属基地、豫中煤炭基地、鄂赣闽有色金属钢铁煤炭基地、湘粤有色金属建材基地、广西有色金属建材煤炭基地、川滇黔渝有色金属钢铁化工基地，涉及474个县（市、区）。

对自然灾害损毁的土地，要根据损毁情况及时采取有针对性的复垦措施。对灾毁程度较低的土地，激励受灾农户和土地权利人自行组织复垦；对灾毁程度较高的土地，要制定灾毁土地复垦规划，安排专门项目进行复垦。着力加强山洪和地质灾害损毁土地复垦，还要通过调查评价查清山洪、泥石流、滑坡、崩塌等灾害隐患点基本情况，加强山洪和地质灾害易发区生态环境建设，有效降低山洪和地质灾害的发生概率。

——以严格保护和改善生态环境为根本要求，适度开发未利用土地。宜耕后备土地资源丰富的地区，可以在保护和改善生态环境的前提下，选定重点区域，科学论证、统筹安排，适时适度、科学合理开发耕地后备资源，补充有效耕地面积，加强新增耕地质量建设，促进形成国家粮食战略后备产区。

"十二五"全国土地整治规划划定了9个宜耕后备土地开发重点区域，包

括东部沿海滩涂区、河套银川平原区、滇西南地区、川西南地区、吉林西部地区、三江平原区、新疆南北疆山麓绿洲区、甘肃河西走廊及中部沿黄灌区、青藏地区，共涉及225个县（市、区）。

在山地丘陵资源丰富的地区，为缓解用地供需矛盾，在科学论证的基础上，可以将部分符合建设条件的低丘缓坡荒滩等未利用地开发成建设用地。低丘缓坡荒滩等未利用地开发利用必须坚持生态优先、保建并重，必须将地质灾害和水土流失防治、生态环境保护置于优先地位，结合相关规划和设计，做好地灾危险性评估、水土流失评价和环境影响评价，制定防治措施，切实保障生态环境安全。对宜建区块，要结合地形地貌及水文地质条件，合理确定开发强度。

2. 规范推进四项试点

国土资源部自2006年部署第一批城乡建设用地增减挂钩试点以来，结合土地利用和管理新形势，先后部署启动了低丘缓坡未利用地开发利用试点、工矿废弃地复垦利用试点和城镇低效用地再开发试点工作。四项试点是"1+8"组合政策的重要组成部分，都属于土地整治的范畴。开展四项试点是国土资源管理部门面对土地资源对经济社会发展的约束日益趋紧的严峻形势和保障发展、保护资源的两难局面，立足部门职能创新求变，寻求破解之策，积极服务于稳增长、调结构、促改革、惠民生发展大局，支持新型工业化和新型城镇化发展的重大举措，同时也是土地整治内涵和外延进一步丰富和拓展的必然结果。推进四项试点的顺利实施，是今后一个时期土地整治工作中的一项重要内容。

——严格规范城乡建设用地增减挂钩试点。《全国主体功能区规划》确定了优化国土空间结构的总体目标，提出到2020年我国农村居民点用地减少到16万平方公里以下，意味着10年要减少1万平方公里即1500万亩的农村居民点面积。城乡建设用地增减挂钩政策是实现这一目标的基本驱动力，承载着优化国土空间结构的历史责任。增减挂钩试点工作应遵循如下具体要求。

一是严格控制试点规模与范围。依据土地整治规划，合理安排增减挂钩试点规模、布局和时序。增减挂钩指标的下达、使用和归还要实行全程监管、严格考核，确保试点严格控制在增减挂钩指标规模内。省级国土资源管理部门要严格按照国家下达的增减挂钩指标安排试点项目，不得跨县级行政区域设立项目区，严禁循环使用增减挂钩指标。

二是合理使用节余指标。依据规划统筹安排建新和拆旧复垦等活动，杜绝增减挂钩试点中重建新轻拆旧、重城镇轻农村的倾向。通过整治腾出的建设用地，要首先满足项目区内农民建房、基础设施和公共服务设施建设以及非农产业发展、自然生态恢复用地的需求，调剂为城镇工矿建设用地的，必须纳入增减挂钩试点管理。

三是确保土地增值收益全部返还农村。开展增减挂钩试点要始终把维护农民权益放在首位，充分尊重农民意愿。各地要制订增减挂钩所获土地增值收益返还管理办法，确保收益及时全部返还农村，用于支持农业农村发展和改善农民生产生活条件。

《全国主体功能区规划》确定的土地政策中，提出了"三个挂钩"的政策指向，除了城乡建设用地增减挂钩政策外，还提出探索实行城乡之间人地挂钩政策，城镇建设用地增加规模要与吸纳农村人口进入城市定居的规模挂钩；探索实行地区之间人地挂钩政策，城市化地区建设用地的增加规模要与吸纳外来人口定居的规模挂钩。"三个挂钩"土地政策是基于我国土地资源现状和优化土地资源配置、促进人口均衡布局、统筹城乡发展的需要提出来的，对促进新型城镇化发展具有重要的理论和实践意义。各地应在推进土地整治工作的过程中，积极探索"三个挂钩"政策的实现途径，不断积累实践经验。

——规范推进低丘缓坡地开发试点。开展低丘缓坡荒滩等未利用地开发利用试点，旨在促进城乡建设科学合理用地，尽量不占或少占耕地。推进低丘缓坡荒滩等未利用地开发利用，是从我国人多地少、耕地资源稀缺和山地丘陵资源丰富的国情出发，深入贯彻落实十分珍惜、合理利用土地和切实保护耕地的基本国策，优化国土空间开发布局，有效减少工业城镇建设占用城市周边和平原地区优质耕地，促进耕地特别是基本农田保护的重要举措；是在新形势下转变土地利用方式，统筹保护资源和保障发展，合理开发未利用土地和少量劣质农用地，缓解用地供需矛盾，促进区域协调发展和城乡统筹发展的重要途径。

开展低丘缓坡地开发试点，要以严格保护耕地和节约集约用地为重点，充分发挥荒山荒坡荒滩土地的资源优势，创新土地利用和管理模式，探索完善政

策支撑体系，因地制宜推动未利用土地和劣质农用地规范、科学、有序开发利用，提高土地资源利用的经济、社会和生态综合效益。

——规范推进工矿废弃地复垦利用试点。工矿废弃地复垦利用，是落实资源节约优先战略、大力推进节约集约用地的重要途径，是加强矿山环境治理恢复、促进可持续发展的重要手段。试点工作要以促进经济社会发展与土地资源利用相协调为根本目的，创新土地管理方式，合理调整建设用地布局，改善矿区生态环境，提升土地资源的综合承载能力。

工矿废弃地复垦要依据土地整治规划和工矿废弃复垦利用专项规划，坚持山、水、田、林、路综合整治，并优先复垦为耕地。复垦后的土地不得改变农业用途，可通过承包等方式就近确定给农村集体经济组织和农户使用，确保有效利用。

工矿废弃地复垦利用试点要参照城乡建设用地增减挂钩试点实行专项管理。项目区复垦与建新实行整体审批，建新面积要小于复垦面积，复垦耕地的质量必须高于建新占用耕地的质量。复垦耕地质量等级达不到建新占用耕地质量等级的，要进行相应折算，按照折算后的面积确定建新占用耕地面积。省级国土资源管理部门负责对复垦耕地的数量和质量进行严格审核评定，按照核定的复垦面积下达调整利用挂钩指标。挂钩指标重点用于试点市、县的工矿发展、基础设施和民生工程，不得跨县级行政区域使用。建新区有偿供地所得收益，要首先安排用于复垦区工矿废弃地复垦资金平衡，支持复垦区改善生产条件和生态环境。

——积极开展城镇低效用地再开发试点。为贯彻落实党的十八大提出的推动工业化和城镇化良性互动、城镇化和农业现代化相互协调的决策部署，推进城镇低效用地再开发利用，提高城镇化质量，促进经济发展方式转变，国土资源部在总结提升部与广东省开展节约集约用地试点示范省建设成效与做法的基础上，研究制定了《关于开展城镇低效用地再开发试点的指导意见》，并根据各地经济社会状况、城镇化水平、土地管理工作基础等情况，确定了10个省份开展城镇低效用地再开发试点。

城镇低效用地是指城镇中布局散乱、利用粗放、用途不合理的存量建设用地。国家产业政策规定的禁止类、淘汰类产业用地，不符合安全生产和环保要求的用地，"退二进三"产业用地，布局散乱、设施落后、规划确定改造的城镇、厂矿和城中村等符合土地利用总体规划的城镇存量建设用地可列入试点范围。试点的选择，以经济发展水平较高、土地管理秩序良好，旧城区、旧厂矿、旧村镇等分布相对集中的城市为重点。试点城市要结合实际，围绕产业结构调整、城市功能提升、人居环境改善等部署，在有利于提高土地集约利用水平和综合效益的前提下，确定试点范围，防止盲目大拆大建，造成新的浪费。

开展城镇低效用地再开发试点的总体目标是，盘活城镇低效用地，增加城镇建设用地的有效供给，促进节约集约用地和保护耕地，提高土地对经济社会发展的持续保障能力；优化土地利用结构，促进产业转型升级，带动投资和消费增长，增强经济发展动力；改善城镇人居环境，推动民生和公共事业发展，充分发挥土地对城镇化健康发展的支撑作用；推进城镇建设用地利用和管理制度创新，增强政策储备和制度供给。

试点地区应根据实际情况，采取多种方式推进城镇低效用地再开发。主要是明确政策，创新机制，鼓励原国有土地使用权人开展城镇低效用地再开发，引导农村集体经济组织开展低效用地再开发，激励市场主体参与城镇低效用地再开发，规范政府储备存量建设用地的开发利用。试点的开展要兼顾涉及方各方利益，规范城镇低效用地补偿，加强公共设施和民生项目建设，妥善解决历史遗留用地问题，依法依规办理用地手续。

上述四项试点探索，在实践层面，可以引导建设项目占用未利用地和劣质农用地，在不增加或少增加建设用地、不减少耕地特别是优质良田的前提下，拓展建设用地空间，提高土地节约集约利用水平，有效缓解保障发展和保护资源两难局面，为工业化、城镇化和农业现代化同步发展提供必要保障；在制度设计层面，可以促进土地利用和管理方式改革创新，不断增加新制度供给。

总的来说，既然是试点，就应坚持"局部试点、封闭运行、规范管理、结果可控"的原则，统一规划，统筹部署，严格限定试点范围，严格控制试点规模，切实加强项目区管理，切实做好上图入库，切实维护群众权益，建立试点项目评估奖惩机制，加强组织领导和部门协调，确保试点规范有

序推进。

3. 落实"十二五"期间六大目标

相较于《全国土地开发整理规划（2001～2010 年）》只确定了 1 个量化指标——补充耕地 4110 万亩，"十二五"全国土地整治规划确定了六大方面的目标，共设置了 10 个量化指标，其中约束性指标 2 个，指标体系的设置更加全面和均衡，充分反映了土地整治发展变化的内涵和本质，反映了数量质量生态三位一体、保护耕地和节约集约用地两手并举的时代要求。

——高标准基本农田建设成效显著。通过土地整治建成布局合理化、农田规模化、农艺科技化、生产机械化、经营信息化、环境生态化的旱涝保收高标准基本农田 4 亿亩，经整治的基本农田质量平均提高 1 个等级，粮食亩产增加 100 公斤以上，粮食安全保障能力明显增强。新建 5000 处万亩连片的旱涝保收高标准基本农田保护示范区。

——补充耕地任务全面落实。通过土地整治补充耕地 2400 万亩，其中农用地整理补充耕地 1080 万亩，损毁土地复垦补充耕地 425 万亩，宜耕未利用地开发补充耕地 895 万亩。

——农村建设用地整理规范有序推进。在严格规范管理的前提下，加强散乱、废弃、闲置和低效利用农村建设用地整理，整治农村建设用地 450 万亩，农村用地格局得到优化，土地利用效率得到提高，农村生产生活条件得到明显改善。

——城镇工矿建设用地整理取得重要进展。积极推进城镇工矿建设用地整理，重点加大旧城镇、旧工矿、"城中村"改造力度，促进单位国内生产总值建设用地降低 30%，减少经济增长对土地资源的过度消耗，城镇工矿用地节约集约利用水平显著提高。

——土地复垦明显加快。推进损毁土地复垦、生产建设活动新损毁土地全面复垦、自然灾害损毁土地及时复垦，历史遗留损毁土地复垦率达到 35% 以上，促进土地合理利用和生态环境改善。

——土地整治保障体系更加完善。土地整治工作机制更加健全，制度规范更加完善，科技支撑更加有力，公众参与更加充分，监督管理更加有效，为土地整治持续推进提供有力保障。

表1 "十二五"土地整治规划控制指标

单位：万公顷

指　　标	2015 年	指标属性
旱涝保收高标准基本农田建设规模	2666.7(40000)	约束性
经整治的基本农田质量提高程度	1 个等级	预期性
补充耕地总量	160(2400)	约束性
农用地整理补充耕地	72(1080)	预期性
损毁土地复垦补充耕地	28.3(425)	预期性
宜耕未利用地开发补充耕地	59.7(895)	预期性
农村建设用地整理规模	30(450)	预期性

注：表中括号内的数据单位为万亩。

4 亿亩高标准基本农田建设规模和 2400 万亩补充耕地面积作为约束性指标，通过省、市、县级土地整治规划层层分解落实。再建成 4 亿亩旱涝保收高标准基本农田，是"十二五"期间土地整治工作中的头等大事，是国务院赋予地方各级人民政府、国土资源部及国务院相关部门的重要职责，也是当前各级国土资源管理部门服务"三农"、保障和促进经济社会又好又快发展的首要任务。从全国层面上，4 亿亩高标准基本农田建设任务分解的基本思路是：综合考虑耕地资源条件包括基本农田的数量、质量、布局等因素，为各省（区、市）确定一个基本的整治比例，在此基础上根据资金保障程度进行修正，资金保障程度较高的省份适当提高整治比例，反之则适当降低整治比例，最后进行综合平衡。2400 万亩的补充耕地任务相较于《国民经济和社会发展第十二个五年规划纲要》确定的补充耕地 2000 万亩的目标，多出了 400 万亩，主要是基于对各地经济社会发展建设占用耕地面积的预测，运用底线思维测算的结果。

4. 支撑好国家七项战略

战略泛指统领性的、全局性的、左右成败的谋略、方针和对策。近年来，我国陆续提出了一系列事关社会主义现代化建设全局的发展战略，如粮食安全战略、城乡统筹发展战略、节约优先战略、区域发展战略等。土地整治作为一项"国家工程"，不仅本身已上升为国家层面的战略部署，同时对国家相关发展战略的贯彻实施也具有重要的支撑和保障作用。

——夯实粮食生产的物质基础，支撑国家粮食安全战略。保障国家粮食安全始终是治国理政的头等大事，也是保障和改善民生的头等大事。通过土地整治，"十二五"期间要建成一大批旱涝保收高标准基本农田，有效改善农业生产条件，耕地质量得到大幅提升，农业规模化和产业化水平提高约3.7%，预计增加粮食产能500亿斤，将有效促进《国家粮食安全中长期规划纲要（2008～2020年)》和《全国新增1000亿斤粮食生产能力规划（2009～2020年)》目标的落实，为保障国家粮食安全奠定更加坚实的物质基础。其中，建设好500个高标准基本农田示范县即可以新增200亿斤以上的粮食产能。

——坚持促进"三农"发展，推进社会主义新农村建设战略的实施。认真贯彻生产发展、生活宽裕、乡风文明、村容整洁、管理民主的社会主义新农村建设方针，按照有利生产、方便生活、改善环境的要求，统筹推进田、水、路、林、村综合整治，促进农民增收、农业增效、农村发展。通过土地整治，规划期内农民人均年收入增加400元以上，有效带动农村消费，拉动农村内需。土地整治过程中，要始终把维护农民和农村集体经济组织的主体地位放在首位，按照以人为本、依法推进的要求，切实做到整治前农民自愿、整治中农民参与、整治后农民满意。

——优化城乡用地结构和布局，支撑城乡统筹发展战略。以城乡建设用地增减挂钩试点、工矿废弃地复垦利用试点、低丘缓坡地开发试点、城镇低效用地再开发试点为引擎，调整优化城乡用地结构和布局，推进城乡统一土地市场建设，促进公共资源在城乡之间均衡配置、生产要素在城乡之间有序合理流动，推动城乡一体化发展。规划期内通过农村建设用地整理即可盘活城乡建设用地约450万亩。

——全面推进节约制度和技术创新，支撑节约优先战略。按照建设资源节约型社会的要求，落实最严格的节约用地制度，通过大力推进城乡建设用地整理，不断提高土地利用效率，规划期内促进单位国内生产总值建设用地减少30%，以较少的土地资源消耗支撑更大规模的经济增长。在土地整治实施过程中，也要大力倡导节约理念，推广先进工程技术，实现节地、节水、节材的目标。一是节地，在确保实现项目建设总体目标的前提下，因地制宜推广暗管改碱等技术，尽可能减少工程占地，增加有效耕地面积。二是节水，严格按照工程建设标准开展农田灌溉与排水工程建设，推广农业节水灌溉设备应用，推广激光平地等精细施工技术，提高渠系水有效利用系数。在丘陵、山区和干旱地区积极开展雨水积蓄利用，支持农村水窖建设，推广旱作农业技术，发展旱作节水农业，扩大节水作物品种和种植面积。三是节材，推行生态设计，积极开展新材料、新工艺的应用研究，尽量减少对原材料的消耗。

——实施差别化土地整治，支撑区域发展总体战略。中央高度重视区域发展，近年来逐步形成了以"西部大开发、振兴东北、中部崛起、东部率先发展"为核心内容的区域发展总体战略。贯彻落实区域发展总体战略，东部地区要积极开展城乡建设用地整理，着力提高土地资源利用效率，化解土地资源瓶颈制约，积极探索土地整治新机制；中部地区要加强田、水、路、林、村综合整治，稳步提高粮食综合生产能力，巩固提升全国重要粮食生产基地地位，保障科学发展用地需求；东北地区要大规模开展基本农田整治，切实保护好黑土地资源，建设稳固的国家粮食战略基地，加大资源枯竭地区土地复垦力度，积极开展旧工业区整治；西部地区要推广生态型土地整治模式，加强坡耕地整治，促进国土生态安全屏障建设。

——加强土地整治宏观管控，支撑主体功能区战略。中央提出坚定不移地加快实施主体功能区战略，严格按照优化开发、重点开发、限制开发、禁止开发的主体功能定位，划定并严守生态红线，构建科学合理的城镇化推进格局、农业发展格局、生态安全格局，保障国家和区域生态安全，提升生态服务功能。贯彻落实国家主体功能区战略，优化开发的城市化地区要积极开展城镇工矿建设用地整理，大规模开展基本农田整治，发挥农田的生态景观功能，改善区域生态环境；重点开发的城市化地区要大力推进田、水、路、林、村综合整治，保障农业和生态发展空间，促进人口集中、产业集聚、用地集约；农产品主产区要强化耕地保护，大规模建设旱涝保收高标准基本农田，推动农业的规模化、产业化、机械化，改善农村生产生活条件；重点生态功能区要以保护和修复生态环境为首要任务，积极开展坡耕地整治，实施土地生态环境整治示范工程，加强小流域综合治理，保护生物多样性。

——大力推进贫困地区土地整治，支撑国家扶贫开发战略。《中国农村扶贫开发纲要（2011～2020年)》把连片特困地区作为新时期扶贫主战场，把稳定解决扶贫对象温饱问题、尽快实现脱贫致富作为首要任务，明确了新一轮扶贫开发工作总体布局。要深入贯彻中央关于农村扶贫开发工作的政策方针，把土地整治与扶贫开发工作紧密结合，加大对革命老区、民族地区、边疆地区、贫困地区土地整治扶持力度，加强生态退耕地区基本口粮田建设，强化生态保护和修复，发展特色农林牧业，切实改善老少边穷地区生产生活条件。在坡耕地集中的地区，以缺粮特困地区、水库移民安置区、人口较少民族地区、人多地少矛盾突出地区和贫困边远地区为重点，按照先易后难、循序渐进、治理水土流失与促进群众脱贫致富相结合的原则，优先选择坡度较缓、近村、近水、近路的地块实施坡改梯工程，促进农民增收和农村经济发展。各级土地整治规划都要把落实国家扶贫开发战略作为一项政治任务，通过规划引导土地整治项目和资金向贫困地区倾斜，进一步拓展和丰富土地整治承载的社会功能。

（三）重点布局

1. 实施土地整治八大工程

土地整治重大工程是引领带动全国土地整治工作的重要引擎，也是实现土地整治国家目标的重要抓手。"十二五"全国土地整治规划在综合分析土地利用重大问题，与国家和区域发展重大战略、全国主体功能区规划、土地利用总体规划、城镇体系规划、水利建设规划、交通规划等相关规划充分衔接的基础上，确定了八项重大工程。其中，粮食主产区基本农田整治工程、重点煤炭基地土地复垦工程、"7918"高速公路和"四纵四横"高铁沿线土地复垦工程、"南水北调水利工程沿线土地整治工程"、西部生态建设地区农田整治工程、新疆伊犁河谷地土地开发工程等六项工程，是上一轮土地开发整理规划确定的重大工程的延续。在此基础上新增两项工程，一是战略后备区集中补充耕地重大工程，主要从保障国家粮食安全角度出发，确保耕地面积稳定、保障国家重大建设项目占补平衡；二是城乡统筹区域农村建设用地整理示范工程，以《全国主体功能区规划》确定的国家优化开发区域和重点开发区域为主要实施区域，通过优化城乡用地结构和布局，促进社会主义新农村建设和城乡统筹发展。

——粮食主产区基本农田整治工程。以基本农田整治为主，通过工程的实施，预计补充耕地面积 293 万亩，整治后基本农田质量提高 1 个等级。涉及河北、内蒙古、辽宁、吉林、黑龙江、江苏、安徽、江西、山东、河南、湖北、湖南、四川、陕西、山西、海南等 16 个省（区）875 个县（市、区）。

——西部生态建设地区农田整治工程。以农田整治为主，通过工程的实施，预计补充耕地面积 125 万亩。涉及广西、贵州、宁夏、四川、云南、重庆、甘肃、青海、西藏等 9 个省（区、市）235 个县（市、区）。

——新疆伊犁河谷地土地开发工程。以开发宜农土地后备资源为主，通过工程的实施，预计补充耕地面积 327 亩。涉及新疆伊犁河谷地的 10 个县（包括兵团部分团场）。

——战略后备区集中补充耕地工程。以增加有效耕地面积为主，通过工程的实施，预计增加有效耕地面积 234 万亩。涉及山东、内蒙古、宁夏、吉林、黑龙江、江苏、新疆、四川、云南、甘肃等 10 个省（区）80 个县（市、区）。

——城乡统筹区域农村建设用地整理示范工程。主要围绕工业化城镇化水平较高的区域，开展农村建设用地整理，通过工程实施，预计新增耕地 90 万亩，农村生产生活条件显著改善，城乡一体化发展水平明显提升。涉及广东、北京、天津、河北、山东、辽宁、上海、江苏、浙江、四川、重庆、湖南、湖北、安徽、河南、甘肃、宁夏、陕西、山西、黑龙江、吉林、福建、广西、海南、贵州、云南、青海、新疆等 28 个省（区、市）549 个县（市、区）。

——重点煤炭基地土地复垦工程。以矿区土地复垦为主，通过工程的实施，预计补充耕地面积 225 万亩。涉及内蒙古、辽宁、吉林、黑龙江、山东、河南、陕西、山西、云南、贵州、安徽、新疆等 12 个省（区）180 个县（市、区）。

——"7918"高速公路和"四纵四横"高铁沿线土地复垦工程。在"7918"高速公路和"四纵四横"高铁沿线开展土地整治，通过工程实施，预计补充耕地面积 6.75 万亩。涉及全国 31 个省（区、市）1404 个县（市、区）。

——"南水北调"水利工程沿线土地整治工程。在"南水北调"工程中线和东线区域开展土地整治，通过工程实施，预计补充耕地面积177万亩。涉及河北、江苏、安徽、山东、河南、湖北、天津、北京等8个省（市）128个县（市、区）。

2. 因地制宜推进九大区域土地整治

在《全国土地利用总体规划纲要（2006～2020年）》分区的基础上，"十二五"全国土地整治规划把全国划分为九大区域，结合区域经济社会发展水平和自然资源特点，有针对性地提出了每一区域的土地整治方向和重点。

——东北地区：以耕地尤其是基本农田整治为主要方向。在保护和改善生态环境的前提下，增加有效耕地面积，大规模建设旱涝保收高标准基本农田，积极推进规模化、机械化粮食生产基地建设；加快旧工业区改造和工矿废弃地复垦，促进资源枯竭城市转型发展。

——京津冀鲁区：以土地综合整治为主要方向。积极开展农村土地综合整治，规范推进城乡建设用地增减挂钩试点，稳步开展城镇工矿建设用地整理，优化城乡用地结构和布局；加强耕地质量建设，积极改造盐碱地和中低产田，提高耕地综合生产能力。

——晋豫区：以推进土地复垦和农村土地整治为主要方向。重点加强生产建设活动损毁土地的复垦；大力推进农用地整理，大规模建设旱涝保收高标准基本农田，提高粮食综合生产能力；积极开展农村居民点整理；开展小流域综合治理和风沙综合防治。

——苏浙沪区：以城乡建设用地整理为主要方向。积极推进村镇建设用地整理，稳妥推进城镇工矿建设用地整理，充分挖掘城乡建设用地潜力，提高土地节约集约利用水平；加强污染土地的修复治理，合理开发利用沿海滩涂和低丘缓坡土地。

——湘鄂皖赣区：以农用地整理为主要方向。积极开展农田整治，完善农田配套设施，大规模建设旱涝保收高标准基本农田；因地制宜开展农村居民点和零星闲散地综合整治，提高农村建设用地利用效率；积极开展小流域综合治理，防治水土流失。

——闽粤琼区：以建设用地整理为主要方向。积极开展旧城镇、旧村庄、旧工矿改造，稳妥推进农村建设用地整理，盘活存量建设用地，优化城乡用地结构和布局；加强珠江三角洲、福建沿海等地区污染土地的修复治理，合理开发利用低丘缓坡土地和沿海滩涂，建设海南热带现代农业基地。

——西南区：以土地生态修复和综合整治为主要方向。限制生态环境脆弱地区的土地开发，加强石漠化治理和生态修复；将农田整治与陡坡退耕还林政策有效结合，加大基本农田建设力度，加强山地丘陵区坡改梯；积极复垦生产建设损毁和自然灾害损毁土地。

——青藏区：以土地生态环境综合整治为主要方向。在西藏"一江两河"和青海湟水流域，加强农田水利和防护林网建设，增强耕地抗灾减灾能力；结合农牧区危旧房改造，开展村庄整治；加强退化草场治理和草地改良。

——西北区：以水土综合整治为主要方向。加强平原、旱塬和绿洲的耕地和基本农田建设，提高水资源利用率，防治土地盐碱化；坚持以水定地，因地制宜开发宜耕后备土地资源；结合危旧房改造与生态移民，开展村庄整治。

（四）制度保障

面对日益趋紧的资源环境约束、经济社会发展新形势以及政府机构改革大趋势对土地整治工作提出的新的更高的要求，必须加强调查研究和顶层设计，进一步建立健全土地整治制度体系，完善体制机制，强化实施监管，加强基础研究和能力建设，保障土地整治事业的持续健康发展。

——强化规划实施评估制度。国家、省、市、县四级相衔接的土地整治规划体系已经建立，全国高标准农田建设总体规划也已颁布实施，关键是要抓好各级规划的落实。规划一经批准，必须严格执行。土地整治项目的立项审批和高标准农田建设必须依据规划，各类土地整治活动都要符合规划。要加强规划监督检查，禁止随意修改规划，切实维护规划的权威性和严肃性。要对规划实施情况进行跟踪分析，对约束性指标和主要预期性指标完成情况进行适时评估，将规划实施评估工作制度化、常态化，并将评估结果以适当形式向社会公布。

——实行计划管理制度。在坚持规划引导的基础上，要抓好规划目标任务

的分解落实，加强土地整治计划管理。在国家层面上，国土资源部会同财政部每年依据全国土地整治规划总体安排，按照统筹兼顾、突出重点、先易后难、分类实施的原则，综合考虑各省（区、市）基本农田数量和质量状况、土地整治资金征收入库情况，以及土地整治重大工程项目和高标准基本农田示范县安排情况，编制下达年度高标准基本农田建设计划。各省（区、市）要综合考虑建设条件和资金保障能力等因素，制订高标准基本农田建设年度实施方案，分解落实国家下达的年度计划。要加强对计划执行情况的评估考核，土地整治资金分配要与上年度高标准基本农田建设计划执行情况挂钩，保障规划目标任务的落实。

——建立健全听证制度。听证制度来源于西方国家，建立听证制度的目的在于保障和深化公众参与。听证从形式上可分为正式听证和非正式听证，区别主要在于公众参与的方式和程度不同；以听证举行的时间为标准，又可分为事前听证、事后听证和混合听证。土地整治是一项复杂的经济社会活动，直接涉及群众的切身利益。建立健全土地整治听证制度，就是要完善土地整治工作流程，在土地整治规划编制、土地整治项目规划设计与工程建设中，充分听取当地群众的意见建议，引导群众全程参与，接受社会公众对土地整治活动的全过程监督，以更充分地表达群众的利益诉求，切实维护和保障群众权益。

——推行信息公开制度。信息公开制度是有关保障公众了解权和对了解权加以必要限制的法律制度。推行土地整治信息公开制度，也是为了更好地保障群众的知情权、参与权和监督权，是对公告制度的进一步完善和提升。要将土地整治规划、项目规划设计及其变更、项目实施、竣工验收等信息及时向社会公众公开，提高土地整治工作透明度，实行土地整治"阳光运行"。要加强土地整治宣传和舆论引导，建立健全与社会各界的沟通机制，提高社会公众对土地整治的认知程度，提升土地整治品牌形象，为土地整治事业发展积极营造良好的社会舆论氛围，争取最大范围的拥护和支持。

——完善资金管理制度。在现行土地整治资金使用管理制度体系的基础上，进一步细化完善资金管理制度，收足、用好、管住取自土地管理环节的各项资金。在推进高标准农田建设方面，要切实发挥好土地整治的平台作用，建立健全政府主导、多元投入、有效整合的资金筹集、使用管理制度，整合各项涉农资金，集中投入高标准农田建设，充分发挥资金的综合效益。要进一步完善土地整治项目资金预算、拨付审批、会计核算、财务记账、会计凭证等各项资金管理制度，确保土地整治资金及时到位、合理使用、有效监管，发挥资金最大效益。

——细化实施管理制度。实施管理是土地整治项目管理的核心内容。进一步细化完善实施管理制度体系，强化工程进度控制、质量控制和资金控制，提高实施管理能力和水平，是确保土地整治工作取得实效的关键所在。要进一步完善项目法人制、招投标制、合同制、监理制以及审计、验收、档案管理等各项常规管理制度。鼓励地方探索土地整治项目工程实施模式，允许财政投资土地整治项目资金直接投向符合条件的农民合作社。建立健全集中统一、全程全面的土地整治项目信息备案和监测监管制度，提高日常监测监管能力和水平。进一步完善重大工程实施和示范建设评估监测制度，建立中央与地方联合管理重大工程项目和示范建设的工作机制，加强中央对重大工程项目和示范建设的监测监管。

——创新后期管护制度。后期管护工作效果是决定土地整治项目建设成果能否持久发挥效益的关键。要坚决扭转"重建设、轻管护"的倾向，因地制宜建立健全后期管护制度，充分发挥各方面作用，形成专业管护与群防群护相结合、共同推进后期管护工作的良好局面。要按照中央文件要求，加快落实农业灌排工程运行管理费用由财政适当补助的政策。农民合作社基础较好的地方，要引导国家投资项目形成的资产移交给合作社管护，指导合作社建立健全项目资产管护机制。对于高标准基本农田建设项目，要按照"高标准建设、高标准管护、高标准利用"的要求，建立健全高标准基本农田管护制度。

——探索多元化激励机制。一是建立农田整治的激励机制。加大中央和地方财政的转移支付力度，构建区域补偿机制，完善新增费因素法分配制度，加大对基本农田保护和补充耕地重点地区的支持力度。鼓励粮食主销区通过多种方式到主产区投资建设粮食生产基地，更多地承担国家粮食储备任务。使用新增费开展高标准基本农田建设，可不受有关新增耕地率规定的限制。鼓励农村

集体经济组织和农民依据土地整治规划开展高标准基本农田建设，探索实行以补代投、以补促建、先建后补等实施方式。二是探索建立促进城镇低效用地开发的机制。在试点示范基础上，研究制定相关政策，鼓励企业在符合规划、不改变用途的前提下挖掘存量建设用地潜力，提高土地利用率，促进土地深度开发，以土地利用方式转变促进经济发展方式转变。三是探索土地复垦激励机制。按照"谁投资、谁受益"的原则，鼓励和引导社会资金参与土地复垦。依据《土地复垦条例》等有关规定，综合运用退还耕地占用税、补充耕地指标奖励、经济补贴等手段，调动土地复垦义务人、社会投资主体、土地权利人以及地方政府参与土地复垦的积极性和主动性。四是构建土地整治市场化机制。研究探索土地整治市场化资金运作模式，建立多元化的土地整治投融资渠道，形成以政府资金为主导、吸引社会资金投入的土地整治资金保障体系。制定社会资金投入土地整治的优惠政策，建立健全社会资本准入和退出机制，推进土地整治产业化。

——建立资质认证和准入制度。一流的事业必须有一流的从业机构和队伍支撑，必须有安全高效、公平公正、竞争有序的市场氛围。在各级政府机构简政放权、转变职能的改革背景下，要积极营造和维护良好的土地整治市场秩序，创造公平竞争、优胜劣汰的市场环境。要发展土地整治专业教育，建立健全土地整治从业人员上岗认证和机构资质认证制度。要加强对从业机构的资信管理，设立从业机构诚信档案，规范土地整治市场服务，建立规划设计、造价咨询、招标代理、工程监理、工程施工等机构准入和退出机制。加强土地整治专业技术培训，促进土地整治各类从业机构和队伍不断提高服务质量。

——落实绩效评价制度。建立健全土地整治绩效评价制度、推进土地整治绩效评价工作，是财政部和国土资源部的一贯要求。土地整治绩效评价是根据设定的土地整治目标和评价指标体系，运用一定的评价方法，对土地整治专项资金的分配使用及土地整治项目的实施管理、建设成效等进行的综合性评价，旨在不断提升土地整治工作运行管理能力和土地整治资金使用效益。建立土地整治绩效评价制度的关键，是要以目标为导向，因地制宜地构建科学合理、简便易行、操作性强的绩效评价指标体系。要在各地实践经验的基础上，研究制订土地整治绩效评价技术规程，为绩效评价工作提供技术指导。土地整治绩效评价工作要按照"强化基础、重点切入、先行示范、逐步推开"的思路，做到年年有部署、每年有重点，高起点规范、有序推进。先期应重点抓好 10 个农村土地整治示范省、已批复实施土地整治重大工程项目、500 个高标准基本农田示范县建设绩效评价工作，不断积累经验，完善制度规范，逐步建立健全分级分类的土地整治绩效评价工作体系。

综合成效篇

Comprehensive Achievements

B.4

推进农村土地整治，助力农业现代化*

吴海洋**

摘　要：

农村土地整治是破解农业现代化制约因素的重要手段，对于巩固国家粮食安全基础、改善农业基础设施条件、提高生产要素利用效率和搭建统筹城乡发展平台意义重大，当前及今后一段时间是加快推进农业现代化的关键时期，亟须通过创新农村土地整治体制机制、加强农村土地整治基础建设、建成4亿亩高标准基本农田和构建相关涉农资金聚合机制等强基固本措施，更好地助推农业现代化。

关键词：

农村土地整治　农业现代化　高标准基本农田

---

* 本文在《求是》杂志（2012年第7期）上发表。

** 吴海洋，湖北天门人，国土资源部土地整治中心主任、研究员，主要研究方向为土地资源管理。

农村土地整治是根据规划对田、水、路、林、村进行综合治理，增加耕地面积、提高耕地质量、改善生产条件和修复受损生态的土地利用活动。近年来，在各地的大力推进下，农村土地整治日益成为助推农业现代化的重要举措。胡锦涛同志 2011 年 8 月 23 日在中央政治局集体学习会上强调："要推进农村土地整治，加快农村土地整理复垦，着力提高耕地质量建设，大规模建设旱涝保收高标准农田，夯实农业现代化基础。"他不仅深刻阐述了农村土地整治与农业现代化的关系，而且明确了土地整治的方向和重点。我们一定要抓住机遇、乘势而上，把加快推进农村土地整治作为促进农业现代化的重要抓手，努力开拓中国特色农业现代化的广阔道路。

一 农村土地整治是破解农业现代化制约因素的重要手段

随着"三化"同步加快推进，我国农业现代化发展遇到一系列问题和挑战，农村土地整治成为破解这些问题和挑战的重要手段。

（一）国家粮食安全基础尚不巩固，亟须通过农村土地整治稳定耕地数量、提高耕地质量

保障粮食安全是推进中国特色农业现代化的首要目标，最根本的措施则是保护耕地。当前和今后一段时间，我国人口持续增加和消费持续升级将带来粮食需求量持续增大。但是，耕地数量减少、质量偏低、后备不足和污染加重，以及气候变化等，都对粮食安全构成威胁。另外，随着工业化城镇化梯度推进，东南沿海优质耕地大量流失，我国耕地分布重心集中于不适合发展高效农业的地区，粮食生产重心从秦岭—淮河以南转移至北部和中西部地区，"北粮南运"粮食产销格局面临日益严重的水土空间错位。在生物技术取得重大突破前，粮食产销结构性矛盾不会根本改变，粮食供求将长期处于紧平衡甚至脆弱平衡状态。为巩固粮食安全基础、提升粮食安全保障程度，亟待通过农村土地整治缓解耕地过快减少、提高综合生产能力。

（二）农业基础设施建设较为薄弱，亟须通过农村土地整治改善生产条件、抵御灾害风险

我国田间排灌设施陈旧、沟渠道路配套性差，基础设施薄弱成为农业现代化的短板。全国主灌区骨干工程完好率不足40%，个别地区可灌面积减少50%；农田有效灌溉面积不足全部耕地的50%。加上装备较为落后、科技水平不高以及耕地质量较差，农业生产"靠天吃饭"局面仍在持续，自然灾害频发、受灾面广量大、成灾损失严重极大困扰着农业现代化建设。据统计，2001~2010年间全国因灾损毁耕地年均高达57.5万亩。农业基础设施薄弱还使得农业生产规模化、集约化、机械化和标准化经营受限，加上管理理念较为落后，农业生产的市场竞争力不强，农业作为弱势产业的地位固化，其防范市场风险能力较低。为改善农业生产物质条件、增强抗御风险能力，亟须通过农村土地整治提高基础设施建设水平、改变基础设施落后局面。

（三）农业生产要素利用效率较低，亟须通过农村土地整治提高利用水平、降低生产成本

我国农业户均土地不到0.5公顷，远低于欧美国家，甚至少于日本、韩国；农田地块形态破碎，耕地中田坎、沟渠、道路占比高达13%。另外，截至2009年，全国生产建设破坏和自然灾害损毁土地复垦率仅12%，而发达国家往往超过85%。由于农业资源禀赋欠佳，加上生产经营粗放，生产要素利用效率不高，综合生产成本较高。目前，农业用水有效利用系数平均仅为0.5，而发达国家普遍为0.7~0.8；粮食单产与国际先进水平比差距较大，水稻单产只及国际先进水平的85%，小麦和大豆仅为55%，玉米和马铃薯不足50%；农业增产依赖增施化肥、农药，由于农资市场价格波动较大，农业生产成本居高不下。为提升生产要素利用水平、降低农业综合生产成本，亟须通过农村土地整治提高生产要素利用效率、减少生产要素投入数量。

（四）社会主义新农村建设缺抓手，亟须通过农村土地整治搭建工作平台、统筹城乡发展

由于工农产品剪刀差惯性犹存，我国农民人均收入增长乏力，城乡收入差距2010年仍然高达1∶3.23；农村建设历史欠账较多，基础设施配套和公益设施建设滞后，农民尚未享受均等化的基本公共服务；管理体制上存在二元分割，导致生产要素城乡流动限制较多，工业化城镇化发展"缺土地"、农业现代化"缺资金"、城乡统筹发展"缺平台"问题较为突出；城乡土地利用缺乏统筹协调，城镇粗放蔓延、农村无序建设现象普遍，农村居民点占地与城镇占地"双扩"局面仍未改变，2001~2010年间，全国城镇建设用地和农村居民点建设用地年均分别增加239.7万亩和23.1万亩。为构建城乡一体化发展新格局，亟须通过农村土地整治搭建平台，消除生产要素流动障碍，促进城乡协调发展，让城乡人民共享经济社会发展成果。

二　农村土地整治在推进农业现代化过程中取得显著成效

近年来，在各级党委、政府的高度重视下，农村土地整治围绕中国特色农业现代化目标任务深入开展、加快推进，极大地助推了农业现代化的发展。

（一）数量和提高质量并举，巩固了粮食安全的耕地资源基础

2001~2010年间，全国通过农村土地整治补充耕地4200多万亩，其中"十一五"期间补充2152万亩，超过同期建设占用和灾害损毁耕地面积，对坚守18亿亩耕地红线起到了至关重要的作用，巩固了粮食安全基础。经整治，耕地质量平均提高1个等级、亩产平均提高10%~20%。按亩产提高10%计算，每年通过农村土地整治增加的粮食产出相当于增加400万亩耕地的产出，进一步确保了粮食产量"八连增"。各地也将农村土地整治视为保障粮食安全的基础工作，不仅较好完成了国家下达的耕地保护任务，粮食生产能力也显著增强。黑龙江省近10年累计投入106亿元，实施各类土地整治项目512个，

新增耕地 157 万亩，增地率位居全国之首；河南省 1999 年以来累计投入 185 亿元，整治土地 1400 万亩，新增耕地 330 多万亩。

（二）加强高标准基本农田建设，改善了农业生产的基础设施条件

近年来，农村土地整治以建设高标准基本农田为重点，大力推进土地平整工程，合理确定田块规模、适当规整田块形状、提高田面平整程度；健全完善田间道路和防护林网系统，优化道路林网格局，提高田间道路荷载标准、通达程度，增强林网防护能力；加强建设农田灌排工程，提高耕地灌溉比例和灌溉用水利用系数，增强农田防洪排涝能力。2001～2010 年间，全国通过农村土地整治建成高产稳产基本农田 2 亿多亩，仅"十一五"期间就建成 1.6 亿亩，很大程度上破解了农业发展的基础设施瓶颈、缓解了农业基础设施长期薄弱局面，规模化、集约化、机械化、标准化生产水平显著提高。在 2011 年冬季至 2012 年春季华北、黄淮地区的严重旱情中，土地整治工程的抗旱效应充分显现，得到社会各界广泛认可。

（三）优化土地利用结构和布局，构建了城乡一体化发展的新机制

近年来，农村土地整治工作加强各业各类用地结构和布局规划设计，满足了现代农业生产的多功能用地要求，优化了农田分布格局。按照新农村建设的要求，农村土地整治引导国家财政和社会资金投入农村整治建设用地。2006 年以来，全国农村建设用地整理项目区直接投资 2393.9 亿元，整治后农田分布更为集中连片，村庄环境和居住条件显著改善。农村土地整治还促进建立了城乡统筹发展新机制。许多地方按照以城带乡、以工补农的要求，通过城乡土地资源优化配置缓解了城镇化用地压力，通过土地级差收益返还增加了新农村建设资金；城乡土地要素有序流动，促进了农民居住向中心村镇集中、耕地向适度规模经营集中、产业发展向工业园区集中；统筹建设基础设施还推动了城乡基本公共服务均等化，促进了经济社会发展成果的城乡共享。

（四）改变农民生产和经营方式，拓展了各地农民的增收创收渠道

农村土地整治不仅因为降低生产成本、改善生产条件以及推动规模化、产

业化经营而提高了务农收入，还因为创造就业机会而增加了劳务收入。据测算，经整治耕地的生产成本平均降低 5% ~ 15%；每亿元农村土地整治投资中工程施工所需劳动力投入约占 20%，创造 150 多万个劳动力用工需求。"十一五"期间，参与农村土地整治农民的人均年收入增加 700 余元，劳务所得全国合计超过 150 亿元。此外，农村土地整治还成为推进扶贫开发的重要举措。2001 年以来，国家在多数扶贫开发重点县开展了农村土地整治，中央安排资金超过 60 亿元。一些地方也将农村土地整治视为促进农民脱贫致富的小康工程，如湖北省农村土地整治向贫困地区倾斜，不仅保证当地农民人均一亩良田（园），而且大力发展特色农业，促进农业经济新增长点的培育。

三 农村土地整治将通过强基固本更好地助推农业现代化

当前及今后一段时间是加快推进农业现代化的关键时期，农村土地整治将通过强基固本、有序实施，在助推农业现代化中发挥更大作用。

（一）创新农村土地整治体制机制，将进一步保障工作的顺利推进

为保障农村土地整治工作持续健康发展，应加快相关重点领域的改革创新。在构建机制方面，应建立健全"政府主导、国土搭台、部门联动、农民主体、社会参与"的农村土地整治工作机制；在落实责任方面，应明确县级以上人民政府为责任主体，将农村土地整治工作列为政府领导任期目标责任制的一项内容；在完善监管方面，应建立健全集中统一、分级负责、全面全程的监管制度，创新监管技术手段，建立信息公开与情况通报制度等；在加强激励方面，应加大财政转移支付力度，构建区域补偿机制，以及按照"谁投资、谁受益"原则鼓励和引导社会资金参与。

（二）加强农村土地整治基础建设，将进一步增强事业发展后劲

当前，应着眼长远发展和稳步推进需要，夯实农村土地整治工作基础。在土地整治规划编制实施方面，应加快健全国家、省、市、县四级土地整治规划

体系，严格土地整治规划评审和实施跟踪；在健全土地整治标准体系方面，应规范土地整治行为，确保土地整治质量；在土地整治信息化建设方面，应建立土地整治规划数据库，完善土地整治项目信息报备系统；在强化土地整治法制建设方面，应加紧修订现行土地管理法律法规，研究制定《土地整治条例》；在基础研究和队伍建设方面，应加强土地整治理论、方法和技术研究，组织实施重大科技专项，以及加强教育培训，建立土地整治从业人员持证上岗和机构资质认证制度等。

（三）建成4亿亩高标准基本农田，将进一步夯实粮食安全基础

温家宝同志2011年7月20日在国务院常务会议上强调，要"力争'十二五'期间再建成4亿亩旱涝保收的高标准基本农田"。为完成既定任务，农村土地整治应以大规模建设旱涝保收高标准基本农田为重点，大力推进农用地整治，稳妥推进农村建设用地整理，加快推进损毁土地复垦。根据全国土地整治规划，2011~2015年间全国将加强500个重点县的建设，改造提高116个示范区，新建5000处万亩连片示范区，整治后基本农田平均提高1个等级，粮食亩产增加100公斤以上。与此同时，整治农村建设用地450万亩，复垦损毁土地2600万亩，进一步增强国家的粮食安全保障能力。

（四）构建相关涉农资金聚合机制，将进一步增强支农惠农成效

资金统筹将成为今后农村土地整治的关键环节，当前应努力形成政府投入持续加大、相关部门共同参与、农民积极出资投劳（劳动力），以及社会力量广泛参与的多元化资金投入机制。重中之重，应按照"渠道不乱、用途不变、专账管理、统筹安排、各记其功"原则，严格执行新增建设用地土地有偿使用费和用于农业土地开发的土地出让收入征收使用管理规定，发挥土地整治专项资金的引导作用，聚合农村公路修建、农业综合开发、农田水利建设、农村危房改造等涉农资金，发挥资金整合的规模效应，实现"各炒一盘菜、共办一桌席"，切实增强支农惠农效果。

B.5
土地整治对农村生产生活方式影响研究*

严金明**

摘 要：

本文系统分析了土地整治对农村生产生活方式的影响机制，建构了土地整治对农村生产生活方式的影响评价指标体系，形成了土地整治与农村生产生活方式互适性的分析框架。在此基础上，本文对典型区域土地整治影响农村生产生活方式的程度与两者的互适性予以评价。经研究发现，土地整治促进了农村生产生活方式的变迁，但须因地制宜、因时制宜地判别土地整治与农村生产生活方式的互适性，在充分考虑当地自然条件、社会经济状况以及政府、村民整治意愿的基础上，根据需求方向和引导目标，探寻土地整治最有效优化农村生产生活方式的机制和路径。

关键词：

土地整治　农村生产生活方式　影响机制　互适性

一　引言

当前，农村发展面临着农村占地广、用地集约程度低、农村居住设施与环境发展落后等问题。在推进农业现代化、建设社会主义新农村的关键时期，亟须全面改善农村生产生活条件，推动农业生产集约化、标准化、设施化、精细

---

* 本文系 2013 年度政府性基金预算财政拨款项目（12113J0000003）专项课题"土地整治对农村生产生活方式影响"的阶段性研究成果。

** 严金明（1965～），博士，中国人民大学公共管理学院副院长、教授，博士生导师，主要研究方向为土地规划与管理、土地经济与政策。

化、智能化，促进农村生活舒适化、便利化、自主化。

土地整治既是优化土地资源配置的有效工具，也是建设社会主义新农村、有效促进城乡统筹发展的有力抓手。一方面，土地整治有利于改善土地利用结构，增加耕地数量，通过"田、水、路、林、村"的综合整治提高耕地质量①。另一方面，土地整治与新农村建设在内容、模式和管理层面都存在着极强的耦合②。同时，土地整治是加强农村基础设施和公共服务设施建设的重要途径，其公众参与的要求与特征也能促进农村基层民主建设、提升乡风文明③。因此，今后应充分利用土地整治工程平台，促进其与新农村建设的良性互动。

然而，在相关研究中，国外土地整治以土地整治的效益评价、土地整治的项目评估、土地整理的生态景观影响评价为重点④。国内评价则大多数集中于潜力评价⑤、环境影响评价、效益评价⑥等方面。缺乏针对农村生产生活方式的影响评价。因此，研究土地整治对农村生产生活方式的影响，详

① 张正峰、杨红、谷晓坤：《土地整理项目影响的评价方法及应用》，《农业工程学报》2011 年第 12 期。
② 高明秀、赵庚星：《土地整理与新农村建设耦合关系模型研究》，《中国土地科学》2012 年第 5 期。
③ 高世昌：《农村不"呼吸"，城市将"窒息"——土地整治促进城乡统筹发展机制研究》，《中国土地》2012 年第 9 期。
④ J. Catro Coelho, J. Portela and P. R AguiarPrinto: A Social Approach to Land Consolidation Schemes, A Portuguese Case Study: the Valenca Project. *Land Use Policy*, 1996, 13（2）: pp. 129 – 147.
⑤ 曲衍波、张凤荣、宋伟、梁发超、姜广辉：《农村居民点整理潜力综合修正与测算——以北京市平谷区为例》，《地理学报》2012 年第 4 期。林坚、李尧：《北京市农村居民点用地整理潜力研究》，《中国土地科学》2007 年第 1 期。陈荣清、张凤荣、孟媛等：《农村居民点整理的现实潜力估算》，《农业工程学报》2009 年第 4 期。孔雪松、刘艳芳、邹亚锋、陈奕云：《基于农户意愿的农村居民点整理潜力测算与优化》，《农业工程学报》2010 年第 8 期。邱道持、田水松：《耕地整理潜力评价综合探讨——以重庆市丰都县为例》，《西南师范大学学报（自然科学版）》2003 年第 4 期。
⑥ 高向军：《土地整理理论与实践》，地质出版社，2002。孙雁、付光辉、赵小敏、刘友兆：《农地整理项目后效益评价模式的构建》，《农业工程学报》2008 年第 1 期。甘晓林、张军、王乐乐：《新农村建设中的土地整理综合效益评价指标体系研究》，《湖北农业科学》2012 年第 21 期。高明秀、张芹、赵庚星：《土地整理的评价方法及应用》，《农业工程学报》2011 年第 10 期。信桂新、杨庆媛、杨华均、杨朝现、谢金宁：《土地整理项目实施后影响评价》，《农业工程学报》2009 年第 11 期。王瑷玲、赵庚星、李占军：《土地整理效益项目后综合评价方法》，《农业工程学报》2006 年第 4 期。

细考察土地整治对农村生产生活方式的影响机制、程度，剖析土地整治与农村生产生活方式的互适性，不但有助于全面考核、规范推进土地整治各项活动的开展，提高土地整治实施的科学性和可行性，也有利于明确土地整治决策时机、实施方式，进而因势利导，促进土地整治与新农村建设的有效互动。

二　土地整治影响农村生产生活方式的机制

（一）农村生产生活方式内涵与组成

生产方式是人们为满足需求而对生产要素进行分配以及利用的方式。因此，农村生产方式可从基于劳动力分配的就业与产业结构，基于土地、资金、技术等方面的农业种植结构与生产要素投入结构，以及基于管理的农业经营管理模式等方面进行考察。

生活方式是除生产劳作外其他所有的生活图景，包括家庭层面的居住方式、生活配套、消费模式、通信以及群体层面的人际交往、管理方式等方面的内容。

表1　农村生产方式组成

农村生产方式	产业结构	村庄产业结构
		家庭就业结构
	农业结构	种植结构
		养殖结构
	农业要素投入	人力资源投入
		化肥（N,P,K）投入
		农药使用程度
		机械化水平
		技术应用程度
	农业经营管理方式	信息化程度
		规模化水平
		产业化水平

表 2　农村生活方式组成

农村生产方式	居住方式	住房方式（平房、楼房）
		聚居模式（大户、小户）
	生活配套	给水方式
		排水方式
		用电方式
		通行方式
		用暖方式
		供气方式
		排泄与废物处理
	公共服务	医疗
		教育
		文化
		商服配套
	信息化水平	网络普及
		通信方式
	消费方式	消费结构（自产、购买）
		购物方式
		休闲娱乐方式
	人际关系	邻里关系
		亲朋关系
	管理方式	民主管理
		乡村文明

生产与生活方式既受外在环境的影响，也相互作用，共同演进。一方面，生产方式是生活方式赖以存在的物质基础，也是人与人之间相互联系的平台。另一方面，生产方式应人们的需求而发展。因此生产方式与生活方式相辅相成，必须在把握土地整治分别对农村生产方式与生活方式的影响基础上，从生产生活方式互动演进的角度进一步分析综合效应。

（二）土地整治直接影响农村生产方式的路径

农村生产方式的稳定与演进首先源于其对人们物质需求的满足程度。当前，农民生产就业首先是为了满足自身饮食需求，在此基础上追求经济利益最大化。农民会根据生产要素的比较优势，考虑自身的行业选择以及农业种植结构，并确定在不同行业的生产要素投入。比较优势的根本在于生产要素的稀缺程度及其边际净效益，农田整治可以通过平整土地、归并田块、完善灌排基础设施提高农田质量，促使种植结构调整及劳动、资金、技术、管理等要素的边际报酬递增。整治过程中人力培训、资金扶持、科技普及以及管理经验学习等将减少这些要素的稀缺性，从而改变生产要素的比较优势并影响生产方式。路径如图1所示。

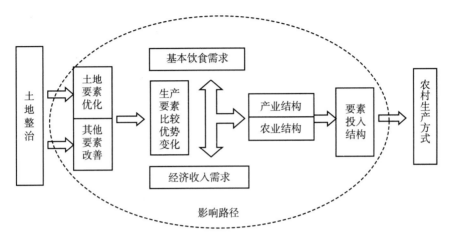

图1 土地整治直接影响农村生产方式的路径

（三）土地整治直接影响农村生活方式的路径

生活方式往往围绕居住方式与其他生活方式的相互作用而发展。具体而言，居住方式决定了所需的生活配套、信息化水平，也影响着人际交往的空间距离，而不断发展的生活配套、通信、人际交往也将为原有居住方式的便利化提供空间。上述生活方式将形成人们生活理念与文化，进而对管理方式产生影响，而理念与文化的改变也将对生活方式产生影响。土地整治的影响路径在于：第一，居民点整治将直接影响农民的居住方式，进而改变生活配套、通信、人际交往范围等生产方式。第二，土地整治所产生的效益可以为农村生活配套、信息化水平建设、公共服务等方面提供物质基础，从而为居住方式的改变提供空间。第三，土地整治决策管理中的农民参与可能增强民主自治需求，进而对社区民主管理产生影响。路径如图2所示。

（四）土地整治对农村生产生活方式的综合影响路径

1. 生产生活方式相互影响变迁原理

生产方式内生变迁的关键在于：第一，价值需求的变迁。第二，生产要素

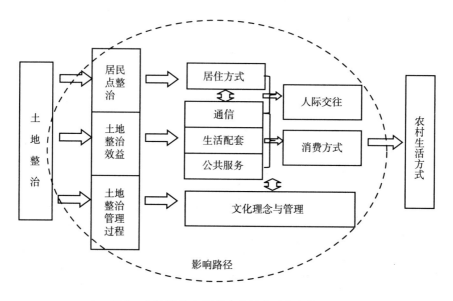

图 2　土地整治直接影响农村生活方式的路径

比较优势的变化。生活方式内生变迁的关键在于：第一，生产方式的变迁。第二，价值需求的变迁。生活方式将通过影响人们的价值需求以及生产要素的使用成本而影响其比较优势，进而影响生产方式。生产生活方式相互影响变迁的原理如图 3 所示。

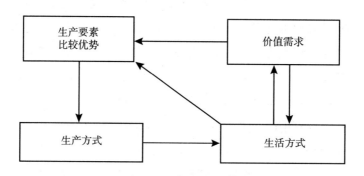

图 3　生产生活方式相互影响变迁的原理

2. 土地整治影响生产生活方式的综合机制

（1）土地整治改变生产方式，进而影响生活方式。

第一，就业方式或农业结构的变化，既可能改变农民消费模式，也会通过改变农民的交往范围而影响人际关系,并影响农民文化理念。第二,农业经营的规模变化可能影响原有居住及生活配套等方面的便利性,从而产生对生活方式的改进需求。第三,生产方式变化可能带来家庭收入增加,进而为农民自身改善居住环境及生活配套提供基础。

(2)土地整治改变生活方式,进而影响生产方式。

第一,居住方式的变化改变了耕作半径与非农就业的实际距离,从而可能改变人力资源投入的边际效益。第二,教育培训等服务的完备有利于提升农民自身知识,从而改变人力投入在行业选择、种植结构等方面的比较优势。第三,土地整治过程中培育的互助民主理念与管理方式的完善有利于降低农民组织管理的交易成本,从而改变生产中管理的比较优势。

综合来看,土地整治对生产生活方式的综合影响路径如图4所示。

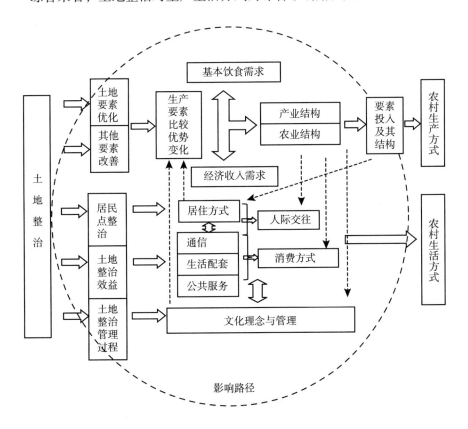

图4 土地整治对生产生活方式的综合影响路径

三 土地整治对农村生产生活方式的影响评价

（一）指标体系与权重

在对有关土地整治影响性评价的相关理论进行综合分析的基础上，按照科学性与可操作性原则、系统性与完整性原则、主成分与独立性原则和定性与定量相结合原则，构建影响评价指标体系如表3与表4所示。

表3 土地整治对农村生产方式影响的指标体系

目标层	准则层	准则层2	指标层
土地整治对农村生产方式的影响	就业结构变动	就业结构变动	非农就业比重变化率
	农业结构变动	种植结构变动	主要粮食作物面积变动率
		养殖结构变动	主要养殖品种规模变动率
	农业要素投入变动	人力资源投入变动	年农业劳作投入时间变动率
		化肥（N,P,K）变动	年化肥投入量变动率
		农药使用程度变动	年农药使用量变动率
		机械化水平变动	机械化作业率变动率
		新技术应用变动	农业新技术采纳率变动率
	农业经营管理方式变动	信息化程度变动	农业信息化设备增加率
		规模化水平变动	户均实际经营规模变动率
		产业化水平变动	农业加工产值占农业总产值比重变动率

表4 土地整治对农村生活方式影响的指标体系

目标层	准则层	准则层2	指标层
土地整治对农村生活方式的影响	居住方式变化	住房方式变动	公寓式楼房比重变动率
		聚居模式变动	小户（1~4人）居住比重变动率
	生活配套	给水方式变动	自来水给水比重变动率
		排水方式变动	管道排水比重变动率
		用电方式变动	变压器数量变动率
		通行方式变动	摩托车数量变动率
		用暖方式变动	集体供暖户数比重变动率
		供气方式变动	集体供气户数比重变动率
		排泄与废物处理变动	自动化废物处理户数比重变动率

续表

目标层	准则层	准则层2	指标层
土地整治对农村生活方式的影响	公共服务	医疗服务变动	医疗服务质量提高率
		教育服务变动	教育服务质量提高率
		文化服务变动	文化服务质量提高率
		商服配套变动	商服配套服务质量提高率
	信息化水平	网络普及变动	通网户数比重变动率
		通信方式变动	户均手机数量变动率
	消费方式	消费结构变动	食品支出比重增加率
		购物方式变动	大型超市购物次数变动率
		休闲娱乐方式变动	参与文体活动次数变动率
	人际关系	邻里关系变动	邻里关系和谐度变动率
		亲朋关系变动	亲朋关系和谐度变动率
	管理方式	民主管理变动	民主管理质量提升率
		乡村文明变动	乡村文明提升率

结合专家意见法、层次分析（AHP）法与特尔菲法，请多位专家对体系中的指标进行问卷赋值。通过矩阵计算，并对结果进行有效性检验，反馈调整，得到各项指标的权重。

（二）土地整治对农村生产生活方式的影响评价

1. 调研情况

本次调研分为全国宏观调查与重点区域调查。前者依托中国人民大学"千人百村"社会调研活动，选取全国100个村进行实地调查与访谈，重点考察农用地整治、农村居民点整治以及农村综合整治的影响程度。本次调查共发放3000份问卷，回收有效问卷2378份，有效率为79.27%。后者选取江苏省南通市、重庆市江津区、广西壮族自治区柳州市的三个土地整治重点区域进行调查。其中，南通市有万顷良田建设工程，重庆市江津区有农村居民点整治项目，柳州市有农村土地综合整治项目。南通市共发放问卷250份，其中有效问卷221份，有效率为88.40%；重庆市江津区共发放问卷650份，其中有效问卷582份，有效率为89.54%；柳州市共发放问卷350份，其中有效问卷312份，有效率为89.14%。

2. 土地整治对农村生产生活方式影响的评价结果

（1）全国宏观层面。

通过计算得出，农用地整治、农村居民点整治、土地综合整治三种模式对农村生产方式的影响分别是1.11%、1.99%、1.49%，对农村生活方式的影响分别是4.12%、11.63%、9.96%。如表5、表6所示。

表5　全国宏观层面土地整治对农村生产方式影响评价结果

单位：%

目标层	准则层	农用地整治	农村居民点整治	土地综合整治
土地整治对农村生产方式的影响	就业结构变动	0.08	0.68	0.38
	农业结构变动	0.12	0.63	0.30
	农业要素投入变动	0.43	0.35	0.45
	农业经营管理方式变动	0.49	0.33	0.37
	总　计	1.11	1.99	1.49

表6　全国宏观层面土地整治对农村生活方式影响评价结果

单位：%

目标层	准则层	农用地整治	农村居民点整治	土地综合整治
土地整治对农村生活方式的影响	居住方式变化	0.82	2.34	1.68
	生活配套	1.22	2.71	2.36
	公共服务	0.74	2.28	2.13
	信息化水平	0.30	1.12	1.04
	消费方式	0.25	1.14	1.03
	人际关系	0.44	1.54	1.24
	管理方式	0.36	0.51	0.49
	总　计	4.12	11.63	9.96

由此可知：

①农用地整治对农村生产生活方式作用明显，农村居民点整治在一定程度上促进了农村生产生活方式的快速变化，土地综合整治对农村生产生活方式有较为广泛而全面的影响。

②相比于生产方式，土地整治（尤其是居民点整治）对农村生活方式影响更大。

③土地整治对居住方式、生活配套、公共服务和人际关系的影响相对较大。

（2）重点调查区域。

农用地整治、农村居民点整治、土地综合整治三种模式对农村生产方式的影响分别是1.23%、1.93%、1.56%，对农村生活方式的影响分别是4.20%、11.95%、10.1%。如表7、表8所示。

表7 重点区域土地整治对农村生产方式影响评价结果

单位：%

目标层	准则层	农用地整治	农村居民点整治	土地综合整治
土地整治对农村生产方式的影响	就业结构变动	0.13	0.59	0.37
	农业结构变动	0.15	0.63	0.32
	农业要素投入变动	0.47	0.37	0.46
	农业经营管理方式变动	0.49	0.35	0.41
	总　计	1.23	1.93	1.56

表8 重点区域土地整治对农村生活方式影响评价结果

单位：%

目标层	准则层	农用地整治	农村居民点整治	土地综合整治
土地整治对农村生活方式的影响	居住方式变化	0.82	2.43	1.74
	生活配套	1.28	2.79	2.40
	公共服务	0.75	2.39	2.10
	信息化水平	0.29	1.14	1.06
	消费方式	0.26	1.13	1.04
	人际关系	0.43	1.52	1.31
	管理方式	0.36	0.55	0.45
	总　计	4.20	11.95	10.10

由此可知：

①重点调查区域的评价结果与宏观层面的评价结果基本一致。

②农用地整治对生产方式产生了较为正向的作用，有利于提高生产方式效率；农村居民点整治往往会带来生产生活方式在短时间内的跳跃式巨大差异，能提高生活方式舒适程度。

③相比于生产方式，土地整治（尤其是居民点整治）对农村生活方式影

响更大。

④土地整治对居住方式、生活配套、公共服务和人际关系的影响相对更大；但由于各个地区自然条件和社会经济状况不同，政府、村民的整治意愿和目标也不尽相同，因而影响程度存在差异。

四 土地整治与农村生产生活方式的互适性研究

（一）土地整治与农村生产生活方式互适性的框架构建

根据马斯洛需求层次理论所设定的生理需求、安全需求、社交需求、尊重需求、实现自我需求，明确农村生产生活方式改进方向：生产方式高效、生活方式舒适、生产生活方式可持续、生产生活方式与文化思想契合。在此基础上，对农村生产生活方式的变化加以评价，评判土地整治与农村生产生活方式的互适性。同时，根据土地整治影响生产生活方式的路径，规范土地整治，进而促进土地整治与农村生产生活方式改进的耦合。综合可得土地整治与农村生产生活方式互适性框架如图 5 所示。

（二）土地整治与农村生产生活方式互适性的案例分析

对土地整治与农村生产方式的互适性进行分析，结果如表 9 所示。

1. 南通市土地整治模式主要是农用地整治

从统计结果来看，农用地整治对农村生产方式产生了较为正向的作用，有利于提高生产方式效率，但化肥用量与整治前相比增多，今后须关注生态建设，促进自然可持续发展。另外，农民对农用地整治的满意程度较高，符合农村生产生活方式的合理演进方向。

2. 江津区土地整治模式主要是居民点整治

据统计，生产方式受土地整治影响相对较小，多数目标层指标都发挥正向作用；另外，居民点居民仍对就业安置工作不太满意，土地整治安置制度有待调整。

3. 柳州市土地整治模型是土地综合整治

调查发现，综合整治对农村生产方式的影响相对于农用地整治小，除了农

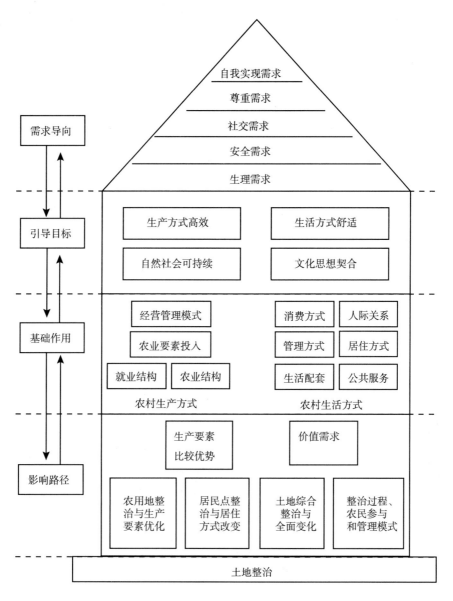

图5 土地整治与农村生产生活方式互适性分析框架

业结构变动外，大部分都为正向变动，这可能是因为不同区域不同村民的需求存在差异；从满意度来看，大部分生产方式变动使农民满意。因此，互适性须因地制宜、因时制宜，根据需求导向和引导目标，保障土地整治对农村生产生活方式的基础作用科学合理。

表9　土地整治与农村生产方式互适性分析

目标层	准则层	准则层2	指标层	江苏南通市			重庆江津区			广西柳州市		
				变动方向	满意程度	评分	变动方向	满意程度	评分	变动方向	满意程度	评分
土地整治对农村生产方式的影响	就业结构变动	就业结构变动	非农就业比重变化率	－	0	7.5	＋	－1	0	＋	1	15
	农业结构变动	种植结构变动	主要粮食作物面积变动率	＋	1	10	－	0	5	－	1	10
		养殖结构变动	主要养殖品种规模变动率	＋	1	10	－	0	5	－	1	10
	农业要素投入变动	人力资源投入变动	年农业劳作投入时间变动率	＋	1	8	－	0	4	－	0	4
		化肥（N，P，K）变动	年化肥投入变动率	＋	1	7	＋	0	3.5	＋	0	3.5
		农药使用程度的变动	年农药使用量变动率	＋	1	7	－	0	3.5	－	0	3.5
		机械化水平变动	机械化作业变动率	＋	1	10	＋	0	5	＋	1	10
		新技术应用变动	农业新技术采纳率变动率	＋	1	8	＋	0	4	＋	1	8
	农业经营管理方式变动	信息化程度变动	农业信息化变动率	＋	1	8	＋	0	4	＋	1	8
		规模化水平变动	户均实际经营规模变动率	＋	1	9	＋	0	4.5	＋	1	9
		产业化水平变动	农业加工产值占农业总产值比重变动率	＋	1	8	＋	0	4	＋	0	4
总计						92.5			42.5			85

注：变动方向数据源于重点区域调查结果，＋表示正方向，－表示负方向，方向不好判断用不确定表示；满意程度来源于调查问卷分析：1 为满意，0 为不置可否，－1 为不满意。

表 10　土地整治与农村生活方式互适性分析

目标层	准则层	准则层2	指标层	江苏南通市 变动方向	江苏南通市 满意程度	重庆江津区 变动方向	重庆江津区 满意程度	广西柳州市 变动方向	广西柳州市 满意程度
土地整治对农村生活方式的影响	居住方式变化	住房方式变动	公寓式楼房比重变动率	+	0	+	-1	+	1
		寨居模式变动	小户(1~4人)居住比重变动率	-	0	-	-1	-	0
	生活配套	给水方式变动	自来水给水比重变动率	+	1	+	1	+	1
		排水方式变动	管道排水比重变动率	+	1	+	1	+	1
		用电方式变动	变压器数量变动率	+	1	+	1	+	1
		通行方式变动	摩托车数量变动率	+	0	+	1	+	1
		用暖方式变动	集体供暖户数比重变动率	+	0	+	1	+	1
		供气方式变动	集体供气户数比重变动率	+	0	+	1	+	1
		排泄与废物处理变动	自动化废物处理户数比重变动率	+	0	+	-1	+	-1
	公共服务	医疗服务变动	医疗服务质量提高率	+	0	+	1	+	1
		教育服务变动	教育服务质量提高率	+	0	+	1	+	1
		文化服务变动	文化服务质量提高率	+	0	+	1	+	1
		商服服务配套变动	商服服务配套质量提高率	+	0	+	1	+	-1
	信息化水平	网络普及变动	通网户数比变动率	+	0	+	0	+	1
		通信方式变动	户均手机数量变动率	+	1	+	1	+	1
	消费方式	消费结构变动	食品支出比重增加率	-	1	-	1	-	1
		购物方式变动	大型超市购物次数变动率	+	1	+	1	+	1
		休闲娱乐方式变动	参与文体活动次数变动率	+	0	+	1	+	1
	人际关系	邻里关系变动	邻里关系和谐度变动率	-	0	-	-1	-	-1
		亲朋关系变动	亲朋关系和谐度变动率	-	0	-	-1	-	-1
	管理方式	民主管理变动	民主管理质量提升率	+	1	+	1	+	1
		乡村文明变动	乡村文明质量提升率	+	1	+	1	+	1

注：变动方向数据还源于重点区域调查，+ 表示正方向，- 表示负方向，方向不好判断用不确定表示；满意程度来源于调查问卷分析：1 为满意，0 为不置可否，-1 为不满意。

另外，根据土地整治与农村生活方式的互适性分析，可知：

第一，南通市农用地整治对农民生活方式的影响不是十分明显，值得注意的是在信息化水平、消费方式和管理方式三方面农民的满意度都较高，总的来看农用地整治还是符合农民生活需求导向的，符合新农村建设和城乡一体化的发展趋势。

第二，重庆市江津区留守农民外出打工较少，对扩大耕地规模的意愿不强，能够接受的耕作半径较小，但对整治村庄环境、改善生活条件的意愿较强烈。居民点整治在一定程度上促进了农村生活方式的快速变化，能够大大提高生活方式舒适程度，但其对生活方式变迁的巨大促进作用并不一定完全能够考虑每位村民的需求和意愿。值得注意的是，除了农用地整治处的居民对人际关系变化不置可否外，其他居民均不满意人际关系变化，日后应注重满足居民的社会需求。

第三，柳州市留守农民外出打工较少，对扩大耕地规模的意愿较强，能够接受的耕作半径小，对改善村庄环境的意愿为一般。土地综合整治对农村生产生活方式有较为广泛全面的影响，同时生产生活方式彼此之间又相互作用。土地综合整治能否促使生产生活方式合理演进，关键在于土地综合整治的基础作用是否符合需求导向、是否提高生产要素比较优势、是否符合价值需求，整治过程中是否切实有农民参与。

五　结论与建议

（一）结论

第一，在宏观层面上，农用地整治对农村生产生活方式产生较为明显的影响，促进了农村生产生活方式的变迁；重点区域调查的比较结果也显示，农用地整治对生产方式产生了较为正向的作用，符合农村生产生活方式的合理演进方向，这有利于提高生产方式效率，但须关注农用地整治中的生态建设，防止整治对农村生活方式可能产生的不利影响。

第二，在宏观层面上，农村居民点整治在一定程度上促进了农村生产生活方式的快速变化，整治前后的生产生活方式（尤其是生活方式）往往发生巨大的变化；重点区域调查结果显示，农村居民点整治往往会带来生产生活方式在短时间内的跳跃式巨大差异，能够大大提高生活方式舒适程度，但须保证其符合社会经济的发展诉求并与村民文化思想相契合，不能操之过急。

第三，土地综合整治对农村生产生活方式有较为广泛全面的影响，同时生产生活方式彼此之间又相互作用。土地综合整治能否促使生产生活方式合理演进的关键在于其是否符合需求导向、提高生产要素比较优势、符合价值需求，并在整治过程中包含农民参与。因此，要因地制宜、因时制宜地判别两者的互适性，根据需求导向和引导目标，调适土地整治路径，保障土地整治对农村生产生活方式的基础作用科学合理。

第四，总体而言，土地整治与农村生产生活方式的演进息息相关。土地整治应充分考虑其对农村生产生活方式的影响机制、作用及两者的互适性。客观上，各个地区各种模式自然条件和社会经济状况各不相同；主观上，政府、村民的整治意愿和整治目标也不尽相同。应充分融合政府推动、市场配置与农户意愿，探寻土地整治最有效优化农村生产生活方式的机制和路径。

（二）政策建议

1. 土地整治须因地制宜、因时制宜

我国地域辽阔，自然、经济、社会条件差异很大，生产生活方式也存在诸多不同，土地整治应因地制宜。农村生产生活方式是一个不断发展演进的过程，土地整治在进行过程中必须深入考虑两者之间的互适性、因时制宜。

2. 土地整治中要尤为关注公众参与

农民参与是保证土地整治促进农村生产生活方式合理演进的重要因素。今后须进一步鼓励土地整治过程中的公众参与。在思想层面、制度层面推进民主化进程，引导农民全程参与，在土地整治规划编制、土地整治项目方案设计、土地整治工程建设等各个过程中充分听取群众意见，切实增强公众对土地整治的支持力度。

3. 土地整治中要以政府引领为基础

当前，须在土地整治过程中加强政策支持、政府引导和监管，发挥政府在

统一有效规划、引导以及提供基本农田整治标准、住房设计、中心村选址等方面的技术支撑作用。此外，政府还需要进一步普及土地整治知识，保证参与的连续性、广泛性和代表性，推动公众参与的周期性运转，最终保障土地整治的实施路径及影响符合农村生产生活方式的合理演进方向。

4. 土地整治中不能忽视配套性工作

土地整治使得农村生产生活方式发生重要变化，使部分农村劳动力脱离土地的束缚；此外，土地整治提高了农业生产效率，促进现代农业发展，面临着更多的资金需求。因此，要做好农村劳动力技术培训、农村教育与转移安置以及农业金融相关方面的配套性工作，为农村生产生活方式演进提供空间。

参考文献

张正峰、杨红、谷晓坤：《土地整理项目影响的评价方法及应用》，《农业工程学报》2011 年第 12 期。

高明秀、赵庚星：《土地整理与新农村建设耦合关系模型研究》，《中国土地科学》2012 年第 5 期。

高世昌：《农村不"呼吸"，城市将"窒息"——土地整治促进城乡统筹发展机制研究》，《中国土地》2012 年第 9 期。

J. Catro Coelho, J. Portela and P. R AguiarPrinto: A Social Approach to Land Consolidation Schemes, A Portuguese Case Study: the Valenca Project [J]. *Land Use Policy*, 1996, 13 (2): 129 - 147.

曲衍波、张凤荣、宋伟、梁发超、姜广辉：《农村居民点整理潜力综合修正与测算——以北京市平谷区为例》，《地理学报》2012 年第 4 期。

林坚、李尧：《北京市农村居民点用地整理潜力研究》，《中国土地科学》2007 年第 1 期。

陈荣清、张凤荣、孟媛等：《农村居民点整理的现实潜力估算》，《农业工程学报》2009 年第 4 期。

孔雪松、刘艳芳、邹亚锋、陈奕云：《基于农户意愿的农村居民点整理潜力测算与优化》，《农业工程学报》2010 年第 8 期。

邱道持、田水松：《耕地整理潜力评价综合探讨——以重庆市丰都县为例》，《西南师范大学学报（自然科学版）》2003 年第 4 期。

高向军：《土地整理理论与实践》，地质出版社，2002。

孙雁、付光辉、赵小敏、刘友兆：《农地整理项目后效益评价模式的构建》，《农业工程学报》2008 年第 1 期。

甘晓林、张军、王乐乐：《新农村建设中的土地整理综合效益评价指标体系研究》，《湖北农业科学》2012 年第 21 期。

高明秀、张芹、赵庚星：《土地整理的评价方法及应用》，《农业工程学报》2011 年第 10 期。

信桂新、杨庆媛、杨华均、杨朝现、谢金宁：《土地整理项目实施后影响评价》，《农业工程学报》2009 年第 11 期。

王瑷玲、赵庚星、李占军：《土地整理效益项目后综合评价方法》，《农业工程学报》2006 年第 4 期。

B.6

农村土地整治与农田水利建设[*]

杨晓艳　薛　剑**

摘　要：

当前，我国农田水利设施普遍标准低、配套差、老化失修、功能退化，"最后一公里"工程"卡脖子"问题较为突出。自20世纪90年代末国家大规模开展土地整治以来，农田水利工程一直被作为土地整治的四大工程措施之一进行了重点建设。"十二五"时期土地整治工作应充分做好"水"文章，重点把握好以下几点：做好规划统筹，完善建设机制，提高建设标准，加强项目实施监管，推进技术创新。

关键词：

农村土地整治　农田水利建设　规划统筹　技术创新

中央水利工作会议提出："着力加强农田水利建设，下大力气在全国大规模开展农田水利建设，健全农田水利建设新机制，全面提高农业用水效率，持续改善农业水利基础条件，显著提高农业综合生产能力。"农村土地整治是指按照规划，采取工程措施对田、水、路、林、村进行综合治理，增加有效耕地面积，提高耕地质量，改善农业生产条件和生态环境的土地利用活动。农村土地整治在工程措施上主要包括土地平整工程、农田灌溉与排水工程、田间道路

---

　*　本文有关内容于2011年9月呈报国务院，得到国务院主要领导的肯定性批示，认为农村土地整治与农田水利建设紧密结合、统一规划、共同实施，是一条十分重要的经验。

**　杨晓艳，土壤学博士，国土资源部土地整治中心研究员，主要研究方向为土地整治规划与项目管理；薛剑，土地资源管理专业博士，国土资源部土地整治中心副研究员，主要研究方向为土地评价与土地整治政策。

建设工程、农田防护林网建设及生态保持工程和其他工程。其中，灌溉与排水工程建设就是按照农业生产灌溉与排涝要求和"缺什么、补什么"的原则，开展小型水源工程、输水工程、排水工程、渠系建筑物工程、泵站及输配电工程等建设，完善农田水利设施及其配套工程，扩大农田有效灌溉面积，为提高农田防灾减灾能力、实现农业旱涝保收提供重要保障。自20世纪90年代末国家大规模开展土地整治以来，农田水利设施一直被作为土地整治的四大工程措施之一进行了重点建设。

一　基本情况

当前，我国农田水利设施普遍标准低、配套差、老化失修、功能退化，全国农田灌溉水利用率只有46%，农田有效灌溉面积仅占耕地总面积的48.7%。一些地方在小型提灌泵站和塘、坝、堰、窖、井以及田间末级渠系等田间水利工程建设上存在着缺失和不配套，"最后一公里"工程"卡脖子"问题较为突出。农田水利建设面临田间末级灌排沟渠不到位、节水技术应用范围不够广、农田水利工程后期管护机制不健全等一些亟须解决的难题。

针对各地农业发展方向、水资源条件、农业耕作与灌溉方式的不同，国土资源部土地整理中心组织各地相关部门研究制定了土地整治工程建设标准。其中明确了灌溉与排水系统要达到的目标和规划设计建设标准，规定了农田灌溉设计保证率、渠系水利用率、排渍与防洪等标准，为农田水利建设提供了依据。

我国大规模开展土地整治工作十余年来，在农田水利设施建设方面投入了大量资金。据统计，国家投资的土地整治项目中，农田水利工程投资一般占预算总额的40%以上，一些地方达到50%以上，有的项目甚至超过了70%。"十一五"期间，国家将中央分成新增建设用地土地有偿使用费（以下简称新增费）825.3亿元投入土地整治项目中，用于农田水利设施建设的资金就达到330亿元。如果将同期地方留成新增费1925.7亿元计算在内，按照40%的比例计算，投入农田水利设施建设的资金仅新增费一项就高达1100亿元。这还不包括耕地开垦费、土地复垦费、用于农业土地开发的土地出让金对农田水利建设的投入。

二　取得的成效

2001 年以来，通过开展土地整治，全国新增耕地 4200 多万亩。同时，通过平整土地、归并零散地块、建设农田水利设施、田间路网和生态防护林体系，建成高产稳产基本农田 2 亿多亩，其中"十一五"时期 1.6 亿亩，新修建排灌沟渠 493 多万公里，农田机械化耕作水平、排灌能力和抵御自然灾害的能力显著提高，为粮食连续增产提供了重要保障。据调查，土地整治项目完成以后，农田基础设施基本达到了"旱能浇、涝能排"的要求，耕地综合产能明显提高，项目区群众对建成的农田水利设施普遍满意。近年来，农业抗旱形势严峻，旱灾严重地区很多地方的土地整治在抗旱保产中发挥的重要作用得到社会的广泛认可。

2001 年以来，河南省完成的土地整治项目共新建和改建田间道路 2 万多公里，新建灌溉渠和管道 3 万多公里、新打机井 6 万多眼，改善了项目区灌排、农机具通行等农业生产条件，使项目区的生产能力提高了 10% ~ 20%。在 2008 年、2010 年发生的罕见旱灾中，土地整治项目建设的水利设施在抵御旱灾方面中发挥了重要的作用。

湖北省针对该省农田水利设施年久失修，特别是田间水利设施不配套的问题，在土地整治中重点做好斗渠（沟）、农渠（沟）的疏浚、硬化，新建与修复小型泵站、水坝（闸）、塘堰等。2001 年以来，湖北土地整治项目区建成沟渠近 12 万公里，新建、修复排灌泵站 9300 余座，修建水闸（坝）58500 余座，已建成的项目区灌溉保证率达到 85% 以上，排涝标准达到 20 年一遇，实现了"旱能灌、涝能排"，农业生产抵御自然灾害能力明显增强。

广东省通过土地整治改善了农田灌溉系统，灌溉水有效利用率从原来土渠的 0.3 ~ 0.4 提高到了 0.6 以上，扩大了有效灌溉面积，增加了旱涝保收面积，农业抗灾能力得到显著提高。

在土地整治实践中，宁夏、甘肃、新疆等一些干旱地区结合实际，积极探索干旱地区土地整治抗旱的工程模式，也形成了一些行之有效的抗旱经验：一是在土地整治中积极开展抗旱井等小型水源工程建设，解决工程性缺水和农业补充灌溉问题；二是通过土地整治完善田间灌溉渠系，疏通田间灌溉的"毛细血管"，有效解决"最后一公里"工程"卡脖子"问题；三是根据实际需要，因地制宜地实行节水技术改造，兴修防渗渠道、低压管道和喷微灌系统，有效地提高水资源利用效率。

三 关于在土地整治中进一步加强农田水利建设的建议

2011 年中央一号文件提出如下目标："十二五"期间农田灌溉水有效利用系数提高到 0.55 以上，新增农田有效灌溉面积 4000 万亩；到 2020 年，基本完成大型灌区、重点中型灌区续建配套和节水改造任务。2012 年 3 月，国务院批准实施《全国土地整治规划（2011~2015 年）》，提出"十二五"期间再建成 4 亿亩旱涝保收高标准基本农田。为把中央要求落到实处，今后一个时期土地整治工作应充分做好"水"文章，重点把握好以下几点。

（一）做好规划统筹

全国土地整治规划已经国务院颁布实施，各省（区、市）、市、县级土地整治规划也编制完成，国家、省、市、县四级土地整治规划体系初步建立。各级土地整治规划在编制时都注重与农田水利建设规划有机衔接。土地整治项目应优先安排在水源丰富、靠近大中型灌区的地方。在土地整治项目规划设计时，认真开展水资源平衡分析，依据有关标准，切实做好灌溉与排水工程设计。

（二）提高建设标准

结合农业生产和推进现代农业发展的要求，国土资源部颁布实施了《高标准基本农田建设规范》，提高了灌溉与排水工程建设标准，提高项目区灌溉能力和防洪保障等级，增强农田抗旱排涝能力。要按照高标准农田有关标准，指导各地高起点、高标准建设农田水利设施。继续加大新增建设用地土地有偿使用费和用于农业土地开发的土地出让金等土地整治专项资金对农田

水利建设的投入力度，并带动相关涉水涉农资金投入，共同推进农田水利建设。

（三）完善建设机制

建立健全"政府主导、国土搭台、部门联动、农民主体、社会参与"的农村土地整治工作机制。积极探索土地整治市场化运作模式，广泛吸引社会资金投资农村土地整治。完善项目成果移交管护制度，落实好农田水利设施管护责任，切实做到建管并重。引导农民直接参与小型农田水利设施等土地整治工程建设，发挥农民的主体作用，以补促建，用国家的钱，整农民的地，确保工程建得成、管得好、用得起、长受益。

（四）加强项目实施监管

加强稽查检查工作，严格项目竣工验收，确保农田水利工程建设质量。进一步健全集中统一、分级负责、全面全程的监管制度，建立项目信息公开与情况通报制度，完善农村土地整治监测监管系统，加强土地整治工程建设领域廉政建设，规范中介服务机构和施工队伍管理。

（五）推进技术创新

一是通过实施土地平整工程促进农用地规模集中经营，着力解决土地分割细碎带来的农田水利设施利用率低、水资源浪费、运营和维护成本高等问题。二是在灌溉与排水工程建设中积极推广渠道防渗、管道输水、喷灌滴灌微灌等高效节水灌溉技术应用。三是在土地平整工程施工中积极推广激光平地技术，对农田进行精细平整，构筑能够进行精细地面灌溉的耕作平台，促进节水、除盐、增产、增收。

参考文献

吴海洋：《土地整治要做好水利文章》，《中国国土资源报》2011 年 3 月 21 日。

郧文聚、王芳、邓州：《土地整理为农业增产保驾护航》，《中国国土资源报》2011 年 3 月 2 日。

杨磊、赵晓波、杜亚敏：《各地反映：土地整治给力抗大旱保丰收》，《土地整理动态》，2011 年特刊（1）。

杨剑：《抗旱保产新思路——大力推进土地整治积极服务农业防灾减灾工作》，《土地整理动态》2011 年第 2 期。

B.7

土地整治与农村扶贫开发*

任 佳 薛 剑 贾文涛**

摘　要：

本报告在全面深入调研的基础上，系统总结了十多年来土地整治在促进扶贫开发方面取得的成就和典型经验做法，用大量事实证明各地通过土地整治促进农村扶贫开发的成效，包括改善农业生产条件、农村生活条件和生态环境，增强农民的自我发展能力，提高农村的文明程度等。报告指出，我国正处于全面建成小康社会的关键时期，土地整治应以生态文明理念为引领，把促进扶贫开发放在更加突出的位置，按照全国土地整治规划的总体布局，大力推进农用地整治，稳妥推进农村建设用地整理，切实加强土地生态环境整治，强化实施监管，充分发挥土地整治在促进扶贫开发中的平台作用。

关键词：

土地整治　扶贫开发　生态文明

《中国农村扶贫开发纲要（2011～2020年）》在对新时期扶贫开发工作做出全面部署时，多处提到要加强土地整治，充分表明土地整治已经成为落实中央农村扶贫开发战略、促进城乡一体化发展的重要举措。为系统总结十多年来

---

* 本文系2012年度国土资源优秀调研报告。

** 任佳，硕士，国土资源部土地整治中心工程师，主要研究方向为土地整治立法；薛剑，土地资源管理专业博士，国土资源部土地整治中心副研究员，主要研究方向为土地评价、土地整治政策；贾文涛，工学博士，国土资源部土地整治中心实施管理处处长、研究员，主要研究方向为土地整治规划、实施监管和信息工程技术应用。

土地整治在促进扶贫开发方面取得的成就和典型经验做法，有针对性地提出下一步支持扶贫开发工作的措施建议，我们采取全国函调、问卷调查、实地考察、案例分析、座谈交流等方式，开展了全面深入的调查研究。有关情况如下。

一　基本情况

土地整治是对城镇和农村低效利用、不合理利用和未利用的土地进行治理，对废弃土地进行恢复利用，以提高土地利用效率的活动。根据整治对象的不同，可分为农用地整治、建设用地整理、土地复垦和未利用地开发等几种类型。多数扶贫开发重点县都位于自然资源禀赋差、基础设施条件差、生态环境脆弱、产业结构不合理的传统农区牧区，一般对土地整治特别是农用地整治有强烈的现实需求。

自 2001 年我国大规模开展土地整治以来，国土资源部门认真贯彻中央扶贫开发方针，立足于部门职能，积极探索土地整治与扶贫开发相结合的途径，坚持土地整治项目和资金安排向贫困地区倾斜，以促进农业增效、农民增收和农村发展为出发点和落脚点，在广大贫困地区大力推进以农用地整治为重点的土地整治工作，掀起田地平整、农田水利、田间道路及生态环境保护等工程建设的热潮，着力改善贫困地区生产生活条件和生态环境。据调查统计，十余年来，共在扶贫开发重点县安排土地整治项目约 1.5 万个，投入资金 520 多亿元，建设总规模达 3400 多万亩，惠及 1200 多万贫困人口，参与土地整治的农民人均收入年均增加 700 余元，有力支撑了国家扶贫攻坚战略目标的落实。仅湖北省就为全省 38 个贫困县安排土地整治项目 326 个，建设规模达 416 万亩，总投资 86.5 亿元。

国土资源部于 2006 年在全国设立了 116 个基本农田保护示范区，2008 年以来会同财政部安排了 10 多个土地整治重大项目和 10 个示范省建设，2012 年又全面启动了 500 个高标准基本农田示范县建设，重大工程和示范建设逐渐成为新时期推动土地整治工作的重要抓手，同时也成为土地整治促进扶贫开发的重点示范区域。新疆伊犁河谷地土地开发、青海黄河谷地土地整治、云南

"兴地睦边"土地整治、黑龙江东部地区基本农田整治、宁夏中北部土地开发整理等重大工程项目的实施，极大改变了当地农村面貌，产生了深刻的社会影响，对促进当地经济社会发展和社会和谐稳定发挥了重要作用。

二 取得的成效

（一）改善了农业生产条件，促进了农业增效、农民增收

通过土地整治，耕地基础设施条件大为改善，防灾减灾能力大幅提升，耕地质量平均提高 1~2 个等级，粮食产能普遍提高 10%~20%，生产成本平均降低 5%~15%，同时还增加了耕地数量，促进了农业规模化、产业化、机械化经营，从而直接增加了农民务农收入。三峡库区移土培肥土地整治项目总投资 10.7 亿元，实施规模 6136 公顷，建成了一批高产稳产基本农田，促进了库区移民大幅增收。云南省"兴地睦边"土地整治重大项目自 2010 年实施后，新增耕地 9.93 万亩，耕地粮食产能亩均提高 200 多公斤，项目区内农民人均增收 500~800 元。吉林省在连片特困地区镇赉县和大安市实施土地开发整治重大项目建设，项目建成后将新增耕地 130 万亩，最先受益区为蒙古族自治乡，对推进民族地区发展具有重要意义。安徽省金寨县是一个集老区、库区和国家扶贫开发重点县于一体的山区大县，近年来积极开展土地整治，大力推进农业产业化，先后形成了"白大农场优质烟叶种植基地"等一批规模化经营示范区，项目区农民人均增收超过千元，加快了老区人民脱贫致富的步伐。重庆市城口县是典型的山区贫困县，实施了葛城街道庙垭村等 3 个村国土整治整村推进示范建设项目，并积极开展土地承包经营权流转，推进农业规模化经营，3 个示范村因此每年户均增加财产性收入 5400 元、增加工资性收入 6180 元。辽宁省 2001 年至 2010 年期间，15 个扶贫开发重点县共实施土地整治项目 941 个，建设规模 129786 公顷，投入资金 303914 万元，新增耕地 63534 公顷，项目区人均纯收入增加 1743 元，累计受益人数 233 万人。

通过鼓励、引导农村劳动力参与土地整治工程建设，还可增加农民务工收入。宁夏中北部土地开发整理重大项目不仅提高了农业综合生产能力，而且增

加了农民收入，仅平罗渠口村在项目施工中的劳务收入就达到 90 余万元。陕西省自 2001 年开展土地整治以来，在项目实施过程中积极雇用项目区农民参与项目建设，仅支付项目区群众工资和机械费用就达 4.2 亿元，项目区近 220 万群众受益，提高了农民的收入水平，极大地调动了农民参与土地整治工程建设的积极性。三峡库区移土培肥土地整治项目 10.7 亿元投资中，当地农民以劳动报酬和青苗损失赔偿方式获取收入近 3 亿元。

（二）改善了农村生活条件，促进了新农村建设和城乡一体化发展

在广大贫困地区，农村建设用地散乱、废弃、闲置、低效利用问题普遍存在。通过统筹推进田、水、路、林、村、矿综合整治，改变了农村散、乱、差的面貌，土地利用布局得以优化，农村基础设施和公共服务设施得以完善，农民的居住条件和生活环境显著改善。同时，依靠城乡建设用地增减挂钩政策，实现了土地、人口、资本等要素在城乡之间有序合理流动，促进了城镇化、新农村建设和农业现代化协调发展。据调查，开展废弃、低效农村建设用地整理平均节地率达到 40%，有效拓展了城乡发展空间，支持了贫困地区县域经济的发展。

20 多年来，国土资源部坚持在江西赣南 8 县开展定点扶贫工作，对上犹县社溪镇乌溪村和社溪村、赣县江口镇旱塘村等 14 个定点扶贫开发重点示范村，实施田、水、路、林、村综合整治，走出了一条定点扶贫开发与新农村建设、土地整治同步进行、整体推进的扶贫新路子。安徽省在实施土地整理项目时，结合项目区新农村规划，对破旧杂乱、土地利用率低的村庄进行拆迁归并，整体搬迁，集中安置，建成一批市级新农村建设示范点。通过拆旧建新、腾庄复垦、统一安置，不仅做到了节约集约用地，增加了耕地面积，还使村容村貌得到改观，居住环境得到改善，生活质量得到提高，达到了"生产发展、生活宽裕、乡风文明、村容整洁、管理民主"的社会主义新农村的总要求。重庆市地票交易制度的实施，在全市范围内实现了建设用地指标的置换，这种远距离、大范围的置换将产生更高的级差收益，利用级差地租提升农村特别是偏远地区土地价值，实现了城市反哺农村、发达地区支持落后地区，加快了重庆市城乡一体化进程。

（三）改善了生态环境，破解了制约贫困地区生存发展的难题

耕地是农业生态的重要组成部分，发挥着湿地、绿地、景观等多种自然生态功能。大多数扶贫开发重点县依据规划大力推进农田整治，建设了一大批适应现代农业发展要求的高标准、成规模的基本农田，既夯实了贫困地区现代农业发展的基础，又维护了农业生态系统的稳定，优化了农田景观，也为区域生态环境保护提供了保障。通过工程、生物等整治措施，还有效控制了土地沙化、盐碱化、石漠化，减轻了水土流失，提高了土地生态涵养能力。

西藏日喀则市在宽阔河谷地带探索出以生物措施为主，辅以水利工程措施，对荒漠化土地进行综合整治的模式，消除了流动沙丘沙埋危害，降低了河滩地和阶地地面起沙风力，改善了整体环境。地处毛乌素沙漠边缘的陕西榆林，为改善生态环境，创新土地整治施工工艺，利用沙地砒砂岩与沙复配成土核心技术，经过土地平整、农田水利、道路、电网、林网、土壤改良等配套工程的建设，变砒砂岩和沙土为高产稳产的高标准农田。吉林省通过实施西部土地开发整治项目，新增基本农田200万亩，扩大水田面积300万亩，盐碱地状况得到极大改观，大大改善了农业生产条件和生态环境。在贵州等石漠化地区，结合生态退耕开展土地整治，建设保水、保土、保肥"三保田"，既治理了水土流失，又保障了粮食生产。宁夏通过实施生态移民土地整治工程，不仅保护了生态环境，还引导移民依靠整治后的优质耕地积极发展设施农业、特色产业，走上了靠产业致富的道路。河北省邯郸市实施的"千矿万亩"综合治理工程，对已经闭坑的1000座矿山，利用其排弃的废渣废石充填矿井矿坑，然后覆土进行复垦绿化，恢复地貌，从根本上改善了矿区生态环境和人民群众的生产生活条件。贵州省近日出台推进扶贫生态移民工程建设指导意见，要求市县国土部门，一是在安排建设用地指标时，计划单列，优先保障扶贫生态移民工程搬迁项目用地；二是根据当地扶贫生态移民工程布局，积极开展城乡建设用地增减挂钩试点，实施农村土地综合治理；三是对移民搬迁后有复垦条件的旧村庄、旧宅基地，积极组织复垦。这一系列措施极大地推进了扶贫生态移民工程建设。浙江省"十一五"期间，12个重点欠发达县种植农田防护林3万株，水土流失治理面积11万亩，极大地改善了土地的生态环境。贵州省安龙县钱相乡小钱相土地开发项目种植生态防护林54公顷，将原为荒草裸岩的土地改造成为耕地质量高、基础设施完善的高产农田，同时进行了生态防护工程建设，有效防止了当地的水土流失和石漠化加剧，做到了社会、经济、生态效益并举。总体来看，通过土地整治对生态系统进行修复和保护，实现了生态安全和粮食安全的双重保障，促进了区域生态环境质量的整体提升。

（四）增强了农民的自我发展能力，提高了农村的文明程度

各地在推进土地整治过程中，大力推行公众参与，让项目区群众有机会、有动力、有热情参与项目的选址、规划设计方案的拟订以及工程施工、工程监管和后期运营管护等具体工作。通过参与土地整治项目，农民的知情权、参与权和收益权得到了保障，同时还增强了农民的科学观念、参与意识，提高了农民的参与能力和自我发展能力。通过土地整治，还促进了农村文明社区建设，完善了贫困地区的生活和文化设施，提高了村民文明素质，加快了农村民主化管理进程，提高了农村的文明程度。

十余年来，土地整治在促进贫困地区脱贫致富方面发挥的重要作用日益受到全社会的关注，成为名副其实的"民心工程"。调查结果表明，98%的受访农民对土地整治项目表示满意，90%以上受访农户收入有明显增加，93%的受访者表示土地整治治理了村内的脏、乱、差，村容村貌得到了较大改善。当前，土地整治已上升为国家层面的战略部署，是国土资源部门积极推进行业扶贫的重要抓手，也是落实国家扶贫开发战略的重要支撑。

三　下一步工作思路和措施建议

当前，我国正处于全面建成小康社会的关键时期。党的十八大对新时期土地整治和扶贫开发工作都提出了明确的要求。面对新形势、新任务、新要求，土地整治应以生态文明理念为引领，把促进扶贫开发放在更加突出的位置，按照全国土地整治规划的总体布局，加大对革命老区、民族地区、边疆地区、贫困地区土地整治的扶持力度，切实改善老少边穷地区生产生活条件和生态环境，进一步丰富和拓展土地整治承载的社会功能，为全面建成小康社会做出应有贡献。

（一）以改善贫困地区农业生产条件为重点，大力推进农用地整治

组织实施全国土地整治规划确定的粮食主产区基本农田整治重大工程，加快推进贫困地区高标准基本农田示范县建设，大规模建设旱涝保收高标准基本农田，着力提高贫困地区农业综合生产能力，夯实农业现代化基础，大幅增加农民收入。在基本农田整治项目和资金安排上，进一步加大向扶贫开发重点县倾斜的力度。

（二）以改善贫困地区生活条件为前提，稳妥推进农村建设用地整理

在充分尊重农民意愿、充分考虑当地条件的前提下，适度调整优化贫困地区农村居民点布局，推进新型农村社区建设。通过土地整治腾出的建设用地，首先要满足当地农民建房、基础设施和公共服务设施配套建设和非农产业发展、自然生态恢复用地需要。节余指标产生的土地增值收益应全部返还农村，用于农村建设和发展。

（三）以改善贫困地区生态环境为目的，切实加强土地生态环境整治

加快部署推进全国土地整治规划确定的土地复垦重大工程和西部生态建设地区农田整治重大工程。积极实施贫困地区土地生态环境整治示范工程，在加强退化土地生态环境建设和生态功能区保护的基础上，结合退耕还林、退牧还草，治理水土流失，推进土地生态环境综合整治，提高退化土地生态系统的自我修复能力，增强防灾减灾能力。

（四）以机制创新为动力，切实发挥土地整治在促进扶贫开发中的平台作用

建立健全以政府为主导、以土地整治为平台、部门协调联动、整合资金、集中投入的扶贫开发工作机制，努力形成大扶贫格局，整合各方力量共同促进贫困地区发展。以实施土地整治项目为契机，加强对贫困地区农民的培训，提

高农民自身发展和脱贫致富能力。积极探索市场化运作模式，吸引社会资金参与土地整治和扶贫开发工作。

（五）以信息化建设为依托，全面强化土地整治实施监管

从完善制度设计、健全标准体系、整合监管平台、创新技术手段、加强检查督导、推进绩效考评、规范行业管理等方面入手，着力构建"天、地、网"一体化的土地整治监测监管和考核评估体系，实现对各级各类土地整治活动"全程全面、集中统一"有效监管，确保土地整治事业规范有序健康发展。

B.8
低效建设用地开发利用

杨 红*

摘 要:

低效建设用地开发利用作为土地整治的一项重要内容,是优化城乡建设用地结构和布局、提高建设用地节约集约利用水平、促进土地利用方式和经济发展方式转变的重要手段,也是贯彻落实党中央、国务院节约优先战略的一项重要措施。本文在对我国近年来低效建设用地开发利用发展历程进行系统回顾的基础上,全面总结各地好做法、好经验,以及制度创新成果,为促进节约集约用地,充分发挥土地对城镇化健康发展的支撑作用提供经验和借鉴。

关键词:

低效建设用地 开发利用 制度创新

前 言

我国人多地少、耕地资源稀缺。随着工业化、信息化、城镇化和农业现代化同步推进,建设用地供需矛盾日益尖锐,耕地保护难度不断加大。同时,建设用地利用粗放、不合理、低效率的问题也十分突出,加大了经济社会发展对土地资源的消耗,制约了土地利用方式和经济发展方式的转变。面对"不足"与"有余"并存的现状,按照既有经济发展速度和资源利用方式,土地资源有效供应难以为继,经济社会可持续发展难以保障。要实现突破,唯有告别粗

---

* 杨红,理学博士,国土资源部土地整治中心研究员,主要研究方向为土地资源利用与评价。

放浪费的土地利用方式，以资源节约集约利用促进经济发展方式转变成为重要平台和抓手。低效建设用地开发利用作为土地整治的重要内容，成为这一时期促进节约集约用地的重要措施和手段。

从实践看，十多年来，各地紧密围绕节约集约用地，以盘活存量土地、提高建设用地利用效率为着力点，积极开展低效建设用地开发利用。通过优化城乡建设用地结构和布局，大力推进农村建设用地整理；积极推行城、镇、村更新改造；鼓励利用原有工业用地发展新兴产业，盘活利用城乡低效建设用地。促进了土地资源、资产、资本"三位一体"作用的发挥，推动了土地利用方式和经济发展方式转变，增强了土地对经济社会发展的保障能力。各地在实践过程中探索总结出了一些具有开拓性的好做法、好经验，推动了低效建设用地节约集约利用和管理的制度创新，增强了政策储备和制度供给。

一　开展低效建设用地开发利用背景

我国是一个土地开发利用历史悠久的国家，两千多年前，节约集约体现在我国古代农业经营中，直接表达了精耕细作、集约经营的思想。1949 年以后，特别是随着改革开放以来工业化、城镇化和农业现代化的快速推进，破解保护耕地和保障发展用地瓶颈，推进经济增长方式、土地利用方式和土地管理方式的根本转变，及节约集约用地逐渐成为社会共识，并逐步上升为国家战略。这一时期，低效建设用地开发利用成为节约集约用地的一项重要措施和手段。

（一）土地资源相对不足的制约不断加剧

第一，我国国土辽阔，但适宜生产生活的陆地空间较少，可供大规模、高强度开发的国土更为有限，且空间分布上呈现明显地区差异。在 960 万平方公里的陆地国土上，适合人类生存发展的宜居空间只有 300 万平方公里，适宜进行大规模、高强度工业化、城镇化开发的国土面积只有约 180 万平方公里，主要集中在"胡焕庸线"（自黑龙江黑河至云南腾冲）东南侧；而其西北侧不适合大规模开发建设，只能是生态保护为先的据点式开发。

第二，我国耕地资源呈现"三少"，即人均耕地少、优质耕地少、耕地后备资源少。我国以不到世界10%的耕地，承载着世界22%的人口。人均耕地只有1.37亩，不足世界平均水平的40%。现有耕地中，中低产田与高产田的比例约为7:3。水土资源分布不均衡，南方水资源占全国的80%，但耕地面积只占全国的1/3；北方水资源仅占全国的20%，而耕地面积占全国的2/3。理论上耕地后备资源总潜力约为2亿亩，但可以开垦成耕地的不足8000万亩。要确保"十二五"末耕地保有量在18.18亿亩（基本农田不低于15.6亿亩），加快提升节约集约利用水平是突破资源瓶颈制约的根本出路。

（二）建设用地需求持续增长

第一，经济增长过度依赖土地资源。改革开放30多年来，是我国经济快速发展、城市化急剧扩张时期，GDP年均增长9.8%。同时，这也是我国土地资源消耗最快时期，1998～2008年，我国耕地面积从19.45亿亩下降至18.257亿亩。"十一五"期间，我国累计建设占用耕地1717万亩；同期，GDP年均增长11.2%。相当于经济每增长1%，建设占用农地30.7万亩。与日本快速发展时期相比，我国GDP每增长1%，对土地的占用量是日本的8倍。

第二，基础设施建设超前。从高速公路建设看，据统计，我国高速公路总长度已达7.4万公里，与欧盟27国总和相当，是日本的8倍多。特别是我国东部地区高速公路的密度远大于欧盟和日本，是美国的2倍。早在2010年底，国家规划到2020年的高速公路网、高速铁路网中确定的建设项目已基本开工完毕。

第三，建设用地供需矛盾依然突出。"十一五"期间，全国共批准新增建设用地3300多万亩，年均计划指标只有660万亩，但全国每年建设用地需求在1200万亩以上，缺口达2倍。2011年是"十二五"开局之年，全国GDP增长8%，全社会固定资产投资规模32万亿元，比2010年增长16.88%。在主要经济指标居高不下的情况下，用地需求呈持续高位增长态势。2011年，我国建设用地年初计划供应量为670万亩，而需求量却达到了1616万亩，供需缺口达2倍。"十二五"期间，预计全国建设用地需求总量约为4659万亩，年均将达到932万亩，是"十一五"时期批准新增建设用地总量的1.4倍。

（三）土地利用方式粗放低效长期存在

1. 城镇内部土地利用结构不合理。主要表现在工业用地比例过高，民生用地保障不足。我国各城市工业用地比例普遍超过 20%，国外一般不超过 15%。全国每年新增建设用地中，工业用地占 40%，有的东部省市高达 60%，与发达国家相比，我国城市工业用地比例偏高 5%～10%。

2. 城镇土地利用粗放低效。我国 37 个特大城市用地情况调查显示，40% 以上的土地属低效利用。在空间形态上，工业用地利用强度普遍偏低，容积率只有 0.3～0.6，而欧美等发达国家都控制在 2 以上。从土地产出效率看，2010 年全国工业用地产出效率较高的上海市为 13.75 亿元/平方公里，仅为 20 世纪 80 年代纽约和东京的 32.7% 和 14.6%。

3. 城乡建设用地利用潜力大。城乡人均建设用地水平普遍超标。我国城市人均建设用地多达 133 平方米，超过国家规定的人均 80～120 平方米的标准。全国农村居民点人均占地面积高达 248 平方米，远远超过国家标准 150 平方米的上限。从城乡建设用地总量看，从 1996 年到 2008 年，全国城乡建设用地面积（城市、镇、村庄、工矿用地）由 21.45 万平方公里扩大到了 24.76 万平方公里，年均增长 2758 平方公里。2006～2009 年，全国 84 个重点城市建设用地规模（包括主城区和新城、新区和城市组团）从 2.7 万平方公里扩大到 3.1 万平方公里，有 10 个城市扩大了 35% 以上。在城市建设用地不断扩张，农村人口大量向城市转移的同时，村庄用地规模不减反增。1997～2007 年的 10 年间，农村人口减少了 13%，村庄用地却增长了 4%，呈人减地增逆向发展趋势。

二　低效建设用地开发利用总体情况

低效建设用地是指城镇和农村中布局散乱、利用粗放、用途不合理的建设用地。我国低效建设用地开发利用主要是根据区域发展规划、土地利用规划和城镇发展规划，对区域建设用地的规模、布局、结构和强度进行调整，对建设用地进行综合整治。目前，我国低效建设用地开发利用的主要类型有"旧城

镇、旧厂房、旧村庄"改造、"城中村改造"、"城市更新"等；按地理分布主要包括城市建设用地综合整治、农村建设用地综合整治、城乡结合部建设用地整理等；开发利用对象主要有工业用地、住宅用地、商服用地、基础设施和公共设施用地等。

基于我国特殊的土地资源基本国情和特定的经济社会发展阶段，国土资源管理工作长期面临着保障发展和保护资源的双重压力。一直以来，我们都在努力探索破解土地利用矛盾的有效途径，在借鉴国外低效建设用地开发利用先进经验的基础上，我国逐步开展了有组织、大规模的低效建设用地开发利用活动。

（一）总体进展

从实践看，我国低效建设用地开发利用是随着节约集约用地制度改革的不断深化而逐渐形成并日益完善的。从改革开放到今天，我国低效建设用地开发利用大体经历了三个阶段，每一个阶段都有其特定的目标、任务，以及需要解决的特定问题。

1. 发育探索阶段（1987~1997年）

20世纪80年代后期是我国低效建设用地开发利用从起步到发展的阶段，这一阶段主要是解决城市和农村中建设用地利用粗放的问题，重点开展城市和农村建设用地整理，借鉴海外经验，在实践中探索低效建设用地开发利用的实施途径。截至1997年底，全国已有400多个县开展了一定规模的土地整理实践，其中建设用地整理也形成了一批典型：一是以上海为代表的"三个集中"，把土地整理作为实施规划的手段，通过迁村并点，促进农民住宅向中心村和小集镇集中；通过搬迁改造，使乡镇企业向工业园区集中；通过归并零星地块，使农田向规模经营集中。二是以安徽、河北、山东、湖北等地为代表的结合农民住宅建设，迁村并点、退宅还耕，通过实施村镇规划增加耕地面积的村庄建设用地整理。三是以河北邢台等一批城市为代表，通过挖掘城市存量建设用地潜力，解决城市建设用地不足，实施城市土地整理。

2. 发展壮大阶段（1998~2007年）

这一时期是低效建设用地开发利用全面推进时期，以城市和农村存量建设用地整理为主要内容，挖掘城市存量土地潜力和农村居民点整理潜力，推进农民居住向中心村和小城镇集中，工业向工业园区集中，并开始积极将农地整理与村庄建设用地整理相结合，促进低效建设用地开发利用。

从城市用地看，实践表明，立足建成区改造挖潜，一可使旧城更新，二可使城市增容扩能，三可节约土地、保护耕地。河北省唐山市实施"平改楼"工程和盘活"城中村"、"城中厂"用地，基本实现城市发展不出城，近10年城市建设用地的97%来自城区存量土地。广东省深圳市对用地达6万多亩的241个"城中村"进行全面改造，城市新增住宅用地3年减少了2/3。

从开发区用地看，改变了粗放用地方式，提升土地投资强度、容积率和建筑密度，促进了开发区"产业集聚、布局集中、用地集约"。上海闵行经济技术开发区只有3.5平方公里，在引导企业增资改造的同时，把低效企业请出去、高效企业请进来，每平方公里内企业年销售收入达123亿元。山东省潍坊市高新区主攻17个"城中村"改造，腾出3000亩土地，占开发区面积的1/4。

从工业企业用地看，各地积极探索节地新型工业化道路，鼓励建设标准厂房，盘活企业存量土地，促使企业出城出村、向园区集中，在提高工业用地集约度的同时，推动产业转移、集聚和改造升级。江苏省无锡市2004年在占全国0.05%的土地上，实现了占全国1.4%的国内生产总值和占0.9%的财政收入。湖北省武汉市通过改造老工业基地，在不增加用地的情况下，新建成汉正街都市工业区，2004年区内工业总产值将近20亿元。

从农村居民点用地看，开展农村建设用地整理潜力大。江苏省江阴市华西村将113个自然村合并成两个农民集中居住区，节约土地4800多亩。2004年，华西村建起了17幢农民公寓楼，每户农民节约0.4亩土地。浙江省嵊州市大力整治宅基地，通过拆旧建新、退宅还耕，盘活村庄用地1万多亩，新增耕地7016亩。

从统筹城乡发展用地看，2004年，国务院下发《关于深化改革严格土地管理的决定》（国发〔2004〕28号），提出"鼓励农村建设用地整理，城镇建设用地增加要与农村建设用地减少相挂钩"。2006年，国土资源部部署开展了城乡建设用地增减挂钩试点（以下简称增减挂钩试点）工作，批复天津、江

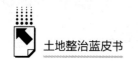

苏、山东、湖北和四川等 5 个试点省份，设立增减挂钩试点项目区 183 个，下达挂钩周转指标 7.38 万亩，探索农地整理与村庄建设用地整理相结合的具体实施途径。

3. 全面推进提升阶段（2008 年至今）

2008 年，党的十七届三中全会提出要坚持"最严格的节约用地制度"，节约集约用地上升为基本国策。同年，国务院下发《关于促进节约集约用地的通知》（国发〔2008〕3 号），指出"切实保护耕地，大力促进节约集约用地，走出一条建设占地少、利用效率高的符合我国国情的土地利用新路子"。2009 年，增减挂钩试点进入全面规范推进阶段，国土资源部分两批次下达挂钩周转指标 40.275 万亩，涉及全国 24 个省份。同年，国土资源部启动国土资源节约集约模范县（市）创建活动，各地积极探索低效建设用地开发利用新途径。湖北省结合新农村建设，全省用 3 年时间通过土地整治，"迁村腾地"归并自然村 1200 个，减少村庄用地 20 万亩，增加耕地 16 万亩。2009 年，国土资源部批复广东省开展"三旧改造"（旧城镇、旧村庄、旧厂房）试点，截至 2013 年 3 月，全省投入改造资金 4446.4 亿元，完成改造项目 2893 个，完成改造面积 15.1 万亩，节约土地 6.8 万亩，节地率为 44.8%。

2011 年，《国民经济和社会发展第十二个五年规划纲要》首次提出"落实节约优先战略"，明确"单位国内生产总值建设用地下降 30%"的具体要求，节约集约用地上升为我国长期坚持的国家战略。党的十八大召开后，节约集约用地成为加强生态文明建设、促进新型城镇化的重要抓手。2012 年，国土资源部下发《关于大力推进节约集约用地制度建设的意见》（国土资发〔2012〕47 号），首次从国家层面系统提出了节约集约用地制度的框架体系和八项具体内容。2013 年，国土资源部下发《关于印发开展城镇低效用地再开发试点指导意见的通知》（国土资发〔2013〕3 号），确定内蒙古、辽宁、上海、江苏、浙江、福建、江西、湖北、四川、陕西等 10 个省份开展城镇低效用地再开发试点，通过先行先试，规范推进各地低效建设用地开发利用。

经过十余年的发展，我国低效建设用地开发利用逐步从单纯的农村建设用地整理、城市建设用地整理向城乡低效建设用地综合开发利用转变；从单纯的盘活城乡低效用地，增加城镇建设用地有效供给为目标向促进节约集约用地、建设性保护耕地、优化土地利用结构和布局、促进产业转型升级、带动投资和消费增长、促进经济发展方式转变、搭建城乡统筹发展平台、发挥土地对城镇化健康发展的支撑作用等多目标并重转变。

（二）工作成效

十余年来，各地围绕低效建设用地开发利用，积极探索节约集约用地新路子。一方面，积极开展试点，总结出一批具有开拓性的好做法、好模式和好经验；另一方面，积极推进低效建设用地制度创新，增强政策储备和制度供给，为国家层面节约集约用地制度建设提供了丰富的经验，取得显著成效。

1. 制度性成果

低效建设用地开发利用是随着节约集约用地制度改革的不断深化而逐渐形成并日益完善的。特别是 2004 年以来，低效建设用地开发利用活动逐步大规模、有组织地开展起来，国家层面先后出台了一系列节约集约用地政策措施，为积极推进低效建设用地再开发利用奠定了制度基础。

一是制定鼓励盘活存量用地政策措施。2004 年，国务院下发《关于深化改革严格土地管理的决定》（国发〔2004〕28 号），明确要求"实行强化节约和集约用地政策。把节约用地放在首位，重点在盘活存量上下功夫"，提出"鼓励农村建设用地整理，城镇建设用地增加要与农村建设用地减少相挂钩"，为城乡建设用地结构和布局调整提供政策依据。

二是节约集约用地上升为基本国策。2008 年，党的十七届三中全会提出坚持"最严格的节约用地制度"，节约集约用地上升为基本国策。同年，国务院下发《关于促进节约集约用地的通知》（国发〔2008〕3 号），文件提出，要充分利用现有建设用地、大力提高建设用地利用效率，明确要求今后各项建设要优先开发利用低效建设用地。

三是节约集约用地上升为国家战略。2011 年《国民经济和社会发展第十二个五年规划纲要》首次提出"落实节约优先战略"。

四是建立国家层面节约集约用地制度体系。2012 年，国土资源部下发《关于大力推进节约集约用地制度建设的意见》（国土资发〔2012〕47 号），首次从国家层面系统提出了节约集约用地八项制度。明确要促进低效用地的再开发，主要表现在三个方面：一是在土地资源市场配置中，鼓励集体土地使用权人以土地使用权联营、入股等形式兴办企业，盘活利用低效用地。二是实行城市改造中低效用地"二次开发"的鼓励政策，在符合法律和市场配置原则下，从规划、计划、用地取得、地价等方面制定支持政策，鼓励提高存量建设用地利用效率。三是建立土地利用监测监管制度，实行土地开发利用信息公开，定期公布低效用地情况，扩大公众参与，发挥社会监督作用。

五是城镇低效用地再开发列入创新"1+8"组合政策。2013 年，全国国土资源工作会议将城镇低效用地再开发列入国土资源部"创新'1+8'组合政策"中。同年，国土资源部下发《关于印发开展城镇低效用地再开发试点指导意见的通知》（国土资发〔2013〕3 号），明确开展低效用地再开发的试点范围、总体要求、主要目标、基本原则和鼓励政策，为指导低效建设用地开发利用提供具体的现实路径和政策依据。

2. 主要成效

——节约集约利用水平显著提升，提高了土地对经济社会发展的持续保障能力。"十一五"期间，土地节约集约利用水平显著提高，单位国内生产总值建设用地面积下降29%。从开发区建设情况看，截至 2012 年底，国家级开发区土地集约利用状况总体提升，已建成面积占可建设面积的 71.3%；土地利用效益和效率显著提高，综合容积率为 0.83，建筑密度为 29.2%，工业用地建筑系数为 47.3%；工业用地固定资产投入强度为 5301.92 万元/公顷，工业用地产出强度为 13017.83 万元/公顷。

——优化了城乡土地利用结构和布局，促进了城乡统筹发展。通过开发利用低效建设用地，优化城乡土地利用结构和布局，改变外延扩张的用地模式，减少新增建设用地对农用地特别是耕地的占用，拓展了城乡建设用地发展空间。广东佛山在"三旧"改造近 5 年的时间里，全市 GDP 年均增长 16.5%，建设用地年均增长只有 1.37%，通过存量挖潜，有效控制了新增建设用地的急剧扩张。截至 2012 年，国土资源部共批准下达增减挂钩试点周转指标334.6 万亩，涉及除新疆、西藏以外的 29 个省份。通过增减挂钩试点，一是促进了耕地保护，经整治的耕地粮食亩产普遍提高 10%~20%。二是推动了节约集约用地，节地率达到44%。三是促进了新农村建设。2006 年以来，全国增减挂钩试点和农村建设用地整理对项目区农村直接投资达2393.9亿元，户均8.73万元，促进了项目区农村生产生活条件的改善。

——有效带动了投资和消费增长，增强了经济发展动力。从广东"三旧改造"实践看，截至2011年，广东省累计投入"三旧"改造资金3318.4亿元，占同期固定资产投资的5.76%，其中社会投资占总投资额的近70%。此外，累计增加就业岗位195万个，参与改造的项目改造后就业人口增加1.76倍。同时，通过构建利益共享机制，采取让利于民、还利于民等措施，居民收入普遍提高，消费能力进一步加强，有效刺激了消费市场。

——推动了产业转型升级，促进了经济发展方式转变。从广东"三旧改造"实践看，截至2011年，已完成改造的2443个项目中，属于产业结构调整的有1672个，占改造项目数的68.4%，其中淘汰、转移"两高一资"项目411个，引进现代服务业和高新技术产业项目365个，投资超亿元项目276个。通过"三旧"改造完成工业用地向第三产业用地转移4万余亩。通过"腾笼换鸟"、"退二进三"等模式，以产业结构调整引领供地结构、经济结构优化升级，有力推进了经济方式的转变。

——改善了城乡人居环境，推动了民生和公共事业发展。从广东"三旧改造"实践看，截至2011年，已完成的14万亩2443个改造项目中，城市基础设施建设和城市公益事业项目有846个，占地4.1万亩，新增公共绿地413.5万平方米，保护和修缮传统人文历史建筑771.9万平方米，明显改善了城乡居民的生活设施和环境。

三 低效建设用地开发利用主要做法和政策创新

近年来，各地紧密围绕节约集约用地，以低效建设用地开发利用为重点，积极探索建设用地有效供应的新途径。通过实践，探索形成了以深圳为代表的城市更新、以武汉为代表的"两型社会"建设、以重庆"地票"交易为代表的增减挂钩试点、以广东为代表的"三旧改造"等各具特色的发展模式，总结出了一批具有开创性的好做法、好经验，推进了低效建设用地开发利用和管理制度创新，增强了政策储备和制度供给。

（一）促进城市低效用地二次开发，向存量要空间——以深圳为代表的城市更新模式

1. 主要做法和经验

深圳城市更新主要考虑的是城市建成区的存量低效建设用地开发利用，不包括农村地区的集体建设用地，但建成区内的"城中村"被涵盖在内。十多年前，深圳低效建设用地利用主要是以"城中村"改造为主，基本做法与旧城改造的传统模式相差不大，政府通过补偿村集体和村民获得"城中村"土地，通过市场交易转移给新的使用者进行再利用。

2009年，深圳低效建设用地开发利用进入"城市更新"阶段，开始全面探索城市低效建设用地开发利用新路子，总结积累了丰富经验。一是规划先行，开展全市低效用地专项调查，科学编制低效用地二次开发专项规划，确保低效用地合理、有序、滚动开发和利用。二是建立低效用地置换储备机制。通过采取收购、委托收购、协议收购等多种手段，将企业改制用地等存量土地优先纳入土地储备，优化存量土地储备机制的运行模式，设立存量土地储备管理的专项资金，盘活存量土地资产。三是设立城市更新单元，有效化解公共项目落地难题。城市土地二次开发意味着城市资源将重新配置，也意味着相关各方利益的再分配。为了有效化解城市整体利益、局部利益与个体利益之间的矛盾，深圳市提出建立城市更新单元概念，将城市更新片区作为单元进行整体规划，从而避免公共项目落地难的问题。

2. 政策创新

深圳城市更新实践，对城市低效建设用地的处置和收益分配等政策进行了有益的探索和创新。一是允许原土地使用权人参与低效用地再开发利用。借鉴台湾市地重划经验，2009年深圳出台《深圳市城市更新办法》，鼓励拆除重建的城市更新地块由原权利人自行改造，也可以通过协议方式出让给其他企业进行改造，与政府签订出让合同时可以重新计算土地使用权期限。改变过去完全由政府主导，原土地使用权人无法参与开发过程的做法，允许集体建设用地与国有土地一样可以享受自行开发的政策。二是合理分配低效用地开发利用土地收益。2012年，深圳出台《深圳市城市更新办法实施细则》和《关于加强和改进城市更新实施工作的暂行措施》，明确城市更新过程中各方在土地权益上的划分。规定原农村集体经济组织继受单位是唯一的土地确权主体。在确定的城市更新单元内，土地按照确定权益、利益共享的原则在政府和继受单位之间进行分配。政府获得土地面积的20%用于出让，实施城市发展战略，落实规划；"城中村"所属集体经济组织继受单位获得68%的面积用于自行开发，并支付土地用途改变出让金差额；12%的面积由政府投资为城市更新单元，进行基础设施建设。政府获得了城市功能提升的建设空间，继受单位既获得了基础设施改善后的土地增值，又获得了用途调整后的土地收益。城市更新过程使土地增值收益在各方之间得到合理分配，原土地使用权人的权益得到充分的尊重和保障，调动了原土地使用权人主动参与城市更新的积极性。

（二）促进产业结构调整，向效率要空间——以武汉为代表的"两型社会"建设模式

2007年12月，国家批准武汉城市圈为"资源节约型和环境友好型社会建设综合配套改革试验区"（简称"两型社会"试验区），探索节约集约用地方式是打造"两型"社会的重要内容，在创新机制体制，破解发展难题，不断提高武汉城市圈土地资源利用的有效性方面，武汉、黄石、鄂州、孝感、黄冈、咸宁、仙桃、潜江、天门等城市构成的经济联合体进行了先行先试的探索创新，取得显著成效。

1. 主要做法和经验

针对武汉城市圈老工业基地多，且以传统重工业为主，占地面积大，单位产值低，多分布在城市中心或黄金地段，造成城市土地低效配置的现状，武汉等城市以盘活城镇低效建设用地为重点，促进产业结构调整，提高土地利用效率，走出了一条节约集约用地新路子。一是"退城进园"，促进产业结构调整。武汉市主城区低效用地约213平方公里，占主城区建设用地的37%，可再开发面积约138平方公里，通过"退城进园"，促进产业结构调整，将布局散乱、利用粗放、用途不合理的低效工业用地盘活的潜力巨大。2010年，武汉市把新建都市工业园与改造老工业基地结合起来，先后建设8个都市工业园，通过"进二退二"，清退高能耗、高污染、低效益的企业，引进科技类、

环保类的都市型工业企业，激活存量土地 1.25 万亩，引进企业 896 家，实现年工业总产值 500 多亿元，提供就业岗位 6.7 万个。二是以市场机制引导低效用地盘活。针对武汉城市圈土地资源特别是工业企业粗放利用的现实，武汉等城市充分发挥市场机制的引导作用，依据城市土地价值规律，将市区内地处黄金地段、效益差、对居民和环境影响大的工业企业逐步迁出，用来发展第三产业以及公益性事业。通过土地用途更新、土地结构转换、土地布局调整、土地产权重组等措施，实现土地现有功能和潜在功能的开发，提高城镇土地利用效率。政府对"退二进三"的企业除了收购外，允许企业采取"交易许可"方式，向政府提出腾退土地的申请，政府依据有关规定批准该地块可直接在土地市场上交易，收益溢价部分由政府和原土地权属人按照事先约定的比例分成。

2. 政策创新

武汉市对"退二进三"企业除了收购外，还允许企业采取"交易许可"方式。通过建立"交易许可"制度，企业在向政府提出腾退土地申请时，政府可优先收购，也可以批准该地块直接在土地市场上交易，收益部分由政府与原土地使用权人按协商比例分成。原土地使用权人可获得土地在新的利用条件下的增值部分，这调动了原土地使用权人腾退土地的积极性，可最大限度盘活低效用地。其创新性表现在：一是实现土地资产价值增长。长期以来，土地的再利用往往是由政府收购后重新推向市场，收购价格在理论上是剩余年期的土地原用途价值，并非土地再利用价值的体现。通过建立"交易许可"制度，腾退土地可直接在土地市场上交易，令土地在新的利用条件下实现增值。二是以溢价分成方式，使原土地使用权人获得土地在新的利用条件下的增值收益。这种处置下的收益远远大于被政府收购或强制无偿收回的补偿，保障了原土地使用权人土地权益。

（三）规范推进增减挂钩试点，向结构调整要空间——以重庆为代表的"地票"交易模式

2008 年以来，重庆市作为全国统筹城乡综合配套改革试验区，以深化土地改革为突破口，稳步开展城乡建设用地增减挂钩试点，探索创新了"地票"交易制度。截至 2012 年 6 月，重庆农村土地交易所共组织"地票"交易 25 场，产生"地票"220 张，面积 8.86 万亩，"地票"交易金额 175.4 亿元。其

主要做法和创新主要体现在以下几个方面。

一是建立农村土地交易所，构建城乡统一土地市场。2008 年 12 月，重庆市成立了全国首个农村土地交易所，推行"地票"交易制度。按照《重庆农村土地交易所管理暂行办法》的规定，农村土地交易所交易的"地票"实质上是增减挂钩指标，而"地票"的持有者则拥有增加了相应面积的城镇建设用地指标。重庆市规定在主城区，经营性用地必须通过"地票"取得。"地票"购买者可在符合城乡总体规划和土地利用总体规划的前提下，按自己的意愿寻找地块，并向土地所在地政府提出征转用申请，最后报市政府批准。经批准后，政府按程序对该地块进行征用，并将其作为经营性用地进行招拍挂，此时拿到"地票"的开发商和其他企业成为平等的竞争者。

二是完善土地交易制度，严格把关产生"地票"的关键环节。重庆市制订了《农村土地交易所管理暂行办法》、《农村土地交易所交易流程（试行）》等法律文件和操作规程，为农村土地流转构建了制度保障。按规定"地票"的产生必须经过复垦、验收、交易和使用四个环节。即：按照规划和复垦整理技术规程，在农民自愿和农村集体同意的前提下，将闲置的农村宅基地及其附属设施用地、农村公共设施等农村集体建设用地，复垦为耕地；经土地管理部门会同农业部门严格验收后，对经复垦产生的耕地质量和数量进行把关，确认腾出的建设用地指标作为"地票"的来源；"地票"通过农村土地交易所面向社会公开交易，各项收益和补贴归农民和农村集体所有，农村集体经济组织获得的土地收益，主要用于农民社会保障和新农村建设等；购得"地票"的单位在城市规划区内选定待开发的土地，由区县（自治县）人民政府办理征收转用手续并完成补偿安置后，按招拍挂有关规定取得国有建设用地使用权。与其他地区"先占后补"的挂钩模式相比，"地票"模式是先对农村集体建设用地进行复垦，将验收合格后增加的耕地指标通过"地票"在交易所进行拍卖，实行先复垦后占地。

三是建立利益分配机制，切实维护农民合法权益。市政府在综合考虑耕地开垦费、新增建设用地土地有偿使用费等因素的基础上，制订全市统一的农村土地基准价格。如果"地票"交易价格低于基准价格，土地所有者有权优先回购。"地票"产生的收益分配主要有三个方面：首先支付复垦成本，按区县政府确定的当地征地拆迁补偿标准核算对农民宅基地上的房屋及其附着物的补偿，对其新购房给予补贴；其次，按乡镇国有土地出让金标准对农村集体经济组织进行补偿；最后，上述分配完成后，如果还有结余，由区县政府建立耕地保护基金或用于农村基础设施建设的专项基金，使农民成为"地票"交易机制的受益者。

（四）探索土地分类管理，向精细化管理要空间——以广东为代表的"三旧"改造模式

作为改革前沿的广东省，其建设用地供需矛盾尤为突出，通过转变土地利用方式和管理方式，促进经济发展方式转变，成为新的政策诉求。2008年底，广东省与国土资源部签订了合作共建节约集约用地示范省工作协议，制定出台了《关于推进"三旧"改造、促进节约集约用地的若干意见》，将以旧城镇、旧村庄、旧厂房改造为内容的"三旧"改造，作为广东省节约集约用地示范省建设的一项重要任务和政策创新，积极推进低效建设用地开发利用。

1. 主要做法和经验

广东省遵循"全面探索、局部试点、封闭运行、结果可控"的原则，全方位推进管理创新和配套改革。

——规划先行，科学统筹，推进改造。一是开展标图建库。在全省范围内部署开展"三旧"用地调查摸底，把"三旧"地块在影像图、土地利用现状图和土地利用规划图上进行标注，严格圈定"三旧"改造范围，建立"三旧"改造地块监管数据库和"三旧"改造标图建库动态调整机制。二是编制"三旧"改造专项规划。在完成标图建库的基础上，编制"三旧"改造专项规划，明确用地规模和改造时序，合理确定改造用地开发强度控制的要求。基本形成了专项规划纲要——年度实施计划——单元规划（控制性详细规划）——改造方案四个层级的规划体系，确保"三旧"改造有序推进。

——市场主导，积极探索多种模式，鼓励社会资金参与。广东"三旧"改造坚持了"政府引导，市场运作"的原则。一是在改造主体上，主要有政府主导拆迁、净地出让、引进资金运作的旧城镇改造模式；以村集体经济投入为主自行改造或以土地入股、引进社会力量联合改造的旧村庄改造模式等。二是在改造用途上，有保留原建筑风貌、完善公共配套设施的旧厂房改造模式；

整合多地块连片改造升级的旧厂房改造模式；以环境整治改造为主的旧城镇、旧村庄改造模式等。三是在投资方式上，形成了政府投资改造、社会资金投资改造、集体经济组织自行改造、原土地使用权人自行改造等模式。

——利益共享、多方共赢，统筹兼顾各方利益。"三旧"改造以"让群众共享发展成果"为基本准则。一是保障公共利益用地。如东莞建立"拆三留一"制度，要求拆迁后应提供不低于1/3的公共用地，用于道路、市政、教育、医疗、绿化等公共用途；深圳市要求改造范围内用于城市基础设施、公共服务设施等公益性项目的建设用地不少于改造范围的15%，并视情况按5%～15%配建保障性住房。二是保障产业升级用地。如广州规定，改造后用途为新兴产业的，对补缴土地出让金实行40%的优惠。三是合理分配土地收益。"三旧"改造过程中依法征收集体建设用地或者收回国有土地使用权的，出让土地后的纯收益可按一定比例返还给集体土地所有权人、被改造地块的原使用单位和个人；申请改变用途按规定补缴土地出让金的，市县镇政府和村集体经济组织可按一定比例共享土地出让收益。佛山市南海石头村项目改造后，基本形成政府、原土地权利人、开发投资主体4∶4∶2的收益分配格局。这些政策激发了利益相关者改造土地的积极性，实现了多方共赢。

2. 政策创新

广东"三旧"改造试点主要是针对存量建设用地与新增建设用地在土地占用、开发、处置、收益等方面的差异而进行的改革探索和制度创新。

——存量土地再开发方面。允许存量土地使用权人在不违反法律法规的原则下，按照规划对土地进行再开发。

"三旧"改造试点明确，除了因公共利益需要必须对土地进行收购储备外，土地使用者在符合土地利用总体规划和城乡建设规划的前提下，可以自己也可以与他人合作，对土地进行再开发。原来由后续开发者获得的增值收益完全或者部分由土地使用者获得，使土地使用者成为存量建设用地再开发过程中利益分配的主导者，调动了存量土地使用权人再开发改造的积极性。

——存量土地供应方面。完善城镇存量土地出让制度，原土地使用权人自行改造涉及划拨土地使用权时可采取协议方式补办出让手续。在旧城镇改造范围内，符合规划的，除由政府收购储备后重新供地的之外，鼓励原土地使用权

人自行改造，所涉及的划拨土地使用权，可以采取协议方式补办出让手续，涉及补缴地价的按规定办理。这样规定，提高了原土地使用权人释放土地、参与"三旧"改造的积极性，同时政府也能获得即期的土地收益和长远的税收增长，形成多方共赢的格局。

——集体土地产权处置方面。完善集体土地权能，促进集体建设用地流转。试点适度放宽了对集体建设用地使用主体和用途的限制，对土地利用总体规划确定的城市建设用地范围外的旧村庄改造，在符合规划的前提下，除属于应当依法征收的外，允许农村集体经济组织自行改造或与有关单位合作开发建设，允许将集体建设用地使用权出让、转让、出租、抵押、作价出资或者入股，但不得用于商品住宅开发。从而打破了政府垄断的单一的供地渠道，促进农村存量建设用地的开发利用，并极大地显化集体建设用地的资产价值，实现集体经济组织和农民的集体土地权益。

——存量土地收益分配方面。在国家、改造者、土地权利人之间合理分配土地收益。试点明确，地方政府可将获得的土地出让纯收益按一定比例返还给被改造地块的原使用者或原农村集体经济组织，专项用于支持其发展。同时，还对工业用地提高容积率不增缴土地价款、允许将拆迁与拟改造土地的使用权捆绑招标等做法做了规定。这样做，充分考虑了投资主体、被改造地块单位和个人的权益，有利于形成利益多方共享的格局。

四　推进低效建设用地开发利用的措施和途径

当前，我国正处于城镇化健康发展的关键时期，党的十八大对新时期节约集约利用资源、转变资源利用方式提出了明确要求。面对新形势、新任务、新要求，要紧密围绕节约集约用地，推动低效建设用地开发利用，加快转变经济发展方式，提高土地对经济社会发展的保障能力。

（一）充分调动低效建设用地土地使用权人集约高效利用土地的积极性

在符合因公共利益的需要对土地进行收购储备的前提下，其他土地在严格执行土地利用总体规划和城乡规划确定的土地用途等条件下，土地使用者可以自己也可以与他人合作，对土地进行再开发，实现对土地的高效利用。对现行占有土地、没有完善用地手续的，在符合土地利用总体规划和城乡规划的前提下，区分用地行为发生的不同时期，采取处罚措施后对其进行确权颁证，调动低效用地土地占有者再开发利用的积极性，增加土地的有效供应，避免城乡大量土地低效利用。

（二）开展全国低效建设用地调查

科学界定低效建设用地范围；充分利用最新土地调查成果，开展全国低效建设用地调查，摸清低效建设用地的历史、现状、产权关系和再开发利用潜力；按照明晰产权、维护权益的要求，做好土地确权登记；充分利用地籍调查成果，将低效建设用地标注在遥感影像图、地籍图和土地利用总体规划图上，建立低效建设用地数据库。

（三）统筹规划低效建设用地开发利用

结合各地经济社会发展阶段，依据土地利用总体规划和城乡建设规划，县级以上人民政府应组织国土资源、城乡规划等部门，编制低效建设用地开发利用专项规划，按照突出重点、先易后难、分步推进的原则，明确再开发利用的目标任务、性质用途、规模布局、开发强度、利用方向、时序安排和保障措施，做好与控制性详细规划等的协调衔接，统筹城乡功能再造、产业结构调整、生态环境保护、历史人文传承等，保障基础设施、公益设施用地，引导低效建设用地有序再开发利用。

（四）稳妥推进低效建设用地开发利用的政策措施

1. 鼓励和引导原国有土地使用权人、农村集体经济组织和市场主体开展低效建设用地开发利用

一是在符合土地利用总体规划和城乡建设规划的条件下，原国有土地使用权人可以申请开展低效建设用地开发利用，报市县人民政府批准实施。涉及改变土地用途、法律法规等明确规定应当收回土地使用权重新出让的，采取招拍挂方式出让经营性用地。不属于上述情况的，可以协议方式办理出让手续，重新签订土地出让合同，取得新的土地使用权，并按市场价格补缴土地出让金。对现有工业用地改造后不改变用途、提高容积率的，不再增缴土地价款。二是引导农村集体经济组织开展低效建设用地开发利用。土地利用总体规划范围内，需要将集体建设用地改变为国有建设用地的，可由原农村集体经济组织提出申请，依法办理手续，确定给原农村集体经济组织使用，并由原农村集体经济组织自行或合作开发。三是鼓励市场主体参与低效建设用地开发利用。调动市场主体参与再开发利用积极性，允许市场主体收购相邻多宗地块，申请集中开发利用；市县人民政府国土资源部门可根据申请，将分散的土地合并登记。

2. 在坚持土地招拍挂出让的前提下，允许以划拨、协议出让、出租、入股等多种方式供应低效建设用地，实行弹性年期制度，并约定土地使用权收回条件

如对申请转为国有或者改变用途的土地，在完善用地手续后，可以采取协议方式交由原土地使用权人自行开发，也可以划拨给原集体经济组织自行使用；集体经济组织可以协议出让、出租、转让入股等方式将集体土地供给市场主体；集体土地使用权出让、出租年限管理与国有土地相同，逐步建立城乡统一的土地市场，集体土地与国有土地享有同等权益。

3. 完善低效建设用地开发利用土地收益分配办法，建立利益共享机制

将低效建设用地开发利用过程中土地增值收益，在政府、市场、原权利人之间合理分配。自行开发利用或转让开发利用的，原权利人需依法依规补缴地价、缴纳集体建设用地流转税费等；政府依法征收或收回低效建设用地使用权的，土地增值收益应与原权利人分享。对于不同用途的改造项目，分类收取地价。鼓励企业利用现有厂房、土地开展技术改造，促进传统产业转型升级。对工业企业在不改变土地用途、符合城乡规划及建设用地控制指标要求的前提下，实施拆建、改扩建、加层改造、利用地下空间等途径提高工业用地容积率的，不增收土地价款。

（五）加强顶层战略谋划

立足于国家战略层面，开展低效建设用地顶层战略设计，明确其内涵、指导思想、方针、重点、工程和布局，从宏观部署、制度设计、配套政策、技术标准等多个方面，构建以节约集约用地、转变土地利用方式为核心的低效建设用地开发利用新机制。进一步强化土地产权制度、集体建设用地管理制度、征地制度、土地出让制度等相关配套制度改革和机制创新，以资源管理方式改变，推进资源利用方式转变，促进经济发展方式转变。

参考文献

中国统计局：《中国国土资源统计年鉴（2012）》，地质出版社，2012。

理论探讨篇

Theoretical Investigation

B.9

土地整治理论与制度创新

吴次芳*

摘　要：

土地整治的核心内涵是为满足新的功能需求，对土地进行改造建设的活动，是土地开发、土地整理、土地复垦和土地治理的统称。其理论逻辑为：资源效率是逻辑起点，生命景观是逻辑演绎，区域发展是逻辑向度，可持续性是逻辑主线。未来需要持续推进包括政府推动、科技支撑、工程保障、生态优先、需求导向在内的五大战略，需要在公共行政制度、规划制度、权益保障制度、融资制度和工程建设制度五个方面进行创新。土地整治的当代命题包括理论基础和战略、立法和制度建设、工程技术进步、工程模式创新和空间政治问题。

* 吴次芳，博士，浙江大学教授，主要研究专业和方向为土地规划、土地整治、土地政策、城乡发展。

关键词:

土地整治 制度创新

一 土地整治的本体特征

自 2012 年 5 月 2 日起，国土资源部土地整理中心正式更名为国土资源部土地整治中心。由此，在行政上土地整治似乎取代了原来的土地整理。然而，何谓土地整治，为什么要将土地整理改成土地整治，土地整治的本体是什么等理论问题并没有得到充分的阐释。在历史和现实的张力下，土地整治、土地整理、土地开发、土地复垦等概念不仅在官方文件中，而且在学术界也经常被混用。因此有必要对土地整治的学科本体进行探讨，以明确土地整治的主要研究内涵和特征，并使之成为一门具有合法性（legitimacy）基础的独立学科。

（一）土地整治的内涵

在国际上，现在还很难找到一个单词与土地整治完全对应。在中国，土地整治的官方翻译是：Land Consolidation and Rehabilitation。笔者认为，土地整治是一个复合概念，该翻译所表达的含义是基本准确的。从目前我国土地整治所涉及的实际工作内容和未来发展趋势看，土地整治是土地开发、土地整理、土地复垦、土地治理的统称。从历史观和发展观的角度，笔者认为可以将整治看成是整理和治理的简称。土地整治本体的核心内涵是：为满足新的功能需求，对土地进行改造建设的活动。这一内涵包括以下三层含义。

第一，所谓满足新的功能需求，就是满足人类不断增长的生产和生活需要以及满足人类生存舒适的需要，简单地说就是要满足生产、生活和生态的"三生"需要。这是人类推进土地整治的出发点和目的所在，也是解决"为什么"要做的问题。

第二，土地整治的核心是改造建设。它需要按照自然、社会、经济和生态规律的要求，综合运用土地开发、整理、复垦、修复和防护措施，对土地进行改造建设，以提高土地利用的效率和整体功能。这是解决"如何做"，以及达

到"何种程度"的问题。

第三，改造建设是一项工程活动，其主要目标和内容是改善土地质量、提升土地效能和优化土地生态环境，是人类寻求与地球共生的一种选择。然而无论其采取的工程措施和解决的问题有什么不同，都是一种创造性的行为，需要有创造性的思维，通过创新性的改造建设，获得不同的土地产品。这是解决"有什么要求"和要实现的"目标状态"问题。

（二）土地整治的特征

土地整治作为一门学科所经历的时间非常短暂，现在的全部知识积累完全不足以阐明其学科的特征。在这里笔者只是对土地整治的某些特征进行初步讨论。

1. 空间性

受自然环境地域分异规律和社会经济发展水平区域差异的影响，各种不同土地整治客体的分布具有明显的空间地域性。这种空间地域性，不仅在大尺度和中尺度范围内差异极为明显，而且在小尺度范围内也有显著区别。例如，在一个村的范围内，不同地块土地整治的工程类型、发展方向和工程措施都可能很不相同。因此，土地整治作为一门学科，从改造建设的行为特征而言，具有明显的空间属性。

2. 工程性

土地整治作为一项提升土地功能和效用的改造建设活动，在本质上具有很强的工程属性。所谓工程属性，具有以下基本特征：①有明确的工程区域范围；②有明确的改造建设目标和内容；③有明确的工程布置或综合措施方案等。如果不把研究对象界定在工程的层面上，就很可能会混淆与一般土地利用行为的差别。当然，这种工程属性除了包括实体形态外，还包括功能系统。

3. 共生性

土地整治是人类有目的的改造建设活动，旨在改善生产、生活和生态条件，创设人地共荣的生态系统。要实现土地整治的这一目标，就必须将社会制度、公共政策、工程技术、物化投入和使经济社会原理与环境关系一体化结合起来，以便在提高土地生产能力和利用效率的同时，降低生态风险，保护自然环境潜力；同时根据自然系统和人工系统的异质要素的异质组合及其最佳空间配置，建设土地与环境共生的社会生态系统。

4. 多元性

在推进土地整治的过程中，需要解决的最根本问题是人类的长远利益与系统发展的眼前利益之间的矛盾，它涉及对多种相互冲突的目标进行协调。例如按照现行政策，增加更多的耕地面积，可获得更多的政府资金支持，但必须丧失更多的园林、林地、水域或未利用地，从而使生物多样性弱化，生态风险增大，这些行为或目标之间经常是不可调和的。而且，不同于物理方法的一个显著特点是土地整治系统中经常没有最优可言，各目标之间不存在全序关系，其目标空间是一个超体积的球，球面上没有哪一个方向、哪一点是绝对最优的，对其优劣的评判依赖于系统主导的主客观情境。所以，在土地整治系统中存在着目标多元、内容多元和结果多元等泛结构状态。

二 土地整治的理论逻辑

（一）资源效率是逻辑起点

土地整治的主要任务之一是对低效利用、不合理利用、未利用、损毁或退化的土地，采取工程或权属调整等综合措施，提高土地资源利用效率和效益的活动。因此，资源利用效率是土地整治的根基和灵魂。资源效率有两重含义：一是配置效率，比如土地资源在不同用途、不同空间之间的配置要实现各种效益最大化，这样就要求在不同用途、不同空间之间的边际效益相等。二是生产效率，比如土地作为一种要素，实现了该要素在生产可能性边界上的最大产量。其中有两种变化，一种是土地的边际收益肯定是递减的，但是因为规模效应的存在，在其他要素投入不变的情况下，增加土地投入，总收益的增量（即边际总收益，请注意不是土地的边际收益）先增加后减少，最大量就是土地边际收益等于零时的数值。

土地整治中的土地复垦使用途发生变化，是资源配置效率的体现；土地

整理既有空间的变化也有投入的增加，不仅有资源配置效率，也有生产效率的变化；城乡建设用地增减挂钩，导致建设用地投入的增加，即把农村集体建设用地"转移"到城市。总体上，土地整治是有利于提高资源利用效率的。

（二）生命景观是逻辑演绎

景观是所有的自然和文化特征，如村落、农田、山体、建筑、荒漠、森林和水体等有别于另一地表的特征。生境或生态系统的空间排列组合构成了景观。景观是一种系统，正如麦克哈格所说的那样，地球上所有的系统都渴望生存与成功，景观系统也不例外。系统的生存与成功，可以被描述为优化—适应—健康；其对立面是恶化—不适应—病态。要实现这一目标，系统需要找到最适宜的生命环境，并改造这种环境及自身结构。要成功地调整适应，就必须维护并提高生命景观的健康水平，最终才能维持人类文明的延续并增加自身的幸福。

要实现上述功能，在人类所有能运用的手段中，土地整治可能是最直接而有效的途径之一。土地整治有责任考虑50年、100年或者如印第安人所说的第七代的土地利用结果。土地整治工作者应该成为生命景观的"生态工程师"。

（三）区域发展是逻辑向度

《荷兰土地整理条例》认为土地整理是规划一个区域的功能，改善农村地区的土地利用布局和结构，区域规划决定了区域土地整理的功能和选择土地整理的方式。葡萄牙将土地整理项目解释为一种乡村发展活动，认为综合的土地整理项目在地域上被界定为乡村土地开发活动。斯科勒瑟通过对开展过土地整理的区域和未开展区域的比较分析，在对乡村发展政策和土地整理项目评估的历史回顾中，找到了土地整理与乡村发展之间的相互关系。土地整理政策通常有最初的农业目标，但后来就逐步变成了乡村发展的手段。在台湾地区，农地整理被定义为实现生产、生活及生态"三生"目标，即打造永续发展的绿色产业，有尊严有活力的农民生活和万物共荣的生态环境。以日本为例，20世纪80年代以来，农村土地整治以居住空间与农业用地的共生为目标，编制保持农业特色的村落综合发展规划，以促进乡村地区的发展。可见，土地整治的目标是促进区域发展，除经济增长外，还指人们生活条件和生产条件的改善，以及保持生态条件和生态平衡状态。促进区域发展，不仅是土地整治理想性的逻辑向度，而且是一种具有强烈现实性的逻辑向度。就乡村地区而言，土地整治要有利于促进多功能农业、多活力社区和多样性生态的建设及发展。

（四）可持续性是逻辑主线

土地整治是一项实现土地资源可持续利用的战略性基础工程。它需要在保持和提高土地系统资源承载能力、区域生产能力、环境缓冲能力、演进稳定能力以及管控调节能力的同时，在经济上是可行的，而且也符合社会公众利益。如果不能满足其中的任何一点，土地整治模式将可能是非持续性的。因此，可持续性应被明确地表达为土地整治的最重要指导原则，并且作为一种标准去诊断、去核查、去监测、去判断土地整治系统的"健康程度"。

三 土地整治的功能系统

（一）土地整治的时代责任

随着城市化和工业化的快速推进，我国土地资源短缺的矛盾进一步加剧，土地利用不当所造成的生态环境退化现象没有得到根本性扭转。全国沙化土地 1.743×10^6 平方公里，相当于20个广东省的国土面积；水土流失面积已达 356×10^4 平方公里，占国土面积的37%；20%左右的耕地受到环境的污染，600～800万公顷的耕地已经次生盐渍化；各种人为因素导致被破坏废弃的土地约1333万公顷（2亿亩）；耕地中约有60%属于中低产田[1]；根据专家预测，未来50年建设至少占用耕地1亿亩以上[2]。为了解决这些直接关系到生存和发展的重大土地利用问题，土地整治可以发挥极为关键的作用。可以预见，在土地资源有限的国情背景下，土地整治对促进土地利用由单纯地追求数量向产出、质量、效率、环境和安全五目标转变，对保障国家粮食安全、促进城乡统筹发展和乡村再生、推进新型城镇化、建设资源节约和环境友好型社会、建设美丽中国、治理土地退化、协调和实施优势农产品区域规划及重点区域粮食生产规划等，都有着重大的现实和战略意义。具体而言，我国土地整治肩负以下时代责任。

第一，通过土地整治，改善土地利用结构，增加耕地数量，实现耕地占补平衡，保障我国耕地资源的可持续利用。

第二，通过对田、水、路、林、村进行整合改造建设，提高耕地质量，改善土地生产条件，提高粮食产能，保障我国粮食安全。

第三，通过对闲置地、废弃地的复垦，零散地归并，节水工程建设等，促进资源的节约利用，实现国家建设节约型社会的战略目标。

第四，通过土地整治的生态工程建设，改善环境，维护生态平衡，实现土地利用的环境友好目标。

第五，通过开展土地整治和居民点整治，大力开展农业生产设施建设，调整土地权属关系，促进城乡协调发展和人与自然的和谐，最终实现城乡统筹和经济社会的和谐发展。

第六，通过土地整治改善农村地区的生产和生活条件，振兴乡村地区经济，维护乡村地区的景观和文化，促进生态文明和美丽中国建设。

（二）土地整治的功能系统

目前，我国的土地整治以增加耕地为主要目标，属于典型的"实体形态"整治。这种实体形态的土地整治，适合于起步和探索阶段。从德国、荷兰和俄罗斯等发达国家的经验看，土地整治目标在于规划一个区域的功能，区域规划决定了区域土地整治的功能和土地整治方式的选择。也就是说，土地整治是实现区域功能的有效途径和工具，有其独特的功能系统，这是国际土地整治的一般经验和规律。但是，土地整治的有效性和客观性是情境化和地方化的。我们有必要在理论上探明我国土地整治在经济社会和生态文明发展中所承担的任务和所应该起到的作用，即土地整治的功能是什么，功能的内在结构和各项功能要素间的相互关系又如何。

我国土地整治的主要任务和所起的作用应该是努力促进资源保障、粮食安全、资源节约、统筹城乡、环境友好与社会和谐等国家目标的实现。因此，土地整治应当具有资源保障功能、粮食安全功能、资源节约功能、统筹城乡功能、环境友好功能、社会和谐功能以及文化维护功能，是一个多功能叠加在一起的集合体，即由"核心功能"与"叠加功能"共同构成的功能系统（见图1）。

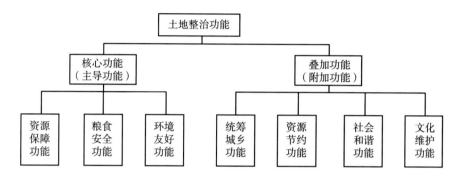

图1　土地整治的功能系统

四　土地整治的制度创新

（一）土地整治的战略框架建构

从土地整治的时代责任和功能系统看，应该制定以下发展战略。

1. 政府推动战略（Government）

从国外经验来看，土地整治都是由政府主导并推动的，德国、日本、韩国、荷兰都通过国家主导土地整治活动，取得了较好的成效。我国也应该制定土地整治的政府推动战略，把土地整治纳入政府的经济社会发展和生态文明建设发展框架。

2. 科技支撑战略（Research）

以科学技术研究为主线，来推进土地整治工程项目。第一，要建立行动后学习机制。即土地整治工程需不断反馈修复，直至土地整治工程不断修复反馈。第二，要从政治过程、社会过程和技术过程相统一的角度建立土地整治的

基础理论框架。第三，须从物质形态、领域意义和文化认同三个维度构建土地整治的理论模式。第四，土地整治的理论实践必须从实体形态向功能系统转换。第五，大力开展土地整治技术系统和平台研发，开发土地整治新型材料和实用装备，开展典型区域土地整治关键技术研究，开展耕地质量工程建设和定位观测研究。

3. 工程保障战略（Engineering）

土地整治具有很强的工程属性，推进土地整治必须强化工程保障战略。要从完善土地整治的调查、评价、规划、设计、施工、监管、检测、材料、使用机械、现代装备等一系列工程环节入手，以土地整治目标为依据，通过各种工程措施将土地现有实体改造建设成为更能满足人类需要的土地产品。

4. 生态优先战略（Ecology）

土地整治中必须充分依据生态环境原理，寻找与地球共生的创新路径，把自然生态、人文生态和人类生态放在优先的战略地位，着眼于区域内长远的景观生态平衡，采用综合措施维护景观生态平衡，切实将景观和生态保护纳入土地整治的发展框架。

5. 需求导向战略（Need）

土地整治中需按照实际需求和产能方式进行土地整治，表现为区域和项目需求导向。要因地制宜，不断推进土地整治政策的区域化和地方化，以满足本土整治的内在需求。

将以上五点的第一个英文字母放在一起，就是 GREEN（绿色），也可以称为土地整治的绿色战略或生态战略，是一种不断寻求与地球共生的新路径。

（二）制度创新

土地整治涉及多元目标和多重功能，是一个自然—空间—生态—经济—社会融合的复杂系统。从现代公共管理和土地整治的内在要求看，创新以下五项制度更具有紧迫性。

1. 土地整治的公共行政制度

土地整治是集体行动，土地整治作为保障国家粮食安全、建立节约型社会、推进社会主义新农村建设和统筹城乡发展的基础性战略工程，是一种公共决策行为，必须加强土地整治的公共行政制度创新，涵盖行政体制、投入、监管、协调、绩效评估、沟通、信息反馈等方面。

2. 土地整治的规划制度

国际经验表明，严格而科学的规划是土地整治战略实施成功的首要前提，应该按照规划本体理论和规划程序理论，在实证主义语境下重构连接实践和满足社会需要的土地整治规划框架和制度。

3. 土地整治的权益保障制度

统筹城乡发展，不仅要重视发展的规模与效率，更要高度关注发展的公平与质量，而其中权益保障是关键，不仅可以提高城乡居民的积极性和合作意愿，也可以减少实施成本和政府自身的压力。随着土地整治工程与工业化、城市化、农业现代化进程的融合推进，土地整治工程项目不断增加，村集体和地方政府与农民利益分配问题、土地整治后农地流转主体间的关系问题也伴随而来。如何保障政府、农户、村集体各个土地整治参与主体之间的权益公平显得十分重要，特别是广大农户的权益保障应该被放在更加突出的地位。首先要确保农民权利法定化的制度设计，完善相关法律法规，明确农民与集体的边界，避免"代民做主"；明确农民作为集体成员的形式要件与法定要件，厘清农民与集体的关系；规范基层党组织和行政人员的职权与行为，明确其公共服务、市场监管、社会管理的职能，维护农民合法权益。其次是农民权益保障权利得以实现的制度设计。最后是有关农民权利流失的风险防范制度设计。

4. 土地整治的融资制度

资金投入作为土地整治的关键因素，是土地整治工程顺利实施的保证。构建有效的土地整治融资制度是实现土地整治的关键。在土地整治资金来源方面，不仅需要制度性资金，同时也需要其他基金。要加强以下土地整治融资制度的创新：一是融资制度，即财政融资制度、政策性融资制度、市场融资制度；二是基金制度，即通过该制度建立集合基金、结构基金、专项基金和创新基金；三是注重建设融资资金的评估与监督制度。

5. 土地整治的工程建设制度

土地整治总体上以项目为依托，通过工程建设而实施。要不断推进土地整

治工程建设相关制度的创新，涵盖工程建设标准、工程建设模式、工程施工工艺、工程竣工验收、工程后评价、工程管理等。

（三）土地整治的实施机制创新

制度创新需要有实施机制与之配套，才能使制度创新落到实处。在现阶段，亟须推进以下十大土地整治的实施机制创新：激励机制、约束机制、监控机制、信息机制、利益分配机制、沟通协调机制、再盘活机制、评估机制、社会参与机制、学习创新机制。

通过战略框架建构、制度和实施机制创新，进一步明确土地整治的组织、手段、工具、政策和措施，使土地整治主体明确、机构完整、层次分明、手段有效（见图2）。

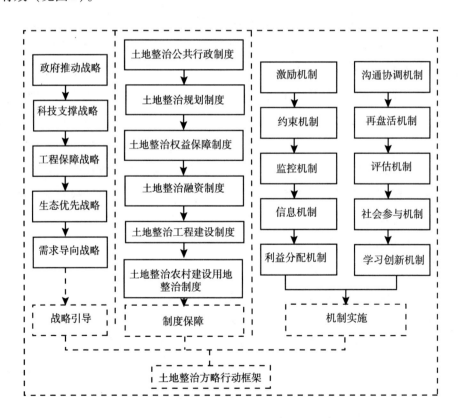

图2 土地整治战略—制度—机制行动框架

五　土地整治的当代命题

（一）土地整治的理论基础和战略

理论基础和战略是关系到土地整治系统生存和发展的根本。未来发展必须明确土地整治的本体和范式，遵循政府组织、专家领衔、部门合作、公众参与、因地制宜和科学决策的工作方法，将行政过程、社会过程和技术过程相统一，实现目标达成、适应、整合和潜在模式维持的基本功能。未来土地整治的发展首先必须建立其独特的理论框架、思维范式和逻辑板块，包括核心理论的发展和应用扩展的推进。要沿着基础研究、技术开发和工程化的方向不断推进。

在不断拓展土地整治功能的同时，重视系统的能力建设、制度建设和文化建设。无论如何，一些基础性的理论问题是需要认真加以探究的，诸如：土地整治的目标和功能是什么；土地整治需要哪些正式约束，哪些非正式约束，需要什么样的实施机制；土地整治的意义是什么，文化认同是什么；等等。只有明确土地整治的本体、功能和内在逻辑，才能不断推动土地整治由初级向高级阶段发展。

（二）土地整治的立法和制度建设

从国际土地整治经验和我国土地整治的实践困境看，完善相关法律制度，提高土地整治的规范化管理和实施水平，是推进我国土地整治由初级阶段向高级阶段发展的必然选择。在未来土地整治事业的推进中，一项十分重要而急迫的任务就是要在国家层面出台《土地整理条例》或《土地整理法》，尽快明确以下几项重大问题：①土地整治的地位、主体和程序；②土地整治项目选定、申报与审批；③土地整治勘测、规划设计与预算编制；④土地整治工程施工、监理和验收；⑤土地整治资金筹集、使用和管理；⑥土地权属调整与权益保障；⑦土地整治的公众参与；⑧土地整治的部门协调；⑨土地整治的质量和生态景观维护；⑩土地整治的设施维护；⑪土地整治的法律责任。

（三）土地整治的工程技术进步

目前，我国土地整治生态环境保护工程技术缺位，土地整治工程技术综合集成与创新能力弱，土地整治新材料、新产品、新工艺缺乏，土地整治工程技术产业化程度较低。为此，需要全面推进土地整治工程技术进步。根据国家土地整治战略目标和社会需求，针对高标准基本农田建设、矿山土地复垦、污染土地修复中的重大关键性、先导性工程技术问题，组建国家和省级土地整治工程技术研究中心，充分发挥优势互补、有机组合、强强联手的乘数效应，构筑土地整治工程技术研发和产业化平台，研发土地整治的新工艺、新材料、新设备，创设土地整治工程技术人才的储备机制，全面提升土地整治工程技术水平和自主创新能力，为土地整治的可持续发展提供强有力的工程技术支撑。

（四）土地整治的工程模式创新

"新工程模式"源于对区域资源、自然生态环境、历史文化和"新经济"时代的理解，强调完整的区域结构、城乡文脉、社会响应、社区环境和土地健康等理念，主要表现为"四新"。

1. "新区域"思想

土地整治的"新区域"思想，注重对山、水、田、林、路、村的区域改造建设，注重对整治后区域发展质量的提升，而不是简单地看土地整治规模的扩大。它强调土地整治是以区域为单位的，而不仅仅是单个项目的工程建设，区域的结构应该融入更大尺度的交通网络中。这种土地整治的"新区域"理念，更加注重全方位营造"区域"土地利用的适宜环境。

2. "新场景"思想

"场景"是指项目区土地整治工程设施的有机组合，是一个能够彰显价值维度、文化体验和生命景观的综合体。要充分认识到，土地整治成果应该是人类社会进程中的一件"精美作品"。建于2500年前、长达2700公里的中国运河系统，玛雅人的灌溉系统，叙利亚和罗马的水系等，不断改变人们的社会认知和历史记忆。例如：罗马的灌溉系统，运送冷的山水到城市中心，改变了城市的景观和文化，使得罗马成为一种不同的城市。北京、广州、深圳、杭州、武汉等一批经济发达城市的"城中村"改造，丘陵山区的梯田整治，更是极大地改变了区域的土地利用格局，印证了我们的社会意象和态度是一种文化也是一种政治意志。

3. "新生态"思想

土地整治的"新生态"观认为，应当把一个整治区域的文脉、历史、文化、工程、利用方式和土地的物质形式当作一个活的生命来对待，当作一种生命的形式、一种生命体系来对待。

4. "新人文"思想

土地整治的"新人文"，提倡形成城乡居民的广泛公共参与，在土地整治中使各方的意见都能充分表达，使整治方案更为普遍地体现人文关怀。

如何在土地整治中创新工程模式，将上述"四新"思想真正融入土地整治的改造建设工程中去，使土地整治从"实物形态"走向"功能系统"，还需要寻找更加可行的内部能力同外部环境相匹配的系统方案。而且这种系统方案不只是一种内在的意向性，它不断要求对象化为一种走向现实的创新性行为。

（五）土地整治的空间政治问题

长期以来，在工业化和城市化的导向下，政府投资主要集中在城市，空间生产已经严重失衡。在空间剥夺、空间壁垒和空间失灵三大机制的作用下，农村基础设施等集体消费品供应严重不足，乡村衰败现象日渐明显，城乡空间分野进一步加剧。让空间区域内的所有公民都平等地享有公共物品和公共服务，都能得到均衡和协调的发展，是空间政治的正义追求和价值取向。如何通过土地整治，加大对农村社区和农田基础设施的投入，提高农村的生产、生活和生态发展水平，不断整合和优化城乡空间结构，解决长期以来形成的空间剥夺、空间壁垒和空间失灵问题，不仅是政府政治的责任底线，也是土地整治的历史使命和时代责任。

参考文献

吴次芳、鲍海君：《土地资源安全研究的理论与方法》，气象出版社，2004。

张凤荣：《中国土地资源及其可持续利用》，中国农业大学出版社，2000。

B⃞.10
土地权属调整与权益保障

叶艳妹*

摘　要：

本文在分析土地整治权属调整与权益保障的背景和意义、权属调整的发展过程和权益保障现状的基础上，阐述了目前土地整治过程中确定权属调整对象、类型、面积和质量、调整方式、原则、调整程序和方法的基本做法，项目区农民参与方式和内容，土地权属调整的经验及存在的问题；最后提出了未来土地整治过程中权属调整范围不断扩大、技术含量不断提高、土地质量鉴定更为普及、权属登记工作逐步规范、农户参与程度不断提高等发展趋势。

关键词：

土地整治　权属调整　权益保障

一　土地整治权属调整与权益保障的背景和意义

（一）背景

20世纪90年代以来，针对我国大量优质耕地被占用、农地细碎化严重、农田基础设施缺乏，粮食安全问题日益突出的严峻形势，国土资源部在广泛调研的基础上提出了耕地"占补平衡"和"总量动态平衡"以及"补充耕地的

---

* 叶艳妹，博士，教授，博士生导师，浙江大学公共管理学院副院长，浙江大学土地科学与不动产研究所副所长，主要从事土地利用规划、土地整理、土地评价的研究和教学。

途径主要通过土地开发整理"等政策目标和工作措施。这些政策目标和措施引起了党中央、国务院的高度重视。1997 年中共中央、国务院下发了《关于进一步加强土地管理切实保护耕地的通知》，第一次明确提出"实行占用耕地与开发、复垦挂钩政策"，"积极推进土地整理，搞好土地建设"。1998 年修订后的《土地管理法》规定"国家实行占用耕地补偿制度"，"国家鼓励土地整理"等，第一次以法律的形式确立了土地开发整理的工作地位。此后，国土资源部门在各级政府的直接领导下，认真贯彻落实中央的方针、政策，积极开展土地整治工作。

土地整治的突出特点就是通过工程措施对地块进行归并与平整，配以基础设施建设，以提高土地的利用率和土地产出能力。这必然引起原有权属主体拥有的土地数量、质量和利益格局发生变化。为了保障各方利益，需要调整土地权属关系。而且，随着《物权法》的实施和农民对土地价值认知度的提高，土地权属调整和权益保护工作更加突出，高度重视和努力做好权属调整工作就成为土地整治的重要内容，也是保障土地权益的重要途径。

（二）意义

土地权属调整既是土地整治工作的核心，又是土地整治区别于其他农田基本建设的重要特征，还是一项政策性很强的系统工程、一种利益敏感的行为。开展土地权属调整具有以下重要意义。

1. 维护被调整人的合法权益

土地整治中需要调整的是当事人最基本、最重要的财产权利，调整土地权属实际上就是调整财产权益。因此，做好土地权属调整工作，协调土地整治过程中产生的利益变化，有利于维护和保障土地整治工程当事人的合法权益，防止发生新的土地权属争议。

2. 促进土地开发整理事业健康发展

土地权属调整工作效果的好坏，直接影响当事人对土地整治事业的热情和工作开展的难度，事关土地整治工作的成败。做好土地权属调整工作，在很大程度上能取得当事人对土地整治工作的大力支持，从而有利于土地开发整治事业的发展。

3. 有利于农村社会的稳定

土地权属问题十分敏感，牵涉到各方面的利益，事关农村社会经济生活的稳定。通过土地权属调整，有利于解决土地权属调整过程中出现的问题，维护被调整人的合法权益，防止发生新的土地权属争议，促进农村社会的稳定，对于一个拥有 9 亿农村人口，且现阶段广大农民尤其是经济欠发达地区的农民仍以土地作为主要经济来源的大国来说，其意义更加重大。

4. 有利于促进土地规模经营，加速农业现代化和全球化

通过土地权属调整，有利于明晰土地权属关系，引导农业产业化发展，提高土地综合生产能力，促进土地承包经营权的流转，为农业集约经营提供条件。农业的大规模生产，能加速中国农业的现代化和全球化步伐。浙江、福建、广西等沿海省市近几年的实践已显示，整治后的土地通过有偿转包、租赁、入股、互换等多种形式进行流转，为农业规模化、集约化、高效化经营提供了广阔空间。

5. 有利于农业现代化，促进新农村建设

通过开展农田特别是基本农田整治，做好土地权属调整，加强农田基础设施建设，可以有效改善农业生产条件、改变传统农用地利用格局、扩大经营规模，推进农业现代化，促进农业增效和农民增收；通过改造旧村、合理调整土地和房屋权属、归并农村居民点，可以促进建设用地集约节约利用，有效地改变农村面貌，提高农民居住水平和生活质量。

二 土地整治权属调整的发展过程与权益保障现状

（一）土地整治权属调整的发展过程

从 2001 年国家下达首批国家级土地开发整理项目开始，到目前为止，土地权属调整工作的发展过程大致可以分为以下三个阶段。

1. 地方自发阶段

自从中央出台政策，由中央财政出资开展土地整治工作，并下达首批国家级土地整治项目后，各省竞相申报国家级土地整治项目，土地整治工作很快在全国各地开展。由于当时土地整治配套经费标准较低，大部分地区实施的土地整治工程，仅进行农田水利设施和田间道路的配套建设，仅在小部分项目区内开展了小范围农户自发式的土地权属调整。其特点是通过农户之间的协商，得到地方政府的认可，由农民自发进行。

随着土地整治项目的增多、分布范围的扩大、工程建设的逐步规范化和资金支持力度的加大，土地整治质量总体明显提升，但地块之间的差异仍明显存在。为此，有的地方政府为了提升项目区内所有土地的质量，缩小地块之间的质量差异，尽量使每个农户的土地都享受到整治收益，就开始将农户拥有的土地收回，经土地平整、水利和田间道路配套建设后，实施较大范围的土地权属调整，将土地重新分给农户。然而由于缺乏法律法规和政策依据，很难形成统一的土地权属调整意见，往往导致土地权属纠纷增多，甚至出现将好事办坏的现象。

2. 探索试点阶段

权属调整涉及的土地整治当事人逐步增多，土地权属调整问题日益凸显。研究探索土地整治权属调整及政策制定，成为保障土地整治当事人合法权益的内在要求和项目建设管理的关键环节之一。为此，国土资源部土地整理中心，经国土资源部批准于1999年8月成立了课题组，在借鉴国内外土地整治经验的基础上，研究形成了《国外及我国台湾地区农地整理中的权属管理》和《农村土地开发整理权属管理操作手册》的基本框架。2000年，课题组在浙江、山东、贵州、湖北、四川、重庆等6省（市）开展了重点调研，同时，在全国其他省市也开展了同口径的调研，形成了《我国土地开发整理权属管理研究》和《农村土地开发整理权属管理暂行规定》等专项研究成果。2002年课题组在南宁召开了《农村土地开发整理权属管理暂行规定》专题研讨会，并在四川召开的全国地籍工作会议上，征求各地对《农村土地开发整理权属管理暂行规定》的意见，经修改完善形成政策性成果《农村土地开发整理权属管理暂行规定》（草拟稿）。

3. 规范完善阶段

在前述研究探索的基础上，国土资源部于2003年下发了《关于做好土地开发整理权属管理工作的意见》（国土资发〔2003〕287号），这是我国第一

个专门针对农村土地整治权属管理工作的规范性文件。该文件对土地开发整理
项目的权属管理工作起到了很好的规范作用，但该文件规定的有关要求还是原
则性强，其操作性和实用性还有待进一步提升。

2004 年，为了进一步规范和完善农村土地开发整理权属管理，国土资源
部相关业务司在新疆、湖南组织开展了土地开发整理权属管理试点。2005 年，
课题组根据试点的经验和各方反馈的意见，对《农村土地开发整理权属管理
操作手册》进行了多次修改和完善。2006 年 3 ~ 6 月，国土资源部土地整理中
心在全国 12 个省（区）的 15 个项目对操作手册进行了试点应用，取得了丰
硕的成果。2006 年 6 月，国土资源部相关业务司和部土地整理中心在广西北
海共同组织召开了土地开发整理权属管理应用试点工作座谈会，全面总结各
地试点工作经验，提升对土地开发整理权属管理的认识，在此基础上，进一
步修改完善了操作手册，为土地整治权属调整工作的规范化操作提供了重要
依据。

随着农村土地整治规模逐步扩大，特别是城乡建设用地增减挂钩试点工作
的开展，土地整治过程中涉及集体土地所有权和土地用益物权的土地权属调整
日益增多。为此，国土资源部于 2012 年下发了《关于加强农村土地整治权属
管理的通知》（国土资发〔2012〕99 号），为各级国土资源主管部门以科学发
展观为指导，站在推进农业现代化、建设社会主义新农村、统筹城乡发展的高
度，以维护和实现农民集体与群众合法土地权益为核心，有序推进农村土地整
治提供了政策支持和制度保障，进一步规范和完善了土地权属调整工作，切实
做到了有利于加强农村社会管理、促进农村和谐稳定。

（二）土地整治权益保障现状

1. 在政策层面保障了农户的土地整治权属调整权益

国土资发〔2003〕287 号文规定，土地整治权属调整要坚持依法、公开、
公平等原则；国土资发〔2012〕99 号文，进一步强调土地整治权属调整要坚
持依法依规、公开公平、自愿协商等原则。可见，国土资源部从政策层面要求
各地开展的土地整治权属调整必须是农民自愿的。这意味着，如果农民不愿意
参与土地权属调整，谁都无权强行调整其权属；如果农民自愿参与土地权属调

整，从每个人都是理性人来判断，其土地权益是不会受到损害的。可见，从政策层面看农民的土地权益是可以得到切实保障的。

2. 在现实层面总体上保障了农户的土地整治权属调整权益

我国土地整治资金基本上是由政府全额无偿投入，用于改善农业生产条件和生活条件的。近几年，各级政府每年投到土地整治上的资金总额都在 1000 亿元以上，是 1949 年以来政府对农业和农村最大额的无偿投资，是一项德政工程，深受农民的欢迎。在土地权属调整试点项目调查中发现，有些没有进入土地整治项目区的农民迫切希望政府尽早将自家土地划入整治范围，以获得土地整治收益。因为，土地整治工程实施后，特别是经土地权属调整后，每家的地块都临水靠路，既保证了灌溉又能进行机械化生产，改变了灌溉用水无法保障的状态，且随着城市化和工业化的发展，劳动力成本大幅度提高，大部分地区农业的机械生产比人工生产效率高，成本大幅下降。可见，土地整治工程和权属调整，总体上不仅不会损害农户的利益，反而使农户获得长远收益。

当然，在个别土地整治项目实施过程中，特别是城乡建设用地增减挂钩项目实施和权属调整过程中，出于历史原因或工作不够细致耐心、急于求成甚至与民争利等原因，个别农户土地权益受损的现象仍然存在。

三　土地权属调整的基本情况与做法

（一）土地权属调整的基本情况

根据统计，从 1998 年 7 月 1 日至 2008 年 6 月 30 日，全国 28 个省（区、市），新增建设用地土地有偿使用费安排的土地整治项目中涉及土地权属调整的项目共 5697 项，占总项目数的 56.76%；所有权权属调整的面积、使用权权属调整的面积和承包经营权权属调整的面积分别占涉及土地权属调整项目总面积（扣除没有开展相应权属调整省份的资料）的 17.16%、9.48% 和 30.30%。全国涉及国有土地所有权调整的面积是 12.93 万亩，涉及集体土地所有权调整的面积为 329.54 万亩，涉及使用权调整的面积为 171.3 万亩，涉及农地承包经营权调整的面积为 925.51 万亩。

2010～2011 年间，国土资源部土地整治中心又调查了全国 8 个代表省（市、自治区）土地整治重大工程与示范项目，涉及土地权属调整项目的总建设规模为 11638.80 公顷。土地所有权调整涉及的省份有 4 个，面积为 4203.12 公顷，占项目建设总规模的 36.11%。土地承包经营权调整涉及的省份有 4 个，调整面积为 4492.02 公顷，占项目总规模的 38.60%，涉及农民 17186 户、65341 人。

总体上，2010～2011 年间，我国土地整治项目开展权属调整的比例明显增高。

（二）土地整治理权属调整的做法

目前土地整治权属调整的做法大致如下。

1. 确定土地权属调整对象

土地整治权属调整对象一般为项目区内的农户。但由于各项目区土地权属调整力度和范围不同，其调整对象也不完全相同：有的是项目区内的全部农户，有的是被路、沟、渠等农田基础设施建设占用土地的使用权或承包经营权人，有的仅是愿意参加权属调整的农户。

2. 确定需要调整的土地权属面积和质量

以土地利用现状调查资料、地籍档案和土地承包经营合同等相关文件为依据，确定需要进行权属调整的土地权属界线。以政府颁发的土地权证书记载的面积、土地承包经营权合同书上记载的面积为依据，结合土地利用现状调查数据或实地测量数据，确定各土地权属主体的面积和位置。一般根据土地产出的高低和（或）土壤综合指标，确定土地质量等级。

3. 确定土地权属调整的类型与调整方式

土地权属调整的类型主要有集体土地与集体土地所有权调整，建设用地使用权、土地承包经营权、农地使用权、宅基地使用权调整及个别土地他项权利调整。一般按等质或等量模式、股份制模式、租赁模式以及前三者综合模式、"谁投资谁拥有"模式，或原使用权拥有者和投资者协商确定模式，经过项目区内土地权属主体的共同确认后进行调整。

4. 确定土地权属调整原则

全国多数土地整治项目区，权属调整所遵循的原则主要有：依法原则，公开、公平、自愿原则，确权在先原则，土地适度集中原则，土地质价相当原则，稳定性原则，但由于各项目区所处的地域、社会经济条件、生产种植方式和土地权属主体对土地的依赖程度的不同，权属调整时所选择的主要原则也不完全相同。

5. 确定土地权属调整程序和方法

①在项目选择阶段，明确项目区内土地权属有无纠纷。②在项目可行性研究阶段，查清拟开展整治区域土地利用和土地所有权权属现状。③在规划设计阶段，开展土地承包经营权和土地使用权权属调整意愿调查，编制土地权属和土地整治项目现状图，确定土地使用权或（和）土地承包经营权调整具体方案。④在施工阶段，在整治前后对土地质量进行评价，编制土地权属调整落实方案并进行公告，如无异议经报相关部门批准后签署调整协议，土地整治工程竣工后落实权属调整工作。⑤验收阶段，开展土地变更登记，编写土地权属管理报告，对资料进行归档。

6. 确定项目区农民参与土地权属调整方式和内容

大部分省（市、区）农民参与土地权属调整工作的各个阶段如下：在项目可研及规划设计阶段通过召开村民大会，向农民介绍项目规划方案、工程内容和位置，并就项目竣工后土地权属如何调整等问题征求村民的意见，使村民对土地整治工程心中有数。在项目实施前，与农民签订工程实施及权属调整方面的协议；在工程实施阶段，农民对工程质量进行监督和把关；对未按规划设计施工或工程质量不达标的可提出异议。竣工验收阶段，组织村民代表参加。在权属调整前，召开村民代表大会落实权属调整分配方案；在权属调整过程中，农民全程参与。

7. 确定土地权属调整工作的主体

权属调整主体的选择需从全盘考虑，以最大限度地满足土地权属调整工作要求、保障各方权益为原则。调查表明，目前土地权属调整主体主要有：村民小组、村民委员会、乡镇政府、县国土局，也有多主体合作的。不管权属调整承担主体是谁，国土资源行政管理部门，特别是土地整治中心，都承担着土地整治项目的行政管理工作和土地权属调整政策指导工作。

四 土地权属调整与权益保障的经验及存在的问题

（一）经验

1. 提高对土地整治权属管理的认识是做好权属调整的基础

土地整治权属调整需要从权属主体的根本利益出发，通过会议、宣传栏、发送文字资料等形式，使他们深入了解土地权属现状调查、调整、审核、登记和发证等环节涉及的法律法规和政策，以及权属调整中需要坚持的一般原则、权属调整的过程、调整后的可能结果，从而充分认识土地整治权属调整工作，进而支持和参与土地整治权属调整工作，这是保障土地整治权属调整工作顺利进行的基础。

2. 赢得当地政府的支持是顺利开展权属管理工作的前提

权属管理工作涉及面大，且多是与农民打交道，必须成立由当地政府牵头的工作组，指导项目区内各村成立权属调整小组。通过小组成员的宣传发动、解释说明，使项目区内权属主体充分了解土地权属调整的内容和重要性；同时还要充分相信和依靠村委会，发挥村、组的人力资源优势，这样才能加深群众对调查结果的信服程度，保障土地整治权属调整工作的顺利开展。

3. 建立健全规范有序的权属调整程序是搞好权属管理的关键

土地整治项目建设规模一般较大，施工周期较长，土地权属调整的时空跨度大，工作内容多。必须建立健全规范有序的权属调整程序，使项目区土地权属调整工作有计划、有步骤地进行，并贯穿于土地整治实施全过程，才会得到群众的支持，土地整治工程才能顺利实施。

4. 强化公众参与意识是做好土地整治权属工作的重要手段

开展权属调整工作，最重要的是尊重农户的意愿，在公平、公开、公正的环境中进行。而强化公众参与意识，让权属主体参与并了解土地整治权属调整全过程，广泛征求、充分吸纳权利人的意见，及时公布和告知权属调整方案，做好异议的协调和处理工作，是保障土地权属调整工作公平、公开和公正的前提，也是获得支持、消除纠纷，促使土地整治权属调整顺利进行的重要手段。

5. 合理评定土地质量和编制调整方案是做好权属调整的核心

在选择土地质量评价方法，确定评价因素及权重，编制土地权属调整方案，进行土地分配时，要广泛吸收项目区内土地权属主体、乡镇干部和村干部参加，一方面可以使土地质量评价结果更符合实际；另一方面，有他们的参与，评价结果和权属调整方案更能够为农民群众所接受。

（二）存在的问题

1. 法律法规亟待出台和完善

目前，土地整治权属调整仍缺乏法律层面的规定和技术层面的规范，导致全国各地土地开发整理权属调整和管理工作存在参差不齐、做法不一的现象，致使土地权属及其收益的矛盾和纠纷时有发生。出台相关的法律法规和技术规程，规范土地整治权属调整行为，是当前急切需要解决的重要问题之一。

2. 理论和技术支撑缺乏

德国和中国台湾等地对土地整治中各关键环节，如土地整理前后的土地状况、调查测量、土地评估，土地分配时的土地缩减率、资产化率、负担率等都建立了一套专门的、行之有效的理论、技术方法和衡量标准。然而目前我国除台湾以外的地区土地整治权属调整工作大多是通过协商方式解决，缺乏理论和技术支撑，往往导致新的土地权属纠纷，也影响项目区内土地权属主体参加土地权属调整的积极性，进而影响土地整治的质量和土地整治事业的可持续发展。

3. 工作经费短缺

土地整治项目一般建设规模大，涉及的承包经营户多，权属关系复杂，权属调整过程中需要耗费一定的财力、物力和人力，充足的资金是土地整治权属调整工作顺利开展的必要保障。据12个省的统计，一个3万亩的土地整治项目，其权属调整和管理经费接近60万元，占项目预算的1.5%左右。然而，现行的项目预算中未把权属调整工作费用列支在内，地方政府也没有专门的、稳定的扶持资金，这已导致县、乡（镇）和村级基层干部的土地权属调整工作积极性不高，直接影响土地开发整理项目的开工建设进程。

4. 组织宣传不到位

土地整治权属调整的目的、意义宣传到位与否，也成为决定项目区权属主

体能否积极参与权属调整的重要前提。部分整治项目宣传工作不到位，没有就国家土地整治相关政策法规，土地整治权属调整的目的、意义、内容、程序、好处等事宜做深入广泛的宣传，没有创新宣传手段，导致农民对土地开发整理以及权属调整的理解不足，或者不理解甚至误解，从而产生抵触情绪，使土地权属调整无法顺利开展。

五　土地权属调整与权益保障的发展趋势

土地整治权属调整是伴随着土地整治事业向深度和广度不断推进，从而逐步积累经验并逐渐完善其操作过程的。随着社会经济的发展，城镇化和工业化的快速推进，权属调整和权益保障呈现以下几个方面的明显趋势。

（一）土地整治权属管理工作将得到进一步的重视和加强

随着城镇化、工业化的迅速发展，农业劳动力的转移和减少，土地价值的显化，土地整治中权属调整和管理工作的重要性进一步凸显。一方面，越来越多的农户希望通过土地平整、权属调整，实现土地的集中，促进土地质量的提高，便于机械化操作和土地规模化经营，提高土地利用效益，降低农业生产成本，提升农业竞争力，增加农业收益；另一方面，土地价值尤其是建设用地价值在不断显化和提高，农户土地权益保障的诉求不断增强。因此，未来会更多地从提高农业效益和竞争力的战略高度来认识土地整治中权属管理的重要性，从维护农民合法土地经营权的政治角度来认识土地整治中权属管理的必要性，切实加强我国土地整治立项前的权属调整意愿调查、整治中的权属调整方案编制与整治后土地调整以及权属登记等工作。

（二）土地整治权属调整的法律规范将逐步出台和完善

为规范土地整治中权属调整操作，保障土地权属主体的权益，可借鉴德国、日本、荷兰、中国台湾等地的经验，制定权属调整的相关法律法规，形成从土地整治前立项决定中权属调整意愿调查，到整治中权属调整方案制定、土地重新分配，再到整治后权属登记的一整套土地整治权属调整的法规和制度，是我国土地整治权属调整的必然趋势。

（三）项目区权属主体参与程度不断加深

项目区内土地权属主体是土地整治工程的直接受益者，他们最关心土地权属调整结果，最希望实现土地整治效益最大化。因而，在未来的土地整治权属调整中，项目区内权属主体将更多地关注和参与土地权属调整工作，并与行政机构在职能上形成较明显的区别。国家和各级行政机构的作用将更多地倾向于制定法律规范和相关操作规范，更多地为土地权属调整提供一个公正、安全的制度环境，为土地权属调整操作提供具体的指导。项目区内权属主体则依靠制度、规范，在相关机构的指导下，按照自愿、公开、公正原则，积极开展土地权属调整的具体操作。

（四）土地整治权属调整的范围不断扩大

随着农村劳动力的减少，土地整治权属调整法规和操作规范的完善，权属调整效益的显化和权益保障程度的提高，以及项目区权属主体对土地权属调整了解的深入，越来越多的农户愿意参加土地权属调整，并希望通过权属调整，提高产出，降低成本。因此，土地整治权属调整的范围逐步扩大是未来土地整治的趋势之一。

（五）土地权属调整重点和难点是土地承包经营权或使用权

我国土地实行社会主义公有制，即全民所有制和劳动群众集体所有制。土地所有权和使用权或承包经营权相分离，农民或居民仅拥有土地承包经营权或使用权。这就决定了我国土地整治一般不涉及土地所有权的变动，未来权属调整和管理的重点应该是土地承包经营权或使用权。而且，对项目区内权属主体而言，土地是他们很看重的重要资产，权属调整自然也是土地整治过程中难度最大的工作。

（六）土地整治权属调整手段的技术含量将不断提高

随着网络技术、信息技术、测量技术、通信技术和自动控制技术的成熟和

发展，权属调整中土地测量、权属确定、地价评估、权属调整方案的制定、权属调整各方信息的沟通等工作，可以借助这些高新技术而变得更加容易、快捷和准确。因此，未来土地整治权属调整手段的技术含量将会逐步增加，且权属调整环节的技术要求和技术标准将进一步向定量化方向发展。

（七）土地整治权属调整中土地质量鉴定将更为普及

土地质量评估确定了各个地块之间的相对价值关系，使法律意义上的土地归并、交换和界线调整能够实现价值平衡，为土地权属的再分配提供依据，为土地承包经营权或使用权流转和土地规模经营提供依据。随着我国土地整治权属调整范围的扩大，土地的不断增值和土地权属调整主体权益保障意识的提升，未来土地整治权属调整工作中，对各地块的质量、价值及其整治前后变化的鉴定必将更为普遍和精确，以满足土地权益保障需要。

（八）土地整治权属调整后的权属登记工作将逐步规范

现行土地整治工作主要由国土资源部门牵头，农业等部门参加，在农地整治过程中开展土地权属调整特别是农地承包经营权调整时，由于整治前后土地权属主体拥有的土地面积基本不变，所以多数整治项目没有进行土地承包经营权权属变更登记，容易产生土地权属纠纷。未来，随着不动产统一登记的展开，为使土地整治权属主体的合法权益受到法律保护，地籍管理部门将更多地介入我国的土地整治权属调整过程，积极开展调整后的权属登记工作，从法律上维护土地整治项目区广大权属主体的合法权益。

土地整治绩效评价制度研究

张 燕 吴次芳*

摘 要：

实施土地整治绩效评价是国家加强土地整治过程监管和效果考核的有效手段，是持续改善土地整治运行管理、促进提升土地整治综合绩效的重要途径。多年来，国家和地方对推进土地整治绩效评价进行了有益探索和实践，为建立、完善土地整治绩效评价制度和逐步推行土地整治绩效评价工作奠定了基础。本文在全面分析土地整治绩效评价功用、政策、实践的基础上，提出了从关键环节、机构体系、运行机制、系统建设等方面加强制度设计的具体思路和政策建议，试图为实现土地整治绩效评价工作的制度化、规范化和常态化提供参考。

关键词：

土地整治 绩效评价 制度体系

土地整治绩效评价是根据设定的绩效目标，通过选取评价指标、确定评价标准，以及运用一定的评价方法，对专项资金的分配使用及其项目的实施管理、建设成效等进行的综合性评价，旨在更好地实现土地整治目标，持续改善土地整治运行管理手段，建立健全激励约束机制，不断提高土地整治能力和专项资金使用绩效，促进资金管理的规范化、科学化。根据评价时点，可划分为

---

* 张燕，中国人民大学管理学硕士，国土资源部土地整治中心高级工程师，主要研究方向为土地资源管理、土地整治实施监管；吴次芳，博士，浙江大学教授，主要研究专业和方向为土地规划、土地整治、土地政策、城乡发展。

前评价（评估）、中间评价和后评价等；根据评价对象，可划分为项目评价、专项资金评价、区域评价等。

一 土地整治绩效评价的功用

（一）监测土地整治战略和目标的实现

土地整治绩效评价可将战略和目标转化成可衡量、可控制的要素。通过定期收集相关数据，全面评价土地整治的表现和效果，可以清楚地看到土地整治战略和目标的实现情况，便于及时采取措施，促进有关战略和目标的实现，保障土地整治事业的持续进步和发展。

（二）寻找土地整治的短板和改进点

通过绩效评价，可以发现土地整治管理和运行中存在的问题和薄弱环节，将其界定清楚并使之凸显出来，如土地整治资金的地区分配和项目安排是否合理、影响土地整治质量和进度的关键因素是什么，从而推动管理者去寻找解决问题的方法，提高土地整治的监督管理水平，最终达到改善土地整治绩效的目的。

（三）增强土地整治实施单位和个人的责任感

通过评价土地整治战略和目标的实现情况，能够进一步对项目是否满足目标群体的需求及优先性等做出评述。如项目对目标群体有何影响？所采用的方式是否能使受益人的利益得到持续增长？通过对诸如此类问题的回答，并指出哪一类问题应该由谁负责，将有利于增强各级组织和项目参与者、执行者、决策者的责任感。

（四）传递组织的土地整治价值观和文化

项目的具体执行者和完成者有时无法对组织目标有一个清晰全面的了解，尤其是对一些制度政策在具体执行中容易产生理解偏差。而绩效评价是一个非常有利的工具，有利于明确土地整治的组织文化和行为准则，可以告诉土地整治参与者哪些是重要的，哪些是次要的，哪些是倡导的，哪些是限制的，让土地整治参与者更好地把握事业的发展趋势。

（五）提升土地整治管理者与参与者的技能

绩效评价为管理者及时关注和客观评估参与者的行为提供了途径和方法。土地整治管理者通过建立科学合理的评估体系促使参与者去推进、改善原有的整治行为和工作方式。在这个过程中，土地整治管理者会提升自身的组织管理能力、计划能力、监控能力等，而土地整治参与者更为关注实施绩效，会想办法改进方法、采取措施以获得更好的绩效。绩效评价的这种激励约束作用有利于在行业内树立标杆、培育典型，形成示范和追赶效应。

（六）建立有效沟通与信息反馈平台

绩效评价是一个沟通、反馈、再沟通、再反馈的持续过程。组织管理者、执行者、参与者、受益者，包括社会公众等所有关注土地整治的个人或群体，在评价过程中需要不断沟通与反馈，充分进行信息交流，以促进相互理解与信任，实现各方利益诉求（如管理者的政策制定、参与者的工作积极性、农民的合法权益、公众的社会关切等）的平衡。

二 土地整治绩效评价的政策

中央分成新增建设用地土地有偿使用费（以下简称新增费）分配方式调整后，为强化资金使用的宏观调控和监督管理，财政部和国土资源部对加强土地整治绩效评价做出了一系列制度安排。从建立中央分成新增费绩效评价制度、实施土地整治项目绩效评价，到加强土地整治相关资金使用绩效考评，再到建立健全绩效评价制度、完善绩效考评工作，特别是要制定重大工程和示范建设考核评估办法、加大高标准基本农田监测评价力度，国家推进土地整治绩效评价工作制度化、常态化的意图越来越强、要求越来越高。

（一）土地整治绩效评价制度

2008 年 4 月，《中央分成新增建设用地土地有偿使用费资金使用管理办法》（财建〔2008〕157 号）中首次提出，省级财政、国土资源管理部门要建立健全新增费的绩效评价制度，新增费的分配要与绩效考评结果相挂钩；同年 8 月，《国土资源部关于进一步加强土地整理复垦开发工作的通知》（国土资发〔2008〕176 号）规定，部和省级国土资源管理部门要定期分析项目建设、资金征收和使用情况，实施绩效评价和动态监管，落实奖惩措施。2009 年 7 月和 10 月，《关于中央分成的新增建设用地土地有偿使用费分配使用及管理有关事项的通知》（财建〔2009〕286 号）和《关于加强土地整治相关资金使用管理有关问题的通知》（财建〔2009〕625 号）进一步明确，省级财政、国土资源管理部门要加强对新增费分配、使用及项目管理、项目实施、项目后期维护的绩效考评和监督检查，促进资金管理的规范化、科学化；要抓紧制定和完善土地整治相关资金使用监管制度，加强对资金使用的监督检查和绩效考评。2012 年 4 月，《新增建设用地土地有偿使用费资金使用管理办法》（财建〔2012〕151 号）对财建〔2008〕157 号文有关内容作了修订，将地方留成新增费正式纳入国家监管范畴，明确提出各级财政、国土资源管理部门要建立健全新增费使用管理的绩效评价制度，逐步完善绩效考评工作，并将新增费资金的分配与绩效考评结果相挂钩。

（二）土地整治重大项目和高标准基本农田建设绩效评价制度

2009 年以后，为整体连片推进土地整治，充分发挥资金统筹使用的规模效益，国家批准实施了土地整治重大工程和示范省建设，并要求对统筹使用的相关资金加强监管与考评。2010 年 5 月，财政部、国土资源部与 10 个省（区）人民政府签订整体推进农村土地整治示范协议，明确提出，"为加强对示范区建设及资金使用的监管和指导，应建立绩效考核制度，对示范区建设实施效果进行考核评估"。《关于加强土地整治重大工程和示范建设管理有关问题的通知》（国土资厅函〔2011〕178 号）要求有关省份建立加强重大工程和示范建设的管理制度，制定实施管理、稽查、考核评估等方面的具体办法；要认真开展重大工程和示范建设年度总结和考核评价工作，对有关情况进行全面系统的总结、评价，并根据资金和管理状况，统筹安排年度计划。

2012 年 3 月，国务院批准实施《全国土地整治规划（2011～2015 年）》，确定到 2015 年，再建成 4 亿亩旱涝保收的高标准基本农田；同年 4 月，《国土资源部财政部关于加快编制和实施土地整治规划大力推进高标准基本农田建设的通知》（国土资发〔2012〕63 号）规定，各省国土资源管理部门要会同有关部门做好高标准基本农田质量监测和绩效评价，将高标准基本农田建设的年度完成情况纳入年度耕地保护责任目标考核内容，并根据考核情况实行奖优罚劣。

三 国家和地方土地整治绩效评价的实践

（一）国家层面的实践与探索

1. 土地整治成效调查与评价

2006～2009 年，国土资源部土地整治中心（以下简称部土地整治中心）联合各省土地整治机构，针对土地整治在增强生产能力、提高劳动效率、改善生产生活条件、促进生态保护等方面的成效进行了典型调查与评价，形成了初步评价指标和技术方法。为集中展示调查评价成果，部土地整治中心每年优选出部分项目调查评价报告汇编成册，4 年间共编辑出版了 10 本《土地整理项目典型调查与评价》。

2. 专项课题研究

为深入探析绩效评价有关问题，形成支撑工作开展的技术成果，2008～2012 年，部土地整治中心先后开展了土地整治项目绩效评价、土地整治重大工程项目绩效评价、土地整治项目成效调查和绩效评价等专题研究，形成了土地整治项目绩效评价指标体系、土地整治项目绩效评价工作手册、土地整治项目成效分析和绩效考核范本、土地整治重大工程项目绩效评价指标体系、土地整治重大工程项目绩效评价工作规程、土地整治重大工程项目绩效评价管理暂行办法、土地整治绩效评价规程和操作手册等成果，其中《土地整治绩效评价规程》列入了 2011 年国土资源标准制修订计划。研究期间，浙江、湖南、

山西、宁夏、黑龙江 5 个省（区）配合开展了阶段成果试点应用，检验和提升了成果的适用性和可行性。

（二）地方层面的实践与探索

2001 年，财政部提出对中央财政预算安排项目实行绩效考评。随着财政支出项目绩效评价内容的不断扩充和完善，2006 年后，一些省份陆续开展了土地整治项目财政支出绩效评价；近几年，随着土地整治项目数量和资金的不断增多、重大工程项目和示范省建设规模效应的不断显现，土地整治综合效益评价日益受到地方政府和主管部门的重视。据调查统计①，已部署实施、启动筹备或计划开展土地整治绩效评价的省份有 22 个，其中已取得重要或阶段性成果的省份有 15 个，承担重大工程项目或进行示范建设的省份有 14 个，分别占全国的 69%、47% 和 44%。

1. 主要做法

辽宁、江西等 8 个省份正式出台了绩效评价实施或管理办法，宁夏、黑龙江、河南等省与高校合作开展了绩效评价课题研究，河北、浙江、福建等省部署开展了局部试点和项目试评价；湖北、广西、江西、河南等省将土地整治关键指标纳入了地方政府绩效管理内容，湖北在 2012 年 9 月专门下发了《湖北省农村土地整治工作考核暂行办法》和《湖北省农村土地整治工作考核指标说明》；山东、江西和宁夏计划 2013 年启动一批示范建设和重大工程子项目绩效评价工作，宁夏为此特向财政申请了专项经费 1800 万元；新疆生产建设兵团在 2013 年 10 月底完成了第三批 45 个国家投资项目绩效评价工作，并将其列入了兵团国土局和储备中心年度重点考核内容，评价项目数量、规模和资金分别占兵团国家投资项目的 58%、61% 和 61%；湖南、青海、重庆、陕西、云南等省（区、市）也形成了推动工作的初步意向，其中内蒙古、贵州等省（区、市）考虑将土地整治绩效评价结果与从业单位绩效管理或登记备案相挂钩，通过对土地整治项目的绩效管理进一步加强和规范中介市场的监督管理。

---

① 2013 年 9～10 月，部土地整治中心对全国 31 个省（区、市）和新疆生产建设兵团土地整治绩效评价工作开展情况进行了电话调查。

2. 呈现的特点

①有效的制度设计是开展绩效评价工作的重要依据和保障，辽宁、浙江、江西、宁夏等实践丰富、基础扎实的省份都制定了土地整治绩效评价实施（管理）办法，其他一些有实践基础的省份也计划出台或着手研究指导绩效评价工作开展的具体政策和办法。

②国土资源管理部门介入较早、参与度较高的省份，如河北、四川等省，土地整治绩效评价工作体系都相对比较成熟，绩效评价指标也更能反映部门监管需求和行业特色。

③评价结果应用呈现省域特点，除与年度预算安排和资金分配相挂钩之外，江西、山东、湖北、广西等省份还增加了新建项目立项、重大项目报批、在建项目资金拨付、工作绩效考核等新的奖惩措施。

④部土地整治中心早期开展的土地整治成效调查评价与课题成果试点，为地方逐步介入与深入了解绩效评价工作提供了平台，为有关省份后期进一步研究实践积累了经验，如宁夏、黑龙江、山西等省对有关成果进行了延伸研究和实际运用，提出了适用于本省的绩效评价指标体系。

⑤承担土地整治重大工程和进行示范建设的省份更加重视和关注绩效评价，为其在地方的推广和发展发挥了更多积极作用。统计结果显示，已筹划启动和组织开展绩效评价的实施重大工程和示范建设的省份有14个，接近全国省份的一半，占国家批准实施重大工程和示范建设省份的74%。

此外，从调查结果中也不难看出，一方面，地方关于绩效评价的实践活动已初具规模和影响，支持和投身绩效评价的主观意愿也越发强烈，国家层面有选择性地启动部署评价工作的时机已经成熟、条件已经具备；另一方面，地方自行开展的绩效评价，在行动上还缺乏统一规范和要求，亟待在国家层面上制定出台具体的政策文件和技术标准，以加强对绩效评价工作的统筹和指导。

四　对土地整治绩效评价制度的思考

土地整治绩效评价工作的制度化、规范化和常态化，有赖于科学合理的制度设计和健全完善的技术体系。在制度设计上，要以形成与实施监管"双轮

驱动"、"互为补充"的工作格局为目标，有序推进以过程管理、结果考核为
主的绩效评价，逐步建立分层分级的土地整治绩效评价工作体系。

（一）总体思路

按照"工作推动、标准先行、政策跟进、逐步完善"的总体思路，通过
2～3年土地整治重大或特定项目绩效评价的先期示范和经验积累，总结一套
有效、可行的组织架构和工作模式，并将其提炼上升为国家制度和标准，最终
在宏观监管层面形成有管理办法做统领、标准规范做支撑、工作通知做部署、
操作手册做指导的制度架构。具体来说就是，国家层面制定出台《土地整治
绩效评价管理办法》，为开展绩效评价提供政策依据；制定发布《土地整治绩
效评价规程》（行标），为规范开展绩效评价提供技术支撑；根据经济社会发
展需求和工作重点，制定印发土地整治绩效评价工作通知，并配以专门的操作
手册，为部署开展绩效评价提供技术指南。

（二）关键环节

1. 明确评价对象

按照国家规定，财政部和国土资源部有职责对土地整治专项资金及其安排
项目的实施管理情况进行绩效评价。根据文件的要求，土地整治资金实行专款
专用并落实到项目，因此，通过对项目的绩效评价可以实现对资金的追踪问
效，也可以通过考评项目的组织实施和运行管理，实现对项目承担单位或项目
主管部门工作管理的考评。土地整治绩效评价之初，可优先选择对完工或验收
的重大项目开展评价，逐步推广至不同时点的各级各类项目，同时划分评价类
型和层次，市（县）部门组织实施各级各类项目评价，省级部门以国家和省
重点项目评价为主，财政部和国土资源部以国家重大项目或重大专项资金评价
为主。

2. 设定绩效目标

绩效评价是对绩效目标实现程度及为实现绩效目标所安排预算执行结果的
考核。土地整治绩效评价即是对各级人民政府（或国土和财政部门）按照有
关政策组织实施土地整治项目，及为项目建设所安排专项资金使用管理情况的

综合考评。土地整治绩效评价之初，可以具体项目为抓手，将审批立项和规划设计有关内容（如项目特性表等）作为项目绩效目标，以其实现程度来考评专项资金的使用绩效；随着工作不断推进，再逐步将其纳入绩效目标管理审核的内容，将绩效目标作为项目立项和批复预算的重要依据之一，同时不断扩充对专项资金使用管理绩效的考评，逐步将不以项目形式安排使用的专项资金纳入考评范围，最终实现对各级各类专项资金的征收、分配、使用和管理情况的考评。

3. 构建评价指标体系

评价指标是衡量绩效目标实现程度的考核工具，评价指标应能充分体现国家监管要求，最能反映评价对象实施效果，适当揭示政策激励方向，并与绩效目标直接相关。评价指标应尽可能量化可比，降低人为干预和主观判断对评价结果的影响；适当平衡项目实施行为、实施过程和实施效果指标权重的关系；考虑地域差异和项目特色，设置开放性指标接口；区域性评价应设计土地整治规模效应和对宏观环境影响的评价指标。土地整治绩效评价之初，在绩效目标不明确、政策标准不健全、备案信息不完备的情况下，可以结果评价为主、过程评价为辅，通过评价及时掌握实情和督促报备信息。随着工作不断推进，可逐渐提高过程评价权重，实现以评价促监管、提绩效。

4. 培养评价机构队伍

开展绩效评价目前主要有两种方式，一种是组织相关部门人员开展评价或自评，另一种是委托指导专家、中介机构等第三方开展再评价或评价。不论是自主式还是委托式，都应优先培养、稳固一支国土资源系统内部的专业评价队伍。随着土地整治绩效评价的常态化发展，更需要由具备相应能力、人员相对稳定的专门机构来组织实施例行评价、年度评价、前中后期评价等各项考评工作。同时，专业评价队伍要不断加强其自身学习能力、执行能力、监管能力等综合能力的建设，培养运用新技术、新方法快速收集、诊断评价数据和信息的能力。

5. 加强评价结果应用

奖惩机制是绩效评价制度体系的重要组成部分，其核心在于对实施行为的塑造。绩效评价制度不仅是明文规定的规章制度，更是实际发生的奖惩机制。

关于土地整治绩效评价结果的应用，国家政策有明确规定，要"将新增费资金的分配与绩效考评结果相挂钩"。制度设计中，应进一步强化和落实有关要求，在一定范围内、有选择地公开绩效数据和评价结果，并根据考评结果实施奖惩。通过绩效评价，在土地整治行业内树立标杆、培育典型，形成示范效应，督促各地在"比、学、赶、帮、超"中，切实采取措施加强监管、提升绩效、改进工作。

6. 制定评价工作规程和操作手册

《土地整治绩效评价管理办法》对开展土地整治绩效评价提出了制度性和原则性要求，在此之外，需要制定工作规程对评价内容、评价指标、工作方法、评价程序和评价标准等提出具体可操作的技术要求，而操作手册是根据已确定的评价目标和任务，对工作规程有关内容做进一步解释和说明，包括具体评价的对象和重点，评价指标的内涵释义和使用方法，评价报告的撰写要求，评价机构的设定与职责等。目前，部土地整治中心已完成《土地整治绩效评价规程》研究，规程（建议稿）于2013年4月通过了专家评审验收，计划在"十二五"期间以行业标准形式发布实施。

7. 合理布局工作

鉴于各地工作基础和项目类型差异较大，可采取"先行试点、逐步扩大、全面推开"的步骤开展绩效评价工作，以试点示范来探索路径、积累经验、带动突破。在示范省建设面临收口、重大工程建设完成的情况下，可以示范省建设和重大工程项目总结收口为契机，先行开展绩效评价；在《全国土地整治规划（2011～2015年）》实施完成后，部署开展116个基本农田保护示范区或500个高标准基本农田示范县建设绩效评价；"十三五"期间，再有选择地扩大评价范围，总结提升经验，逐步完善土地整治绩效评价工作体系。

（三）机构体系

1. 建立分层分级的评价机构体系

根据我国的国情，土地整治绩效评价的体系建设可以分两步走。第一步，由国家及省级指定专门的、相对独立的机构承担土地整治绩效评价工作，重点在于对重大项目或重大专项资金进行全面绩效评价；第二步，国土资源部建立最高土地整治绩效评价机构，省（市、县）国土资源主管部门也建立相应的绩效评价机构，各级评价机构在本级内具有相对独立性、直接对本级部门和行业最高主管负责，形成一个覆盖面广、网络健全、反馈渠道畅通的网络化绩效评价体系。土地整治绩效评价机构体系如图1所示。

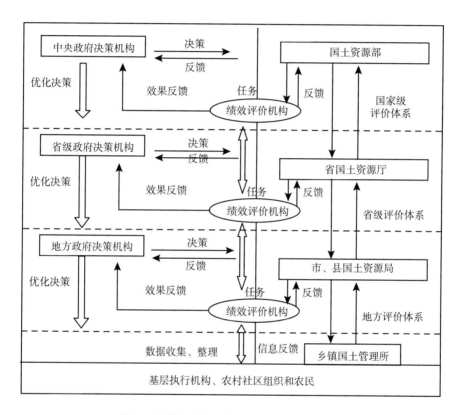

图1　我国土地整治绩效评价机构体系示意

2. 明确不同层级评价机构的职责

①上下级绩效评价机构之间的关系。国家和省级绩效评价机构，其职责主要是"评价"，目的在于确定土地整治是否达到了预期目标，为进一步改进项目管理和发挥项目效益寻求决策依据；省以下绩效评价机构，主要职责是收集第一手数据和信息，真实反映项目的"绩效"，为上一级机构的评价提供支撑材料和例证。

②绩效评价机构与绩效评价业务执行之间的关系。政府部门绩效评价机构

的运转与具体绩效评价业务的运转属于一个事物的两个方面。前者的运转属于公共行政和制度安排，后者属于技术领域。从国际组织和发达国家的经验来看，随着绩效评价工作的不断发展，在技术性的评价工作中应该引入第三方机构的参与，尤其是高层的评价工作需要引入外部机构和人员，处理好自我评价与独立评价之间的关系。

（四）制度机制

根据众多国际组织和发达国家的经验，没有规范化制度的保障，绩效评价很难发挥其应有的职能。其中，绩效评价制度与决策和资源分配的联动机制是绩效评价能够发挥作用和功效的关键，如将土地整治绩效评价结果与专项资金分配、重大项目审批、高标准基本农田建设等重点任务安排等相挂钩，对土地整治资金和项目进行合理评估与安排，提升土地整治资金使用和项目建设绩效。此外，还需要建立和规范以下几项基本制度：①规范化的绩效评价报告与运作制度；②定期实地考察、调研和研讨会制度；③相对独立和少受干预的绩效评价制度；④内部评价和外部评价相结合的制度；⑤强制性评价和选择性评价相结合的制度；⑥评价结果适当公开公布的制度；⑦全国统一的定期绩效评价制度。

（五）评价系统

通过综合分析和判断，土地整治绩效评价系统包括执行系统、技术系统和能力系统，三大系统相互作用、互为支撑，共同组成了土地整治绩效评价的工作体系，如图2所示。执行系统包括评价机构（组织和实施机构等）和制度机制，技术系统包括评价指标、方法等，能力系统包括评价机构的学习能力建设和评价工作的基础设施建设（如现场工程质量和土地质量快速诊断箱、数据快速采集系统建设等）。

为保证土地整治绩效评价系统的有效运行，还需要关注和解决好以下几个重要问题，即如何提升意识、凝聚共识，如何搜集和获取相关的详细数据，如何进行科学分析和评估决策，如何落实相关政策及资金匹配措施，如何安排重点区域和优先项目，如何跟踪评价和监督实施等。

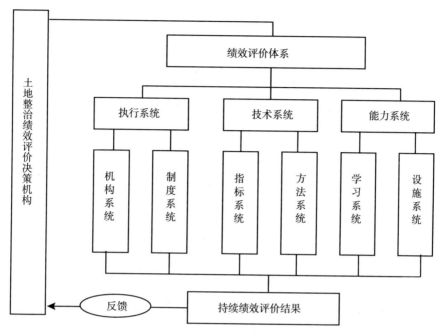

图2 土地整治绩效评价系统构成示意

参考文献

何长见、谭正棋、唐世铭：《中国农业项目监测评价体系研究》，中国农业科技出版社，2001。

罗文斌：《中国土地整理项目绩效评价、影响因素及其改善策略研究》，浙江大学博士论文，2011。

罗文斌、吴次芳、杨剑：《基于"流程逻辑"框架的土地整理项目绩效物元评价》，《中国土地科学》2010年第4期。

中华人民共和国财政部：《财政支出绩效评价管理暂行办法》（财预〔2011〕285号）。

中华人民共和国财政部：《国家农业综合开发项目资金绩效评价办法（试行）》（国办发〔2011〕178号）。

国土资源部土地整治中心2011年"土地整治项目成效调查和绩效评价"专项课题成果。

Al Gore. *Report of the National Performance Review*: *From Red Tape to Results*: *Creating a Government that Works Better and Costs Less.* Washington，DC，1993：pp. 44 – 64.

Behn，R. D. Why Measure Performance? Different Purposes Require Different Measures. *Public Administration Review*，2003，63（5）：pp. 586 – 600.

B.12

海外土地整理法制建设经验借鉴

周同 任佳 孙春蕾 贾文涛*

摘 要：

本文通过对海外各国土地整理事业发展情况、法制建设情况进行深入研究，厘清了当前国际社会开展土地整理法制建设的基本框架体系，明确了各国在推进土地整理工作中的重点与相关制度保障，为我国下一阶段深入推进土地整治法制建设工作提供了重要依据和经验借鉴。

关键词：

海外 土地整理 法制建设

回顾世界土地整理发展百年历史，在不同阶段、不同国家，土地整理的目标和任务在不断变化。全面推进土地整理法制化建设，对土地整理工作的内容、程序等进行限定、规范，能有效制约国家公权力，切实维护群众权益。本文通过梳理、总结海外土地整治法制建设的基本情况和主要特点，对我国土地整治法制建设提出了意见建议。

一 海外土地整理法制建设基本情况

为了加强对土地资源的有效利用和管理，全面实现土地整理的发展目标，

---

* 周同，硕士，国土资源部土地整治中心工程师，毕业于德国慕尼黑工业大学土地资源管理专业，主要研究方向为土地整治公众参与、土地整治权属管理等；任佳，硕士，国土资源部土地整治中心工程师，主要研究方向为土地整治立法；孙春蕾，国土资源部土地整治中心工程师，主要研究方向为土地整治实施管理；贾文涛，工学博士，国土资源部土地整治中心实施管理处处长、研究员，主要研究方向为土地整治规划、实施监管和信息工程技术应用。

各国采取不同的方式对土地整理工作从法律法规层面予以明确。总体来看，大致分为如下三种。

（一）以国际合作组织为依托，共同推进土地整理区域化发展

随着土地整理工作的重要性不断提升，欧盟（EU）、非盟（AU）、联合国开发计划署（UNDP）、联合国粮农组织（FAO）、国际测绘联合会（FIG）、德国国际合作机构（GIZ）、俄罗斯及独联体国家的土地关系与土地整理问题国际研究学会等国际合作组织，在充分考虑各国开展土地整理工作的基础上，对区域化土地整理工作提出发展意见和建议，为各国推进土地整理工作提供了借鉴和参考。其中，欧盟的"乡村发展政策"对欧洲地区的土地整理事业发展方向进行了规划和判定，并对欧盟成员国开展的符合发展趋势的土地整理项目予以一定比例的资助和扶持。非盟的《非洲地区土地政策指导手册》则是在充分论证全球城市化进程、粮食生产安全现状的基础上，为全面巩固农民的土地权利、提高非洲地区的粮食产量、提升非洲在全球粮食生产中的地位、确保非洲人民的生活安全，而提出的非洲地区土地管理与土地整理工作的总体设想和建议。各成员国在此基础上，研究制定本国的土地管理政策，为土地整理工作的区域化、集中化与规模化发展奠定基础。

（二）以土地基本法为平台，构建土地整理工作框架

鉴于土地资源的重要性，各国纷纷以土地基本法的形式对土地资源的管理与利用进行规定，部分国家在土地基本法中明确了土地整理工作的目标和任务。《俄罗斯联邦土地法典（2001年）》提出，土地整理的核心是加强土地资源管理，调整土地利用关系。通过建立健全土地征用和使用制度，明确土地赋税和地租，界定城市、村镇的用地界线，构建合理的土地利用结构，有效改善和保护自然生态景观，提升土壤质量，防治水土流失。《哈萨克斯坦土地法（1995年）》提出，土地整理是用科学的方法保障土地资源的管理和利用。通过建立国家地籍制度，构建土地利用规划，合理调整土地利用结构，逐步加强对土地市场的管控。《坦桑尼亚国家土地政策（1999年）》提出，土地整理是

在确保公民土地权利不受侵害的前提下，全面推进耕地规模化种植，提高农地生产潜力，提升村镇的经济社会发展水平，防治水土流失，促进社会可持续发展。

（三）以土地整理专项法规为基础，细化土地整理工作要求

随着土地整理事业的深入发展，单纯依靠在土地基本法中对土地整理工作进行大致的描述，已不能满足土地整理工作的需求，需要制定更为详细的专项法律法规对土地整理工作进行细化完善。根据《德联邦土地整理法实施条例（2011年）》，当前德国土地整理的主要任务是：推动乡村发展，提升社区居民责任。鼓励农民自发组织开展改造社区的活动；提升乡村生产生活质量，提高乡村居民收入；维护自然生态景观，打造村镇旅游观光平台，找寻各区域发展的趋势和特色，创造更多就业机会，有力吸引城乡居民回迁；在保持现有土壤和水源质量的前提下，提升土地资源的可持续利用性。《荷兰土地整理条例（1985年）》提出，土地整理的基本原则是坚持使农场主和当地居民的个人利益与社会利益相协调；目标是降低田块碎片化程度，推进土地集约规模化利用，改善田间基础设施，建设生态景观，提高农民生产生活质量。肯尼亚1977年在非盟的政策引导下，制定了《土地整理法》，并在2012年修订案中提出"土地整理是在充分考虑村镇现状和发展方向，在不损害土地所有者合法权益的基础上，合理调整土地利用结构的行为"。

一些国家根据土地整理的重点和方向，分别制定了相关法律法规。

在空间规划方面，荷兰1965年制定《空间规划法》，并于2000年颁布了以"营造空间，共享空间"为主旨的《荷兰第五次国家空间规划政策文件摘要（2000~2020年）》，在对社会和空间变化进行分析的基础上，提出了未来30年国家空间开发的架构和理念，要求在充分满足空间需求和保证空间质量的基础上，兼顾经济增长与环境保护的平衡发展。规划从国际合作、城市与乡村、城市网络、水资源管理等四方面对空间规划发展目标进行细化，并分别确定了荷兰东部、南部、西部、北部的区域发展目标。《加拿大土地利用规划和发展法》由联邦政府制定，限定重要的国有土地利用和发展方向。各省、市

在此基础上，制定具备法律效力的《区域总体规划方案》，对土地利用、交通、社会设施、市容设计、基础设施建设、历史建筑保护、旅游设施建设、校园保护等方面的发展目标和具体措施进行明确，有效管理和利用城市土地和资源。

在土地重划方面，泰国为了合理调整土地利用结构，促进社会经济发展，制定了《土地重划法（2010年）》，要求分级成立土地重划委员会，组织开展地块调整与土地重划工作；社会公众必须全程参与土地重划，并按照估价结果，对其所有土地进行置换；对于在重划过程中权利受到损害的土地所有者，经土地重划委员会审核后，予以一定比例的赔偿。中国台湾地区为了合理调整城乡基础设施用地、城镇建设用地和农业生产用地的布局，制定了《市地重划条例》、《农地重划条例》及其实施细则，提出了农地重划与市地重划的理念，要求通过对区域内面积狭小、分散的地块进行综合整理，对区域周边交通、水利及公共设施予以配套完善，增加农业生产面积，开展大规模农业经营，增大生产效益。各类重划工作由农地重划协进会组织开展，工作经费由政府与农民按比例分摊。

在耕地质量保护和管理方面，《美国土壤保护法（1985年）》、《俄罗斯土地基本法（1993年）》、《日本农地法（1982年）》、《英国农业法（1993年）》都提出了通过采取休耕、轮种制度以有效缓解土壤退化情况，防治水土流失。对于参与休耕、轮种的农民，政府将给予一定比例的补贴。《瑞典农业保护法（1999年）》、《日本农业用地土壤污染防治法（1999年）》中，对农药、化肥等材料的使用进行严格的限制。德国在保护耕地质量方面有整套完备的法律体系，农业种植生产必须遵循《种子法和物种保护法》、《肥料使用法》、《自然资源保护法》、《土地资源保护法》、《植物保护法》、《垃圾处理法》、《水资源管理条例》等规定。《韩国农业振兴法（1962年）》将优质农地划入农业振兴地域，实行严格保护。

在资源利用与环境保护方面，《德联邦自然保护和景观维护法》、《瑞典环境保护法》、《澳大利亚环境和生物多样性保护法》、《肯尼亚环境影响评估条例》、《乌干达国家环境保护法》等都明确提出，土地整理要在尽量减少对自然环境、生态景观、动植物影响的前提下开展。德国建立了生态补偿评价制度，按照"占一补一"的原则，对项目实施过程中造成的生态环境影响予以补偿。荷兰、塞浦路斯的土地整理法中提出，项目实施过程中，必须同时考虑农林生态景观建设与环境可持续发展。俄罗斯、瑞士的土地整理项目，通过在景观单元间建设自然保护带、生态隔离带、生态补偿区，对项目区内现有的植物种类与生物多样性予以保护。

在土地复垦方面，美国要求各州以国会颁布的《露天采矿管理与复垦法》为基础，制定各州的土地复垦法规，构建土地复垦法律体系。英国、加拿大以法律的形式明确了土地复垦类型、资金来源，并规定了政府各级部门的职责及相关技术要求。澳大利亚在各州《矿山开采条例》中要求矿山企业要按规划设计方案保质保量完成复垦任务。德国在不同阶段的采矿法中要求在露天矿排土场上必须覆盖100厘米的土壤；矿区业主在申请采矿许可审批时必须提交对矿区复垦的具体措施，经审核通过后，方可实施采矿行为；《德联邦自然保护法》中要求通过土地复垦，对已破坏的自然景观进行恢复和治理，构造接近自然的生态景观，确保复垦的质量与可持续性。加纳和菲律宾建立了复垦保证金制度，要求矿业公司在提交采矿申请时，必须附上复垦方案及一定额度的复垦保证金，由有关部门审核后，签发采矿许可证。

将土地整理工作纳入法制化管理的轨道，并在实践中不断细化完善，既有效引导了土地整理事业的发展方向，又保障了公众在参与土地整理工作中应有的权利和义务，同时对事业发展中存在的一些问题起到了必要的防治作用。

二 海外土地整理法制建设的主要特点

（一）全面引导土地整理的发展方向

通过开展土地整理法制化建设，全面构建分级分层的法律法规体系，明确了土地整理工作的目标与任务，规范了土地整理工作的程序与内容，限定了法定权利人在土地整理工作中的权利与义务，对促进农业规模化生产经营，改善农村基础设施，建设与维护生态景观，全面提升农村生产生活质量，促进区域城乡均等化发展形成了强有力的支撑。在以联合国粮农组织、联合国计划开发署、欧盟、非盟等国际合作组织为平台，共同研究土地整理发展趋势的基础上，各国结合自身实际，分别以法律法规的形式对其进行细化完善。德国先后三次修改土地整理法，不断对土地整理工作的目标、任务进行细化、完善，从最初单纯的促进农业生产、保障国民粮食安全成功转型为集农业规模化集中经营、生态环境保护、水资源利用与保护、村镇革新、城镇区域发展等于一体的农村区域整体可持续发展。

（二）切实保障公众参与土地整理的权利和义务

公众参与贯穿土地整理活动的全过程，具有较强的社会影响力。《德联邦土地整理法》、《荷兰土地整理条例》、《俄罗斯联邦土地法典》等多国法律法规中对公众参与土地整理工作的必要性、重要性、程序、内容进行了较为明确的阐述和规定。主要做法是：通过组建农民协会、行业委员会，有效监督土地整理项目实施的合理性与合法性；采取公投的方式决定土地整理项目是否能够组织实施；带动土地权利者参与项目前期规划设计与项目实施；以要求土地权利者与政府共同出资以提高其参与土地整理工作的积极性等多种方式，有效平衡政府强制力与社会公权力之间的关系。

（三）高度重视生态环境保护和社会可持续发展

随着联合国千年发展目标报告的公布，各国政府高度重视生态环境可持续发展，并将其作为未来一段时间内努力实现的目标。欧盟在"乡村发展政策"中明确提出土地整理和农村发展要尽量减少对生态环境的影响，在确保自然生态环境可持续的基础上，实现对土地资源的最大化合理利用。德国、荷兰、比利时等欧洲国家十分注重对河流沿岸的土地保护，通过调整土地利用结构分布，逐渐形成沿岸生态保护系统，有效防治水土流失。德国在土地整治项目规划设计阶段，要求自然环境保护主管机关、水利部门、农业部门必须参与土地整理项目前期评价，并由土地所有者按照评价结果，进行环境补偿。荷兰要求在土地整理规划中采取必要措施以保护土地景观生态。

（四）严格规范土地整理行业管理

为了顺利推进土地整理工作，各国在制修订土地整理法律法规时，先后纳入了关于土地整理行业管理的内容，并纷纷组织成立了行业协会，协助相关机构组织开展土地整理工作。德联邦土地整理工作协会由法律管理和规划技术两个专业委员会构成，负责收集基本资料和数据，向州政府提供政策方面的咨询，掌握土地整理的新技术、新方法，为土地整理机构提供技术支撑与服务。德联邦农民协会在为农民提供农业、经济、环境、法律、财政、教育等方面支持和帮助的同时，还为农民提供技术交流的平台，邀请行业专家为农民授课，向农民推广农业生产的新技术、新机械。中国台湾地区的农地重划协进会由农民推选产生，直接参与土地重划工作，协助办理农地重划、协调推进的相关事宜。同时，各国在相关法律法规中对土地整理企业（公司）、土地复垦工程公司、土地估价公司等专业机构的资质、参与土地整理的内容、程序提出了具体的要求和限制。在有效加强土地整理行业机构管理的同时，切实维护土地权利人的私人合法权利与国家土地市场的稳定。

（五）有效提升土地整理法律法规的强制性和执行力

为了加强土地整理法律法规的严密性与强制性，德国、日本、俄罗斯、瑞典等较早组织开展土地整理的国家都已逐步形成了分级分层的法律体系，提出了对于土地整理工作的具体要求和规定，明确了解决土地整理权属纠纷、争议的途径和方法，并针对违反相关法律法规的行为提出了具体的惩罚措施和要求。德国、西班牙、葡萄牙成立了土地调解委员会，受一方权利人委托，组织各方权利人就土地权属纠纷与争议进行私下调解，调解不成功的，可以起诉至法院，由法院进行最终裁定。美国、德国、奥地利、英国、澳大利亚等国设立了土地法庭，对土地征用、评估、界址判定、侵占及国家强制征收土地的补偿事项等予以判罚，同时负责监督对违反判罚决定的强制执行。俄罗斯、英国、荷兰、美国、斯洛伐克等国家建立了土地与环保督察制度，对土地规划、土地利用、环境保护进行全方位的监督检查。美国、澳大利亚设立了矿产督察制度，在确认采矿安全的同时，对矿区安全、复垦质量进行监督。

三　对我国土地整治法制建设的启示

（一）尽快研究制定《土地整治条例》，推进土地整治法制化建设

从各国土地整理发展历史与经验看，土地整理事业的健康发展与完善的法律法规体系密不可分。当前，我国已经出台了一些相关法规、政策规范性文件和地方性法规，如《土地复垦条例》、《湖南省土地开发整理条例》、《贵州省土地整治条例》、《湖北省土地整治管理办法》等，为国家层面的土地整治立法奠定了良好基础。建议充分考虑我国土地整治事业长远发展的需要，以《土地管理法》修订为契机，加紧制订出台《土地整治条例》，为切实发挥土地整治在保发展、保资源、保权益方面的作用提供法律保障。

（二）全面加强土地整治公众参与，提高民主决策水平

土地整治工作与群众利益密切相关。从各国土地整理法律法规内容不难看出，各国高度重视公众在土地整理项目中的参与，并分别以法律法规的形式予以明确规定。反观我国，在现阶段，尽管已经意识到了公众参与土地整治的重要性和必要性，但在实际工作中，公众的参与意识并不强，公众参与的程度并不深。应尽快建立健全我国的公众参与机制，明确参与对象、程序，强化公众参与效果，让公众能够有效参与到土地整治工作中来，将公众参与机制常态化、长效化，尽力平衡各方诉求，提升土地整治工作的群众满意度，提高民主决策水平。

（三）以土地整治权属管理为核心，切实维护农民权益

早期开展土地整理工作的国家和地区都非常重视土地权属管理，并且在权属管理方面积累了丰富的经验。各国通过规范土地整理权属调整流程、内容，有效避免权属调整纠纷的出现。调整和明确土地产权归属及他项权利是贯穿土地整理全过程的关键环节。在我国土地整治实践中，各地对权属管理工作的重要性认识不足，积极性不高，缺乏地方相关配套政策和规定，致使土地权属调

整纠纷不断增加。建议在《物权法》的基础上，尽快从立法角度对土地整治权属调整相关内容进行规范和完善，切实提高土地整治权属调整的可操作性与规范性，对土地所有者的相关权利予以明确，尽量减少土地权属纠纷，切实维护农民权益。

（四）以行业协会为抓手，严格规范土地整治行业管理

行业协会作为市场体系中不可缺少的重要组成部分，在各国土地整理工作中起到了不可忽视的作用：一方面有效加强了政府与群众之间的沟通与联系，向群众宣传土地整理的重要意义，有计划地开展交流和培训，及时为群众答疑解惑，提高了群众对于土地整理的认识，化解了潜在矛盾，减少了纠纷，维护了群众权益；另一方面切实规范了土地整理市场管理，通过设立严格的行业准入制度、制定科学的行业标准、开展专业人员培训等多种方式，加强了行业自律，保障了土地整理市场的规范化发展。我国在国家层面还缺少对土地整治市场的有效监督和管理，这不仅影响了土地整治综合效益的发挥，降低了资金使用效率，还为行业廉政建设埋下了隐患，甚至出现侵害农民权益、影响农村社会和谐稳定的极端现象。通过成立土地整治行业协会，可以加强对中介服务机构从业人员的技术培训，设立中介服务机构诚信档案，提高技术服务质量；有效推进行业资质认证和准入制度，规范市场服务行为；在当前各级政府机构简政放权、转变职能的改革背景下，切实维护土地整治市场秩序，创造公平竞争、优胜劣汰的市场环境，促进土地整治事业规范健康发展。

参考文献

国家土地管理局规划司、中国土地勘测规划院情报所：《国内外土地整理借鉴》，1997。

杨庆媛、涂建军、廖和平、周宝同、田永中：《国外土地整理：性质、研究领域及借鉴》，《绿色中国》2004 年第 6 期。

乔庆伟、许庆福、王增如：《国外土地整治管理的经验与借鉴》，《山东国土资源》

2012 年第 10 期。

廖蓉、杜官印：《荷兰土地整理对我国土地整理发展的启示》，《中国国土资源经济》2004 年第 9 期。

袁中友、杜继丰、王枫：《日本土地整治经验及其对中国的启示》，《国土资源情报》2012 年第 3 期。

王邻孟：《土地制度变革中俄罗斯的土地整理》，《中国土地科学》1997 年第 10 期。

科技创新篇

Scientific and Technological Innovation

B.13

土地整治科技发展战略

王 军　郭义强*

摘　要：

党中央国务院将创新驱动发展战略纳入国家重要战略体系。当前，土地整治处于重要的发展机遇期，需要加强科技创新，推动土地整治的健康快速发展。本文在总结十多年来土地整治科技的发展成就、发展需求及其趋势的基础上，提出了未来土地整治科技的发展思路、总体目标和阶段目标，重点阐述了土地整治基础理论、高标准基本农田建设、农用地质量等级监测、土地复垦与生态恢复和土地整治标准化体系等七方面的优先发展领域，提出了深化土地整治科技机制创新、拓展科研经费渠道、加快人才培养和强化平台建设的保障措施。

---

* 王军，理学博士，国土资源部土地整治中心研究员，国土资源部"百人计划"人才，主要研究方向为土地整理、景观生态学和土地可持续利用，已在国内外核心期刊发表论文60余篇；郭义强，理学博士，国土资源部土地整治中心副研究员，主要研究方向为土地利用与资源环境，已在国内外核心期刊发表论文20余篇。

关键词：

　　土地整治　科技创新

一　发展现状与趋势

（一）发展现状

　　我国现代意义上的土地整治经历了十余年的发展，已经从单一项目向区域土地综合整治发展，以增加耕地面积为主的单一目标进入数量、质量、生态保护多目标并重发展的阶段。土地整治实现了"规模扩展、内涵延伸、品质提升"的重大转变，进入了一个新的发展时期。近年来，通过以标准化建设规范行业管理、以重大战略规划定位发展方向、以专业技术攻关提升业务水平、以重大基础研究增强科技支撑能力、以国际合作跟踪先进技术前沿，在土地整治技术创新、战略规划、标准规范、平台建设、人才培养等方面取得了重要进展，推动了土地整治工作的全面发展。

1. 基础研究能力逐步增强

　　先后承担了国际合作、国家"十一五"科技支撑、自然科学基金、大调查等多部门、多层次的重要科研项目百余项，总经费近亿元；逐步构建了土地整理科技基础体系，加快了信息化建设步伐；开展了土地整理关键技术集成与应用研究、暗管改碱装备、土地复垦基础信息调查和全国耕地质量等级调查评定等；获得中欧项目突出贡献奖 1 项、"十一五"国家科技计划执行优秀团队奖 1 项、国土资源科学技术一等奖 3 项、国土资源科学技术二等奖 18 项。

2. 关键技术与装备取得重要进展

　　开展了土地整理、土地复垦、农用地质量评价、土地生态等方面的研究以及重要装备的研制；研究了土地整理选址、高效施工等技术；研发了露井联采区损毁土地复垦技术、井工矿防排水与土地复垦综合整治技术、生态脆弱矿区生物多样性保护与重组技术等；推出了农用地分等定级估价、耕地质量等级评定与耕地等级变化野外监测技术；在国内首次将生物多样性保护融入土地利用

总体规划和土地整理中，研究了全国土地资源利用与生态环境保护技术；形成了土地整理激光平地机、暗管改碱开沟铺管机、基于无线传感器网络的土地整理质量与生态监测装备等一批关键装备，为土地整治和耕地保护工作提供了科学决策依据。

3. 科技与国际合作平台初具规模

建立了土地整治重点实验室、农用地质量与监控重点实验室2个部级重点实验室，建立了东南丘陵地区土地整理——福建建阳、矿区土地复垦——山西朔州2个国土资源部野外科学观测研究基地，建设了土地整治重点实验室河北工作站、平朔安太堡露天煤矿产学研基地，建立了国家、省、县三级标准样地近3.5万块。开展了与德国、澳大利亚、联合国开发计划署等10多个国家和组织的交流培训工作，组织考察和培训人员700余名，为土地管理和科技研发工作搭建了国际桥梁，提高了科研业务能力和我国在国际土地整治领域的地位。

4. 科技人才培养初见成效

利用土地整治国内、国际科技资源，强化人才培养机制，吸引土地整治领域高水平科技人才，国土资源部土地整治中心1人获部"百人计划"资助，2人入选部杰出青年科技人才培养计划，培养了一批土地整治科研骨干和创新人才；通过开展全国范围的土地整理复垦培训，指导10多个省市开展地方土地整理复垦培训，累计培训技术人员近万人；初步形成一支勤奋努力、勇于创新的研究队伍，为土地整治事业发展提供了智力资源。

（二）发展需求

随着工业化、信息化、城镇化和农业现代化的同步推进，在建设生态文明、构建美丽中国的新要求下，土地供求矛盾日益尖锐，土地整治的内涵逐步丰富，亟待开展土地整治规划设计、施工监测等技术集成与创新，为保资源、保发展、保权益提供有力支撑。

1. 土地整治规划设计技术亟待创新

以往的土地整治规划设计更加注重耕地数量的增加，对土地整治的质量和生态问题考虑不足，在建设生态文明背景下，土地整治技术尚没有完成向

"质量型、生态型"的转变，现有的技术不能满足"田、水、路、林、村"综合整治的要求，亟须革新现有的规划设计技术规范，为2020年建成8亿亩高标准基本农田以及土地复垦率由目前的25%提高到35%以上提供技术支撑。

2. 土地整治技术集成度尚待提升

未来的土地整治需要同工业化、城镇化、农业现代化同步推进紧密结合，必须将保护耕地、节约集约用地同生态安全、粮食安全等国家战略密切联系起来。因此，需要加强土地整治原始创新与集成创新能力，为提升耕地质量和粮食综合生产能力提供有力保障。

3. 土地整治监测技术亟待改进

当前土地整治工程质量和生态监测的数据获取主要采用传统的方法，存在时间长、效率低、成本高以及缺乏标准化、规范化的监测体系等问题。为满足土地整治工程质量对生态监测数据的要求，保证数据的准确性、实时性，亟须研发精准采集、信息智能一体化生态监测技术，制定土地整治工程质量与生态评价行业规范，为土地整治提供实时监管技术手段。

（三）发展趋势

土地整治是补充耕地、提升耕地质量和保障粮食安全的有效途径，为保障耕地红线不被突破、改善农业生产条件、提高农民生活水平提供了强力支撑。党中央、国务院对土地整治高度重视，土地整治已经上升为国家战略，是建设生态文明、推动城乡发展一体化、优化区域土地利用结构的重要抓手，土地整治技术将朝着综合化、智能化、生态化和全面全程化的方向发展，不断为国土资源管理和社会经济建设提供发展动力。

1. 综合化发展

土地整治技术发展的集成性和综合性主要表现为：土地整治区遥感动态监测技术、土地整治定位数据采集的全球定位系统技术、整理区水土重构与节水工程技术、整理区生物恢复与土地改良技术、整理区生态防护与景观再造技术、土地精细平整作业的激光技术等现代技术的综合运用，这些技术贯穿于项目立项决策、项目规划设计、项目实施动态监测、项目竣工验收及项目后追踪评价的整个过程中。

2. 智能化发展

为适应未来土地整治由数量向数量、质量和生态管护方向转变，研发节地和节水目标约束下的项目规划设计技术、生态化的项目规划设计技术，开发适用于生态化设计要求的材料配比技术、土地整治规划设计的智能化和可视化技术研究，显得异常重要。这些技术成果将为土地整治工程节水、节地、增产和农田生态环境良性循环发展提供必要的技术支撑。

3. 生态化发展

针对不同区域、不同类型土地整治特点，分别研发相应的最优土地整治关键技术体系，以提高土地整治技术的有效性，已经深受众多学者关注。另外，由于土地整治由数量向数量、质量和生态管护方向转变，故生态型、精细化的土地整治技术愈发重要；水土重构与节水工程优化技术是改善整理区土地质量的技术基础，生物－理化恢复技术是有效提高土壤质量和土地生产力的关键手段，生态防护与景观重建技术是整治后土地可持续发展的重要保障。

4. 全面全程化发展

土地整治项目监测内容从侧重单项工程的监管，逐渐向"田、水、路、林、村"的项目综合性监管转变；数据采集技术，从定期人工上报逐渐向卫星遥感和无人机低空遥感的实时监测技术发展；监测形式从以表格形式体现的数字和文本逐渐转向结合"一张图"的空间、属性、多媒体资料信息一体化数据发展。

二　发展思路与目标

（一）发展思路

以生态文明建设、创新驱动发展战略为统领，贯彻自主创新、重点跨越、支撑发展、引领未来的方针，加强土地整治基础理论和前沿技术研究，完善科技投入和人才培养机制，促进土地整治科技更好地为土地整治事业发展服务。

1. 服务国家目标，引领行业发展

以土地整治领域重大科技问题为核心，着力提升解决重大资源环境问题的能力，以提升土地整治科技自主与集成创新能力、研发与应用能力作为关键环节，实现关键技术的突破和集成创新，充分发挥科学技术对土地整治行业发展的引领作用，服务于国家资源安全保障和统筹经济社会协调发展。

2. 关注重点领域，搭建科技平台

根据经济社会发展与资源保护等的紧迫需求，开展重点重大专项研究，把发展重点领域关键技术作为提升行业整体水平的突破口；加强科学和技术基础设施与条件平台建设，建立共享机制，培养土地整治高端科技人才，加强土地整治科技持续创新能力建设，达到以科技发展的局部跃升带动土地整治整体科技水平提升的要求。

3. 建立示范模式，社会广泛参与

通过开展典型地区科技创新示范，推进科技成果工程化、实用化，引导地方依靠科技提升管理效能；积极引导高等院校、科研院所、高新企业等外部力量参与土地整治科技创新，逐步实现"产学研用推"相结合的发展模式，推动土地整治科技工作全流程的现代化发展。

（二）发展目标

1. 总体目标

建立保障粮食安全和生态安全的土地整治科技支撑体系，突破一批土地整治规划设计、工程施工、监测监管技术，完善耕地保护体系、管理体系、支撑体系的建设，有效地服务于高产、优质、高效、生态、安全的现代农业建设，更好地服务于国家粮食安全和社会经济发展。

2. 阶段目标

（1）近期目标（2013～2015年）：构建土地整治科技基础体系。

初步构建具有中国特色的土地整治理论与学科体系；重点突破高标准基本农田建设、矿区土地复垦监测监管、典型区域土地整治生态建设与保护技术等一批关键技术；研制一批实用性的土地整治调查、监测现代技术装备；建设一批土地整治、农用地质量与管控野外科研基地，打造一支素质高、业务精的土地整治科技创新队伍，为维护耕地红线和提高耕地综合产能提供强有力的技术支撑。

（2）中期目标（2016～2020年）：初步建立土地整治科技支撑体系。

基本建立土地整治理论与学科体系；形成土地整治规划设计、工程施工、监测监管现代技术支撑体系；形成高标准农田建设规划与管理决策、土地整治技术及其信息管理平台等综合技术体系；力争建成土地整治国家工程中心或国家重点实验室，培养一批土地整治科技领军和创新人才，打造一支国内领先、国际知名的土地整治科技团队。

（3）远期目标（2021～2030年）：形成土地整治科技创新体系。

形成相对完善的土地整治理论与学科体系；重点完成土地整理、土地复垦、土地评价与土地生态管护等技术的突破和集成，实现集土地整治调查与规划、评价与利用、监测与预警于一体的自动化集成技术，形成土地整治与利用、评价与规划、监测预警的现代技术创新体系；建成土地整治领域的国家重点实验室或国家工程中心；在全国建成一大批高标准农田及土地整治科技创新基地，实现耕地数量、质量、生态稳步提升，保障国家粮食安全。

三　优先发展领域

（一）土地整治基础理论

加强土地整治战略与基础理论、土地复垦及其潜力、耕地质量等级评价与利用监测技术等研究，探索建立由基础科学、应用科学和技术科学构成的土地整治相关理论与学科体系，实现土地整治基础理论与技术方法创新，逐步构建具有中国特色的土地整治基础理论体系。

（二）高标准基本农田建设关键技术

针对不同土壤类型、微地貌、田面高差等微差异化条件，田间道路缺乏高强度、生态化材料和设计施工标准的状况，部分基本农田保水性差、次生盐渍化和新增耕地熟化程度低等问题，重点研究高标准基本农田整治区工程条件微差异化的分区技术和微差异化分区技术的田块优化规划与工程设计技术；研制田间道路的生态化材料、田间道路的生态化设计技术和施工方法；研发高标准基本农田保育工程技术，提出优化的土地保育方案和工艺流程。

（三）土地复垦与生态恢复关键技术研究

重点开展煤矿区和金属矿区全程协同式节地技术与模式，开发与采矿工艺协同的地貌重塑技术、土壤重构和植被快速恢复技术，开展矿区土地复垦生物多样性保护技术研究。开展不同类型矿区土地复垦监测技术研究，提出矿区土地复垦的土地质量与生态效益监测指标体系与评价方法，构建不同类型矿区的土地复垦监测技术体系。

（四）典型区域土地整治生态建设与保护技术

针对不同区域土地整治过程中存在的土地质量退化、水土流失、生态环境恶化等问题，重点研发典型地区土地整治生态维护与"田、水、路、林、村"格局优化技术，研发项目区农用地、河流、道路等系统的自然恢复与保护技术；开展耕地基础设施配套技术研究，形成与土地整治相匹配的生态、景观型工程设计技术；构建区域景观生态安全评价体系、方法和标准，形成典型区域土地整治项目整治前风险评价和整治后生态环境效益评价技术导则。

（五）农用地质量等级监测监管技术

针对农用地等级提升、等级更新、可持续利用评价等问题，重点研究建立耕地网格化管理技术体系，开展耕地健康产能评价研究，对农用地分等成果与地球化学评估成果进行整合优化；开展优等耕地可持续利用风险评价研究，开展经济快速发展城市周边优等耕地集中区可持续利用风险评价；开展土地适宜性评价及其应用研究，形成研究土地适宜性评价尤其是耕地作物适宜性评价的方法。

（六）土地整治装备研制与信息化

针对土地整治技术决策、土地整治工程实施、施工质量与生态环境监测等环节，重点开展土地整治基础信息自动化提取设备研制与示范，开发应用机电一体化自动测量系统、无线通信数据传输系统等智能化装备；开展土地整治超

低空遥感装备开发与示范，构建基于超低空遥感平台软硬件一体化高分辨率遥感数据快速处理与分析系统；开展土地整治施工关键装备研制与应用，研究激光平地机、大功率开沟铺管机等装备制造关键技术。

（七）土地整治标准化体系

根据土地整治发展的需求，重点完成《县级土地整治规划编制规程》、《高标准基本农田建设规范》、《土地复垦质量标准》、《农用地产能核算技术规范》等20余项标准的制修订任务，同时，力促高标准基本农田建设等标准上升为国家标准，提升标准化工作对土地整治事业的规范支撑水平。

四 保障措施

（一）深化科技机制创新

以部土地整治中心系统内科研力量为主，借助科研院所、高等院校等外部力量，鼓励原始创新，突出集成创新，加强引进消化吸收再创新，充分结合区域经济和社会发展的特色和优势，统筹规划区域土地整治科技创新体系和创新能力建设。加大土地整治科技转化力度，探索营造有利于土地整治科技创新的环境和氛围，注重土地整治科学技术实用与推广，逐步构建多环节协调、多部门协作的全国土地整治科技创新体制。

（二）拓宽土地整治科技经费渠道

科技投入是土地整治科技持续创新的必要条件，以国家和各级政府财政投入为主，建立多元化、多渠道的土地整治科技投入体系。积极争取国家科技支撑、国家自然科学基金、公益性行业专项和国际合作等项目，各级土地整治系统争取将土地整治科技发展计划列入财政专项预算。充分调动全社会的积极性，鼓励和引导企事业单位、民间组织、社会团体和个人，尤其是具有高新技术创新能力的企业，将资金投入土地整治科技创新领域，保障土地整治科技发展的经费需求。

（三）加快科技人才培养

积极探索以重点学科、创新平台、野外科研基地为依托，以学科带头人为核心，围绕重大项目凝聚学术队伍的人才组织模式，加强科学研究领军型人才、技术型人才、应用型人才的培养，积极探索引进国内外高层次科技人才；实施土地整治人才跟踪协调服务制度，及时协调解决人才培养过程中存在的困难，培养一大批品德优良、基础厚实、知识广博、专业精深的土地整治科技人才。

（四）强化土地科技创新平台网络建设

大力加强土地整治科技创新基础条件及大平台网络建设，改善科研条件，促进资源共享。加大土地整治博士后科研工作站建设力度，筹建国家土地整治工程研究中心，加强实验室地方工作站、科技示范应用与监测基地建设；构建以土地整治科研基地和大型科学仪器设备共享平台、土地整治科学数据共享平台、科技成果转化公共服务平台等为主体框架的土地整治科技基础条件平台，促进土地整治科技资源高效配置和综合利用。

B.14

土地整治监测监管技术体系研究

贾文涛 刘昊博 陈 正[*]

摘 要：

在新的形势下，集成应用3S技术和网络技术等先进技术手段，是强化土地整治监测监管工作、推动土地整治事业规范有序发展的必然选择。本文采用系统研究、实证研究等方法，提出了"天、地、网"一体化的土地整治监测监管技术体系构建总体思路，设计了遥感监测技术应用方案、辅助现场调查装备研发技术方案和综合监管技术平台总体框架，构建了基于3S技术和网络技术的土地整治综合监管技术体系，为在中央加快转变政府职能、简政放权的大背景下，从国家层面进一步提升综合监测监管水平、实现土地整治国家目标提供全方位技术支撑。

关键词：

土地整治 监测监管 技术体系

近年来，按照"把权力和责任放下去、把服务和监管抓起来"的改革思路，国土资源部陆续下放土地整治项目管理具体权限，逐步形成了"部级监管、省负总责、市县组织实施"的土地整治管理格局。在当前中央加快转变政府职能、简政放权的大背景下，如何从国家层面上进行监管、实

---

* 贾文涛，工学博士，国土资源部土地整治中心实施管理处处长、研究员，主要研究方向为土地整治规划、实施监管和信息工程技术应用；刘昊博，硕士，国土资源部土地整治中心工程师，主要研究方向为土地资源管理；陈正，农业推广硕士，国土资源部土地整治中心工程师，主要研究方向为土地整治监测监管技术方法、耕地占补平衡政策等。

现土地整治的国家目标就成了迫在眉睫的问题。正如中央领导反复强调的，"放"和"管"是两个轮子，只有两个轮子都做圆了，"车"才能跑起来，在有序推进"放"的同时，"管"要跟上，该管的要切实管住管好管出水平，以有效的"管"促进积极的"放"，切实做到"放"、"管"结合。在新形势下，要提升土地整治综合监管水平，必须加强基础性工作，摸清底数、搞准情况；必须创新管理理念，改进工作方式，进一步强化技术手段支撑。

一 总体思路

强化土地整治综合监管技术支撑的基本思路是，以摸清底数、搞准情况、实现直观动态监测监管为基本目标，以3S技术、网络技术和移动互联技术为主要技术手段，构建土地整治监测监管技术支撑体系。

信息化是当今世界经济和社会发展的大趋势，也是我国产业化升级和实现工业化、现代化的关键环节。党的十八大报告提出，要推动信息化和工业化深度融合，促进工业化、信息化、城镇化、农业现代化同步发展，从而把信息化提升到国家战略的高度。国土资源管理信息化是国民经济和社会发展信息化的重要组成部分，其基本任务是通过现代信息技术的广泛应用，以信息化带动国土资源管理工作方式的根本转变，实现国土资源管理的科学化和工作方式的现代化。

土地整治是一项复杂的经济社会活动。从工程的角度看，土地整治项目包含大量的地理空间信息，如项目区位置和范围、地形变化、地类分布、工程布局等，正确解读这些空间信息是对项目做出科学判断的基础。总的来说，用传统手段解读项目在技术上存在两方面的困难：一是传统的项目信息载体本身能够提供的有价值的信息不充分；二是处理和解读信息的手段不够先进，导致对一些重要信息漏"读"或"读"不懂。3S技术作为一种高效的信息采集、处理、分析手段，可以辅助我们识别项目的真实面目，监测项目的"水分"，使决策更具科学性和时效性，为提升监测监管工作的科学化水平提供了一种新思路。

强化土地整治监测监管工作的当务之急，是结合新形势、新任务、新要求，按照系统一体化、数据集成化、信息综合化、成果可视化的要求，集成RS、GIS、GPS、网络和移动互联技术，构建"天、地、网"一体化的土地整治监测监管技术体系，为实现对各级各类土地整治项目的全程全面、集中统一监管提供全方位技术支撑，从技术手段层面上真正实现"天上看、地上查、网上管"。

二 技术体系设计

（一）遥感监测技术应用方案设计

所谓"天上看"，即运用遥感监测技术，大范围、快速获取土地整治项目区真实信息，实现对土地整治项目情况的直观动态监测。

运用遥感技术监测土地整治项目，除了进行常规的地类识别、面积量算以外，更重要的是要获取土地整治工程信息，如田间道路工程、灌溉与排水工程、农田防护工程等。在土地整治项目管理的不同阶段，实现的管理目标不同，监测的重点不同，因此对遥感影像数据的需求也不同。以下以土地整治重大工程项目为例来说明。

在项目前期评审论证阶段，以对项目做出真实性和技术可行性判断为主要目标，重点监测项目边界范围，及实施区域的基础设施条件、自然资源条件和地类分布状况。综合考虑数据精度需求、数据可获取性及成本等因素，可选择国产资源一号02C卫星影像（全色5米，多光谱10米，幅宽：60千米），数据质量可满足1∶2.5万至1∶10万比例尺精度要求，最小监测图斑面积达到0.2亩。

在项目实施阶段，以对项目实施情况快速做出进度判断和发现重大问题为主要目标，重点监测施工范围、施工面积和主要工程建设任务完成情况。可选择国产较高分辨率卫星影像，目前可用的主要有两类数据源：①资源三号卫星影像（全色2.1米，多光谱5.8米，幅宽：51千米），同时可提供三维几何数据；②高分一号卫星影像（全色2米，多光谱8米，幅宽：60千米）。

在项目实施和竣工验收阶段，针对需要进行精确量化分析的重点项目区，以充分识别并量算工程量为基本要求，应选择空间分辨率优于 1 米的高分影像数据。从实验结果看，通过解译高分辨率影像可以清晰勾绘项目区各地类界线，比较精确地统计地类面积，清晰辨识项目区内农田基础设施，能够充分反映项目区真实状况，有助于对项目做出科学判断。当前可用的高分卫星影像数据主要有：IKONOS（全色 0.8 米，多光谱 3.2 米）；GeoEye－1（全色 0.5 米，多光谱 2 米）；QuickBird（全色 0.61 米，多光谱 2.62 米）；WorldView－1（全色 0.5 米）；WorldView－2（全色 0.5 米，多光谱 2 米）；Pléiades－1A（全色 0.5 米，多光谱 2 米）。

对其他各类土地整治项目的遥感监测，也应根据项目自身特点，根据所要达到目标的不同，选择适宜的遥感影像数据，以能够满足地类识别和工程形象进度判断为基本要求，以国产高分辨率影像数据为主要选择。开展土地复垦项目遥感监测，对于自然灾害损毁地复垦项目，因一般具有范围较广、施工前后对比鲜明等特点，可选用国产较高分辨率卫星影像，如资源三号卫星、高分一号卫星影像；对于生产建设损毁地复垦项目，因一般具有规模小、损毁原因复杂、复垦效果难评判等特点，应选用空间分辨率优于 1 米的高分影像数据。开展增减挂钩试点等项目遥感监测，因增减挂钩试点、低丘缓坡地开发试点等项目一般具有点多、分散、面积小等特点，监测难度大，应选用空间分辨率优于 1 米的高分影像数据。耕地占补平衡考核和年度新增耕地管理信息核查标注等工作，都可以借助"一张图"开展。

近年来，遥感对地观测技术发展迅速。对地观测系统向高分辨率、智能化、网络化、综合协作方向发展，正在迈向多层、立体、多角度、全方位和全天候对地观测的新时代，获取地表信息的周期越来越短，精细化程度越来越高，途径越来越多。随着我国高分卫星遥感技术和低空无人飞行航测遥感技术的迅速发展，大范围高分辨率遥感影像数据的获取将变得更加容易。与此同时，遥感影像自动解译技术也取得重大进展，工程化解译技术日渐成熟，遥感数据处理、解译和分析工作效率大大提高，将极大地促进遥感技术在土地整治领域中的普及应用。

（二）辅助现场调查装备框架设计

所谓"地上查"，即集成应用 3S 技术和移动终端技术，着力解决传统现场调查过程中存在的问题，提升土地整治现场调查评价工作的效率和科学化水平。

现场调查评价是土地整治项目管理中的一个重要环节，也是了解项目情况的一种重要方式，贯穿于整个项目周期。项目不同管理阶段现场调查工作的目的和侧重点不同。例如，在项目选址申报阶段，技术人员需要到现场调查项目区的自然资源条件、基础设施条件、经济社会状况和权属情况等；在项目检查验收阶段，需要对项目规划设计执行情况、建设任务完成情况、工程质量状况、资金使用情况、制度执行情况等进行全面调查评价。但无论哪个阶段的现场调查工作，都可以归纳、抽象为四项基本任务：一是地物识别，对项目有关信息做出真实性判断，解决有没有、是不是的问题；二是地物量测，对项目有关信息如面积、长度等做出准确性判断；三是信息采集，通过一定的手段获取地形、土壤等基础信息；四是现场记录，在调查过程中将收集到的各类信息现场记录留存下来。

当前通常采用的现场调查方法是借助于地形图、项目现状图、项目规划图等各类纸介质资料，根据项目管理各个阶段不同的调查目标需求，利用常规工具完成目视定位、实地调查、测量、记录工作。这种传统调查方法在现场实际操作中面临很多难题，突出表现如下。

一是定位难。如果项目区没有特别明显、固定的地物标识，加上对地形不熟、天气复杂等因素，由于实地与图件不能联动，调查人员很难准确判定自己所处的位置，容易迷失方向，从而导致很难辨识项目区确切界线范围以及各类地物的确切位置和布局，影响调查评价工作的效果和效率。

二是测量难。现场调查时，不论是测地块面积、测线状地物长度，还是数点状工程的数量，传统的方法都存在效率低、时间长、难操作的缺点，工作起来非常不方便。特别是在地形复杂、项目区面积大的情况下，这个问题更加突出。

三是记录难。野外实地调查过程中需要记录的内容多、信息量大，传统的工作方法操作不便，而且容易漏掉重要信息。实地调查完成后进行内业整理时，统计、汇总工作量大而繁杂。同时，记录的信息与实际地物是分离的，不便于信息的使用管理。

因此，缺乏先进的辅助工具，必然导致现场调查工作效率低下、质量不高，难以为土地整治项目管理及时提供真实、完整的基础信息，从而影响对项目的判断和决策。土地整治现场调查评价工作要想上台阶、上水平，就必须丰富手段，围绕科学管理的目标，开发一套低成本、便携式、便于利用的软硬件集成的先进技术装备，将复杂的现场调查工作变得简单而高效。系统运行的基本原理是：以移动终端为平台，利用 GPS 定位、导航和 GIS 一般数字地图操作功能，通过地理位置的变化实现项目区实地和电子图件的实时联动，对项目区地物的真实性和相关信息的准确性进行实时判断，现场记录或绘制、拍摄调查成果。所选移动终端不同，精度不同，可满足不同用户的不同需求。系统的主要功能模块如图 1 所示。

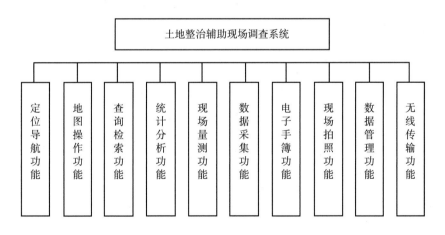

图 1 辅助现场调查系统功能结构

（三）综合监管技术平台框架设计

所谓"网上管"，即以网络技术为基础，构建土地整治信息报备和综合监管技术平台，保障土地整治报备信息的全面、真实、准确、及时，实现对各级各类土地整治项目全程全面、集中统一监测监管的目标。

计算机网络是信息处理工具和信息传输工具完美结合的产物，构成了信息社会的重要基础设施框架，为现代社会的发展提供了强大动力。近年来，网络技术的发展呈现集成化、智能化、开放化的特点，集成化表现在各种服务和多种媒体应用的高度集成上，智能化主要表现在网络信息传输路径和处理手段的自动化及其良好的用户应用接口上，开放化主要体现在计算机网络的兼容性上。随着多媒体信息资源在计算机网络中的大量传输和有线网络在某些环境中信息传输的不方便，网络技术呈现高速化和无线化发展的趋势。网络技术的迅速发展及其应用领域的不断延伸，不仅为土地整治项目信息传输，同时也为实现基于网络技术的日常监测监管创造了必要条件。

当前，土地整治已上升为国家层面的战略部署，受到地方党委政府的高度重视和广大群众的欢迎，各级各类土地整治项目数量迅速增长，实施规模不断扩大。传统的土地整治项目信息报送和土地整治实施监管方式越来越不能满足规范化、现代化管理的要求，依托计算机网络技术提升土地整治项目信息报送效率、全面推进信息化管理成为必然选择。国土资源部于 2008 年正式建立土地整治项目备案制度，要求全面实施信息化网络监管，同时研究开发了土地整治项目信息报备系统，于 2009 年开始投入运行。土地整治项目报备系统初步解决了土地整治项目信息方便快捷备案的问题，提高了备案工作效率。

2013 年初，土地整治报备系统升级为"农村土地整治监测监管系统"，初步具备了通过与国土资源"一张图"叠加进行比对分析、开展监管工作的功能，但仍以发挥信息报备渠道作用为主要目标，还不能满足土地整治日常动态监测监管的需要。因此，必须在巩固现有信息报备渠道的基础上，立足于日常监测监管业务工作的实际需求，建立健全依托网络运行的日常监测监管技术平台，集成土地整治项目信息报备、数据处理、多源数据融合分析、查询检索、辅助决策、成果输出展示等各种功能。依托综合监管技术平台，将项目区遥感影像和不同类型数据源进行叠加分析，有助于在项目管理不同阶段针对不同的管理需求，对项目做出更加直观、科学的判断，达到辅助决策的目的。如和DEM 数据叠加，可以构建起项目区三维影像图，在三维可视化环境中运用模拟飞行技术，实现叠起来、立起来、动起来、飞起来的效果，同时借助于各种图、表，可以直观、动态、多角度、全方位地观察项目区，在三维环境中对项目的地形地貌特征、坡度坡向、土地利用情况、基础设施的分布等情况进行分析和判断。将项目规划图与影像图叠加，可以分析判断规划设计方案是否符合实地情况，还可以对项目是否按规划设计施工及工程进度进行动态监测，实时了解项目实施进展情况。将项目竣工图与影像图叠加，可以判别竣工图的真实性，有利于对项目实施实际情况做出更科学、更准确的判断。这种不同数据源的叠加分析，可以提高土地整治管理人员对项目真实性、合理性、可行性的判断能力，提升监测监管工作质量和效率。

要实现对各级各类土地整治项目的全程全面、集中统一监测监管，还必须有动态更新的多源数据。现行报备系统是土地整治项目信息的统一报备渠道，是监测监管室的重要数据来源，它同时还要根据监测监管工作需要融合不同时相、不同类型的遥感影像数据，及时收集补充动态监测过程中产生的管理信息和野外调查采集的数据，在推进日常监测监管的过程中，逐步建立起土地整治本底数据库。

三　研究结论

实验结果表明，GPS、GIS与遥感监测技术各有所长，互为补充，相辅相成，通过集成3S技术与网络技术，构建"天、地、网"一体化的土地整治监测监管技术体系，是强化土地整治监测监管手段，提高科学管理能力，促进土地整治事业规范健康发展的必要保障。

参考文献

贾文涛：《依托信息技术提升监管水平——关于构建土地整治监测监管技术体系的思考》，《中国科技成果》2013年第14期。

贾文涛：《农用地整理现场调查评价方法与技术研究》，中国农业大学博士论文，2008。

张漫、陈雨、贾文涛等：《三维地形信息测量系统的设计》，《吉林大学学报（工学

版）》2007年第6期。

高向军、范树印、贾文涛：《3S技术在土地整理项目管理中的应用研究》，《2006年中国土地学会学术年会论文集》，地质出版社，2006。

贾文涛、刘峻明、晏向阳等：《土地整理GPS辅助现场调查系统的设计与实现》，《2007年中国土地学会学术年会论文集》，地质出版社，2007。

Jia Wentao, Lin Junming, Yu Lina et al. Design and Implementation of a GPS-based Field Survey System for Land Consolidation and Rehabilitation Projects. *New Zealand Journal of Agricultural Research*, 2007, 50: pp. 879 – 885。

贾文涛、刘峻明、于丽娜等：《基于GPS和GIS的土地整理现场调查技术开发与应用》，《农业工程学报》2009年第5期。

贾文涛、刘峻明、于丽娜：《基于农田高程信息快速采集系统的平整精度评价方法》，《中国土地科学》2009年第5期。

B. 15
BLUE BOOK

土地整治规划理论、方法与实践创新

汤怀志 *

摘 要：

> 现代土地整治规划发展迅速，经过两轮规划实践，已全面构建
> 了"国家—省—市—县"四级规划体系，围绕服务新型城镇化、
> 工业化、农业现代化和生态文明建设发展了规划理论和方法体
> 系，通过长期探索和实践创新形成了规划实施、管理的平台和
> 抓手，形成了指导农用地整治、建设用地整理、未利用地开发、
> 土地复垦等各类土地整治活动的基本依据。

关键词：

> 土地整治规划 规划理论 规划方法

土地整治规划是土地整治工作的龙头，是一切土地整治活动的依据。我国
土地整治规划的发展从小到大，从弱到强，历经曲折，不断发展，逐步形成了
与时代发展相适应的土地整治规划体系，切实、有效地促进了我国土地整治事
业的蓬勃发展。

一 土地整治规划发展概述

（一）土地整治规划的萌芽阶段

1954 年底，结合大型友谊农场的建立，我国第一次开始有组织地开展土

---

* 汤怀志，管理学博士，国土资源部土地整治中心高级工程师，主要研究方向为土地规划。

地规划工作，在此基础上，开展了以农业社为基本单位的土地规划试点。1964年全国提出"农业学大寨"号召，各地着手把农田分期分批建成旱涝保收高产稳产农田，规划以建设方条田为中心内容，重点实施平整土地和田渠路林的综合配套。这一时期规划从无到有，土地整治尤其是农用地整治的规划方法技术，被作为核心内容从国外引进，并按照人民公社发展的要求进行逐步调整。

（二）土地整治规划的发展

1982 年，中央把"十分珍惜每寸土地，合理利用每寸土地"定为国策，为土地规划事业指明了方向。1987 年，原国家土地管理局展开了第一轮土地利用总体规划编制工作，土地整治成为规划的重要组成部分。该时期土地整治遵行"开源"和"节流"并举的方针，其主要任务是围绕落实耕地总量动态平衡的要求，增加耕地数量，及时弥补耕地损失。土地整治的目的和任务指向逐步明确，编制土地整治规划的需求也更加强烈。

（三）第一轮规划应运而生

1997 年，中共中央、国务院的《关于进一步加强土地管理切实保护耕地的通知》（即 11 号文件），带来了土地管理的大转折。文件明确"积极推进土地整理，搞好土地建设"。为增强规划对土地整治活动的指导性及可操作性，1999 年国土资源部《关于切实做好耕地占补平衡工作的通知》中提出各级土地行政主管部门"要依据土地利用总体规划编制好土地开发整理专项规划"。2003 年 3 月，《全国土地开发整理规划（2001～2010 年）》经部长办公会审查通过印发实施。各地纷纷行动，对规划编制空前重视，全国各省（区、市）以及大部分县级行政单位都完成了规划编制工作。土地整治规划的地位在这一阶段得到了初步确立，构建了从国家、省到县的规划体系，初步确立了规划的目标任务，形成了省、县级规划的内容、技术、方法体系框架。

（四）新形势下的第二轮土地整治规划

2008 年，《全国土地利用总体规划纲要（2006～2020 年）》发布实施，第一轮规划的规划期限逐渐临近，在这样的背景下第二轮规划编制工作拉开序幕。2010 年 5 月，全国土地整治规划编制工作正式启动，同年 10 月，国土资源部召开电视电话会议，下发《关于开展土地整治规划编制工作的通知》，全面部署了省级土地整治规划编制及 14 个试点市、县的土地整治规划编制工作。2011 年 4 月，扬州市土地整治规划通过专家评审论证，成为我国首个编制完成的规划，为新一轮土地整治规划顺利奠基。2012 年 3 月，《全国土地整治规划（2011～2015 年）》经国务院批准正式颁布实施，明确了未来五年全国土地整治工作的方针政策和目标任务。此后，国土资源部依据全国规划相继安排了高标准基本农田建设、城乡建设用地增减挂钩、工矿废弃地复垦调整利用、低丘缓坡荒滩土地开发利用、城市低效土地二次开发等各类土地整治活动。

这一阶段，土地整治的地位不断上升，内涵和外延快速扩张。土地整治规划作为土地利用总体规划的继承和发展，内容不断丰富，目标趋于多元化，承载了更多的使命。目前，土地整治规划已全面确立了"国家—省—市—县"四级规划体系，目标体系清晰明确、各级规划任务重点突出，规划的编制、组织管理在上一轮规划基础上得以完善和规范，实施抓手更加有力。

二 规划理论快速发展

我国现代土地整治历史还不久，理论建设同土地整治事业一样始终处于高速发展中。

（一）三大基石：耕地保护、节约用地和生态建设

土地整治规划与国家的基本国情、经济社会发展以及特定时期的政治制度、经济体制、社会制度等因素紧密相关，其任务、内容及理论依据因考虑要素不同而大相径庭。我国实行最严格的耕地保护制度和最严格的节约用地制度，党的十八大进一步提出生态文明建设目标，为我国土地整治工作指出了明确方向。因此，概括来看，土地整治始终服务于耕地保护、节约用地和生态建设，三者构成了规划实践的起点和理论的源泉。

（二）规划基本思想

土地整治重在实践，其规划继承或借鉴土地利用规划和相关规划的理论和方法，并在实践中加以运用。如果对所有这些运用过的理论进行总结，难免会庞杂而生硬。从实践中最主要的规划思想和规划手法来看，主要有四种要素最为常见，这些内容不一定可以被称为理论，却是与土地整治规划最为密切的要素，且有待进一步扩充和发展。

1. 自然禀赋论

土地整治更容易在自然资源丰富、优质的区域发生，因为这类区域土地整治潜力往往更大，效果更为明显。而对于具备特殊自然条件的区域，由于资源优势容易辨识而形成明确的土地整治需求，往往也会被优先整治。此外，自然资源分布状况还决定了区域的生态安全格局。在本轮全国土地整治规划中，高标准基本农田建设指标的分解、农用地重点区域等就是以耕地数量、质量的分布为基础进行规划安排的，而全国 500 个示范县中有 393 个属于国家产粮大县。

2. 区域差异论

土地整治活动与具体的地域有着必然的联系，所以在自然条件地域差异的基础上又形成生产的地域差异，劳动地域分工论便随之应运而生。土地整治作为人类生产活动的表现形式，也遵循着地域分异规律。根据这一规律，区域整治必须按照因地制宜、地尽其用的原则来进行，也即必须在更广泛的地域结构对应变换分析基础上来考虑规划方案。

3. 均衡发展论

从长远发展角度来看，土地整治规划的目标是不断提高区域土地利用效率，缩小区域内部的利用效率之间的差距；从短期来看，则是考虑如何把有限的资源分配到最有潜力、最具备整治条件的区域中，快速带动平均效率的提高。比如在全国土地整治规划中既设置了土地整治重大工程等以保障规划目标的实现，同时又对贫困地区等特殊区域在布局安排和政策措施上给予特殊倾斜，这类地区对于实现全国建设高标准基本农田或补充耕地目标的贡献虽然十分有限，却能有效解决当地瓶颈问题，缩小区域内部的利用效率差异。

4. 政府干预论

从本质上讲，规划就是政府干预土地利用、配置土地资源的重要手段。我国各级土地整治规划都需要逐级落实国家战略，必须保持从中央到地方规划指导思想的统一性，而下级规划更要体现上级规划的规划定位，贯彻上级规划的目标和任务安排，确保上一级战略的充分实施，保障国家规划的有效落实。同时，规划还应充分考虑当地发展意愿和土地整治需求，以及特殊的自然资源条件，避免丧失区域发展的机会。

（三）规划相关理论

土地整治规划涉及自然、经济、社会多个方面，其理论发展应是多个相关学科的集成融合。

1. 区域经济空间结构理论

主要来源于发展经济学、空间经济学，一些代表性的理论如增长极理论、"点——轴"渐进扩散理论、圈层结构理论、核心——边缘理论等对于制定规划方案有着重要的指导意义。

2. 空间结构及其优化理论

空间规划的主要目的就是引导形成适应于特定区域的最优空间结构，相关代表性的理论研究包括指导农业布局的"杜能环"、指导工业布局的"韦伯三角形"、指导城市布局的"中心地理论"、指导商业市场布局的"市场区位论"、指导交通运输业的"胡佛运输区位论"等。

3. 景观生态学理论

土地整治规划强调人类与自然的协调性，景观生态学能够为土地整治提供必要的理论基础，帮助分析、评价和预测规划可能带来的生态学影响。如生态基础设施、"反规划"等理论方法在本轮规划中得到广泛应用。

4. 规划程序理论

是以规划程序为研究对象，主要探讨规划包括哪些程序以及如何运作的知识。程序理论的代表有理性模型、渐进模型，理性模式趋于科学化、理想化，渐进模式趋于现实化、民主化。现代规划更加重视规划实施效果的反馈机制，

充分运用程序理论，比如将公众参与、规划跟踪实施评估合理融入规划编制与管理，能够促使规划实施更加有效。

（四）区域土地整治的一般规律

综合前面土地整治基础理论及其相关理论，结合我国土地整治特点，总结土地整治呈现的一般规律。

1. 土地整治的阶段性

不同的经济社会发展阶段，土地整治的内容及任务自然会有所差异。以农业为主导产业的时期，土地整治偏向增加粮食产能；以工业为主导产业的时期，随着土地资源的有限性和生态环境约束对区域发展的影响逐渐显现，优化用地结构和布局、加强生态环境建设对土地整治产生了更多需求；当经济发展脱离工业化过程后，土地整治更加注重提升土地资源对经济社会及产业发展的基础服务功能。

2. 土地整治的广域性

广义上讲，只要是消除土地利用现状中对经济社会发展的制约和限制因素，有助于土地利用效率进一步提高的建设活动，都可认为是土地整治的范畴。从国内外土地整治发展经验来看，土地整治的范围在呈现不断扩大的趋势，土地整治的要素也不断趋向综合化，目标趋向多元化。

3. 土地整治的区域差异性

土地整治具有鲜明的地域性，不同地区由于自然经济条件不一样，生产建设过程中存在的主要问题也不同，土地整治的方向便不一样。

4. 土地整治的市场化

土地整治措施的选取应遵循自然法则与经济法则相结合的原则，其中的经济法则，主要是指应顺应市场规律。

三　规划方法与手段逐步完善

（一）继承并发展我国现代土地规划

从规划的发展历程来看，土地整治规划产生于土地利用规划，规划的方法、手段和政策措施等与土地利用规划一脉相承并不断积累、创新。土地整治规划作为土地利用总体规划的补充和深化，在指导思想、总体目标和基本政策措施上符合土地利用总体规划的总体要求；在规划任务、主要调控指标上与土地利用总体规划保持一致，并按照功能和类型进行细化；在土地整治分区、重点区域、重大工程等规划布局上以土地利用总体规划的空间布局为基础，依据土地整治的特点分类、分区域进行安排；针对土地利用总体规划实施期间，国家宏观政策调整变化，对土地整治规划目标、方向、任务和布局做必要的调整和完善；充分体现土地对经济、社会发展的基础性作用，坚持"政府组织、专家领衔、部门合作、公众参与、科学决策"的工作方式。

首先，为确保规划的有效实施，在规划方法中强化了规划与国家相关规划和战略的对接，全国土地整治规划在全面落实土地利用总体规划对土地整治要求的前提下，主动与国家"十二五"规划、主体功能区规划等以及12个区域性规划相衔接。其次，土地整治潜力测算和项目资金测算作为土地整治规划的特色，成为规划基础研究的重点内容和科学制定规划方案的基础依据。最后，更加注重发挥土地整治机制的重要作用，各级规划紧密结合城乡建设用地增减挂钩等试点，制定相关机制；针对土地整治资金不足的难题，探索建立土地整治经济激励机制，引入市场化资金，探索土地整治市场化机制。

（二）目标、内容丰富多元，重点突出

近年来，党中央、国务院对土地整治工作高度重视。第二轮规划编制期间，对土地整治提出了新的更高要求。党的十七届三中全会、五中全会、中央农村工作会议以及《国务院关于严格规范城乡建设用地增减挂钩试点切实做好农村土地整治工作的通知》（国发〔2010〕47号）、《国民经济和社会发展第十二个五年规划纲要》等重要文件均对土地整治做出了明确要求。对此，第二轮规划以深入贯彻落实科学发展主题和加快转变经济发展方式为主线，以保障国家粮食安全为首要目标，以推进新农村建设和统筹城乡发展为根本要求，加快推进农村土地整理复垦，着力加强耕地质量建设，建设旱涝保收高标准基本农田，积极开展城镇工矿建设用地整理，建立健全长效机制，全面提高土地整治工作水平，以资源可持续利用促进经济社会可持续发展。

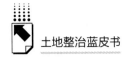

与首轮规划相比,第二轮规划的目标体系得以全面树立,内容更加丰富多元、重点突出,表现在:在积极补充耕地数量的同时,更加注重提高耕地质量和改善农业生态环境以及突出基本农田建设;在任务安排上,更加注重区域土地整治统筹,统筹安排农用地整治、农村建设用地整理、城镇工矿建设用地整理、土地复垦和未利用地开发等各类土地整治活动,突出全域整治理念;树立生态建设新目标,强调土地整治与生态保护相统一,充分发挥土地整治的综合效益;鼓励挖掘存量建设用地潜力,更加强调通过土地整治促进土地集约节约利用。

(三)分区引导、分类型整治以实现区域差异化

针对不同的区域特点和土地整治需求,引导实施差异化土地整治,是土地整治规划的重要任务。土地整治规划在总结以往土地整治工作经验的基础上,在空间布局方面突出强调分区、分类型整治的规划引导方式。

在区域尺度上,进行土地整治分区。在阐明各区的自然条件、经济社会条件和土地资源优势的基础上,确定区域土地整治的现状、特点、经验及问题,揭示各区土地整治的发展方向和重点内容,实行差别化管理。全国规划在分区引导上,共采取三个层次:第一个层次是基于地带性差异格局的系统研究,将全国划分为东北地区、京津冀鲁区、晋豫区等九大区域,明确了不同区域的土地整治方向和重点;第二个层次是遵循地区性差异规律,提出了形成东中西不同区域主体功能要求的土地整治方案、模式与途径,促进土地整治规划与其他相关规划的协调与衔接;第三个层次是通过开展总体分析和分区评价,确立了全国土地整治总体目标,并将任务细化分解到各省(区、市),有利于科学指导省、市级土地整治规划和落实土地整治重大工程项目。

在实施层面,将土地整治划分为五种基本类型统筹推进。包括:农用地整治、农村建设用地整理、城镇工矿建设用地整理、土地复垦和未利用地开发。根据不同整治类型的对象和目标,规划中分类安排规划目标和规划任务,在土地整治潜力较大、集中连片的地区确定重点区域,在项目安排上予以重点倾向,并制定相应措施。除了五种基本类型外,还有以村、镇为基本整治区域的

综合整治，对区域内的田、水、路、林、村、城镇等土地整治要素进行全域规划、全域设计，呈现出区域综合性、多功能性、多效益性的特点。近年来，将基本的土地整治类型与城乡建设用地增减挂钩、工矿废弃地调整利用、低丘缓坡未利用地开发、城镇低效土地再开发等政策相结合，使土地整治活动的形式更加多样，重点更加突出，针对性和可操作性更强。

（四）重大工程、示范建设促进规划实施

实施土地整治重大工程和示范建设，其根本目的是要有重点、有计划地引导和推动全国土地整治工作，确保土地整治目标的实现。

首轮土地整治规划共设立六大土地整治工程，包括：一是从保障国家粮食安全出发，以提高粮食主产区综合生产能力为目标的粮食主产区基本农田整治工程；二是从保障生态建设地区口粮田出发，结合西部地区生态环境建设的西部生态建设地区农田整治工程；三是以历史遗留煤炭矿区损毁土地复垦为重点，结合重点矿区生态环境恢复治理的重点煤炭基地土地复垦工程；四是"7918"高速公路和"四纵四横"高铁沿线土地复垦工程；五是"南水北调水利工程沿线土地整治工程"，重点解决因交通干线建设、输水主干线和水利枢纽工程建设引发的沿线土地利用问题；六是以储备国家耕地资源为目的的新疆伊犁河谷地土地开发工程。第二轮土地整治规划在延续了首轮规划的基础上，分别从保障国家粮食安全和优化城乡用地结合和布局角度出发，新增战略后备区集中补充耕地重大工程和城乡统筹区域农村建设用地整理示范工程。各级土地整治规划要与全国土地整治重大工程层层衔接落实，省级规划需确定省级土地整治重点工程、市级规划确定土地整治重点项目，最终在县级规划的具体项目予以落实。

此外，示范建设成为本轮规划实施的新的重要抓手。全国共部署河北、内蒙古、吉林等10个省区开展了整体推进农村土地整治的示范省建设。同时，围绕4亿亩旱涝保收高标准基本农田建设目标，规划安排了不同层次的示范建设：一是继续实施116个基本农田保护示范区建设，二是设立500个高标准基本农田建设示范县，三是新建5000处万亩连片的高标准基本农田保护示范区，全面保障高标准基本农田建设任务的落实。

四　规划实践与管理不断创新

（一）多地探索积累丰富经验

我国经过两轮规划实践探索，从全国、省、市、县的不同层面，明确了各级规划的侧重点。全国规划和省级规划是指导性规划，全国规划提出了土地整治的方针政策和总体目标，确定了土地整治的重点区域、重大工程和示范建设任务。省级规划重点分解下达土地整治任务，确定重点工程和投资方向。市、县级规划是实施性规划，市级规划作为承上启下的中间层次，强化空间引导，重点提出土地整治的规模、结构和区域布局，分解落实高标准基本农田建设任务，确定重点项目和资金安排。县级规划以项目为核心，重点确定土地整治项目、布局和工程措施，明确实施时序，提出资金安排计划。

为编制好本轮规划，国土资源部确定了14个规划编制试点，从编制技术方法方面进行了探索。其中，扬州市规划作为全国最早开展并第一个编制完成的市级规划，在规划内容、理论方法和技术手段等方面进行了积极探索，规划中充分体现了土地整治的生态理念，突出了扬州的历史文化特色；嘉兴市规划充分结合国家、区域、市域发展战略，探索了市域土地整治战略方法，在土地整治模式、生态环境建设措施等方面进行了探索和创新；北京市海淀区规划以生态打底思想，合理规划了绿色基础设施网络，突出景观生态整治，凸显历史文化特色，提出了规划编制的新思路。各规划编制试点特色鲜明，既囊括了平原、丘陵、山地等不同地貌类型和东、中、西部不同经济发展阶段，又涉及了都市区、城乡结合部、农村腹地、生态敏感区、矿区等不同层次的土地整治，为全面推进市县土地整治规划编制提供了经验和借鉴。

在实施方面，各地进行了大量探索和实践。在国土资源部的统一指导下，一些地方开展了城乡建设用地增减挂钩、工矿废弃地复垦调整利用、低丘缓坡荒滩土地开发利用、城市低效土地二次开发等试点，通过积极探索土地整治的新机制，找到了存量建设用地挖潜、提高增量土地利用效率等土地节约集约利用模式。

（二）规矩绳墨，标准体系建设不断完善

2000 年 10 月，国土资源部颁布实施了《土地开发整理规划编制规程》（TD/T 1011 - 2000），其后印发的《土地开发整理规划管理若干意见》（国土资发〔2002〕139 号）、《省级土地开发整理规划编制要点》和《县级土地开发整理规划编制要点》（国土资发〔2002〕215 号）等多个文件，进一步规范了土地整治规划从编制、审批到管理等一系列工作。

第二轮规划编制期间，为健全完善各级土地整治规划建设，2012 年 4 月，国土资源部、财政部《关于加快编制和实施土地整治规划　大力推进高标准基本农田建设的通知》（国土资发〔2012〕63 号），进一步明确了对规划编制和实施的要求。

为规范土地整治规划编制工作，2012 年 8 月和 9 月，国土资源部办公厅先后发布《关于印发省级土地整治规划编制要点的通知》　（国土资厅发〔2012〕47 号）、国土资源部办公厅《关于开展省级土地整治规划审核工作的函》（国土资厅函〔2012〕787 号）。2013 年 2 月，国土资源部发布实施《市（地）级土地整治规划编制规程》（TD/T 1034 - 2012）、《县级土地整治规划编制规程》（TD/T 1035 - 2012）。

与规划相关的标准和规范也在不断完善，土地调查、土地评价、土地使用、土地整治项目管理、数据库建设等标准规范陆续出台，尤其是农用地质量分等、定级、估价以及高标准农田建设标准上升为国标，为规划工作提供了更多技术依据。

（三）强化规划计划管理和规划实施评估

1989 年，国家开始实行土地开发指导性计划，耕地开发复垦指标被纳入土地利用年度计划管理，并在 1998 年《中华人民共和国土地管理法实施条例》中被进一步明确为"土地开发整理计划指标"。2004 年，国土资源部修订了《土地利用年度计划管理办法》，其中"土地开发整理计划指标"进一步被划分为"土地开发补充耕地指标"和"土地整理复垦补充耕地指标"。

2006 年，国家土地利用计划指标体系中又增加了城乡建设用地增减挂钩

计划、围填海计划等指标。2012 年，全国土地整治规划出台后，国土资源部会同财政部每年依据规划总体安排，制定全国高标准基本农田建设计划，下达各省（区、市）年度高标准基本农田建设任务。针对与土地整治相关的各项试点，国土资源部按年度下达规模指标，以确保规划严格实施。

对规划实施管理的评价是规划实施和管理过程中的一项重要内容。在目前规划的管理体制下，上级规划是下级规划的前提，下级规划应遵守上级规划的约束。自首轮规划实施以来，总结上轮规划实施成效与经验问题已经成为本轮规划的重点内容。为及时掌握本轮规划实施进展，开展规划实施评估也将成为规划管理的重点内容。

参考文献

贾文涛：《土地整治有了新目标——〈全国土地整治规划（2011～2015 年）〉解读》，《中国土地》2012 年第 4 期。

郑治文：《全国土地整治规划解读》，《中国国土资源报》2012。

郧文聚：《土地整治规划概论》，中国大地出版社，2012。

绿色发展篇

Green Development

B.16

土地整治与新型城镇化

严金明*

摘　要：

现代意义的土地综合整治作为推进新型城镇化进程、统筹城乡和谐发展的重要抓手和平台，作用日益凸显。然而中国土地整治起步较晚，依旧存在不少问题，仍然需要借鉴国外较为成熟的土地整治模式进行转型发展。本文通过总结国外土地整治的对象、目标效益和路径模式，探讨中国土地综合整治与新型城镇化结合的现状与问题，进而提出新型城镇化背景下土地整治的改进建议。本文认为针对当前土地整治面临的诸多复杂问题，亟须以"田、村"为重点，注重存量建设用地综合整治，力推景观生态型土地综合整治，拓展资金渠道、推进公众参与、注重差别化调控，构建国土综合整治新格局。

* 严金明（1965～），博士，中国人民大学公共管理学院土地管理系，副院长、教授，博士生导师。主要研究方向为土地规划与管理，土地经济与政策。

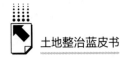

关键词：

新型城镇化　土地综合整治

土地综合整治搭建了城乡资源交换的平台，有利于国土资源在新型城镇化过程中优化结构、提高效率、释放空间、盘活存量，解决城镇化、工业化发展的用地需求，为新型城镇化提供强力支撑。我国土地整治起步较晚，总体上处于转型发展阶段，依旧存在不少问题，仍然需要借鉴国外较为成熟的土地综合整治模式，使之成为推动新型城镇化发展的重要动力。本文通过总结国外土地整治的对象、目标效益和路径模式，探讨我国土地综合整治与新型城镇化结合的现状与问题，进而提出新型城镇化背景下土地综合整治的改进建议。

一　国外土地整治经验总结与借鉴

土地整治在不同的国家或地区有不同的名称：德国、土耳其、日本和韩国为土地整理（land readjustment）；印尼和中国台湾为土地整合（land consolidation）；澳大利亚和尼泊尔为土地联营（land pooling），加拿大为土地重置（land replotting），尽管名称有所不同，在整治对象、目标效益和路径模式上均有相通之处，对于新型城镇化背景下的我国土地整治改进具有一定启发意义。

（一）整治对象多样

国外土地整治对象多为生产能力不高或利用中存在问题的农用地、城市建设项目和农村居民点用地。其中农用地整理多是针对利用中出现的问题采取措施进行改良，如荷兰在1954年出台的土地整治法案中指出的"土地整治就是为了提高农业、园艺、林业以及养殖业的生产力"，其土地整治主要针对利用中存在问题的农用地进行，消除限制因素，从而提高农业的生产能力；城市建设项目整理即针对城市项目建设过程中的问题所采取的整理措施，最典型的是德国的项目土地整治方式，实施建设项目土地征用计划，通过土地整治将在公路、水利、铁路等基础设施建设项目中被征用的土地分摊给较大范围内的地产所有者负担；农村居民点用地整治即针对居民的生活环境改善及农村自然景观保护，尤为注意农村居民点整治和整个区域发展的结合，如俄罗斯在进行土地整治时，为了保证农村居民点体系布局利于未来发展，实行农村城镇化，实现各类建筑物位置合理和占地适中，以便于使用和保护环境。

（二）整治目标多元

国外土地整治目标多元，可总结为5个方面：①改善农业经营条件。土地整治是通过改善农业经营条件进而提高农林经济生产力水平，这在德国、俄罗斯、日本等国土地整治中体现得比较明显。如德国乡村土地整治通过促进土壤改良和土地开发，促使农田中地块面积扩大、形状规则，每个单位占用的地块数目减少，农业基础设施配套，为集中连片耕种和现代化机械作业创造了有利条件，直接提高了农林企业生产经营的经济性、生产力和竞争力。②为城市建设和大型基础设施建设提供用地。工业化、城市化进程的加快，导致城市建设用地需求急速膨胀，这时需要通过土地整治来准备大量用地。如日本城市土地整治中城市边缘区土地所有者通常需拿出30%（土耳其为35%）的土地用于公共用途，改善社区条件和环境，所造成的土地面积的减少由重划后的土地增值补偿，最终以较低的成本实现农用土地的城市化。韩国为解决城市低收入者住房问题，引入了联合重建计划，其实质也是城市用地整治工程。③改善居民的居住和生活环境。国外土地整治时需要尽量保持居住环境中植物和动物的多样性，同时通过提高水资源、空气资源和土壤资源的质量来保护自然环境，保证整治区域中所有居民有良好的居住和生活环境。④保护景观和生态环境。以改善农林生产条件为主要目标的土地整治虽然促进了农业大规模发展，但对农业生态环境产生了一定的负面影响，如生物栖息地的破碎和单一化引起了物种的丧失、生态环境的破坏。所以国外近期土地整治中增加了生态环境的保护，以期通过土地整治达到经济、生态环境效益的统一和协调。如目前联邦德国在乡村土地整治中除了对有价值的自然生态因素进行保护外，还采取适当的措施保持农田的生态价值。⑤利益协调和统筹发展。国外土地整治也关注促进土地利益的合理分配，促进区域的均衡发展。如荷兰的土地整治主要是协调整治区

农场、居民和社会之间的利益，关注就业的解决、户外娱乐设施建设等，注重土地的多重统筹利用，促进区域经济发展。

（三）整治路径模式多种

国外土地整治的路径模式可以分为资金筹集方式、经营方式和保障方式：国外土地整治资金的筹集基本上已形成了多种筹集方式。如德国土地整治的资金筹集是采取政府拨款、参加者负担与乡镇资助联合的方式。土地整治程序费用（规定的行政和管理组织的人员工资和业务经费）一般由国家负担，整治实施费用（项目建筑工程费用）由参加者联合会承担，同时乡镇政府为减轻参加者联合会的负担可以为土地整治提供资助或承担贷款利息。国外土地整治的经营运作方式多是采取政府与整治区域中的农户联合的方式，而且在这个过程中，农户发挥了积极的作用。如俄罗斯土地整治为了就土地整治的工作组织、资金问题提出方案，可建立公众土地整治委员会（成员包括参与土地整治的企业、机构、个人），以协助解决土地整治过程中出现的问题。国外土地整治，一般建立了完善的土地整治政策体系，包括美国、德国、荷兰、日本、马来西亚等在内的许多国家为了保证城市土地整治的顺利执行，还专门制定了土地整治的法律或法规。

二 当前我国土地整治与新型城镇化结合现状与问题

（一）我国土地整治对象亟须多样化

目前，我国在土地整治中，多偏重于农用地整治，重点关注耕地的调整、地块的规整和耕地改造等方面的内容，近期由于城乡建设用地增减挂钩等配套政策的出台逐步倾向农村居民点整治，但相较农用地仍显不足，而对技术要求高、难度较大的城市建设项目整治更为罕见。事实上，长期以来我国城乡建设用地集约节约利用水平较低，利用中出现的诸如空置、闲置多，缺乏有效管理，扩张无序，利用率低，布局散乱，基础设施不完善等问题比较严重。在新型城镇化的进程中，农村居民点用地整治和城市建设项目用地整治对统筹城乡经济发展，改善城乡居住条件，提高土地利用集约节约水平等具有显著的现实意义，但这两类整治从拆迁、平整、生活基础设施的完善到新居建设，都需大量的资金投入，而目前在我国尚未找到有效的资金筹集方式，再加上市民和农民传统的生活生产方式也是整治的重要障碍因素，导致了目前我国农村居民点整理推进缓慢，城镇建设在用地方面受限，大大影响了新型城镇化进程。

（二）我国土地整治目标亟须多元化

当前我国土地整治总体上处于转型发展阶段，尚未全面进入以提高生活环境品质和农地生产质量为主要目的的景观生态保护型土地整治阶段。在"保发展，保红线"方针的指导下，为了实现耕地总量动态平衡，我国当前土地整治仍以增加耕地为首要任务。土地整治目标单一，土地整治中"重数量、轻质量；重面积、轻效益；重耕地、轻农民；实际工作中缺乏对农民生产、生活以及改善环境需求的统筹兼顾，忽视生态环境的保护"问题突出。参考国外五条主要的效益目标，我国土地整治对"改善农业经营条件"较为重视，对于与新型城镇化进程息息相关的"为城市建设和大型基础设施建设提供用地"、"改善居民的居住和生活环境"、"保护景观和生态环境"、"利益协调和统筹发展"的重视程度仍显不足，亟待进一步为新型城镇化提供强大动力。

（三）我国土地整治模式亟待完备化

就资金筹集方式而言，我国土地整治只有非常少的资金来源于企业或个人，政府分担部分偏大，而土地整治又是一项资金占用量大、投资回收期长的项目，完全依赖国家有限的资金是远远不够的，亟须寻找有效、可供推广的资金筹集方式；就经营方式而言，我国土地整治公众参与的程度极低，许多整治区域中的农户对整治目的、方向、权属调整方案等都缺乏了解，土地整治权属调整和利益分配的公平性仍显不足，对"以人为本"新型城镇化发展具有不利的影响；就保障方式而言，我国土地整治已经有了明确规划指引，但参照国外土地整治经验，我国仍缺乏符合国情而又成体系的土地整治法律、法规、管理条例和相关规范标准。

三 新型城镇化背景下土地整治的改进建议

（一）开展以"田、村"为重点的土地综合整治

开展城镇、村土地综合整治是推进城乡统筹发展的根本要求，是协调统一"新型城镇化"、"新农村建设"和"发展现代农业"三大重大任务的关键举措。土地整治应按照土地利用总体规划所确定的目标和用途，采取行政、经济、法律、工程技术等手段，改变原有的以耕地为核心的整治观念，转向以农民为核心，田、村为重点，水、路、林为配套的"田、水、路、林、村"综合整治新观念，切实形成推动新型城镇化的有力抓手和重要平台。因此，在整治范畴上应由分散的土地开发整理向集中连片的田、水、路、林、村综合整治转变，在整治目标上应由单纯的补充耕地向建设性保护耕地、推进新农村建设和城乡统筹发展相结合转变，在整治内涵上应由以增加耕地数量为主向"数量管控、质量管理、生态管护"三位一体综合管理转变，在整治方式上应由以项目为载体向以项目、工程为载体，结合城乡建设用地增减挂钩、工矿废弃地复垦调整利用等政策的运用转变。总之，土地综合整治应该成为新型城镇化、建设社会主义新农村、统筹城乡发展的重要抓手和平台。

（二）注重存量建设用地综合整治

促进城乡一体化建设，以城乡建设用地增减挂钩为突破口，推进散乱、废弃、损毁、闲置、低效建设用地集中整治，开展存量非农用地整理，稳妥有序合理地开展村庄整治，缓解城镇经济发展用地需求的巨大压力。加大旧城区、城中村土地综合整治力度，不断提高城乡土地节约集约利用程度。发挥建设用地整理对满足社会经济发展用地需求的作用，加大农村建设用地整理力度，合理迁村并点，大力开展旧城区、城郊村、城中村、地质灾害易发区村庄整治，建立健全农村宅基地退出机制，规范城乡建设用地增减挂钩试点，盘活城镇存量建设用地和农村非农用土地，加强农村基础设施与公共服务设施配套建设，积极保障农村产业发展和农业生产、农民生活条件的改善，积极开展城镇和工矿建设用地整理，切实转变土地利用和管理方式，充分利用城镇闲置土地，提高城镇和工矿建设用地集约利用程度，推进城乡土地节约集约利用。

（三）力推景观生态型土地综合整治

目前，在中国尚未解决耕地数量问题、开始解决耕地质量问题的同时，土地生态环境问题、城镇化发展问题又提上议事日程。为此，我国需要积极引导土地整治向现代意义的土地整治即景观生态型土地综合整治转变，使土地整治与有关规划设计朝"三生"（生产、生活、生态）与景观结合、与新型城镇化结合的目标发展，在改善农业经营条件的同时，为城市建设和大型基础设施建设提供用地，改善居民的居住和生活环境，保护景观和生态环境，使之成为促进新型城镇化统筹发展的强大动力。

（四）扩展土地综合整治资金的筹集渠道

我国要加强土地综合整治的法律保障，探索融资方式。我国应大力研究土地综合整治法律、法规、管理条例和相关规范标准，对涉及的众多利益群体的相关利益调整提供完备的法律体系保障。此外，我国土地综合整治要采用"开发负担和受益回馈"机制，在保障现有资金来源渠道的基础上，扩展土地整治资金的筹集渠道，如政策性信贷资金融资、财政信用融资、争取国际援助或社会集资等，并制定相关政策鼓励企业参与土地综合整治。

（五）积极推进公众参与，维护农民的根本利益

土地整治中应大力促进农村土地的产权界定，严格规范地方政府行为，维护土地产权人尤其是农民的根本利益，积极推进公众参与。对于土地整治过程中涉及的权属调整、安置方式、资金分配等问题，应充分发挥当地集体经济组织的作用，处理好政府、开发商、村集体和农民的利益分配关系；通过城乡建设用地的挂钩置换，在利益分配上将更大比例的极差地租收益返还给土地的拥有者——农村集体组织和农民，让农民分享新型城镇化成果；在土地整治中，要积极推进公众参与城镇村综合整治后的居民点布局规划和后期产业建设，充

分考虑区域特有历史文化、生态环境资源、经济作物资源等比较优势，促进土地整治成为合理保障新型城镇化有序推进的必要路径。

（六）注重土地综合整治差别化区域调控

进行区域土地综合统筹整治，应该根据不同区域特点寻求解决土地综合整治过程中遇到的技术问题、管理问题和实施问题的方法和途径。在典型区域树立样板，从土地综合整治的规划设计、工程技术、整治装备、项目监管等方面对土地综合整治关键技术进行研究和探讨。针对我国局部地区生态环境脆弱、土地退化与破坏严重、自然灾害频发等问题，构建以农产品主产区、城市化地区、重要生态功能区、能源与矿产资源开发集中区、海岸带及海岛为主要类型的国土综合整治新格局。农产品主产区重点开展农用地和农村建设用地整理；城市化地区重点开展城镇低效用地再开发、城市群人居环境改善提升；重要生态功能区重点开展水土流失、荒漠化、石漠化和生物多样性维护整治；能源与矿产资源开发集中区重点开展废弃地复垦和矿山地质环境恢复治理；海岸带及海岛综合整治重点开展海岸带和海岛综合整治修复、领海基点海岛保护和渤海湾综合整治。

总之，中国土地整治事业在新型城镇化发展过程中正处于前所未有的重大战略机遇期，土地整治的推进与发展面临新形势、新机遇，也面临着诸多严峻的挑战，亟须构建国土综合整治新格局。以促进统筹城乡发展、社会主义新农村建设、现代农业发展、城镇化进程为目的，以统筹规划、聚合资金、整合资源为方式，以土地整治和城乡建设用地增减挂钩相结合，以综合推进田、水、路、林、村综合整治为平台，优化城乡用地结构和布局，改善土地生态环境，增加有效耕地面积，提高耕地质量和粮食生产能力，协调土地综合整治与耕地保护、产业发展和城乡建设的关系，促进经济社会又好又快发展。

参考文献

严金明、夏方舟、李强：《中国土地综合整治战略顶层设计》，《农业工程学报》2012年第14期。

郧文聚：《土地整治规划概论》，地质出版社，2011。

范金梅、王磊、薛永森：《土地整理效益评价探析》，《农业工程学报》2005年S1期。

严金明、钟金法、池国仁：《土地整理》，经济管理出版社，2000。

丁恩俊、周维禄、谢德体：《国外土地整理实践对中国土地整理的启示》，《西南农业大学学报（社会科学版）》2006年第6期。

赵伟、张正峰：《国外土地整理模式的分类及对我国的借鉴》，《江西农业学报》2010年第10期。

贾文涛、张中帆：《德国土地整理借鉴》，《资源产业》2005年第2期。

杨相和：《国外土地整理的启示与借鉴》，《国土经济》2002年第7期。

谭术魁：《土地整理的兴起及其规范推进》，《国土与自然资源研究》2001年第4期。

张正峰：《国外可持续土地整理的发展特征及对中国的启示》，《生态经济》2007年第10期。

严金明：《农地整理要兼顾景观生态》，《中国土地》2000年第5期。

郧文聚、宇振荣：《中国农村土地整治生态景观建设策略》，《农业工程学报》2011年第4期。

夏方舟、王晨、严金明：《县级土地整治规划可行性评价体系研究略》，《兰州学刊》2013年第2期。

王军、余莉、罗明等：《土地整理研究综述》，《地域开发与研究》2003年第2期。

B.17

土地整治与乡土文化传承

刘新卫*

摘　要：

近年来，农村土地整治在全国范围内广泛、深入开展，在取得显著成效的同时，也对农村传统文化带来冲击和挑战。为了促进中国特色农业现代化建设内涵更加丰富、底蕴更加深厚，应该在农村土地整治中着力加强传统文化保护，创建传统文化与现代文明包容并存的和谐局面，促进土地整治健康发展。

关键词：

传统文化保护　农村土地整治　价值观

土地整治是对低效利用、不合理利用和未利用的土地进行治理，对生产建设破坏和自然灾害损毁的土地进行恢复利用，以提高土地利用率的活动，包括农用地整理、土地开发、土地复垦、建设用地整理等。进入 21 世纪以来，随着我国工业反哺农业、城市支持农村和"多予少取放活"方针得到切实执行，土地整治日益成为新农村建设和统筹城乡发展的新平台，不仅在强化耕地保护、缓解用地矛盾、改善农田生态上发挥了作用，而且在提升农业设施水平、美化农村生活环境、促进要素城乡流动等方面发挥了不可替代的重要作用，已经成为促进中国特色农业现代化的有效抓手和关键措施。

作为中国传统文化的主要载体，农村土地及其利用形式有着丰富的历史文化内涵，但在目前人们的土地价值观仍然是较为单一的经济价值观而缺乏文化价值考量的情况下，包括土地整治在内的一些土地利用行为已经或者正在对农

---

* 刘新卫，理学博士，国土资源部土地整治中心副研究员，主要研究方向为土地整治规划与政策。

村中物质或非物质形态的传统文化造成严重破坏。由于文化是一个民族的精神和灵魂，传统文化是民族凝聚力和创造力的重要源泉，特别是在弘扬中华文化和努力建设社会主义文化强国氛围日益浓郁的背景下，当前和今后必须在包括土地整治在内的土地利用中加强传统文化保护，创建传统文化与现代文明包容并存的和谐局面，促进土地整治健康发展。

一　农村土地利用中的传统文化因素分析

社会文化因素影响土地利用及其变化，中国传统文化更是已经通过观念、习俗等深深扎根于农村土地利用的方方面面，影响着农村土地利用的形式、方法、现状效果以及发展变化等。

（一）土地利用中的文化因素分析

20 世纪 90 年代以来，土地利用/覆被变化（LUCC）逐渐成为科学研究热点，社会文化则是导致土地利用变化的重要人文驱动因素。不同区域的土地利用状况与其所在地区土地资源禀赋、生产力水平、文化特征等密切相关，其中，土地资源禀赋使得土地利用成为可能，生产力水平从根本上决定一个地区土地利用类型格局，而文化因素则在长时间内决定和延续这一土地利用形态，使之不会随着生产力水平变化而发生根本转变；同时，各地积淀有不同的文化背景，使得不同地区土地利用的深度和广度均存在很大差异。虽然传统文化是一种促使土地利用方式保持稳定的重要力量，并与其他驱动因素一起共同决定土地利用变化方向，但这方面的研究实际上一直较为缺乏。近年来，随着土地利用变化研究的深入，一些学者日益认识到，文化因素再也不能被从土地及其利用中分离出去，而应成为土地利用的重要内容。

土地利用中需要尊重不同地域文化，努力保持文化多样性，并以此指导土地利用政策制定、土地利用制度改革，以及土地利用行为改变等，否则不仅难以达到预期效果，而且往往适得其反。这是因为，在经济社会发展过程中，虽然经济、法律等制度在一定条件下可以移植，但任何制度都根植于一定的社会文化传统，而社会文化传统却具有不可移植性。每一项新制度的构建必须充分

考虑与传统文化的融合，否则制度将被架空并无法发挥作用。土地利用及其变化也是如此，而且国内外均不乏此类案例。研究表明，俄罗斯目前土地制度困境的根源就在于脱离了自身文化传统，盲目进行制度移植和构建，从而导致土地制度变革与预期目标背离；由德国赛德尔基金会援助、中国和德国共同在山东省青州市南张楼村所开展的土地整理项目未能完全实现预期目标，也充分说明土地整治时要注意所在地区文化特色，尊重项目区的民族文化和地域文化。

（二）农村土地利用中的传统文化

中国广大农村地区由于受到特定人文环境和地理条件影响，并且历经千百年发展演变后，无论是村落用地布局、乡土建筑形式、土地利用习俗，还是农田景观、乡村植被、宗祠寺庙等均呈现丰富多彩的形态，既反映出不同地区人们生产生活、社会文化发展状况，也凝聚着丰厚的地域人文精神、历史文化价值。正因如此，有学者认为土地是有生命的，村落是大地景观的重要组成，积淀了许多的历史、文化和乡土民俗，特别是传统的乡村聚落更是人类长期居住过程中凝结出的文化精华，而每个地区独特的地域环境也导致这个地区的传统乡村聚落具有与众不同的空间形态与文化特质。如客家的土楼文化就是一种地方性人文生态的表现，而黄土高原的传统村镇也受到当地居民风土习俗等传统文化长期的影响。

改革开放以来，特别是近年来，随着城镇化进程加快推进和新农村建设全面展开，农村中的传统文化因素遭遇了前所未有的冲击和挑战。人口压力增大、环境污染加重、生活方式改变、民俗民风缺失等以及由其导致的农村土地利用方式的变化，使得农村聚落、乡土风貌和文化景观受到极大破坏。只重视物质形态建设而忽略传统乡土文化景观传承，很容易造成乡土文化景观崩塌和草根信仰缺失，在农村土地利用中加强农村景观的完整性和特色性保护，挖掘农村景观历史文化价值，是保护传统景观风貌、弘扬民俗文化、维护环境生态的重要任务，也成为新时期土地利用研究的重要课题。国外的相关做法可以给我们提供很好的参考借鉴。例如，欧洲作为一个土地利用程度高而且具有多元文化色彩的地区，近年来伴随着经济一体化发展趋势，要求保持各民族传统文化特色的呼声正日益高涨。我国政府也充分认识到保护农村传统文化的重要性，2008 年十七届三中全会通过的决议就明确要求"加强农村文物、非物质文化遗产、历史文化名镇名村保护"。

二 土地整治及其对传统文化的影响

土地整治工作目前已经在全国范围内广泛开展、深入推进，虽然在强化耕地保护、缓解用地矛盾等方面取得了显著成效，但由于对传统文化保护尚未引起足够重视，土地整治也对农村中的传统文化产生了一些不容忽视的负面影响。土地整治不仅导致土地利用类型、结构和布局变化，而且还对农村地区传统文化带来冲击和影响。应该说，国家在土地整治对传统文化可能产生的负面影响方面已经有所考虑，并且做出了相关规定。例如，2005 年中共中央国务院颁布的《关于推进社会主义新农村建设的若干意见》就明确要求"村庄治理要突出乡村特色、地方特色和民族特色，保护有历史文化价值的古村落和古民宅"。但在实际工作中，许多地方在进行土地整治时丢弃了传统文化的合理部分，忽视了对当地资源环境的充分考虑，造成农村建设对城市建设的拙劣模仿，打破了农村中人与自然的宁静和谐之美，也使得传统民族文化内涵被淹没在追求物质表象的庸俗潮流之中。结合土地整治进行的新农村建设导致原有村庄乡土气息消失殆尽，"求新求洋"和"千村一面"现象数见不鲜，宝贵的农村文化资源日渐萎缩，一些农村地区已经绵延几千年的文脉也面临被割断的危险。有鉴于此，2013 年 7 月 22 日，习近平总书记在城乡一体化试点鄂州市长港镇峒山村考察时强调："实现城乡一体化，建设美丽乡村，是要给乡亲们造福，不要把钱花在不必要的事情上，比如说'涂脂抹粉'，房子外面刷层白灰，一白遮百丑。不能大拆大建，特别是古村落要保护好。"

土地整治对传统文化保护带来负面影响，除了对建设用地指标过度追求或者是对城市文明过度渴慕等主观原因外，下述客观原因同样不容忽视。①农村传统文化保护标准和对象尚待明确。目前，全国尚未建立统一的农村传统文化保护标准、评价指标，即便是正在遭受破坏的乡土聚落和乡土建筑等也面临无标准可依的窘况。②农村传统文化保护的政策法规建设滞后。由于缺乏政策依据，一些地方规定凡未列入文物保护单位的传统乡土建筑可由村民自愿拆除改造，造

成一些珍贵的传统乡土建筑随时可能被拆毁。③土地产权制度未因地制宜进行改革创新。根据现行宅基地制度，农村地区实行"一户一宅"，如果旧宅基地上的旧民居不拆除则国土部门不批准新宅基地，村民拆旧建新导致众多传统乡土建筑被拆毁，附着其上的文化因素也随之消失。④农村传统文化保护资金面临着短缺问题。农村传统文化保护资金投入明显不足，特别是由于传统乡土建筑数量多、维修规模大、所需费用高，仅仅依靠当地居民、村镇和政府力量是不够的，不少乡土建筑失修失养。⑤对农村传统文化保护的宣传教育力度不够。一些地方在土地整治规划中没有考虑传统文化保护问题，农村区域文化特征逐渐丧失尚未引起足够重视。

三　土地整治中保护传统文化的建议

随着我国进入全面建设小康社会的关键时期和深化改革开放、加快转变经济发展方式的攻坚阶段，丰富精神文化生活越来越成为我国人民的热切愿望，而历经岁月磨砺和时间检验的传统文化作为中华民族的精神瑰宝毫无疑问将扮演更加重要的角色。在土地整治过程中加强传统文化保护不仅是社会主义文化建设的客观要求，也是促进新农村建设和中国特色农业现代化建设内涵更加丰富、底蕴更加深厚的必然要求。笔者认为，当前和今后在土地整治中应着力从以下几个方面予以加强。

（一）提高土地整治工作认识水平

土地整治不仅整治农田和村舍，而且配套建设农村公共设施，使道路、水电、通信、绿化、卫生、文化等公共设施根本改观，提升农村基本公共服务水平，使广大农民群众分享现代文明成果。但是，必须认识到结合土地整治所进行的新农村建设并非"农村城镇化"，更不是要将传统农村地区改造为现代城镇地区。因此，土地整治过程中的旧村改造和新居建设，并不是对农村传统因素的全盘否定，而必须尊重农村特色，尽可能保留传统的农耕文化和民风民俗中的积极元素，努力建设与城镇同样便利但风貌有别的现代农村。这就要求开展土地整治时，加强传统文化研究，发挥文化的积极引导作用，特别是要从传统实践中提炼出其中的积极因素来指导当前的农村人居环境建设；此外，进行土地整治项目社会影响评价时，应增加对传统文化的影响和后果分析，以使得土地整治工作更加科学合理。

（二）科学编制、实施土地整治规划

新一轮土地整治规划目前正在编制中，要按照国务院《关于严格规范城乡建设用地增减挂钩试点切实做好土地整治工作的通知》的相关要求，在各级土地整治规划中增加保持农村风貌和当地特色传统文化等的内容和要求。要加强村庄整体风貌设计，注重村庄人文环境、建筑环境和艺术环境的统一规划，实现自然环境和人文环境的和谐统一；要加强地方特色建筑保护，保持原有景观特征，避免大规模拆旧建新对古村历史风貌造成不利影响；要合理安排农村基础设施建设，特别是道路建设要尽量使用当地的材料和工艺以体现当地文化特色；要留下传统文化景观用地并确定为禁建区以整体保护人文历史景观，以及保留原有乡土、民俗和休闲用地；在进行评审时对未有效进行传统文化保护的土地整治规划实行"一票否决制"等。

（三）加强土地整治配套政策建设

要加强农村传统文化标准和规范建设，在对历史文化村镇和传统乡土建筑等进行全面盘点、分类、甄选的基础上，对有价值的优秀乡土聚落和乡土建筑等予以公布并在土地整治中加以重点保护，尽量保持传统文化的原真性；要加强土地整治保护传统文化的政策法规建设，将土地整治中的文化遗产保护和管理工作逐步纳入法制化、科学化和规范化轨道；要积极探索建设有利于传统文化保护的土地政策，特别是要妥善化解历史民居保护与改善居民居住条件的矛盾，合理安排一定的新村建设用地，将新申请宅基地农民逐步安排到新村，同时对老村进行统一规划治理、培育发展新经济增长点，以促进农村经济发展，做到既保护文化遗产又改善居民生活条件。

（四）确保农村传统文化保护资金投入

近年来，一些地方按照"渠道不乱、用途不变、专账管理、统筹安排、各记其功"的原则，发挥土地整治专项资金的引导作用，有效聚合农村公路

修建、农业综合开发、农田水利建设、农村危房改造，以及以工代赈、扶贫开发、电力通信等涉农资金，在推动土地整治工作的同时，促进了现代农业发展和新农村建设。今后，要进一步发挥土地整治的平台作用，引导和整合传统文化保护方面的财政资金，形成政府投入持续加大、社会力量广泛参与的规范的多元化资金投入机制，弥补土地整治中传统文化保护资金缺口。与此同时，要引导当地农民自主自发投入，充分挖掘农村传统文化中所蕴含的经济价值，并利用所获取的经济利润进行深层次的传统文化保护与传承。

（五）鼓励社会公众参与传统文化保护

土地整治需要政府主导和组织协调，也需要社会各界广泛参与。就土地整治中的传统文化保护而言，更需要鼓励社会公众积极参与，只有社会公众广泛参与才能促进传统文化的有效保护和合理传承。为此，必须在土地整治过程中适时加大这方面的宣传教育，全面提升全民的传统文化保护意识，巩固在土地整治中保护传统文化的群众基础。

B.18

土地整治与生态文明

姜广辉*

摘　要：

生态文明是新时期土地整治的核心指导思想，土地整治是建设生态文明的基础手段。本文阐述了土地整治在生态文明建设中的基础作用，指出了生态文明理念下的土地整治改进方向，提出了土地整治生态文明推进策略。本文认为，土地整治可在优化国土空间格局、促进土地节约集约利用、改善生态环境、推进生态文明软环境建设等方面全方位支撑生态文明建设。未来土地整治应更进一步融入生态文明理念，突出土地整治对象与目标的综合性，推进全域土地整治；统筹土地整治空间配置，积极发挥其优化国土空间格局的作用。同时，强化并重视土地整治中的生态景观因素，维护生态系统结构的完整性；并加强公众参与，培育土地整治生态文化。

关键词：

土地整治　生态文明　基础手段

　　19 世纪工业革命以来的机器大生产为人类创造了传统的工业文明，虽然在利用和改造自然方面取得了空前的成就，但作为一种以人类为中心、轻视人与自然环境关系的文明形态，突出表现为人类对大自然的掠夺，对人类赖以生存的自然环境造成了巨大的破坏；必须着力解决人类与自然关系失衡所造成的

---

* 姜广辉（1980~），博士，北京师范大学资源学院副教授，博士生导师，主要研究方向为土地评价、规划与可持续利用。

生态环境问题。在这样的时代背景下，继原始文明、农业文明、工业文明后，一种新型文明——生态文明应运而生。生态文明的提出，为土地资源开发利用指明了方向，也为土地整治提供了新的机遇。切实贯彻生态文明理念，努力推进生态友好型土地资源开发利用及土地整治，已成为实现人与自然和谐、人地关系协调与可持续发展战略目标的必由之路。

一　生态文明在土地利用中的指导作用

生态文明是以人与自然、人与人、人与社会和谐共生、良性循环、全面发展、持续繁荣为基本宗旨的文化伦理形态，它不再单纯地以人为中心，而是将如何实现人与自然生态环境的协调发展置于首位，是人类文明发展理念、形态、道路和模式的重大进步。面对资源约束趋紧、环境污染严重、生态系统退化的严峻形势，中共中央十八大报告将生态文明建设放在了突出位置，指出建设生态文明，是关系人民福祉、关乎民族未来的长远大计，必须树立尊重自然、顺应自然、保护自然的生态文明理念，把生态文明建设放在突出地位，贯穿于经济建设、政治建设、文化建设、社会建设全过程和各方面，努力建设美丽中国，实现中华民族永续发展。

建设生态文明离不开土地利用的支撑。我国水、土地和其他资源空间分布的地域性特征明显，随着社会经济的快速发展，区域经济活动与资源环境承载力之间的不匹配严重制约了我国社会经济可持续发展。因此，生态文明下的土地利用首先要在战略层面上科学安排国土空间，按照人地相宜，自然与经济、社会相和谐的原则，把国土建设、资源开发利用和环境的整治保护密切结合起来，构建合理的城市化、工业化、农业现代化和国土生态安全格局，促进生产空间的集约高效、生活空间的宜居适度、生态空间的山清水秀。其次，还要把节约集约利用土地资源，提高土地利用效率和效益，推动土地资源利用方式根本转变放在突出位置；明确节地标准和目标，切实落实最严格的节约集约用地制度，实施全社会、全过程、全员的节地管理，大幅降低土地消耗强度。再次，生态文明下的土地利用要协调人与地及人与自然的关系，综合治理荒漠化、石漠化、水土流失土地，扩大森林、湖泊、湿地面积，维护生态系统结构的完整性，保护生物多样性，促进生态平衡，达到人与自然的和谐共生。最后，还要深化土地制度改革，建立体现生态文明要求的土地利用目标体系、考核办法、奖惩机制，依靠制度提升土地利用生态文明水平。

二 土地整治是生态文明建设的基础手段

土地整治的本质是依据人口增长、经济发展、社会进步的客观需求和资源环境的现实状况对人地关系进行的科学调整和统筹安排，对土地自然、社会形态进行改变。从自然生态角度看，土地整治是对土地资源及其利用方式的再组织、再调整和再优化过程，通过一系列生物及工程措施改变了生态系统的类型、结构和功能。从社会经济角度看，土地整治是为了满足人类生存和发展的需要而产生的对自然的恢复与调整，可以改变土地的生产能力和生产条件，使城市的资金与农村的土地通过土地整治实现资源的互补，从而引导经济方式的转变，最终实现城乡统筹。

（一）土地整治是一项空间活动，和国土开发利用紧密联系，是优化国土空间格局的基础手段

当前，我国国土空间结构不合理，地域主体功能与资源环境背景不协调，而土地整治可以根据土地覆被状况及资源环境情况对土地利用系统进行改造，转变土地利用方式，调整土地利用结构、功能和布局，增强资源环境承载能力，使土地与资源环境条件相互匹配，达到优化国土空间格局的目的。

（二）土地整治可以促进土地节约集约利用

当前，我国土地利用效率低下，在一定程度上加剧了建设用地供需矛盾。农村居民点"散、乱、空"现象比较普遍，土地浪费严重。在一些地区，粗放利用的农村居民点，以及大量的闲置废弃工矿地，是存量建设用地供给的主要来源之一。开展土地整治，通过存量建设用地再开发提高村庄土地利用集约

度，有效节约土地资源，通过推进农民住宅向中心村和镇区集中、工业向园区集中、土地向适度规模经营集中，实现各类土地资源的整合，拓展城乡发展空间，进一步实现土地节约集约利用。

（三）土地整治可以显著改善生态环境

土地整治以工程项目的方式开展，实施过程中可通过打破土地整治区域内土地资源的原位状态，改变区域内的水资源、土壤、植被、大气、生物等环境要素及其生态过程。多年来，各地依据规划大力推进土地整治，采取工程、生物等整治措施，控制了土地沙化、盐碱化、石漠化，减轻了水土流失，增强了土地生态涵养能力。同时，通过对耕地的有效保护、合理利用和综合整治，充分发挥耕地的湿地、绿地、景观等多种自然生态功能，维护了农业生态系统的稳定，优化了农田景观，也为区域生态环境保护提供了保障。此外，通过"集中式"整合农村土地利用布局，完善农村基础设施建设，减少了生活污水和生活垃圾的排放，改变了农村脏、乱、差的面貌，增强了废水、废气、废渣处理能力，显著改善了农村的生态环境。

（四）土地整治可推进生态文明软环境和制度体系建设

土地整治受到特定人文环境和地理条件影响，融合了各个利益群体的用地需求和利益，既反映了不同地区人们生产生活和社会文化发展状况，也凝聚着丰厚的地域人文精神，是制度建设与文化传承的载体。土地整治的实施，推进了城乡一体化进程，从而带动了人们生产、生活方式的变化。同时还会提升人们保护生态环境的参与意识、民主意识、道德素质和科学文化修养，实现生态环境建设与经济社会发展的"同步共赢"。并且，土地整治涉及公众参与、资金、管理等各项制度内容，土地整治活动对规范性、透明性要求的提高，必然带动各项制度的完善。

因此，生态文明是实现社会、经济与自然环境这一复合生态系统整体协调发展的有效途径，而土地整治可在空间结构优化调整、土地节约集约利用、生态化建设、制度建设等各个方面形成对生态文明的支撑，是生态文明建设的基础手段。

三 新时期土地整治需更进一步融入生态文明理念

当前，土地整治通过采取工程、生物等整治措施一定程度上有力地促进了生态文明建设。但从广义生态文明的角度，还需要在总体格局的安排、土地整治生态化以及公众参与等方面进一步融入生态文明理念。

（一）应积极发挥其优化国土空间格局的作用

土地整治项目是实现区域和国家土地整理目标的具体形式，在当前目标和考核制度下，土地整治以补充耕地为主要目标，从项目选址、可行性研究、规划设计、工程概预算，到工程施工以及项目竣工验收，都是围绕增加耕地数量这一主线展开的，强调粮食生产能力的提升和对粮食安全的保障。然而，区域社会经济发展需求是多样的，土地利用格局需要与区域地域功能空间格局相联系，因此土地整治不仅要求补充耕地数量、提高耕地质量，还应根据区域功能的需要，在促进新型工业化、城镇化，提高土地集约节约利用水平和促进城乡统筹发展等方面做出贡献。当前较少考虑区域发展方向对土地整治的影响，缺少区域空间功能对土地整治项目功能的引导，土地整治常就项目论项目，就补充耕地论补充耕地，缺乏整体性和关联性，土地整治项目实施难免成为单一落实指标和任务的工具，忽略了与区域功能的结合，未能起到优化国土空间格局的作用。

（二）要进一步加强对生态景观因素的重视和考虑

土地整治既是促进土地生态建设的活动，也会对区域水资源、土壤、植被、大气以及生物多样性产生直接或间接的负面影响。土地整治生态化理念已经在社会上达成共识，但当前土地整治对景观生态因素的考虑依然不足。例如，在土地整治过程中，常因耕地面积增加指标任务的限制，填了池塘、洼地，挖了土丘、山冈，对沟渠进行裁弯取直；追求"田成方、路成网、渠相通、树成行"的标准化农田建设，铺设大量混凝土的田间路面和沟渠，改变土壤养分、水分的运动特征，影响土地涵养水源，也降低了沟渠内生物对化肥

农药的分解和消化功能。同时，农用地整理较多考虑田块合并、田面平整，忽视农田防护、景观生态效应，缺少水土保育重构技术、景观生态再造技术的考虑，也使土壤的各种理化性质及相关生态过程受到不同程度的影响。此外，在村庄整治过程中，由于缺少对景观文化的保护，以致新建村落千村一色，影响了文化的传承。这都是未来土地整治过程中需要改变的。

（三）要进一步加强土地整治中的公众参与

广泛而有序的公众参与，是现代文明的基本要求和重要标志。土地整治不仅是对合理利用土地资源的统筹安排，更涉及项目区内每个个体的利益，合理的土地整治必然要协调社会各阶层的利益关系。土地整治中公众参与就是要在项目全过程中，通过政府及土地部门、群众等利益相关方广泛参与、相互协商，最后共同确认项目方案并参与项目实施及完成后的监督过程。只有建立在公众参与基础上的土地整治才能正确反映项目区域的客观实际，才能根据项目区域社会经济环境协调发展的要求做出合理的工程布局。公众参与有利于促进土地整治的公平性和透明性，更有利于解决在规划设计方案实施中出现的具体问题，不仅能够体现公共需求，也是衡量土地整治方式转型的重要标志。当前，我国土地整治中公众参与尚未成为土地整治中的一个必备环节，公众参与土地整治还缺少明确的法律法规及组织机构给予保证，公众对土地整治的具体内容不了解，这种信息不对称使得其无法有效维护自身的合法权益。

此外，由于在我国土地整治中，还存在着整治对象过窄、重开发轻整理、重农用地轻建设用地，整治目标重点关注补充耕地面积及粮食安全，对城乡统筹、集约节约等考虑不够，这些都影响了土地整治对生态文明建设的支撑作用。国际上，现代土地整理的目标和任务不断扩展，已成为解决乡村经济、社会和环境问题，实现乡村复兴的重要手段，内容由过去的地块合并、基础设施建设扩展到涵盖土地可持续利用规划、农村发展、土地和自然资源管理等。当前，发达国家的土地整治已经从整体上表现出了服务于生态建设的特征，很好地推进着生态文明建设。我国应借鉴国外先进经验，将生态文明理念更进一步地融入土地整治之中。

四　生态文明下的土地整治策略

（一）突出土地整治对象与目标的综合性，推进全域土地整治

土地整治具有多功能性，其目标任务不仅是增加耕地面积、改善农业生产条件，还应促进土地集约节约利用及城乡统筹发展等。土地整治主导功能必须根据区域社会经济与自然条件总体状况确定。当前，土地整治目标过多地关注于补充耕地面积，整治目标单一化现象明显；同时，整治类型多分为农用地整治、农村居民点整治、未利用地开发等，对象多以单土地类型为主。如此，便造成了土地整治割裂生态系统而进行，不仅无法发挥土地整治的最大功能，也造成项目区与环境间的不协调。

因此，在土地整治项目开展时，应以更为科学的思维看待当前土地整治工作，加快推进土地资源保护由单纯数量保护向数量、质量和生态全面管护转变。应适时弱化以耕地数量为基础考核目标的管理体制，将土地整治的多目标纳入考核目标体系，突出土地整治的多功能性，增加提高耕地质量、改善生态环境等指标，尽快使土地整治从以土地开发为主向以整理为主转变，土地整治目标从以补充耕地为主向更为综合的改善生态环境、提高土地质量、促进土地节约集约利用转变。此外，将土地整治对象拓展到建设用地、到城市，不断落实节约优先战略，有计划、分步骤地开展工矿废弃地、城乡结合部等关键区域的土地整理复垦工作，充分挖掘存量建设用地潜力，改变土地粗放利用格局，有效解决新建和历史遗留废弃工矿用地的生态环境问题，防止污染，提高节约集约用地水平，全面改善农村生态和人居环境。并且，还应该改变以项目区为对象的整治模式，积极发挥土地整治整合资源、整合部门的优势，整体推进土地整治，将土地整治的范围向全域转变，把行政区域作为土地整治的对象，切实将地域功能融入土地整治，避免出现土地整治在区域内重复立项以及项目间的不协调等现象。

（二）统筹土地整治空间配置，优化国土空间格局

只有土地整治功能供给和区域功能需求较好地耦合，土地整治才能推进区

域功能格局的形成。当前安排土地整治空间时，缺少对于区域整体功能定位和发展方向的把握，影响了土地整治综合效益的发挥，未能有效发挥土地整治对国土空间格局优化的作用。

首先要依据资源环境承载能力做好生产力布局工作，协调土地利用与人口、产业之间的布局。紧密结合主体功能区规划、国土规划，以环境容量来优化区域布局，统筹区域发展；做好区域资源环境承载能力的评价工作，按照不同国土空间的特点，依据资源环境承载力和未来的发展潜力，进行城镇体系、产业发展以及人口的合理布局。正确处理保护和开发的关系，在开发中保护，在保护中开发，做到开发有序有度，走人与自然和谐发展之路。同时，还要结合政府和市场的力量形成新的区域合作机制，做好财政转移支付，加快建立生态补偿机制，建立健全有利于区域协调的机制体制和保障措施。

同时，将功能概念引入土地整治空间组织中来，把指导思想从以资源识别为主转向以地域功能为主的空间统筹，按功能定位规范土地整治空间秩序，统筹配置各区域土地整治项目；土地整治项目安排充分考虑自然本底与人文需求间的适宜性和耦合性，整合社会经济、土地资源、生态环境等要素，不仅要关注土地整治潜力，更应关注功能需求，在地域功能的基本指导框架以及土地整治功能潜力供给的双重约束和导向下，实现土地整治潜力与区域社会经济发展功能需求的协同与冲突协调，合理进行土地整治的空间组织，使土地整治真正契合区域主导（主体）功能，符合区域发展核心使命，成为合理地域功能格局形成的助推器。

（三）构建绿色基础设施，维护生态系统结构的完整性

首先，充分发挥土地利用规划的作用，合理配置资源，协调人与地及人与自然的关系，维护和促进生态平衡。科学配置生态资源、生产资源、技术资源和社会资源，通过土地利用规划、城乡发展规划、产业发展规划、生态建设规划的结合，充分协调人与自然的关系，减少人为逆向干预，维护和促进生态平衡，实现可持续发展。严格落实土地利用规划中所划定的限制、禁止开发区等土地利用分区，严格土地用途管制，控制对天然林、天然草场和湿地等基础性生态用地的开发利用；因地制宜地调整各类用地布局，构建生态良好的土地利

用格局，注重耕地、草地、天然林等基础性生态用地的保护工作，加快建设以大面积、集中连片的森林、草地和基本农田等为主体的国土生态安全屏障。

其次，坚持整体论、系统论，提高生态文明水平。加强土地生态整治还要从区域整体、土地生态系统整体的角度出发，不断坚持保护优先和以自然恢复为主，持续加强水利基础设施建设，推进大江大河支流、湖泊和中小河流治理，增强城乡防洪能力，加强基础性生态环境网络构建，改善水体，提高生态环境质量，净化国土血液。还要积极实施重大的生态修复工程，巩固天然林保护、退耕还林还草的成果，保护好草原和湿地，并针对水土流失、水土污染、土地荒漠化、土地石漠化、土地沙化、土壤污染等严重生态环境问题，提出区域性和综合性重大修复性、改良性国土整治工程或计划，形成生态环境治理的中坚力量，逐步恢复和重建退化或已被破坏的生态系统，提高生态系统总体功能。

最后，保留和提升现存高质量乡村景观特征的自然属性，全面实现乡村景观功能的提升。注重保留当地传统、有特色的农耕文化和民俗文化，创造条件传承乡土文化特色。开展乡土景观设计，注重乡土文化景观标识的塑造，提升乡村景观风貌，提高乡村生态景观可达性和游憩性，保持完整的乡村自然景观特色。加强村庄整体风貌设计，注重村庄人文环境、建筑环境和艺术环境的统一规划，实现自然环境和人文环境的和谐。注重保留当地传统、有特色的农耕文化和民俗文化，保护自然人文景观及生态环境，打造美丽乡村。

（四）加强公众参与，培育土地整治生态文化

土地整治的实施离不开生态文化的指引，生态文化的培养有助于形成人与人、人与自然间和谐的文化思想，可有力地促进土地整治的生态文明建设。

应不断完善土地整治过程中的各项制度，出台相关制度办法，确保公众参与土地整治的合理性与合法性，在土地整治过程中，广泛向村民征询意见，并使之经常化、制度化，缩短政府、专业机构和村民间的距离，充分尊重当地农民的意愿，保证村民在整治过程中参与整个过程，提出自己的建议和利益要求。通过公众参与规范各类主体行为，协调各种利益，促进生态文明建设，做到整治前农民乐意，整治后农民满意。应明确规定公众参与土地整治的组织设置、参与规模、参与形式、参与步骤，保障农民的知情权、参与权。立项阶

段，由村民大会或村民代表大会表决，决定项目是否在本村启动；规划设计阶段，就土地利用方式的改变、道路及排灌沟渠的布置、权属的调整需要广泛地征求群众意见；实施阶段，应切实保证农民的参与权和监督权，尽可能地由农民自行施工、投工投劳。

同时，思想观念的提升是影响土地整治的重要因素。可以通过加强土地整治生态文明教育宣传，通过讲座、集会、报刊媒体等多种平台或街头巷尾等人们喜闻乐见的宣传方式，对土地整治规划、土地整治年度计划与土地整治项目的规划设计与实施效果进行广泛宣传，提高公众对规划的认识，增强公众对规划实施成效的认可。积极倡导科学、文明、健康的生活方式，提高农民综合素质和农村文明程度，提高广大村民对自身生活环境、生存条件的重视程度，促进农村生态文明建设。

参考文献

徐绍史：《创新国土资源管理　促进生态文明建设》，《求是》2012 年第 19 期。

郧文聚、宇振荣：《土地整治加强生态景观建设理论、方法和技术应用对策》，《中国土地科学》2011 年第 6 期。

贾文涛：《以生态文明理念为引领　大力推进国土综合整治——党的十八大报告学习体会》，《中国土地》2013 年第 2 期。

姜广辉、张凤荣、陈曦炜等：《论乡村城市化与农村乡土特色的保持》，《农业现代化研究》2004 年第 3 期。

宇振荣、刘文平、郧文聚：《土地整治：加强公众参与促转型》，《中国土地》2012 年第 8 期。

陈百明、谷晓坤、张正峰等：《土地生态化整治与景观设计》，《中国土地科学》2011 年第 6 期。

吴次芳、费罗成、叶艳妹：《土地整治发展的理论视野、理性范式和战略路径》，《经济地理》2011 年第 10 期。

赵桂慎、贾文涛、柳晓蕾：《土地整理过程中农田景观生态工程建设》，《农业工程学报》2007 年第 11 期。

刘友兆、王永斌：《土地整理与农村生态环境》，《农村生态环境》2001 年第 3 期。

李晓兵：《转变利用方式　建设生态文明》，《中国土地》2010 年第 11 期。

李红举、林坚、阎红梅：《基于农田景观安全格局的土地整理项目规划》，《农业工程学报》2009 年第 5 期。

　　张勇、汪应宏：《农村土地综合整治中乡村生态文明的审视》，《中州学刊》2013 年第4 期。

　　张正峰、刘静、耿巧丽：《土地整治中的生态问题及安全调控机制》，《江西农业学报》2011 年第 11 期。

　　李玉恒、刘彦随：《中国城乡发展转型中资源与环境问题解析》，《经济地理》2013 年第 1 期。

　　严金明：《国土开发利用的生态文明战略》，《中国国情国力》2013 年第 4 期。

附　　录

Appendix

B.19

现代土地整治大事记

1986 年

1986 年 3 月，中共中央、国务院下发《关于加强土地管理制止乱占耕地的通知》（中发〔1986〕7 号），提出"十分珍惜和合理利用每寸土地，切实保护耕地，是我国必须长期坚持的一项基本国策"。

1986 年 6 月 25 日，《中华人民共和国土地管理法》经第六届全国人民代表大会常务委员会第十六次会议审议通过，自 1987 年 1 月 1 日起施行。该法将"合理利用土地，切实保护耕地"作为主要目标，并对国有荒山荒地滩涂开发和生产建设损毁土地复垦做出原则规定。

1987 年

1987 年 4 月 1 日，国务院发布《中华人民共和国耕地占用税暂行条例》，自公布之日起施行。征税目的在于限制非农业建设占用耕地，建立发展农业专项资金，促进农业生产的全面协调发展。

1987 年 7 月 15 日，原国家土地管理局在辽宁省本溪市组织召开全国首次土地开发典型经验交流会，会议号召加强土地开发以保持全国耕地面积相对稳定。

1987 年 9 月 10～13 日，在山西省大同市召开了第二次全国土地复垦学术交流会（第一次交流会于 1985 年 12 月在安徽省淮北市召开），成立了中国土地学会土地复垦研究会（土地整理与复垦分会的前身）。

1988 年

1988 年 2 月，德国巴伐利亚州农林食品部土地整理局和汉斯·赛德尔基金会在山东省青州市何官镇南张楼村启动了我国土地整治领域第一个国际合作项目——"土地整理与村庄革新"试验，也称"巴伐利亚试验"、"城乡等值化试验"。

1988 年 11 月 8 日，国务院发布《土地复垦规定》，自 1989 年 1 月 1 日起施行。

1989 年

1989 年 4 月，为配合南张楼村"土地整理与村庄革新"项目的实施，山东省测绘局组织对南张楼村开展了航空测绘，完成了我国第一份土地整治项目区航测图《青州市南张楼彩红外影像图》，现保存于南张楼村博物馆。

1989 年 6 月 12 日～7 月 4 日，应汉斯·赛德尔基金会的邀请，山东省青州市、省测绘局、省土管局及南张楼村联合组成土地整理代表团赴德国考察学习巴伐利亚州土地整理、村庄革新的经验，拉开了我国土地整治国际交流的序幕。

1990 年

1990 年 3 月，云南省玉溪市农村工作会议做出改造旧村建新村的决定，坚持走拆旧建新、改造旧村、内涵挖潜、盘活存量土地的路子，达到了既保护

耕地，又改善农村居住条件，提高农民居住水平的目的。

1990年，德国巴伐利亚州农林食品部土地整理局和汉斯·赛德尔基金会在华援建项目——"平度农业职业教育中心"顺利建成。

1990~1991年，德国土地整理专家帮助南张楼村完成了我国第一个土地整理与村庄发展项目规划，并召开全体村民大会，宣传推广德国土地整理规划和公众参与理念。

1991 年

从1991年底起，江苏省张家港市在塘市镇开展土地复垦、整治、整理、保护、建设的"五位一体"工程试验，得到了原国家土地管理局的肯定，其经验做法在全市得到推广。

1992 年

从1992年起，安徽省霍邱县洪集镇大规模开展土地综合整理，探索形成了统一规划、统一标准、统一出工、统一筹资、统一配套"五统一"和田、林、路、渠、宅、塘、墓、农（高效农业）"八位一体"的土地整理模式。

1993 年

1993年2月，《全国土地利用总体规划纲要（1987~2000年）》经国务院批准实施。

1993年起，山东省五莲县因地制宜，坚持以小流域为单元，确立了集体整理开发分户承包经营、"三四三"股份合作制整理开发、补偿整理开发、旧村改造和旧城改造等多种山区土地整理与开发模式，并且十分注重保护和改善生态环境，取得良好的经济、社会和生态效益。五莲县于1995年被评为全国水土保持先进县。

从 1993 年起，山西省阳泉市以挖掘城市土地潜力、提高土地集约利用水平为目标，大力开展城市土地整理，通过整理市区河道增加城市可利用土地、整理低容土地提高土地利用率、整理废弃土地挖掘工业占地潜力、整理存量土地优化土地资源配置、整理荒山荒坡为城市建设提供土地，有效控制了城市的外延扩展，走出了一条山区城市建设与土地整理有机结合的成功之路。

1994 年

从 1994 年起，山东省莱芜市在开展荒山综合治理和旧村复垦过程中，探索形成了"四早、四统一、四到位"（年度整理计划早落实、资金早筹集、物料早准备、人员早发动，统一领导、统一规划、统一标准、统一验收，领导责任到位、政策措施到位、标准质量到位、奖惩落实到位）工作模式，确保了全市土地整理工作规范推进。

1994 年，甘肃省嘉峪关市制定了一系列鼓励村庄改造、开展村庄土地整理的优惠政策，全面推进村庄土地整理工作，不仅增加了耕地，还改善了农民的居住条件，增加了农民收入。

1995 年

从 1995 年起，上海市奉贤县各镇、村自发地、大规模开展了土地整理工作，形成了零散村庄向中心村和小城镇集中、乡镇企业向工业园区集中、耕地向规模经营集中的"三个集中"土地整理模式。

1995 年，浙江省湖州市提出以促进现代农业发展为目标，以改善农田基础设施、提高农业装备水平为重点，在实践中形成了与现代农业园区建设相结合的土地整理模式。

1995 年，我国第一个土地复垦行业标准《土地复垦技术标准（试行）》发布施行。该标准包含《采挖废弃土地复垦技术标准》、《建设破坏废弃土地

复垦技术标准》、《工业排污破坏土地复垦技术标准》和《水毁土地复垦技术标准》等四个具体的技术标准。

1996 年

从 1996 年起，河北省丰润县以整理企业闲置用地、整理"城中村"、整理家属院、整理城中废弃地为重点，大规模开展县城存量土地整理，促进了城乡经济发展。

1996 年底开始，四川省苍溪县掀起了一场声势浩大的土地整理庭院经济建设大会战，全县 70% 以上的农户开展了规模不等、类型各异的土地整理工作，创造了整理农家庭院、整理田埂地坎、迁房退宅还耕等三种土地整理模式。

1997 年

1997 年 2 月 18 日，中共中央政治局召开常委会，时任中共中央总书记江泽民充分肯定了湖南整治坡地的做法，并指示原国家土地管理局对这项工作要抓方针、抓政策、抓引导、抓指导。李鹏、乔石、李瑞环肯定了一些地区开展土地整理的经验，指出土地整理潜力很大，是解决中国耕地不足问题的有效途径，事关国家长远大计，各地要认真抓好。

1997 年 4 月 15 日，中共中央、国务院下发《关于进一步加强土地管理切实保护耕地的通知》（中发〔1997〕11 号），明确"实行占用耕地与开发、复垦挂钩政策"，提出"积极推进土地整理，搞好土地建设"。

1997 年 4 月，为加强对土地整理工作的指导和引导，按照原国家土地管理局的统一部署，土地利用规划司组织对天津、河北、上海、江苏、浙江、安徽、山东、湖北等省（市）的 27 个县（市、区）的 68 个乡（镇）开展了土地整理调研。

1997 年 8 月 14 日，中央机构编制委员会办公室批准成立国家土地管理局土地整理中心。

1997 年 9 月 23 日，中德双方在山东省青州市南张楼村召开"中德农村双边发展研讨会"。美国《世界日报》以"山东小农村举办国际研讨会全用自己的翻译"为题予以报道。

1998 年

1998 年 1 月，原国家土地管理局土地整理中心更名为国土资源部土地整理中心。

1998 年 2 月，由邹玉川作序、国土资源部组织编纂的我国第一本有关土地整理的专著——《国内外土地整理借鉴》一书出版发行，介绍了国内一些地方土地整理的典型做法和经验以及海外一些国家和地区土地整理的做法和法规制度情况。

1998 年 8 月 29 日，第九届全国人民代表大会常务委员会第四次会议修订《中华人民共和国土地管理法》，自 1999 年 1 月 1 日起施行。该法明确规定"国家实行占用耕地补偿制度"，"国家鼓励土地整理"。同时开征新增建设用地土地有偿使用费、耕地开垦费和土地复垦费，土地整治工作从此有了稳定的资金来源渠道。

1998 年 11 月下旬，国土资源部在江苏省昆山市举办了第一期全国土地管理市长研讨班，围绕"土地整理的发展与实践"主题，深入研讨了土地整理的重要意义，总结了各地的实践经验，分析了土地整理工作面临的形势，提出了土地整理工作的总体安排。

1998 年 12 月 27 日，国务院发布《基本农田保护条例》（国务院令第 257 号），自 1999 年 1 月 1 日起施行。《条例》提出国家实行基本农田保护制度，对基本农田实行特殊保护，促进农业生产和社会经济的可持续发展。

1998 年，国土资源部土地整理中心开展了"土地整理发展模式研究"，启动了土地整治行业第 1 项基础研究业务。

1998 年，国土资源部土地整理中心创办《土地整理动态》刊物，成为土地整治领域的重要宣传阵地。2012 年 5 月更名为《土地整治动态》。截止到 2013 年底，共刊出 656 期。

1999 年

1999 年 2 月 4 日，国土资源部印发《关于切实做好耕地占补平衡工作的通知》（国土资发〔1999〕39 号），这是《中华人民共和国土地管理法》修订后发布的第一个落实耕地占补平衡制度的文件，首次提出耕地"先补后占"的理念。

1999 年 2 月 12 日，为推动和规范全国土地开发整理工作，国土资源部印发《关于设立土地开发整理示范区的通知》（国土资发〔1999〕50 号，已废止），将上海市奉贤县等 20 个具有土地开发整理工作基础的市、县，列为国土资源部首批土地开发整理示范区。

1999 年 8 月 4 日，财政部、国土资源部颁布《新增建设用地土地有偿使用费收缴使用管理办法》（财综字〔1999〕117 号），确定了新增建设用地土地有偿使用费（以下简称新增费）征收原则、标准和对象，明确了新增费用途和使用方向，即新增费必须专项用于耕地开发和土地整理，不得用于平衡财政预算。

1999 年，《中国国土资源报》开设"土地整理巡礼"专栏，持续报道土地整理示范区成效；国土资源部与中央电视台"金土地"栏目合作，拍摄了 4 集土地整理新闻专题片。

1999 年，国土资源部组织对辽宁省本溪市"造地大王"佟国胜事迹进行专题调研采访。

1999 年，国土资源部将全国农用地分等定级与估价工作纳入国土资源大调查项目计划，正式启动农用地分等定级与估价工作。

2000 年

2000 年 5 月 16～18 日，由中国土地学会主办，国际土地复垦家联合会和国家自然基金委协办，国土资源部土地整理中心等单位承办的首次国际土地复垦学术研讨会在北京召开。来自 16 个国家的 200 余位专家、学者出席了会议。

2000 年 8 月 6 日，国土资源部下发《关于发布〈土地开发整理规划编制规程〉等三项行业标准的通知》（国土资发〔2000〕215 号），正式发布《土地开发整理规划编制规程》、《土地开发整理项目规划设计规范》和《土地开发整理项目验收规程》等三项推荐性行业标准，自 2000 年 10 月 1 日起实施。

2000 年 10 月 10 日，国土资源部出台《土地开发整理项目资金管理暂行办法》（国土资发〔2000〕282 号），对中央分成的新增费（30% 的这一部分）安排的项目资金开支范围、核算方法等进行了规定。

2000 年 10 月 16 日，国土资源部土地整理中心在北京举办了第一期全国土地开发整理标准培训班，对全国各省（区、市）及计划单列市近 200 名技术和管理人员进行了培训。

2000 年 11 月 7 日，国土资源部出台《国家投资土地开发整理项目管理暂行办法》（国土资发〔2000〕316 号），对使用中央分成新增费安排的土地开发整理项目申报条件、项目审查和预算下达、实施管理、项目验收等进行了规定。

2001 年

2001 年 2 月，国土资源部启动了与联合国开发计划署（UNDP）合作开展的"中国国土整治与土地资源可持续利用研究"课题。

2001 年 11 月 28 日，国土资源部下发《关于进一步加强和改进耕地占补平衡工作的通知》（国土资发〔2001〕374 号），规定各地要积极推行耕地储备制度和建设项目补充耕地与土地开发整理复垦项目挂钩制度，并对易地补充耕地工作提出了规范性要求。

2001 年 12 月 13 日，中共中央纪委驻国土资源部纪律检查组出台《土地开发整理项目及资金管理工作廉政建设规定》（国土资纪〔2001〕27 号），以规范领导干部在土地开发整理项目及资金管理活动中的行为，防止腐败行为的发生。

2001 年 12 月 31 日，经国务院批准，国土资源部下发了《报国务院批准的土地开发用地审查办法》（国土资发〔2001〕431 号），明确了国土资源部审查报国务院批准的土地开发用地的范围、原则、依据、内容、程序等。

2001 年，国土资源部、财政部联合下达第一批国家投资土地开发整理项目计划与预算。国土资源部土地整理中心组织召开了首批国家投资土地开发整理中央承担项目实施工作会，向 31 个省（区、市）和计划单列市的项目实施单位下达了计划任务。

2001 年，由国土资源部土地整理中心与荷兰土地整理局共同向荷兰政府申请的"中荷土地整理示范培训项目"获得荷兰政府外交部正式批准。项目总费用 150 万荷兰盾，荷兰政府出资 100 万荷兰盾（近 350 万元人民币）。

2002 年

2002 年 2 月 5 日，经国土资源部机关党委批准，国土资源部土地整理中心正式成立了党委和纪委。时任国土资源部副部长鹿心社在中心党委、纪委成立大会上做了重要讲话。

2002 年 5 月 19 日，重庆市石柱县国土资源与房屋管理局党组成员、副局长黎昌和同志，在察看石柱龙河流域宇城坝土地开发整理工程时，为抢救一名落水学生英勇牺牲，年仅 39 岁。6 月 29 日，重庆市委、市政府和国土资源部在重庆联合召开表彰大会，追授黎昌和同志"实践'三个代表'好干部"荣誉称号，批准黎昌和同志为革命烈士。8 月 19 日，中宣部、国土资源部、重庆市委和中国人民解放军第二炮兵部队在北京人民大会堂隆重举行黎昌和同志先进事迹报告会，时任国务院副总理温家宝亲切会见了报告团成员。

2002 年 7 月 20 日，中国土地学会土地整理与复垦分会正式成立，并在吉林省长春市成功召开了第一次工作会议暨学术研讨会。

2002 年 10 月 8 日，国土资源部与德国汉斯·赛德尔基金会在中华世纪坛联合举办"中德土地整理与农村发展研讨会"。这次研讨会是"中德建交30周年视窗活动"之一。

2002年12月6日，原中共中央总书记胡锦涛视察了河北省西柏坡土地开发整理工作。

2002年12月16日，国土资源部办公厅下发《关于进一步规范国家投资土地开发整理项目申报工作有关问题的通知》（国土资厅发〔2002〕68号），对项目申报条件、项目论证等进一步规范，明确提出国家投资项目以土地整理和复垦为主，严格控制土地开发项目。

2002年，国土资源部陆续出台《关于认真做好土地开发整理规划工作的通知》（国土资发〔2002〕57号）、《关于印发〈土地开发整理规划管理若干意见〉的通知》（国土资发〔2002〕139号）、《关于印发〈省级土地开发整理规划编制要点〉、〈县级土地开发整理规划编制要点〉的通知》（国土资发〔2002〕215号）和《土地开发整理规划编制规程》（TD/T1011-2000），初步建立起土地整治规划管理制度。

2003 年

2003年1月21日，国土资源部印发《国家投资土地开发整理项目竣工验收暂行办法》（国土资发〔2003〕21号）；4月16日印发《国家投资土地开发整理项目实施管理暂行办法》（国土资发〔2003〕122号）。至此，初步建立起国家投资土地开发整理项目管理制度体系。

2003年3月7日，国土资源部印发《全国土地开发整理规划（2001~2010年）》（国土资发〔2003〕69号），提出到2010年全国土地开发整理补充耕地4110万亩。

2003年4月8日，《农用地分等规程》（TD/T 1004-2003）、《农用地定级规程》（TD/T 1005-2003）和《农用地估价规程》（TD/T 1006-2003）等3个行业标准由国土资源部正式发布实施，用于指导全国开展耕地质量等级调查与评定工作。

2003年6月，浙江省委、省政府做出了实施"千村示范万村整治"工程

的重大决策，并以此作为统筹城乡发展的龙头工程和全面推进社会主义新农村建设的有力抓手，翻开了浙江美丽乡村建设的宏伟篇章。

2003年7月26日，国土资源部土地整理中心组织召开建设用地整理研究专家座谈会。这是我国围绕建设用地整理召开的第一个座谈会，标志着我国建设用地整理研究正式启动。

2003年8月5～28日，在国土资源部统一组织和指导下，国土资源部土地整理中心与全国32个省级（含新疆生产建设兵团）土地整理机构顺利完成了原中央承担国家投资土地开发整理项目的移交工作。此次移交工作共涉及原中央承担项目212个。

2003年10月8日，国土资源部发布《土地开发整理若干意见》（国土资发〔2003〕363号），明确了其后一个时期土地开发整理工作的指导思想和总体战略安排。

2003年10月17～19日，国土资源部在福建省漳州市召开成立5年来第一次全国土地开发整理工作会议。会议期间进行了全国土地开发整理成效展示，进行了典型经验交流，组织考察了土地开发整理现场。

2003年，国土资源部土地整理中心编写出版《土地管理基础知识》、《土地开发整理项目管理》、《土地整理工程》、《土地开发整理相关技术标准汇编》（上、中、下三册）、《土地开发整理项目预算编制指南》等近450万字的系列培训教材。

2004 年

2004年1月13日，时任国务院副总理曾培炎视察国土资源部时强调了国土资源管理信息化的重要性，提出了"金土工程"，希望提高国土资源保护和开发利用水平，通过天上看、地上查、网上管，不放过对每一块土地的监管。

2004年3月22日，国务院发布《关于将部分土地出让金用于农业土地开发有关问题的通知》（国发〔2004〕8号），决定从2004年起将部分土地出让金专项用于土地整理复垦、宜农未利用地开发、基本农田建设以及改善农业生产条件的土地开发。土地出让金用于农业土地开发的比例，由各省（区、市）及计划单列市人民政府根据不同情况，按各市、县不低于土地出让平均纯收益的 15% 确定。同年，财政部、国土资源部下发《用于农业土地开发的土地出让金使用管理办法》（财建〔2004〕174 号）。

2004 年 6 月 1 日，国土资源部下发《关于改进国家投资土地开发整理项目入库管理的通知》（国土资发〔2004〕115 号，已废止），将国家投资土地开发整理项目立项审查权下放到省级国土资源管理部门。

2004 年 10 月 21 日，国务院发布《关于深化改革严格土地管理的决定》（国发〔2004〕28 号），提出积极推进土地整理，搞好土地建设，并规定补充耕地数量、质量实行按等级折算。同时，鼓励开展农村建设用地整理，城镇建设用地增加要与农村建设用地减少相挂钩。

2004 年 11 月 8 日，"中德土地整理与农村发展培训中心"在青州市成立，时任山东省副省长赵克志和国土资源部副部长鹿心社及德国友人参加落成典礼。11 月 8~9 日召开了"中国土地学会土地整理与复垦分会 2004 年年会暨中德土地整理学术交流会"。鹿心社出席会议并致辞。

2005 年

2005 年 2 月 5 日，国土资源部原部长孙文盛视察湖南省韶山如意土地整理项目。

2005 年 2 月 7 日，国土资源部下发《关于加强和改进土地开发整理工作的通知》（国土资发〔2005〕29 号），提出"要进一步下放项目管理权限，促进合理确定项目管理权责，改进项目管理方式"，下放了国家投资土地开发整理项目竣工验收权。

2005 年 4 月 22 日，土地收购储备机构座谈会在京召开，国土资源部土地整理中心与北京、天津等 18 个城市的土地收购储备机构共同倡议成立了土地收购储备机构联谊会，国土资源部土地整理中心任第一届理事长单位。12 月 3~4 日，首届年会在厦门召开，联谊会名称修改为土地储备机构联谊会，并通过了《土地储备机构联谊会入会办法》。

2005 年 7 月 6 日，国土资源部下发《关于开展补充耕地数量质量实行按等级折算基础工作的通知》（国土资发〔2005〕128 号），要求各地按照国务院有关规定，应用农用地（耕地）分等成果和技术方法尽快开展补充耕地数量质量实行按等级折算基础工作。

2005 年 10 月 28 日，国务院办公厅印发《省级政府耕地保护责任目标考核办法》，确定省级人民政府对本行政区域内的耕地保有量和基本农田保护面积负责，省长、主席、市长为第一责任人。从 2006 年起，每五年为一个规划期，在每个规划期的期中和期末，国务院对各省（区、市）各考核一次。

2005 年 12 月 7 ~ 11 日，国土资源部土地整理中心在山东省威海市召开了 UNDP 项目总结交流会，标志着历时 5 年的国土资源部与联合国开发计划署合作开展的国土整治项目取得了圆满成功。

2005 年 12 月 21 日，国土资源部土地整理中心组织召开"土地开发整理项目管理中信息技术的应用研究"项目成果验收评审会。该课题于 2002 年正式启动，在全国率先开展了 3S 技术在土地整治项目监测监管中的应用研究。

2005 年 12 月 25 ~ 27 日，由国土资源部土地整理中心主办、华中师范大学城市与环境科学学院承办的"全国农用地标准样地建设与成果应用学术研讨会"在武汉召开。

2006 年

2006 年 1 月，国土资源部土地整理中心启动了第 1 个国家"863"项目——"基于高分遥感数据土地整理监测技术研究"。

2006 年 4 月，山东、天津、江苏、湖北、四川 5 省市被国土资源部列为城乡建设用地增减挂钩第一批试点地区，增减挂钩试点工作正式启动。

2006 年 6 月 16 日，国土资源部、财政部联合向重庆市和湖北省人民政府印送《三峡库区土地开发整理"移土培肥工程"项目实施指导意见》，我国规模最大的土地迁移项目三峡库区"移土培肥工程"正式启动。

2006年6月16日，为加强耕地占补平衡管理工作，国土资源部下发《耕地占补平衡考核办法》（国土资源部令第33号），确立了占补平衡考核制度，明确提出开展年度耕地占补平衡考核。

2006年6月19~21日，全国政协常委、致公党中央副主席杨邦杰一行在河南开展农村建设用地整理调研。

2006年9月30日，国土资源部、发改委、财政部、铁道部、交通部、水利部、环保总局等七部委（局）联合下发《关于加强生产建设项目土地复垦管理工作的通知》（国土资发〔2006〕225号），生产建设损毁土地复垦力度进一步加大。

2006年11月7日，财政部联合国土资源部、中国人民银行下发《关于调整新增建设用地土地有偿使用费政策等问题的通知》（财综〔2006〕48号），2007年3月26日联合国土资源部下发《关于调整中央分成的新增建设用地土地有偿使用费分配方式的通知》（财建〔2007〕84），决定从2007年1月1日起，中央分成的新增费由财政部会同国土资源部按因素法分配给各省（区、市）和计划单列市，专项用于基本农田建设和保护、土地整理、耕地开发等，落实到项目。

2006年11月20日，国土资源部下发《关于正式确定国家基本农田保护示范区的通知》（国土资发〔2006〕270号），在全国31个省（区、市）和新疆生产建设兵团确定了116个县（市、区）为国家基本农田保护示范区。

2006年11月30日，湖南省十届人大常委会第二十四次会议表决通过了《湖南省土地开发整理条例》，我国第一部土地整治专门法规正式出台。

2007年

2007年3月8日，江西省人民政府办公厅印发江西省"造地增粮富民工程"实施方案，"造地增粮富民工程"正式启动。时任国务院总理温家宝在江西省视察时评价"造地增粮富民工程"是一件利国利民的好事。时任国家副主席习近平对江西省"造地增粮富民工程"也给予了褒奖。

2007年4月6日，国土资源部下发《关于组织土地复垦方案编报和审查

有关问题的通知》（国土资发〔2007〕81号），正式启动土地复垦方案编报和审查工作。

2007年6月29日，国土资源部原部长徐绍史到国土资源部土地整理中心视察工作。

2007年8月16日，国土资源部下发《关于开展补充耕地数量质量按等级折算试行工作的通知》（国土资厅发〔2007〕141号），正式启动补充耕地数量质量按等级折算试点工作。

2007年9月，经国土资源部批准，国土资源部土地整理中心和中国地质大学（北京）联合组建成立我国第一个土地整治实验室——"国土资源部土地整治重点实验室"。

2007年11月19日，国土资源部、财政部、中国人民银行联合印发《土地储备管理办法》（国土资发〔2007〕277号），明确土地储备工作的具体实施工作由土地储备机构承担。

2007年12月14日，国土资源部原部长徐绍史到国土资源部土地整理中心调研。

2008 年

2008年1月，国土资源部土地整理中心成功申请了第1个国家科技支撑计划项目"土地整理关键技术集成与应用研究"。

2008年6月27日，国土资源部颁布《城乡建设用地增减挂钩试点管理办法》（国土资发〔2008〕138号），明确了城乡建设用地增减挂钩试点管理细则。

2008年8月29日，国土资源部下发《关于进一步加强土地整理复垦开发工作的通知》（国土资发〔2008〕176号），提出从2009年起，除国家重大工程可以暂缓外，非农建设占用耕地全面实行"先补后占"；土地整治项目纵向上实行部级监管、省级负总责、市县人民政府组织实施的管理制度；建立统一备案制度，全面实施信息化网络监管。

2008年10月6日，《全国土地利用总体规划纲要（2006～2020年）》由国务院发布实施。

2008 年 10 月 12 日，党的十七届三中全会通过的《关于推进农村改革发展若干重大问题决定》提出"大规模实施土地整治，搞好规划、统筹安排、连片推进"。在中央层面第一次正式提出"土地整治"的概念，开启了土地整治发展新纪元。

2008 年 11 月 17 日，重庆市人民政府第 22 次常务会议通过了《重庆市农村土地交易所管理暂行办法》。12 月 4 日，重庆农村土地交易所挂牌，"地票"交易敲响第一槌。

2008 年 11 月 18 日，国土资源部原部长徐绍史到江西省吉安县永和镇周家片区视察造地增粮富民工程建设，对吉安县造地增粮富民工程取得的成效给予肯定。

2008 年 12 月 15 日，国土资源部下发《关于土地整理复垦开发项目信息备案有关问题的通知》（国土资发〔2008〕288 号），提出从 2009 年 1 月 1 日起，经国土资源部门组织验收的各级各类土地整治项目均须报国土资源部备案。

2008 年 12 月 19 日，江苏省国土资源厅印发《江苏省"万顷良田建设工程"试点方案》，以土地整治项目为载体，以实施城乡建设用地增减挂钩政策为抓手，在全省范围内大力推进"万顷良田建设工程"。

2008 年 12 月 20 日，国土资源部和广东省人民政府签署共同建设节约集约用地试点示范省合作协议。广东省开始探索以"三旧"改造为主要内容的城镇工矿建设用地整理。

2008 年，国土资源部、财政部安排 50 亿元支持汶川地震灾后重建土地整治重大工程，开始在全国范围内组织实施土地整治重大工程项目，重大工程逐渐成为从国家层面推进和引领土地整治工作的重要抓手。

2009 年

2009 年 2 月，国务院印发《广东省建设节约集约用地试点示范省工作方案》，广东省旧城镇、旧厂矿、旧村庄改造试点工作全面展开。

2009年3月14日，为落实十七届三中全会关于"耕地实行先补后占"的要求，国土资源部下发《关于全面实行耕地先补后占有关问题的通知》（国土资发〔2009〕31号），提出进一步完善耕地储备库，全面实行先补后占，并要求及时报部备案，统一配号。

2009年3月18~22日，全国人大常委、全国人大华侨委副主任、致公党中央副主席杨邦杰赴云南实地考察调研云南"兴地睦边"土地整治重大工程项目。

2009年4月27日，国土资源部原部长徐绍史在《中国国土资源报》发表署名文章：《深入开展农村土地整治搭建新农村建设和城乡统筹发展新平台》。

2009年4月28日，国土资源部在北京召开农村土地整治工作座谈会。国土资源部原部长徐绍史出席并讲话。

2009年5月18日，在山东省青岛市召开中德土地整理与农村发展研讨会，时任国土资源部副部长鹿心社出席会议并在开幕式上致辞。本次研讨会由国土资源部土地整理中心、德国汉斯·赛德尔基金会、慕尼黑工业大学和中国人民大学联合承办，近200人参加了会议。研讨会结束后，与会者赴青州市南张楼村进行了实地考察。

2009年6月，为庆祝新中国成立60周年，国土资源部编辑出版《中国土地整理十年成就回眸》大型画册。

2009年8月28日，国土资源部召开全国农用地（耕地）分等成果专家论证会，11位院士对全国农用地（耕地）分等成果进行了论证，为全国农用地分等工作画上了圆满的句号。

2009年9月28日，国土资源部下发《关于开展土地整治绩效评价试点工作的函》（国土资耕函〔2009〕044号），确定在浙江、湖南、宁夏、山西、黑龙江开展土地整治项目绩效评价试点工作。

2009年12月2日，国土资源部、农业部联合下发《关于划定基本农田实行永久保护的通知》（国土资发〔2009〕167号），正式启动永久基本农田划定工作，全面推进基本农田上图、入库、落地、到户。

2009年12月7日，国土资源部和农业部在湖北省联合召开全国基本农田保护工作会议。时任国土资源部副部长鹿心社出席会议并讲话。

2009 年 12 月 24 日，国土资源部举办新闻发布会，向社会发布中国耕地质量等级调查与评定的重大成果，这项成果将有力地推动我国耕地保护和管理进入数量、质量两手并举的新阶段。

2010 年

2010 年 4 月 8 日，"2010 中国科协学术建设发布会"在中国科技会堂召开，全国农用地（耕地）分等成果被作为重大成果之一向全社会发布，载入中国科协学术建设史页。

2010 年 5 月 17 日，国土资源部第 11 次部长办公会审议通过《关于推进土地整治规划工作的总体安排》，正式启动了新一轮土地整治规划编制工作。

2010 年 5 月 17～23 日，全国人大常委会副委员长、民建中央主席陈昌智，全国政协副主席、民进中央常务副主席罗富和率国家特邀国土资源监察专员考察团，赴安徽、山东两省考察农村土地整治工作。

2010 年 5 月 19 日，财政部、国土资源部分别与河北、内蒙古、黑龙江、吉林、江苏、安徽、江西、山东、湖北和广西等 10 省（区）签订了整体推进农村土地整治示范协议，标志着中央与地方财政共同加大投入，整体推动农村土地整治工作正式启动。

2010 年 7 月 23 日，陕西省丹凤县土地开发复垦整理中心干部刘建文在"7·23"抗洪抢险救灾中壮烈牺牲。国土资源部派人参加了刘建文烈士追悼会及骨灰告别仪式。7 月 29 日，国土资源部原部长徐绍史专程赶赴丹凤县指导救灾工作，并会见了刘建文烈士家属。12 月 13 日，国土资源部土地整理中心举行学习刘建文烈士先进事迹座谈会，会后，国土资源部副部长、中国地质调查局局长汪民看望了刘建文烈士家属。

2010 年 10 月，国土资源部召开电视电话会议，下发《关于开展土地整治规划编制工作的通知》（国土资发〔2010〕162 号），全面部署省级土地整治规划及 14 个试点市、县的土地整治规划编制工作。

2010 年 11 月 23 日，国家"十一五"科技支撑计划"盐碱地暗管改碱与生态修复技术开发与示范"项目正式启动。该项目是落实原国务院总理温家宝批示，由科技部立项、国土资源部组织、国土资源部土地整理中心具体牵头承担的。

2010 年 11 月 30 日，贵州省第十一届人大常委会第十九次会议正式通过了《贵州省土地整治条例》。这是我国第二部土地整治专门法规。

2010 年 12 月 21 日，国务院发布《全国主体功能区规划》（国发〔2010〕46 号）。该规划是新中国成立以来第一个全国性国土空间开发规划，是我国国土空间开发的战略性、基础性和约束性规划。

2010 年 12 月 27 日，国务院下发《关于严格规范城乡建设用地增减挂钩试点切实做好农村土地整治工作的通知》（国发〔2010〕47 号）。这是我国第一个关于土地整治工作的中央文件，表明土地整治已经成为支撑国家经济社会发展的一项重点工作。

2011 年

2011 年 1 月 21 日，全国国土资源管理系统先进集体和先进工作者表彰大会在人民大会堂召开。土地整治系统共 5 个集体和 3 名个人受表彰。河南省南乐县土地整理储备中心主任郭毛选等 3 人获得先进工作者称号；广西壮族自治区土地整理中心等 5 个集体获得先进集体称号。

2011 年 2 ~ 7 月，国土资源部会同中央农村工作领导小组办公室、发改委、财政部、环保部、农业部、住房和城乡建设部、国务院研究室等单位和部门，联合开展城乡建设用地增减挂钩试点和农村土地整治全面清理检查工作。

2011 年 3 月 5 日，国务院公布《土地复垦条例》（国务院令第 592 号）。《条例》自公布之日起施行。1988 年发布的《土地复垦规定》同时废止。

2011 年 3 月 18 日，国土资源部、财政部联合召开农村土地整治重大工程和示范建设进展情况座谈会。会议听取 16 个省（区）农村土地整治重大工程和示范建设有关进展情况的汇报，研究部署实施下一阶段工作。

2011 年 4 月 15 日，国土资源部举行"农村土地整治万里行"宣传活动启动仪式。此后组织中央主流媒体完成了湖北等 9 个省份的主题采访、江西等 5 个省份的深度报道和送画下乡等活动，产生了深刻的社会影响。

2011 年 4 月 25 日，由国土资源部土地整理中心与扬州市人民政府联合编制的扬州市土地整治规划通过专家评审论证，成为我国首个编制完成的市级土地整治规划，为新一轮规划编制积累了重要经验。

2011 年 5 月 15 日，全国农村土地整治宣传工作会议在河南省郑州市召开。来自全国 31 个省（区、市）、新疆生产建设兵团、计划单列市国土资源厅（局）有关业务和宣传部门负责人以及全国 27 家主流媒体和地方新闻媒体参加了会议。

2011 年 7 月 5～26 日，全国农用地（耕地）分等成果作为国土资源调查评价成果的重要组成部分，在中国国家博物馆展出，得到党中央、国务院多位领导的充分肯定。

2011 年 7 月 20 日，国务院第 164 次常务会议提出制定并实施全国土地整治规划，加快建设高标准基本农田，力争"十二五"期间再建成 4 亿亩旱涝保收的高标准基本农田。

2011 年 7 月 29 日，湖北省人民政府发布第 344 号令，向社会公布《湖北省土地整治管理办法》。《办法》自 2011 年 10 月 1 日起施行。

2011 年 8 月 23 日，中共中央政治局就完善我国土地管理制度召开第三十一次集体学习会，强调要推进农村土地整治，加快农村土地整理复垦，着力提高耕地质量建设，大规模建设旱涝保收高标准农田，夯实农业现代化基础。

2011 年 9 月，国务院主要领导在国土资源部《关于农村土地整治促进农田水利建设有关情况的报告》上做出重要批示，认为农村土地整治与农田水利建设紧密结合，统一规划，共同实施，是一条十分重要的经验。

2011 年底，时任国家副主席习近平对陕西延安治沟造地工作做出重要批示，指出治沟造地是延安市的一项新举措，对于在黄土高原地区增加耕地面积、保证粮食安全、保护生态环境、促进社会主义新农村建设都具有积极意义。

2012 年

2012 年 2 月 27 日，全国低丘缓坡未利用地开发利用试点现场观摩会在昆明召开，研究部署 7 省（区、市）低丘缓坡未利用地开发利用试点工作。

2012 年 3 月 7 日，国土资源部下发《关于开展工矿废弃地复垦利用试点工作的通知》（国土资发〔2012〕45 号），确定在河北等 10 个省份开展工矿废弃地复垦利用试点。

2012 年 3 月 16 日，《全国土地整治规划（2011～2015 年）》经国务院批准实施。4 月 6 日，国土资源部、财政部联合下发《关于加快编制和实施土地整治规划大力推进高标准基本农田建设的通知》（国土资发〔2012〕63 号），标志着新一轮土地整治和高标准基本农田建设的大幕正式拉开。

2012 年 3 月 26～27 日，国土资源部土地整理中心在湖北省武汉市组织召开"推进农村土地整治开展联创齐争活动"，携手全国四级土地整治机构联合推进土地整治工作。

2012 年 4 月，经中央机构编制委员会办公室批准，国土资源部土地整理中心更名为国土资源部土地整治中心，同时增加 30 个人员编制。

2012 年 5 月，经国土资源部批准，国土资源部土地整治中心和中国农业大学联合组建成立"国土资源部农用地质量与监控重点实验室"。

2012 年 6 月 25 日，国土资源部在中国地质博物馆成功举办摄影大展首展仪式及《大地飞歌——首届农村土地整治摄影大展作品选》画册、特种纪念邮票首日封发行仪式。活动自启动以来，共收到投稿作品 44466 幅，组委会从中评选出 191 幅获奖作品。

2012 年 6 月 26 日，国土资源部、财政部在湖北省咸宁市联合召开贯彻实施全国土地整治规划、加快推进高标准基本农田建设新闻发布会，就相关情况向社会媒体进行通报。

2012 年 7 月 13 日，国土资源部召开严格规范城乡建设用地增减挂钩等三项试点工作视频会议，国土资源部副部长王世元发表讲话，对三项试点规范管理工作做了全面部署。

2012 年 9 月，《农用地质量分等规程》（GB/T 28407 - 2012）、《农用地定级规程》（GB/T 28405 - 2012）和《农用地估价规程》（GB/T 28406 - 2012）三项国家标准经国家质量监督检验检疫总局、国家标准化管理委员会批准。三项标准自 10 月 1 日起正式实施。

2012 年 10 月 8 日，国土资源部下发《关于加快推进 500 个高标准基本农田示范县建设的意见》（国土资发〔2012〕147 号），10 月 11 日组织召开加快推进高标准基本农田示范县建设动员部署视频会议，正式启动了 500 个高标准基本农田示范县建设工作。

2012 年 12 月 27 日，国土资源部原部长徐绍史签署国土资源部第 56 号令，发布《土地复垦条例实施办法》，进一步细化和落实国务院《土地复垦条例》的有关规定，加快推进土地复垦工作。《办法》自 2013 年 3 月 1 日起施行。

2013 年

2013 年 2 月 28 日，国土资源部印发《关于开展城镇低效用地再开发试点的指导意见》，确定在内蒙古等 10 个省份开展城镇低效用地再开发试点。

2013 年 4 月 17 日，国土资源部部长姜大明到国土资源部土地整治中心看望慰问干部职工，并就土地整治有关工作进行了调研。

2013 年 5 月，国土资源部土地整治中心综合业务处入选中央国家机关践行社会主义核心价值观先进典型。

2013 年 5 月 22 日，科技部社发司组织专家在山东省东营市对"十一五"国家科技支撑计划"盐碱地暗管改碱与生态修复技术开发与示范"项目进行了评审验收。中央电视台新闻联播报道我国盐碱地改良技术获得重大突破。

2013 年 6 月 17 日，国土资源部和广东省人民政府共同主办的推进节约集约用地示范省建设会议在广州市召开。国土资源部部长姜大明出席会议并讲话，充分肯定了广东省"三旧"改造试点取得的成效和经验。

2013 年 6 月，全国人大常委、华侨委副主任、致公党中央副主席杨邦杰率致公党中央调研组到宁夏调研，7 月向中共中央、国务院报送《关于加快良田建设，促进农业转型的建议》，9 月 17 日得到汪洋副总理的重要批示。

2013年7月30～31日，全国土地整治科技创新成果交流与现场推进会在西安召开。会议由国土资源部科技与国际合作司主办，陕西省国土资源厅、国土资源部土地整治中心、中国土地学会协办，陕西省土地工程建设集团承办。

2013年10月9日，中央召开全国改善农村人居环境工作会议，总结推广浙江开展"千村示范万村整治"工程的经验，安排部署全国改善农村人居环境工作。汪洋副总理做重要讲话。习近平、李克强等中央领导同志曾先后对浙江省10年来实施"千村示范万村整治"工程取得的成效做出重要批示。

2013年11月25～26日，中国土地学会2013年学术年会在上海举行，会议主题是"土地整治与新型城镇化、新农村建设"。国土资源部副部长、中国土地学会理事长王世元出席会议并讲话。

2013年11月29日，国土资源部部长姜大明深入赣南革命老区，调研指导新农村建设和土地综合整治工作。

2013年12月3日，中共中央政治局召开会议，分析研究2014年经济工作，听取第二次全国土地调查情况汇报，强调要毫不动摇地坚持最严格的耕地保护制度和节约用地制度。

2013年12月30日，国土资源部、国家统计局、国务院第二次全国土地调查领导小组办公室联合发布第二次全国土地调查成果。

2013年，国土资源部全年发布实施《市（地）级土地整治规划编制规程》（TD/T 1034－2012）、《县级土地整治规划编制规程》（TD/T 1035－2012）等11项土地整治技术标准，土地整治技术标准体系不断健全。

中国皮书网

www.pishu.cn

发布皮书研创资讯，传播皮书精彩内容
引领皮书出版潮流，打造皮书服务平台

栏目设置：

□ 资讯：皮书动态、皮书观点、皮书数据、 皮书报道、皮书新书发布会、电子期刊

□ 标准：皮书评价、皮书研究、皮书规范、皮书专家、编撰团队

□ 服务：最新皮书、皮书书目、重点推荐、在线购书

□ 链接：皮书数据库、皮书博客、皮书微博、出版社首页、在线书城

□ 搜索：资讯、图书、研究动态

□ 互动：皮书论坛

中国皮书网依托皮书系列"权威、前沿、原创"的优质内容资源，通过文字、图片、音频、视频等多种元素，在皮书研创者、使用者之间搭建了一个成果展示、资源共享的互动平台。

自2005年12月正式上线以来，中国皮书网的IP访问量、PV浏览量与日俱增，受到海内外研究者、公务人员、商务人士以及专业读者的广泛关注。

2008年、2011年中国皮书网均在全国新闻出版业网站荣誉评选中获得"最具商业价值网站"称号。

2012年，中国皮书网在全国新闻出版业网站系列荣誉评选中获得"出版业网站百强"称号。

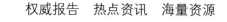

权威报告　热点资讯　海量资源

当代中国与世界发展的高端智库平台

皮书数据库　　www.pishu.com.cn

皮书数据库是专业的人文社会科学综合学术资源总库,以大型连续性图书——皮书系列为基础,整合国内外相关资讯构建而成。该数据库包含七大子库,涵盖两百多个主题,囊括了近十几年间中国与世界经济社会发展报告,覆盖经济、社会、政治、文化、教育、国际问题等多个领域。

皮书数据库以篇章为基本单位,方便用户对皮书内容的阅读需求。用户可进行全文检索,也可对文献题目、内容提要、作者名称、作者单位、关键字等基本信息进行检索,还可对检索到的篇章再作二次筛选,进行在线阅读或下载阅读。智能多维度导航,可使用户根据自己熟知的分类标准进行分类导航筛选,使查找和检索更高效、便捷。

权威的研究报告、独特的调研数据、前沿的热点资讯,皮书数据库已发展成为国内最具影响力的关于中国与世界现实问题研究的成果库和资讯库。

皮书俱乐部会员服务指南

1. 谁能成为皮书俱乐部成员?

- 皮书作者自动成为俱乐部会员
- 购买了皮书产品(纸质皮书、电子书)的个人用户

2. 会员可以享受的增值服务

- 加入皮书俱乐部,免费获赠该纸质图书的电子书
- 免费获赠皮书数据库100元充值卡
- 免费定期获赠皮书电子期刊
- 优先参与各类皮书学术活动
- 优先享受皮书产品的最新优惠

卡号：2625634872734393

密码：

3. 如何享受增值服务?

(1)加入皮书俱乐部,获赠该书的电子书

第1步 登录我社官网(www.ssap.com.cn),注册账号;

第2步 登录并进入"会员中心"—"皮书俱乐部",提交加入皮书俱乐部申请;

第3步 审核通过后,自动进入俱乐部服务环节,填写相关购书信息即可自动兑换相应电子书。

(2)免费获赠皮书数据库100元充值卡

100元充值卡只能在皮书数据库中充值和使用

第1步 刮开附赠充值的涂层(左下);

第2步 登录皮书数据库网站(www.pishu.com.cn),注册账号;

第3步 登录并进入"会员中心"—"在线充值"—"充值卡充值",充值成功后即可使用。

4. 声明

解释权归社会科学文献出版社所有

皮书俱乐部会员可享受社会科学文献出版社其他相关免费增值服务,有任何疑问,均可与我们联系

联系电话：010-59367227　企业QQ：800045692　邮箱：pishuclub@ssap.com

欢迎登录社会科学文献出版社官网(www.ssap.com.cn)和中国皮书网(www.pishu.cn)了解更多信息

"皮书"起源于十七、十八世纪的英国,主要指官方或社会组织正式发表的重要文件或报告,多以"白皮书"命名。在中国,"皮书"这一概念被社会广泛接受,并被成功运作、发展成为一种全新的出版形态,则源于中国社会科学院社会科学文献出版社。

皮书是对中国与世界发展状况和热点问题进行年度监测,以专业的角度、专家的视野和实证研究方法,针对某一领域或区域现状与发展态势展开分析和预测,具备权威性、前沿性、原创性、实证性、时效性等特点的连续性公开出版物,由一系列权威研究报告组成。皮书系列是社会科学文献出版社编辑出版的蓝皮书、绿皮书、黄皮书等的统称。

皮书系列的作者以中国社会科学院、著名高校、地方社会科学院的研究人员为主,多为国内一流研究机构的权威专家学者,他们的看法和观点代表了学界对中国与世界的现实和未来最高水平的解读与分析。

自 20 世纪 90 年代末推出以《经济蓝皮书》为开端的皮书系列以来,社会科学文献出版社至今已累计出版皮书千余部,内容涵盖经济、社会、政法、文化传媒、行业、地方发展、国际形势等领域。皮书系列已成为社会科学文献出版社的著名图书品牌和中国社会科学院的知名学术品牌。

皮书系列在数字出版和国际出版方面成就斐然。皮书数据库被评为"2008~2009 年度数字出版知名品牌";《经济蓝皮书》《社会蓝皮书》等十几种皮书每年还由国外知名学术出版机构出版英文版、俄文版、韩文版和日文版,面向全球发行。

2011 年,皮书系列正式列入"十二五"国家重点出版规划项目;2012 年,部分重点皮书列入中国社会科学院承担的国家哲学社会科学创新工程项目;2014 年,35 种院外皮书使用"中国社会科学院创新工程学术出版项目"标识。

法 律 声 明

"皮书系列"（含蓝皮书、绿皮书、黄皮书）由社会科学文献出版社最早使用并对外推广，现已成为中国图书市场上流行的品牌，是社会科学文献出版社的品牌图书。社会科学文献出版社拥有该系列图书的专有出版权和网络传播权，其 LOGO（ ）与"经济蓝皮书"、"社会蓝皮书"等皮书名称已在中华人民共和国工商行政管理总局商标局登记注册，社会科学文献出版社合法拥有其商标专用权。

未经社会科学文献出版社的授权和许可，任何复制、模仿或以其他方式侵害"皮书系列"和 LOGO（ ）、"经济蓝皮书"、"社会蓝皮书"等皮书名称商标专用权的行为均属于侵权行为，社会科学文献出版社将采取法律手段追究其法律责任，维护合法权益。

欢迎社会各界人士对侵犯社会科学文献出版社上述权利的违法行为进行举报。电话：010-59367121，电子邮箱：fawubu@ssap.cn。

社会科学文献出版社